U0685518

走遍中国
以文化引导旅游

北京 天津 河北 山西 内蒙古 辽宁 吉林

黑龙江 上海 江苏 浙江 安徽 福建 江西 山东 河南 湖北

四川

甘肃 青海 宁夏 新疆 香港 澳门 台湾

第二版

《走遍中国》编辑部

中国旅游出版社

以文化引导旅游

"以文化引导旅游"是时下中国旅游界比较时髦的口号。大家的基本共识是：文化是旅游的灵魂，旅游是文化的重要载体，发展旅游事业或产业，必然以承载、挖掘、发扬旅游文化为核心。旅游是什么？旅游是行走，旅游是休闲，旅游是阅读，旅游是发现，旅游是体验。归根结底，文化是旅游的主要内涵。

中华民族文明发展史已延绵五六千年，从东部海滨低地，到青藏高原；从炎炎夏日的南疆，到白雪飘飘的北国。纵横960万平方公里的土地和广袤的海疆，养育了56个民族的儿女，创造出丰富多彩的文化，并共同会聚成光辉灿烂的文明。如果对我国旅游资源进行一个大致的分类，便不难看出文化的不可或缺和极端重要性。从自然地理与气候看：从东到西，依次有海洋文化、平原文化、丘陵文化、高原文化；从南到北，依次有热带文化、亚热带文化、温带文化等。从民俗角度看：56个民族，56枝花。各有各的习俗，各有各的装束。即便是同一个民族，也还有所差别，正所谓"十里不同风，百里不同俗"。从专题分类看：有世界自然遗产与文化遗产、有数百上千种非物质文化遗产，有红色旅游文化、宗教文化、民族风情、美食文化、海洋文化、山水文化、冰雪文化、沙漠草原文化等等，主题多样，繁花似锦。毫无疑问，无论是人文资源还是自然资源，文化始终是旅游的物质资源基础和精神动力支撑。

自古以来，"读万卷书，行万里路"便是文人士大夫的理想追求。"捧卷清灯下"是读书，旅游也是读书，读一部社会大书。在这部巨著中，

四川旅游交通图

宁夏回族自治区
山西省
黄河
甘肃省
陕西省
河南省
青海省
西安
三门峡
河南
玛曲
碌曲
渭河
称多
迭部
陇南
汉中
安康
十堰
玉树
石渠
黄河九曲第一弯
若尔盖
九寨沟
九寨沟
朝天
广元
南江
旺苍
万源
湖北省
西藏自治区
德格
班玛
阿坝
红原
松潘
平武
青川
剑阁
广元坝
剑门关
通江
巴中
宣汉
甘孜
马尔康
黑水
北川
江油
梓潼
阆中古城
阆中
平昌
重庆市
白玉
炉霍
卓克基官寨
理县
茂县
文川
绵竹
什邡
绵阳
盐亭
南部
苍溪
达州
达县
开江
新龙
道孚
甲居藏寨
四姑娘山
都江堰水利工程
青城山
彭州
郫县
德阳
中江
三台
西充
射洪
蓬溪
南充
岳池
广安
大竹
梁平
万州
宜昌
雅砻江
丹巴
小金
温江
武侯祠
成都
简阳
遂宁
武胜
华蓥
邻水
长江
利川
恩施
巴塘
理塘
雅江
泸定
康定
宝兴
邛崃
新津
双流机场
仁寿
资阳
安岳
乐至
安居
南溪
合川
龙山
张家界
湖南省
金沙江
芒康
稻城
汉源
石棉
荥经
夹江
峨眉山
乐山大佛
乐山
五通桥
犍为
威远
内江
自贡
富顺
泸县
泸州
合江
赤水
贵州省
怒江
澜沧江
乡城
九龙
越西
峨边
马边
屏山
宜宾
盐业博物历史馆
李庄古镇
南溪
江安
长宁
珙县
兴文
叙永
古蔺
遵义
怀化
德钦
得荣
稻城亚丁
冕宁
西昌卫星发射中心
美姑
雷波
蜀南竹海
筠连
毕节
贡嘎山
香格里拉
木里
青山机场
西昌
昭觉
布拖
螺髻山
金阳
宁南
昭通
六盘水
贵阳
云南省
丽江
宁蒗
盐源
德昌
米易
盐边
会理
会东
攀枝花
泸沽湖
广西壮族自治区
N

四川分区示意图

甘孜州 P143~176

九寨沟地区 P177~212

成都地区
P81~142

广元—巴中地区 P213~238

攀西高原地区 P239~266

宜宾—泸州地区
P267~294

阿坝

绵阳

德阳

广元

巴中

达州

南充

广安

成都

甘孜

眉山

资阳

内江

遂宁

雅安

乐山

宜宾

泸州

凉山

自贡

攀枝花

可以饱览堪舆形胜、自然美景；可以探寻历史，凭吊古人；也可以走村串寨，体察民俗风情；还可以遍尝各地美食，验证"一方水土养一方人"的至理名言。读书与旅行的关系，实际上是知与行的关系，是理论与实践的关系。不读书是愚者，光读书是迂者，只有将知行合一的人，才是智者、强者。汉代司马迁遍访各地，写出"究天人之际，通古今之变"的巨著《史记》自不必说，晋代的王羲之、陶渊明、谢灵运，唐代的李白、柳宗元，宋代的王安石、苏轼父子，明代的徐霞客等，都饱读诗书又游历广泛。就目前能够见到的文献记载看，古人的出游质量不可谓不高。但是，当时的社会制度、经济、通信、交通都极大地限制了人们的外出旅行游览。另外，儒家"父母在，不远游"的传统观念也在一定程度上束缚了人们的行为。

历史进入20世纪，延续19世纪以来中国人"睁眼看世界"的冀望与要求，中国近现代的志士仁人们，或大江南北，或东瀛西洋，考察游历，求学深造，寻求救国救民的路径。但近百年间，内忧外患，灾荒遍野，战乱不停，中国脆弱的旅游业千疮百孔，步履维艰。

改革开放以前30年，由于内外环境与经济水平的制约，社会流动不便。外面的世界很精彩，封闭的环境很无奈。那时，走出闭塞的乡村和蜗居的城市，探寻大千世界，不知曾是多少人内心的渴望与梦想。

改革开放的30年，中国社会巨变。国民经济飞速发展，国民收入快速增加，国民思想观念迅速转变。走出家门，走出国门，放松自我，拥抱自然，拥抱世界，成为中国人在这一历史时空中最为强烈的冲动之一。便捷的通信交通、优良的接待设施、优美的景区景点、丰富多彩的民族风情、光辉灿烂的历史文化，以及独具中国特色的黄金周制度的推行，为骤然喷发的全民旅游大潮提供了基本保障。

初期阶段的旅游难免走马观花，难以尽如人意。经历了那个浮躁期，今天走马观花式的旅行已渐渐为知行体验与休闲度假所取代，旅游发展到了一个新的阶段，文化的分量愈显突出。

当整个业界为促进旅游与文化结合发展群策群力，行动起来的时候，中国旅游出版社组织编辑出版了《走遍中国》分省旅游指南系列图书，以期从出版角度出发，为旅游者提供更高质量的出游指南与阅读服务。该系列共29卷，涵盖了全国31个省、市、自治区，香港和澳门2个特别行政区及台湾省。"以文化引导旅游"是丛书的编辑宗旨，用"发现的眼光"去解读游览对象是它的特色。为了让读者行前或途中对旅游目的地省份有比较深度的了解，丛书除了具备一般旅游指南图书食、住、行、游、购、娱等基本要素外，在书的前半部分特设了一个重要的"解读"板块，系统解读当地的地理、历史、人文等知识，给读者提供了深入发现的背景知识。

携带本书上路，你就是目击者、发现者和深度旅游者。

中国旅游出版社总编辑

作者介绍

第一版

第一版作者

高岭

长期生活在成都，现为自由撰稿人。主要撰写本书中的《富贵红尘之四川盆地》、《三星堆——一个失落的文明》、《人文环境中的四川宗教》、《多元格局中的民族文化》、《食在天府》。

蒋蓝

已出版有《正在消失的词语》、《正在消失的建筑》、《玄学兽》、《哲学兽》等多部个人著作，曾获"纸老虎散文奖"。现为某报编辑。主要撰写本书中《历史》、《四川大事记》等。

白郎

本名和文军，随笔作家，供职于成都晚报副刊部。已出版的主要著作有《中国地脉》（北方卷、南方卷）、《吾土丽江》等书。主要撰写本书中《地理》、《刚柔相济的盆地客》等。

史幼波

青年诗人、作家，著作有《素食主义》、《天造四川》、《红尘与禅仙》、《剑门蜀道》等书，现就职于成都某媒体。主要撰写本书中《蜀道》。

陈甜

成都人，现供职于成都某媒体。主要撰写本书中《四川诗人与中国诗歌史》、《四川的美术和音乐》。

黄红

与人合著有《女子兵法》、《四川假日游》、《四川藏区之旅》、《香格里拉之旅》等。

刘乾坤

主编有《话说西藏》系列丛书，与人合著有《中国古镇四川卷》、《藏羚羊自助旅行手册——四川重庆》、《香格里拉之旅》、《四川藏区之旅》，图文专题作品散见国内外数十种旅游人文类期刊。现供职于某旅游人文杂志。

朱飞

四川大学历史地理专业硕士，现供职于四川人民出版社《龙门阵》期刊编室。

黄红、刘乾坤、朱飞合作完成了《四川》的分区导览部分内容。

图片著作：刘乾坤、张锦能、王正经、荣新光、黄红、陈锦

地图绘制：刘凤玖、胖羊、纳敏、三儿

第二版作者

文字作者：高岭、蒋蓝、白郎、史幼波、陈甜、黄红、刘乾坤、朱飞、梁嫒

内文图片提供：刘乾坤、张锦能、黄红、袁蓉荪、冉玉杰、朱斌、喻磊、张云峰、梁嫒、视觉中国、凌谦、陈锦、河川、秦昌平、谢谦

封面图片提供：时代图片、陈隽梅、张翼飞

地图绘制：北京万千景象图文设计公司

更新版

关于《走遍中国》

作为一套以实用信息为主的自助旅行丛书，《走遍中国》尽可能地向读者提供最全面的信息，包括出发前需要了解的相关的人文地理知识，准备出发时所应掌握的衣、食、住、行的资讯以及大量来自"当地人"的景点推荐和特别提醒。

解读四川

1. 解读四川

决定到四川旅行，一定是因为那里的风光、民俗，或者独特的美食的吸引。"解读四川"板块的设置就是想通过图文的方式，对四川的人文地理进行梳理，以建立对四川的感性认知。

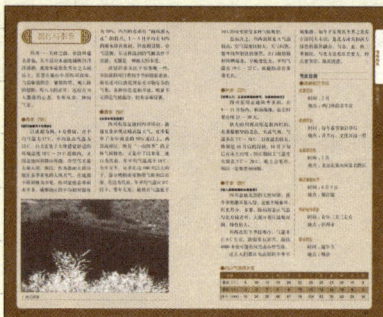

2. 准备出发

季节是影响旅行的关键因素之一，不同的季节和不同的气候下，风景会呈现出不同的韵味。此外，交通工具、交通状况、住宿条件和当地的美食风味，都是旅行者出发前最为关心的细节，因为这将决定旅行时间、行程安排甚至所需携带的衣物。至于花费，旅行专家们已经给出了一个建议性的预算方案。

3. 图标

《走遍中国》所推介的景点都将被分为：历史人文、人造景观、自然美景和户外运动四大类，这样做并不是刻意将景点类型化，而是为了便于读者能通过图标快速地对景点有个大致的判断。此外，众多的图标还将代表：门票、开放时间、地址、电话、交通、特别提醒等信息。

🚩 特别提醒	🚌 交通	🎫 门票
🕐 开放时间	📞 电话	✉ 地址

🏯 历史人文	🏃 自然美景
🏛 人造景观	🏃 户外运动

4. 读者更新

《走遍中国》编辑部总能收到读者从不同地区发来的信息，有新景点开放的、实用信息更新的，也有关于景点内容更正的。分册会选择性地摘录，并更正。

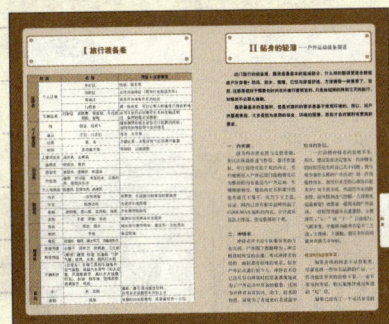

5. 附录

旅行与装备、旅行与住宿是旅行者在旅行中会普遍遇到的问题，附录里会进行相关的提示。

内文地图图例

铁路		湖泊水系		汽车站	
高速、高等级公路		运河		码头	
国道 109		政府所在地 ★		江河	
立交桥		省级行政中心		停车场 P	
主街道		地级市行政中心 ◉		机场	
省级界		县级行政中心 ◎		饭店	
市级界		乡镇街道驻地 ◦		火车站	
县级界		旅游景点		商店	
海岸线		人文景点		银行 $	
城墙及围墙		宾馆、饭店 H		学校 文	
长城		医院 ✚			

四　川

↑凉山布拖,身着节日盛装的小阿依

↑长海

↑ 乐山大佛

↑ 树正群海

↑五彩池

↑安岳石刻

四川

区域面积：485000平方公里
人　　口：8750万
省会城市：成都
区　　号：028
邮　　编：610000

天下山水在于蜀

喜马拉雅地壳运动和秦岭的延伸在一片辽阔的滩涂上塑造了物华天宝的四川盆地。这里是秀外慧中、修身闲适的所在。氤氲的水汽和四季常青的环境催生了人们缓慢的生活节奏和川女白皙的皮肤。

这里有早在西方现代钻井技术出现几百年前就深达几百米的盐井；有世界上最美的动物——大熊猫；有大海一样的竹林。早在几千年前，祖先们就用古老的智慧和无与伦比的毅力创造了造福万世的都江堰工程，并开启了"天府之国"的文明之旅。而青城与峨眉两处宗教圣地在历经漫长岁月的洗礼后，更是留下了无数凝练的建筑和宗教人文意境。乐山大佛那博大浩渺的俯瞰气势，注视着川人的生活源源不断地流淌。神秘的三星堆、惊天现世的金沙遗址、完整保存着明清建筑的阆中市……所有这一切不过是四川的人文自然景观的一个小小缩影。

一马平川的川西北高原养育着牛羊骏马和繁衍不息的藏、羌民族，独特的民族文化和宗教信仰像那里的土地一样原始而神秘。康巴牧歌，抒发出悠远绵长的婉转情调；凉山火把，映红了浓浓激情的彝乡山水。

广袤的蜀中大地受三国时期的影响，整个成都市区呈现出八卦形的布局，据说这是诸葛亮的设计。在古老的宽窄巷子和黄瓦街坐落着明清时期的民居建筑。在有限的低矮的飞檐式建筑和吊脚楼的旁边，建筑的"加法原则"为城市插上了现代文明的翅膀，没有人阻挡来自外部的声音。川剧的变脸在硬石铺就地面的内饰高楼中向时尚和风潮致意。沿蔓延在街道两旁的酒肆和茶坊一路追寻，可以看到没有了风霜的杜甫草堂与武侯祠。而玉林的酒吧一条街是小资们惯常光顾的地方，这里有美女、啤酒、音乐和懒汉……

四川人固有的包容心理不断丰富着自身的文化累积。城市的手脚向所有的方向缓慢延伸，但这不会消除这片广阔地域中令人神往的原始环境所在。

九寨沟与黄龙，倾斜多变的丘陵地势造就了物种丰富的动植物王国，清清碧水倒映蓝天，鱼翔水底、鹰击苍穹，呈现出谜一样的童话世界。素朴的原生态民居和蓝天、流水、森林、草地和谐地融为一体。没有喧嚣的现代文明的噪声充斥，没有冷漠的距离感。旅行在这里将变成短暂的居住，就像海德格尔在内心为自己驻留的大地，你将实现"诗意的栖居"。

也只有在四川，你才能知道"吃"所带来的享受是多么简单与幸福，复杂多变的地理面貌孕育着丰富的饮食资源和辛辣多味的饮食文化。川人的爱吃源于他们的快乐主义生活原则。毋庸置疑，四川是一个适宜享乐休闲的地方，而这正是它令人向往之所在。也正因如此，这里才孕育了文人雅士。

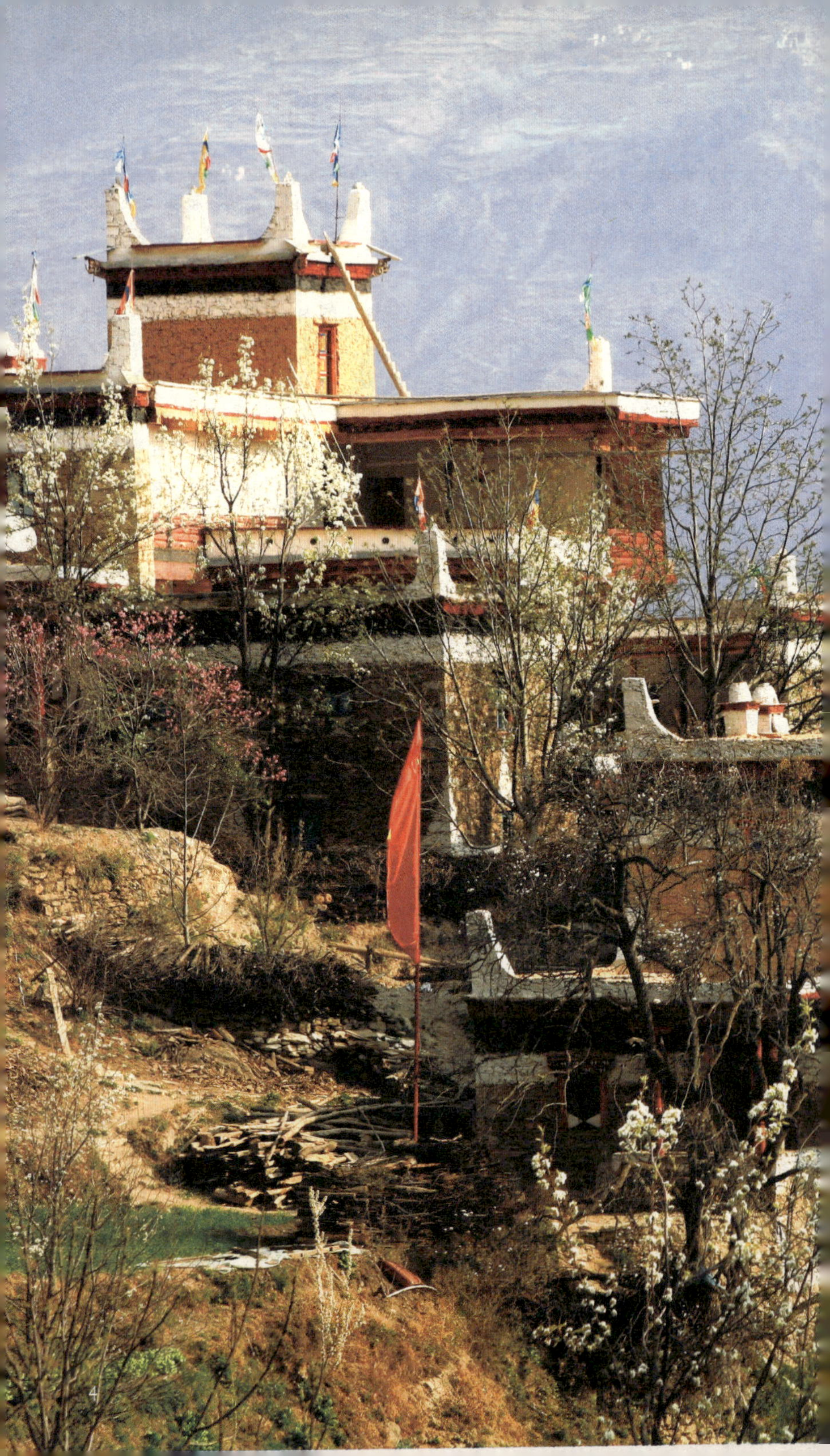

解读四川

田肥美，民殷富……
沃野千里，蓄积饶多，
此谓天府。

——刘向「战国策」

四川山水壮丽、植物清华、气候温润、云霞低垂清灵，同时也是中国拥有世界自然和文化遗产最多的地区之一。

芙蓉之都 天府之国

四川属多山省份，位于我国内陆地势三大阶梯中的第一级和第二级，即处于第一级青藏高原和第二级长江中下游平原的过渡带，高差悬殊，西高东低的特点特别明显。

四川地处中国西南，东西稍长，南北略窄，西为青藏高原所扼制，与西藏相邻；东有长江三峡之险，与重庆接壤；北有秦岭巴山屏障，与青海、甘肃、陕西相邻；南为云贵高原拱卫，与贵州、云南接壤。全省地跨青藏高原、横断山脉、云贵高原、秦巴山地、四川盆地几大地貌单元，地势西高东低，由西北向东南倾斜。最高点是西部的大雪山主峰贡嘎山，海拔7556米。

山地、高原和丘陵约占全省土地面积的97.46%。全省除四川盆地底部的平原和丘陵外，大部分地区岭谷高差均在500米以上。省内地貌以龙门山—大凉山一线为界，东部为四川盆地及盆缘山地，西部为川西高山高原及川西南山地。

富贵红尘之四川盆地

1911年春天，一个叫罗林·夏伯林的洋人来到四川盆地，他看到忙碌的人群正在千里沃野上劳作，似乎每一寸土地都被开垦过，都被精耕细作，人们生生不息与之融为一体。远处，云天雍容，黄花遍地，

青山保持着与绿水间的调和。夏伯林在这里体验到了"美的巅峰与极致"，他感叹道："我从未看到过如此动人的景象绵绵不绝地展现在眼前，它不断激起你对大自然的激情。"

令夏伯林感到震撼的四川盆地就像一个偌大的摇篮，其边缘延伸着一系列"黄鹤之飞尚不得过，猿猱欲度愁攀援"的高山——秦岭、大巴山、巫山、乌蒙山、峨眉山、邛崃山等，摇篮的轴心是偏安一隅的成都平原，它与江南同为富贵红尘之地。从有关资料来看，大约两亿年前，四川盆地内是一片烟波浩渺的巨湖，面积约为20万平方公里，有的地质学家把它称作"巴蜀湖"。后来地壳强烈隆起，巴蜀湖面积不断缩小，终于在距今2000万年前，形成中国四大盆地之一的四川盆地。

四川盆地是著名的外流盆地，盆地中多紫红色砂、页岩，故又称"紫色盆地"。盆地内平原约占7%，丘陵约占50%，低山地约占40%。砂、页岩风化后形成的肥沃土壤使得气候温湿的盆地成为中国农业史上的常青树。盆地底部龙泉山以西为川西平原区，由成都平原、眉山—峨眉平原组成。其中，成都平原面积达6200平方公里，是西南地区最大的冲积平原和粮仓。

这片被高原山岭环绕的盆地是

↑ 四姑娘山

历史上水利工程最大的受益者。古蜀国两位伟大的君王——望帝杜宇和丛帝开明氏，在传说中均被描绘为功勋卓著的治水英雄。在他们两人手里，对农业危害最大的岷江水患得到了初步治理。战国后期，李冰父子主持建成了举世闻名的水利工程都江堰，承蒙这项著名的灌溉防洪工程恩泽，成都平原成为中国西部最富庶的地区。时至今日，都江堰每年仍灌溉着约800万亩的良田。

四川西部的川西高原，平均海拔在3000米以上，可以分为川西北高原和川西山地两部分。川西北高原属青藏高原的一部分，地势由西向东倾斜，丘谷相间、广布沼泽。分布在若尔盖、红原与阿坝一带的高原沼泽是我国中部地区最大的沼泽带。川西山地是四川省的主要林业、牧业区，西北高、东南低，拥有众多的高山峡谷，由西往东有金沙江、沙鲁里山、雅砻江、大雪山、大渡河、邛崃山等。

芙蓉之城——成都

大诗人左思曾赞叹道："既丽且崇，实号成都。"成都，古时曾一度叫做益州，两千年来一直是中国西南最大的都会城市，自古便有"扬一益二"之称。

毛泽东曾经不无浪漫地把他的湖南老家喻为"芙蓉国"。湖南人吃辣椒比四川人狠，但木芙蓉却是四川更佳。四川木芙蓉树冠开展，花大色艳，仅成都一地木芙蓉的品种就有十几种。名品有：红芙蓉，花大、色红，重瓣中多雄蕊；醉芙蓉，清晨花色粉白，中午桃红，晚转冰红；白芙蓉，通体纯白，冰清玉洁；五色芙蓉，花瓣中白红二色交相辉映。五代十国时期，后蜀王孟昶在成都土筑城墙上遍植木芙蓉，每当深秋繁花盛开，"四十里如锦绣，高下相照"。所以成都又有芙蓉城或蓉城的别称。

成都号称"休闲之都"，这座城市最大的文化标记是茶馆，茶客们可谓中国最精于享受的一个群体。

据《成都通览》记载，清代末年成都有茶馆454家，到新中国成立前夕有茶馆598家，几乎每条街都有茶馆。据当时的《新新新闻报》统计，当时每日去茶馆的人约占全市人口的1/5。难怪旧时蓉城号称"三多"：闲人多，茶馆多，厕所多。最近几年，成都泡茶馆的闲人大增，茶馆数也比从前多出许多。

过去，成都有很多著名的茶馆，如可园、随园、晓园、悦来茶庄、妙高楼等。至迟在保路运动前后，成都人泡茶一直是直接使用府南河水，次之才是井水，可见当时府南河水之清冽甘醇。保路运动时举行全城罢工，独独没罢工的就是从府南河往茶铺送水的工人。

如今除了大众化的茶铺，成都又兴起大批新式茶楼，装修考究，且享受内容不断翻新。从茶品上说，除了内地出产的高档绿茶、花茶，还有海外流行的泡沫红茶等品种。色有黄、红、白、绿，香有酒香、花香、果香，随堂供应的还有各式中西名点，吃喝之外，还有钢琴、萨克斯、扬琴、琵琶等器乐演奏，听音乐、看节目，愉悦身心、陶冶情操，喝茶已不仅仅是简单的消闲解乏。

如果仅从表面现象观察，人人都以为成都人懒惰备至、虚度光阴，大好时光只在壶底浪来掷去，殊不知这正是禀性闲雅的成都人对现代生活的一种态度，事也办了，闲也休了，真可列为不亦快哉之现代一版！

长江边上众古城
阆中——风水格局独步天下

　　阆中是与云南丽江、山西平遥、安徽歙县齐名的中国现存四大古城之一。杜甫当年游历阆中时写道："阆中胜事可断肠，阆州城南天下稀。"

作为古典时代中国风水文化的中心，阆中拥有独步天下的风水格局。宽阔的嘉陵江在大地上切出漂亮的圆弧，从三面绕城而过，江水畔，锦屏山、黄华山、敖峰山、白塔山、大象山、灵山、蟠龙山、玉台山、金耳山、印斗山妩媚地连成满月状。山围四面，水绕三方，山水均成蟠龙蜿蜒之势，活灵活现，腾挪欲飞，不同凡响。按风水学的专业眼光来看，阆中古城的地理格局，天然并且完美地齐备了"龙、穴、砂、水、向"的所谓"地理五诀"。形成一个巨大的"?"形环带，天然形成了"丽水成垣"和"金城环抱"的风水绝胜之地。

从唐宋时期开始，阆中城就完全按照风水的法度修筑，城里有许多粉饰着神秘主义色彩的建筑。街道的取向与山水相呼应，以俗称四牌楼的中天楼为轴心向周围辐射，城墙的东、北、南三座城门上，筑有月城，以收迎山接水之效。如今，中天楼、月城及城门早已不复存在。

至1949年，阆中古城有大小古街巷91条，绝大多数保持了唐、宋、元、明、清不同时期的风貌，且有超过半数被保留到了今天。方圆数里的古代民居大多为穿斗式单层土木结构，双坡屋面的吊檐、檐头、斡挑、门楣、窗格上原本有大量典雅精丽的雕饰——仁兽、瑞鸟、铜钱、如意、寿桃、鲜花、川剧脸谱，以及被古书称作"仙鼠"的蝙蝠。在老态龙钟的民居中，明清时期的一些金粉世家留下了不少八字垂檐院门、通连四进的大宅院。

自贡——千年盐都、恐龙之乡、南国灯城

自贡是中国的"盐都"，其盐业历史可以追溯到东汉章帝时期（76～88）。清乾隆年间（1736～1795），到此经营盐业的陕西盐商集资数万两白银修建了规模宏大、金碧辉煌的西秦会馆，里面的木雕、石刻、彩绘、泥塑精妙绝伦。当时自贡盐业的繁荣程度不难想象。

"四川恐龙多，自贡是个窝。"自贡是名副其实的"恐龙之乡"。距离自贡市中心11公里处的自贡恐龙博物馆，以世界上最密集、最壮观的恐龙化石埋藏现场闻名海内外，成为与美国国立恐龙公园、加拿大恐龙公园齐名的世界三大恐龙博物馆之一。

自贡灯会久负盛名。每年春节前后举行的规模宏大的灯会，可以说是灯彩的大观园，灯光的交响诗，其壮丽的场面、精巧的工艺、迷人的声色，使这一极具民族特色的大型民俗游乐活动令人叹为观止，被赞誉为"天下第一灯"。

宜宾——万里长江第一城、中国酒都

宜宾是中国酒文化发祥地之一。明代酒窖开始酿造的五粮液，近年来更加焕发青春，先后在国内、国际评比中获各项金奖337次。宜宾酒业兴旺，促成了酒文化内涵的充实。辟建于宜宾博览馆内的宜宾酒史陈列馆，展品众多、内容丰富。新建的五粮液酒文化博物馆是国内规模最大的专业性酒文化博物馆，拥有各类展品300余件。

珍稀动植物的避难所

四川地域广阔，生态环境异常丰富，野生动物类群众多，是中国动物资源最密集的省区之一。其中被列为国家保护的珍稀植物有81种，占全国的20.8%；珍稀动物有

↑ 大熊猫——被称作国宝的珍稀动物

133 种，占全国的 40% 以上。

第四纪冰川到来时，四川受冰川的影响较小，所以成为了第三纪植物的"避难所"。其中国家一级保护植物有桫椤、银杉、水杉、珙桐 4 种，占全国的 50%；二级保护植物四川红杉、独花兰、金佛山兰等 37 种，占全国同级保护植物的 23.3%。

而说到珍稀动物，不能不提的就是大熊猫了。1869 年 3 月，法国神甫爱尔芒德·戴维来到成都以东的宝兴县邓池沟天主教堂，担任这里的第四任神甫。在这里，他以很高的价格收购了一只除四肢、耳朵、眼睛周围为黑色外，全是白色皮毛的动物，他将这种奇怪而可爱的动物取名为"黑白熊"，并将其标本寄给了巴黎自然博物馆主任米勒·爱德华，该标本在巴黎展示后立即引起了轰动。爱德华认真研究后认为："在外部形态上，它确实同熊非常相似，但它的骨骼特征和牙齿明显地与熊不同，却与小熊猫和浣熊很相近，它肯定构成一个新属，我称之为 Ailuropoda。"为了纪念戴维对大熊猫这一新物种的发现，爱德华将大熊猫的学名定名为 Ailuropoda melanoleuca（David），这一学名一直沿用至今。

大熊猫是中国的"国宝"，属食肉目大熊猫科，其祖先至迟出现于八九百万年前，是被全世界公认的动物活化石、生物多样性保护的标志及和平友好的象征，现存野外总数不足 1000 只，80% 以上的大熊猫分布在四川境内，成都市所属的崇州、都江堰、大邑、彭州及邛崃等地均有大熊猫出没。为保护这一濒危珍稀动物，成都建立了大熊猫繁育研究基地，现已成为国内开展大熊猫等珍稀濒危野生动物移地保护的主要基地之一。1993 年，基地建立了世界上唯一的大熊猫主题博物馆，总面积近 4000 平方米，馆藏丰富。

此外，峨眉枯叶蝶、藏猴、弹琴蛙又被称为峨眉山珍稀动物中的"三剑客"。

峨眉枯叶蝶是世界蝶类中的珍品，它身长 4 厘米左右，主要出现在报国寺、伏虎寺、善觉寺、万年寺、清音阁一带。飞舞时，露出翅膀的背面，前后翅点缀着白色的小斑点，前肢中部横有一条金色的纹线。枯叶蝶的腹面为古铜色，有一条纵贯前后翅中部的黑色纹线，就像树叶的中脉，停在树枝上时蝶叶难辨。

峨眉山最惹人喜爱的动物无疑是藏猴，它们生活在常绿阔叶林、针阔叶混交林中。其头部毛色呈棕褐色，腹部毛色呈淡黄色，颜面初生时肉色，幼年时白色，成年后鲜红，特别是眼圈显得很红。近年来，峨眉山已建成全国最大的生态猴自然保护区。

峨眉山最富有诗意的动物当数弹琴蛙。弹琴蛙的正式名称是仙琴水蛙，这种奇特的水蛙只有 5 厘米长，头部扁平，光滑的背皮棕色中略带点灰色，它的喉部两侧长有声囊，鸣唱时胀成一面小圆鼓，通过空气的振动引起共鸣，发出类似于琴声的"噔、噔、噔"的乐声。万年寺白水池中的弹琴蛙闻名遐迩，传说当年琴僧广浚常在这里弹琴，久而久之，池里的灵蛙便学会了这么一招儿。

古蜀先民的故事就像雾霭一样，一直在四川盆地盘桓。

古蜀王鱼凫、柏灌和开明王等在西蜀大地上创立了蜀地最早的国家；战国时期，蜀地是一个少数民族聚居、保有自己独特文化习俗的国度；秦统一后，大量移民和文化的输入，使这片被崇山峻岭环绕的大盆地逐渐衍化出一种具有独特魅力的地方性文化；元末明初的大动乱之后有两次"湖广填四川"，使得原来的"蚕丛"的子孙，已经完全融合在移民浪潮之中。所以，四川所体现出来的对外来文化的强烈的同化性与吸纳性，使"人文四川"成为移民综合文化的典型。

上古时期的四川

胡小石先生在《屈原与古神话》里认为："神话传说是起源于我国西南——巴蜀的神话。"这一结论，在嫘祖的故乡——四川盐亭，得到了充分的佐证。当地出土的"嫘祖圣地碑"就是唐代大诗人李白的老师、韬略家赵蕤在唐玄宗开元二十一年（733）为金鸡乡民修葺嫘轩宫告成而作的碑序。碑文记载着："女中圣贤王凤，黄帝元妃嫘祖，生于本邑嫘祖山。"当代学者杨超根据这一史料认为："嫘祖文化是传说的文化，是上古时的正史。赵蕤这个碑，客观总结了唐以前几千年的嫘祖文化和远古文明的历史。"

关于嫘祖的家乡，一直存有争议，一说在湖北宜昌，一说在四川盐亭。出现争议应该说很正常，反映了人们对这些拥有"半人半神"伟力人物的崇敬与爱戴。

嫘祖和炎、黄二帝一样，是中华民族的"人文初祖"，也是多元一体的中华民族的伟大母亲的代表。用现在的话说，她又是伟大的科学家、发明家，为创造我国古代文明作出了杰出贡献。

黄帝时代是上古的文明开化时代，嫘祖以发明丝帛而称雄于西陵，并受到黄帝的仰慕。后来嫘祖与黄帝联姻，从此辅弼黄帝，"施惠存天，一道修德，惟仁是行，宇内和平"。

↑ 三星堆的发现让古蜀文明重现辉煌

11

有关学者指出："中华民族的团结和整体统一，在我们的祖先黄帝、嫘祖那时就已经开始。留给我们炎黄子孙一个光荣传统……通过蚕丝文明实现了中华一统富耕桑，促进了各部落、各民族的大融合，因此，中国文明史的开端应从黄帝、嫘祖时代算起。"

四川的盐亭县古时是巴蜀的分界，气候温和、土地肥沃、雨量充沛，具有优越的自然条件。当地的蚕桑丝绸文明源远流长，蚕丝业一直是盐亭人世代赖以为生的生计来源。《盐亭县志》记载，隋代盐亭县令董叔封大力劝民栽桑养蚕，蚕丝称盛新城郡；唐代时，盐亭生产的"鹅溪绢"是"皇家画院之贡品"；宋代大文豪苏东坡及著名诗书画家文同都有许多赞美"鹅溪绢"的诗；在清代，盐亭蚕丝业更是兴盛，"比户机声轧轧，所产甚饶"。

从历史谱系来看，距今约4500年前，一支生活在岷江上游，以"蜀"为号的部落迁徙到了成都平原，后来还出现了蚕丛、柏灌、鱼凫这些流芳千古的大人物，三星堆遗址便极有可能是他们施展伟力的杰作。帝颛顼（史前"三皇五帝"之一）是黄帝和嫘祖的孙子，他把他的支庶分封于蜀。这一时期，正与史载"三代蜀王"争雄局面的结束、川西平原政治一体化的时间相吻合，表明一个植根于社会，而又凌驾于社会之上的国家政权的产生。这个政权，便是早期的蜀国。

禹生石纽

帝禹的最大功绩，是创造性地使用大规模水利工程治理肆虐的洪水。大禹改变了以往单纯用堤坝围堵洪水的方法，强调开渠疏导洪水使其顺利宣泄入海，重现江山如画之景。这种或堵或疏的工程理念，对中国历代统治者的国家管理理念产生了重要的影响，凡是和谐或较为和谐的朝代，对民众的利益和欲求通常都采取了疏导的政策，而不是堵压。

禹生石纽是关于大禹出生地的神话传说，是古代羌人对民族祖先大禹崇拜的产物。岷江上游的羌人是迁徙定居的族群，他们需要用大禹神灵来建构族群认同。历史上禹生石纽的

有关大禹的关键词

禹步。相传大禹治水时有一种特殊的步伐，称之为"禹步"，过去学者将其解释为禹的腿脚有些跛，并传为一种具有法术的步伐。经考证，所谓禹步，是当时进行测绘的一种工具和步伐，相当于现在军人的"一米步"。

禹余粮。又称太乙余粮，或谓是一种自然谷物，或谓一种可食的土。相传大禹治水后，又遇大旱，食此物度过饥荒，余者弃于江而为药。也有人称其为结核状褐铁矿，别名石脑。

禹穴。据谢兴鹏先生《大禹文化研究综述》等文，禹穴有四五处。北川禹穴，为大禹出生处；湖南衡山禹穴，为大禹藏书处；陕西石泉禹穴，为大禹憩息处。

↑ 青铜纵目面具——三星堆出土文物

汉川之争，反映的是岷江上游羌族部落的历史记忆。羌人对华夏大禹神话的羌族化改造与诠释，显示了秦汉时期大禹崇拜多元化的特点。

早在西汉蜀人的记载中，就开始出现大禹诞生于蜀地之说。西汉扬雄《蜀王本纪》说："禹本注山郡广柔县人也，生于石纽，其地名刳儿坪……"这是禹生石纽说的原始记载。由蜀人扬雄倡言的大禹诞生地的说法，多为历代史籍所沿袭。刳儿坪位于九龙山第五峰下，其地"稍平阔，石上有迹，俨然人坐卧状，相传即圣母生禹遗迹"（《四川通志》）。沿刳儿坪溪流而下，有一巨石，其状如盆，其"水色金赤，四季不变，相传禹母诞禹后洗儿处也"（中华民国《北川县志》），因此得名。

大禹神话在羌人中的流播，反映出汉文化在羌族社会中的影响。羌人"刳儿坪"的地名，其实是羌人根据历史文本建构的大禹遗迹。

岷江上游高山峡谷多断壁石崖，羌人造"禹生石纽"自有丰富的天然资源。石泉九龙山第五峰下的刳儿坪，其地形犹如人坐卧之状，不难被羌人比附为圣母生禹的遗迹。

洗儿池以下的溪流中，"白石累累，俱有血点浸入，刮之不去。相传鲧纳有莘氏女，胸臆坼而生禹，石上皆是血溅之迹"（《锦里新编》）。令人称奇的是"血石止禹穴一里许"（《三边总志》），距洗儿池稍远即无此奇观。不远处的绝壁上刻有虫篆体"禹穴"二字，字大二尺见方，"传为大禹所书"（《四川通志》）。古时禹穴沟尚有禹之采药亭。《升庵外集》云："其山药气触人，往往不可到。"传说大禹幼年，随母采药于此山，故乡人谓之采药山。

龙显昭所撰《夏禹文化与四川的禹庙》一文中称，禹庙兴起于秦汉，盛行于唐宋，遍立于明清。唐宋时期，四川各地禹庙兴起，其中以忠州、成都和石泉（今北川）的禹庙最为有名，巴县、都江堰、遂宁、射洪、黔江、南充、绵阳等地的禹王宫历史也较为悠久。

"蜀"字与开山立国

汉字总是像魔法石一样藏有玄机。"蜀"字最早见于商代的甲骨文，《说文解字》指出，蜀，是"桑中虫"的意思。学者们推断是商朝人最先发明使用"蜀"字，并且有20多种写法。每一种写法上，都有一个大大的"目"字，意思是"纵目"。最早，"蜀"字下面没有"虫"，"虫"是后来加上去的，金文将它固定下来，直到汉隶才固定为现在的"蜀"字。

"蚕丛及鱼凫，开国何茫然。"3000多年前的古蜀王国，不仅开国时间扑朔迷离，每个王朝最后的去向，也无人能晓，只留下一点点零星的蛛丝马迹，任凭后世揣

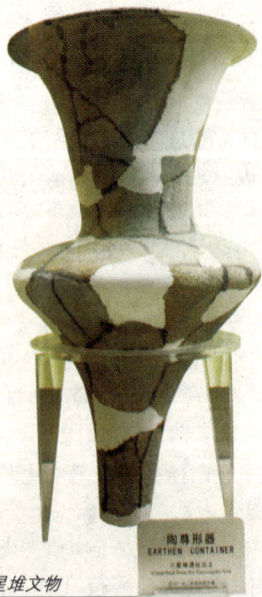

陶尊形器
EARTHEN CONTAINER

↑ 三星堆文物

度。就拿第一个古蜀王国来说，一说是来自岷江上游的蚕丛建立的；另一种观点却认为，来自嘉陵江畔的黄帝才是立国者。而接下来的柏灌、鱼凫、杜宇、开明等每一个王朝国破后，最后的国王和众多子民流落到了什么地方？如果说古蜀的历史是一条长河，那么一代代的蜀王便如同河流的转弯处般，决定着长河的走向。这些蜀王彼此交替、延续，他们到底拥有着怎样的命运和结局呢？

蜀山氏是最早以"蜀"为族称的部落。在《史记》、《山海经》等史料中，还记载着一个最早以"蜀"为国名的国家，这也和蜀山氏有关。《史记》记载，西陵国（今四川盐亭一带的一个古蜀部落）的嫘祖最早与黄帝结亲，并生有青阳和昌意二子。昌意娶蜀山氏女昌濮为妻，生下高阳。高阳后来继承帝位，就是颛顼，并把他的支庶分封在蜀。从此，蜀便成了中原的一个属国。后世蜀人常对外人自豪地说："我们是黄帝的子孙"，渊源便在于此。

从蜀山氏开始，古蜀历史的脉络逐渐清晰，进入了半信史阶段。人们熟悉的三代蜀王，也就是在这个时期开始登台亮相。一种说法是，蜀向家蚕的转变过程，也就是蜀山氏向蚕丛氏过渡的过程，蜀山氏部落最早以"蜀"为号，蜀变蚕后，他们便以"蚕"为号，改称蚕丛氏。证据有两条：一是蚕丛氏的"蚕"就是"蜀"进化而来的；二是自从古籍中出现蚕丛氏以后，原本频频出现在史料中的蜀山氏似乎就在一夜之间消失了。

↑ 锦里复原了古蜀的繁华

在四川的许多地区，至今流传着蚕丛将蜀驯化为家蚕的传说。蚕丛氏部落居无定所，随着首领蚕丛到处迁徙。所到之处，举族养蚕，而那里也就马上成为了热闹的集市。据说蚕丛王常穿一件青色的衣服，巡行郊野，教民养蚕，他死后人民尊他为"青衣神"，四川青神县也因此得名。传说蚕丛的生辰是农历六月二十四，一直到20世纪50年代，民间仍然有在这一天拜祭蚕丛的民俗。

南宋学者罗泌在《路史》中认为，蚕丛、柏灌、鱼凫这几位蜀王各活了数百岁，部落名就叫蜀山氏。他们是蜀山氏的蜀王，原先生活在岷江上游汶川、威州、姜维城一带，后来逐渐迁徙到成都平原上。两晋时期的绵竹（今绵阳一带）先民，还有过蜀山氏生活的痕迹，而他们最终在广汉一带立国。今天的三星堆遗址，出土了众多可能与蚕丛、鱼凫有关的文物，使蜀山氏在广汉三星堆建国的历史，变得可信。

古蜀王国到了杜宇王朝，正是中原的西周时期；开明王朝则是中原的春秋战国时期。前316年，秦国趁蜀国和巴国发生战争之机，派大将司马错率军南下，一举灭掉了蜀国和巴国，古代蜀国的历史就此结束。

古蜀国简史

蜀国古文明历经蚕丛、柏灌、鱼凫之后，进入了杜宇时代。杜宇生活的时代，大致在中原的西周至春秋中期（前10世纪~前6世纪上半叶）。《蜀王本纪》称：后有一男子名曰杜宇，从天堕，止朱提。有一女子名"利"，从江源井中出，为杜宇妻。乃自立为蜀王，号"望帝"，治汶山下，邑曰郫。

经过激烈的战争，这个从天而降、号曰望帝的杜宇打败了鱼凫，并取而代之。原来臣服于鱼凫的"化民"也就随之转而从属于杜宇。杜宇将

15

都城从成都迁到郫邑，也就是今天四川省的郫县。他教民务农，使得国力日渐强盛。杜宇时代的蜀国疆域北达陕西汉中，南至四川青神县，东以涪江为界与巴为邻，包括了今西昌地区及凉山彝族自治州（简称凉山州），以及云南北部。为了更好地治理广大地区，杜宇有时定都郫邑，有时定都瞿上，瞿上就在今天四川双流县南9公里处（童恩正《古代的巴蜀》，四川人民出版社1979年版，第62页）。

在杜宇时代晚期，蜀国发生了一次重大变故。《蜀王本纪》叙述道："望帝积百余岁。荆有一人名鳖灵，其尸亡去，荆人求之不得。鳖灵尸随江水上至郫，遂活，与望帝相见。望帝以鳖灵为相。时玉山出水，若尧之洪水，望帝不能治，使鳖灵决玉山，民得安处。鳖灵治水去后，望帝与其妻通，惭愧，自以为德薄不如鳖灵，乃委国受之而去，如尧之禅让。鳖灵即位，号曰开明帝。"这个故事相当离奇，鳖灵死而复活已有悖常理，尸体竟能逆江水而上更不可想象。透过传说的层层迷雾，我们大致可以推测：在杜宇之时，四川盆地曾发生一次特大洪水，一支来自东方的民族，在治理洪水的过程中逐渐取代了杜宇氏的统治，成为新的蜀国统治者，即开明氏。

传说杜宇死后，魂魄化为杜鹃，常引起后人的思念。富有招魂意味的杜鹃，成为蜀国贡献给后世最为著名的"文化动物"。杜宇"升隐西山"时值二月，杜鹃鸣叫不已，让所有的听众顿生悲意，从而为哀怨之诗留下了无尽的题材。左思《蜀都赋》有"鸟生望帝之魂"的记载。

↑ 芦山姜侯祠

↑ 武侯祠是三国时期的重要遗址

杜甫写道："古时杜宇称望帝，魂化杜鹃何微细。"

开明氏即位后，号称丛帝，丛帝生卢帝，这时是中原的春秋中后期（前6世纪上半叶～前476年）。

开明氏统治初期，蜀国国力强盛，保持着较多的原始风俗，到九世开明帝时，开始接受中原地区的礼乐文明，"始立宗庙，以酒曰醴，乐曰荆，人尚赤，帝称王（《华阳国志·蜀志》）。整个战国时期，蜀与秦经常处于战争状态，最后终于在前316年被秦国灭亡。蜀国的古文明，也随之消亡了。

战国秦汉的四川和蜀道

在巴国定都江州（今重庆）之初，蜀国国力之强是毋庸置疑的。常璩在《华阳国志》里说，杜宇施政西川，同时泽惠巴国，正所谓"巴亦化其教"。加上《太平广记》、《路史·国名记》中记载的"昔蜀王栾君王巴蜀"，都表明当时的蜀王统辖着巴国。但此后巴国日益强大，开始蚕食蜀国的地盘。有学者推论，战争极有可能源于对食盐资源的争夺。巴、蜀两国固有平衡的打破，在《华阳国志》中被记录为"巴与蜀仇"和"巴蜀世战争"。

巴蜀二国的拉锯战最终由第三方消弭，因为二者的力量尚不足以剿灭对手。从北方长驱南下的"渔翁"秦国，成了巴、蜀这两只"鹬蚌"之争的终结者。直接控制这场利益博弈的人，是大名鼎鼎的张仪和司马错。即使用今天的眼光来看，这些高级幕僚都可谓颇有远见，通过置郡之法，使其为己生利，更因此获得了巴、蜀二城奠基者的光荣和名声。

为了更加有效地控制巴蜀之地，开辟通道是当务之急。从现有的考古发现和地形地势推断，由于秦岭山脉难以穿越，蜀国与商周的早期交往是经白龙江或西汉水河谷，转道今甘肃境内的。当周人东迁以后，甘肃一带为戎人所占，这条交通线就被切断了。因此，秦蜀双方要联系或扩张，就必须开辟新的通道。如果没有越过秦岭天险的道路，就无法实现秦蜀间的联系，秦国要出兵灭蜀也就无可奈何，所以秦国千方百计要开通道路。同时，筑路工程艰险异常，在此过程中曾发生多次事故，造成大量人员的死亡。

历史学家葛剑雄认为，"蜀道"的开通导致了秦国灭蜀的结果，但闭塞的地理环境依然是蜀地统一于以关中或关东为中心的中原王朝的天然屏障。因此，在秦灭蜀以后的相当长时期内，秦国一直在通过安置移民和流放罪犯等手段来加强自己的统治基础，这一移民过程持续

↑ 诸葛亮墓碑

到了西汉初年。尽管如此，在秦汉之际、两汉之际和东汉末年，蜀地又分别三次成为割据的基地。由四川盆地向西南和南方的开拓也面临巨大的地理障碍，所以秦朝只有开通了由今四川宜宾至云南的"五尺道"，才能在沿线诸国"置吏"。汉武帝时为了控制西南夷地区，也不得不征调巴蜀四郡的人力和物力用以筑路，后来才利用出兵南越的机会，打通了与西南夷地区的联系。

从战国末年到南宋末年，四川共经历了三次大规模移民。第一次移民是秦国灭蜀以后，对巴蜀地区的移民，加上秦始皇统一中国以后迁六国贵族到四川定居；第二次移民是东汉末年动乱中，先是刘焉，后是刘备带领的中原世族进入四川；第三次移民是唐末动乱中，四川接受大批避难的中原世族。三次移民的共同特点是，移民的文化水准高，并能把中原地区先进的文化带进四川，促进了巴蜀地区社会经济、文化的飞跃，入汉以后，繁华程度超过关中地区而被誉为"天府之国"。

值得一提的是，秦国灭蜀之后，筑起四面城墙将成都围成一个大城。紧贴大城西面城墙又砌了三道城墙，围出一个小城，叫"少城"。平时"少城"辟为集市，战时则成为大城的前哨与屏障。清朝时期，成都的守军便驻扎于此。包括现在的成都军区，都设在少城一带，也是有传统的。清朝以来少城是八旗子弟及贵族的居住地。辛亥革命以后，成都的达官显贵也来这里置建公馆别墅。如今闻名遐迩的"宽巷子"就是"少城"仅存的街道之一，

这条街上有很多极具代表性的川西庭院建筑。

两汉三国时期的四川

汉初，封建统治者实行休养生息政策，并继续向蜀地移民。蜀地社会经济持续发展，但文化事业相对落后。汉景帝（前156～前141）末年，文翁出任蜀郡太守，首创官学，将兴办教育列为治蜀首要目标。从此蜀郡学风大盛，可与文化发达的齐鲁地区媲美。文翁兴学传到巴郡和汉中郡，"巴，汉亦立文学"。汉武帝时，更令天下郡国皆立文学。

汉武帝时期（前140～前87）在巴蜀采取的一项重大举措是开发西南夷，最终将西南的大部分地区划入汉朝版图并设立益州以统辖，治成都县（在今成都市）。汉武帝开发西南夷，不仅促进了西南各族人民、各地区间的相互交流与共同进步，而且还有利于统一的中央集权的多民族国家的发展。西汉末，公孙述占据益州（今四川），自立蜀王，国号"成家"，建都成都，这是自秦并巴蜀后四川地区建立的第一个封建割据政权。东汉时四川复归汉有。东汉末又为刘焉、刘璋父子割据（189～214）。尔后，刘备在成都称帝，国号"汉"，改年号章武，史称"蜀"或"蜀汉"（221～263）。蜀汉的疆域包括今四川、云南的大部分，贵州全部，陕西汉中和甘肃白龙江流域的一部分。

政治上，诸葛亮以"北定中原，兴复汉室"为己任，实行联吴抗魏方略，并亲自率师六出祁山，攻略曹魏。内政上，厉行法治，而用心平明。经济上，注意务农植谷，闭关息民，重视手工业生产，促进了盐、铁、锦业的发展。诸葛亮的另一大业绩是平定南中，不仅使"夷汉粗安"，而且推动了西南地区经济的发展，也为蜀汉提供了稳定的物质基础。

四川以拥有大量三国时代的古迹而自豪。沿"蜀道"分布着众多的名胜古迹，主要有古栈道、张飞柏、三国古战场遗迹等等，而分布在成都平原的三国文化古迹更是难以计数，多至上百处，使游人流连忘返。

两晋隋唐时期的四川

成汉灭亡后，其旧部起兵反晋，被桓温击败。桓温率军离蜀后，成汉旧部又反，攻入成都。347年，成汉故臣范长生之子范贲被拥立为帝，东晋振威护军萧敬文亦乘乱起兵攻陷涪城（今绵阳市），占领巴西全郡，自称州牧。益州形势顿时陷于动荡之中。

两年后，东晋益州刺史周抚率兵平定益州，桓温于351年派军协助平定萧敬文叛乱。365年，周抚卒后不久，梁州刺史司马勋举兵反叛，自称益梁二州牧、成都王，引兵进围成都。桓温命朱序于次年击破司马勋围成都之军，擒获司马勋及其党羽，平定了这次叛乱。

373年冬，北方前秦苻坚出兵攻夺梁、益二州，东晋命毛虎生父子统兵攻蜀，不克。375年5月，蜀人张育、杨光起兵反秦，与巴僚共5万余人进克成都，求晋兵出援。不久，张、杨及晋援军皆败，益州复归前秦。385年，前秦益州刺史率部奔还陇西，成都守备空虚，东

19

晋终得复取益州。

郭崇韬占成都后，为庄宗之子所杀，庄宗派孟知祥为西川节度使，入川定乱。934年，孟知祥在成都即位，国号蜀，史称后蜀。孟知祥在川免除苛税，减轻人民负担，并缓和了与中央政权的武装冲突。其子孟昶即位后，实行"赋役俱省"政策，与民休息，使农业得以继续发展，经历了长期的战乱后，四川一度成为全国最为安定繁荣的地区。

然而孟昶晚年，却疏于朝政，纵情作乐。他命人在成都城上遍植木芙蓉，成都自此又称"芙蓉城"。964年，宋太祖赵匡胤命将伐蜀。次年年初，孟昶降宋，后蜀灭亡。

581年隋朝建立，隋文帝以其第四子杨秀为益州刺史、总管，并封为蜀王。次年设置西南道行台尚书，以杨秀为尚书令，总揽四川的军政大权。蜀王杨秀骄奢淫逸，残害人民，任用小人干预军务，又大兴土木扩充宫殿。隋文帝于是在601年召回杨秀，改派总管。隋炀帝即位后，横施暴政，引发了农民起义。但隋末农民起义基本上未波及四川，使这里成为全国少有的安定地区。

617年，李渊得长安后，派员招抚四川，四川各地长官、豪族纷纷归附唐王朝。

唐朝时期，四川的行政建制变易甚大，最终在766年分剑南道置东、西两川，以剑南东川、剑南西川和山南西道合称为"剑南三川"，此为唐代四川的主要行政区划。

值得一提的是，隋唐时期，四川民风崇重道教，盛极一时。前蜀杜光庭赐号广成先生、传真大师，晚年隐居青城山，号东瀛子，著有《广成集》、《仙传拾遗》、《道教灵验记》等多部著述。其中《道门科范大全集》对道教教仪则详加规定，自此以后，道教各科始有醮仪。

由于唐代四川是景教的流行地区之一，成都大秦寺极为富丽壮观。汉州刺史房倡导景教，"房公石"即其遗迹之一。

张献忠入蜀

明末农民战争爆发后，张献忠于1633年首次率师入川，次年年初由湖广第五次入川，号称有众60万，以"澄清川岳"为旗帜，溯江而上，节节胜利。6月克重庆，8月克成都，结束了明王朝在四川的统治。1644年11月16日，张献忠在成都即位，国号大西，建元大顺，自称西王。大西农民政权建立了中央机构和地方各级政权组织，并开科取士，补充官员。大西政权没收明地方政府的库金和王朝宗藩的财产，向富民大贾征收赋税，发放金银赈济贫民。又铸货币"大顺通宝"以供流通。

1646年，清军入关两年后攻入四川，张献忠率军迎击，不胜，在西充县凤凰山多宝寺前太阳河畔遭清军突袭，中箭身亡，时年仅41岁。大西农民政权归于失败。

张献忠本来指望"暂取巴蜀为根，然后兴师平定天下"。但看到李自成兵败，清兵气势如虹，自感大势已去，绝望之下，在四川进行了空前绝后的烧杀。他以开科取士为名，杀知识分子于青羊宫，又坑成都民于中园，杀卫军98万，并迫不及待地遣四将军分屠各县，将亿万宝物藏匿于锦江，决水放流，自谓"无为后人有也"。

按照常理，一般的杀人，目的大概是为排除异己。张献忠在川杀人，却并非如此。他的《七杀碑》上这样写着："天生万物与人，人无一物与天，杀，杀，杀，杀，杀，杀，杀！"从这些话看来，他要这样杀人，是替天报复的。照《蜀碧》和《蜀龟鉴》所记载，他常常把小孩子掷向空中，任凭其落下戳在枪尖上，看着小孩子流着鲜血狂叫乱动的情形以为快乐。可见他的杀人，还寓有游戏的意义。

在民间传说中，明末张献忠兵败四川，曾经"江口沉银"，大量金银财宝随船沉入江底。四川省彭山县岷江河道中近年发现的一桶明代官银，又勾起了人们对这段历史的回忆，并掀起了民间的"寻宝热"，很多人猜测当年的"沉银"地点极有可能就在彭山县江口镇。

晚清时期的四川格局

毫无疑问，四川的资本主义萌芽始于井盐业。清代自流井盐业开发的启示是：清政府对四川盐业采取的宽松政策，有利于调整生产关系，促进了生产的发展，给凋零破败的四川井盐业带来了转机；"帮井法"的出现，确系榷盐制度的一次重大改革，导致了私井的大量出现及日益合法化，冲破了清朝政府在盐业运销中的固有模式，促进了井盐业中资本主义萌芽因素的增长；政府课税从轻的政策，造就了一个良好的投资环境。总之，清政府"务为民便"的政策，有利于西南边疆开发。

鸦片战争以后，四川历史上发生过许多引人注目的大事件：19世纪60年代初的李、蓝起义与石达开入川；60～90年代的两次重庆教案和成都教案；19世纪末至20世纪初四川近代知识分子群体的崛起和与此相关的维新变法、辛亥革命前的一系列武装起义；20世纪初地方官推行的包括近代教育、近代实业在内的各项"新政"，川省商会的广泛设立（至1911年达98个，数量居全国第一）与联合及资产阶级立宪运动；资产阶级立宪派和革命派领导的四川保路运动与保路同志军大起义……一波又一波的近代历史大潮，从政治、经济、思想、文化各个方面向封建主义压迫与外国资本主义和帝国主义压迫发起冲击，

↑ 芦山汉阙

21

↑ 青城山

最后虽然没有使四川摆脱半殖民地半封建社会的命运，却结束了清朝在四川的专制统治，教育并锻炼了包括近代知识分子在内的各族、各阶层民众。

晚清时期，四川的行政区划有一些变化，一方面是开重庆和万县为对外通商口岸，并允许日本在重庆开辟租界，使四川门户洞开；另一方面，清王朝加强了对四川西部高原的少数民族的镇压和统治。清王朝以平定巴塘县为契机，开始逐步在川边推行"改土归流"、"以流为主"的政策，建制州县。"改土归流"政策，即将少数民族地区本民族世袭的"土官"，改为清王朝所设的"流官"，从而废除了旧有的土司制度，把各民族地区的政区建制统一在清王朝的政区建制之内。

石达开入川

清同治二年(1863)，太平天国翼王石达开率兵入川，在大渡河紫打地(今四川石棉县安顺场)被清军诱俘，6月13日入清营谈判，在洗马姑被诱捕，全军将士被骗缴械后均遭杀害。石达开于25日解至成都。他在官府引诱面前，"坚强之气溢于颜面，而词气不卑不亢，不作摇尾乞怜之语"。8月6日在成都科甲巷被凌迟处死，"临刑之际，神色怡然"。

石达开被害后，四川民间还长期流传着关于石达开没有死的说法，说被扣押的是与他相貌酷似的养子，若干年后，还有人遇见过隐居四川的石达开等，足见民间对他的怀念。

如今，游人漫步在繁华的科甲巷，如果遥想起石达开在此地就义的一幕，那种被唤醒的蓦然回首的感觉，大概就是所谓的历史感吧。

不需记得太多，但石达开《入川题壁》却是值得铭记的，因为它一直被誉为"中国最有气势"的作品而广为流传——

黄金若粪土，肝胆硬如铁。
策马渡悬崖，弯弓射胡月。
人头做酒杯，饮尽仇雠血……

西康的短暂史

西康建省，早在明末清初就有倡议。1935年7月22日，西康建省委员会在雅安成立，刘文辉任建省委员会委员长。在其努力之下，西康省政府于1939年1月1日正式成立，刘文辉任主席，省会设在康定。1949年12月9日，西康省主席、第24军军长刘文辉与西南军政长官公署副长官邓锡侯、潘文华在四川彭县通电起义，宣布西康省和平解放。1950年4月26日，在雅安军事管制委员会的基础上正式成立了西康省人民政府，廖志高任省主席，省会设在雅安。1954年西康省人民政府改为西康省人民委员会，廖志高当选为省长。1955年9月西康省被正式撤销，金沙江以东各县划归四川省，金沙江以西各县划归西藏自治区筹备委员会。从中华民国到新中国，西康省的建制共存在了16年零9个月。

作为西康省省会的康定是西部地区重要的历史名城，古为羌地。据说蜀国丞相诸葛孔明在准备第七次释放孟获时，双方协定，孟获退出一箭之地，并永不侵犯蜀国边境。孔明暗中派将军郭达星夜兼程，来到今康定安炉造箭，并把所造之箭插在一个山顶上。后迫使孟获退至打箭炉以西的地方，后以郭达造箭之地取名为"打箭炉"。

值得注意的是，费孝通先生认为，康定远古文化的遗存应当说就是"民族走廊"文化遗存。表现得较为清晰的主要有：石棺葬文化、高碉文化、古老的木雅语和鱼通语等语言现象，以木雅和鱼通服饰为代表的服饰文化，古老的民风民俗等。这些现象都是由于远古部落、部族乃至民族相互碰撞、相互交融并不断发展、变化的结果。

抗日战争爆发时，国民政府在西昌设立行辕，到1946年3月撤销，前后存在了7年，是蒋介石所有行营行辕中历史最长的。它当时的任务是"建设抗战基地"，"宣扬中央德意"并"辅导西康省政"。

行辕在西康做出的最大"功绩"，一是扩建西昌小庙机场。动员了一万多汉、彝民工，耗时近一年，把一个临时性军用小机场，扩建成西康境内唯一的军民两用机场，开辟了西昌对外航空运输线，以后又成为中印航线的重要场站。二是督修川滇西路。这是联结四川内地和滇缅国际公路的战略公路，动员了十几万民工，历时两年多才完成的。主办是交通部公路局，行辕负责督修。但建成后，滇缅路即被日寇切断，在抗日战争中没有充分发挥作用。

前21世纪~前11世纪：

　　鱼凫氏建立古蜀王国，建都于今广汉三星堆。巴人活动于今汉水上游。

约前11世纪：

　　巴、蜀从周武王伐纣。西周王朝封其宗姬于巴，为巴子国。封蜀为诸侯国。杜宇（望帝）取代鱼凫氏，在蜀建立杜宇王朝，建都于今郫县。

约前7世纪：

　　荆人开明氏鳖灵入蜀为相，开凿玉垒山，治水有功，立为蜀王（丛帝），建立开明王朝，建都今双流县境。约公元前6世纪蜀王开明五世迁都成都，设立五丁制度。

前316年：

　　秦惠王遣大夫张仪、司马错、都尉墨等率师从石牛道伐蜀，蜀亡。同年，秦移师攻巴，俘巴王，巴亡。前314年秦置巴郡，郡治江州（今重庆）。秦封蜀王子通为蜀侯。

前256~前251年：

　　秦昭王时，李冰为蜀守，主持修筑都江堰，倡导凿井吸卤煮盐。

前156~前141年：

　　汉景帝时，文翁为蜀郡守，在成都兴办学校，培养人才，史称"文翁兴学"。

214年：

　　刘备大军兵临成都，刘璋投降。刘备自领益州牧。221年刘备在成都称帝，国号汉，史称"蜀汉"。任诸葛亮为丞相。

295年：

　　陈寿撰成《三国志》。

581年：

　　杨坚取代北周，建立隋朝。杨坚任命其第四子杨秀为益州刺史、总管，并封蜀王。次年，设置西南道行台尚书省，以蜀王杨秀为尚书令领其事，是为四川设道之始。

613年：

　　高僧海通开凿乐山大佛，历90年由后继者完成。

755年：

　　唐朝发生安史之乱。次年，唐玄宗出逃四川避乱，史称"玄宗幸蜀"。

759年：

　　诗人杜甫流寓成都，筑草堂于浣花溪畔，客居巴蜀各地10年之久。杜甫草堂成为成都的一大景观。

881年：

　　黄巢进攻长安，僖宗出逃成都，史称"僖宗幸蜀"。

907年:

朱温取代唐朝,建立后梁政权,中国历史进入五代时期。王建割据"三川",在成都称帝,国号蜀,史称"前蜀"。

944年:

后蜀后主孟昶命人开刻《孟蜀石经》。

971年:

宋太祖命张从信到成都监雕《大藏经》,刻版13万余块,历时13年竣工,运至京师印刷。

1001年:

北宋在蜀地置益州路、梓州路、利州路和夔州路,简称川峡四路。四川由此得名。

1023年:

北宋设置益州交子务,将"交子"发行改由官府经营。"交子"是世界上最早出现的纸币。

1041~1053年:

北宋仁宗庆历、皇祐年间,四川的井研、遂宁等地出现了"卓筒井"。这是中国最早出现的真正意义的"钻井",井深达160余米。"卓筒井"至今在四川存有遗迹。

1083年:

北宋创办成都府锦院,专门生产丝织品。蜀锦得到进一步发展。

1127年:

南宋僧人赵智凤主持大规模修凿大足宝顶山佛教石刻。历时约60年。

大足石刻最早开凿于晚唐的892年。

1247年:

数学家秦九韶撰成《数学九章》。

1286年:

元朝在成都设置四川等处行中书省,简称四川行省。省下设道、府、州、县,并在四川少数民族地区实行土司制度。

1378年:

明太祖朱元璋封其第十一子朱椿为蜀王,在成都建立蜀藩王府。

1633年:

张献忠率军攻入四川。本地人被杀戮十有七八。

1713年:

清廷谕令四川"滋生人口",规定"永不加赋"。同时大规模向四川移民。此后,四川人口急剧增长。

1748年:

清朝正式规定设四川总督,兼督抚事,驻成都,从此成为清朝定制。

1835年:

在自贡大坟堡凿成气卤并产的"海井",是世界上第一口超千米的深井。

1939年1月1日:
正式成立西康省政府。

1949年12月27日:
成都解放。

一提蜀道，几乎所有的人都会脱口而出："噫吁嚱！危乎高哉！蜀道之难，难于上青天！"其实，李白《蜀道难》中所叹，仅是指古代四川通往陕西秦陇之间的金牛古道而已，今天则多称为"剑门蜀道"。

蜀道

从更为全面的角度言之，古蜀与外界的陆路沟通，除了狭义的"蜀道"，至少还应包括另外两条著名通道，其一是"茶马古道"，即由成都经雅安、甘孜康定，再入拉萨等地，最后到达尼泊尔、印度等南亚国家，是一条以"茶马互市"为主要内容的商道；其二是"南丝绸之路"，此道是由西汉先人开辟，由成都分东西两路，入云南，渡怒江，越高黎贡山，直入缅甸，延伸至东南亚各国。

金牛古道

古代四川北上接通中原的古道，细分起来也有3条：其一是金牛道；其二是阴平道；其三是米仓道。另外还有几条主要驿道之间的过渡性古道，如连接金牛道与阴平道的景谷道等。这3条古道比较起来，因翻越米仓山而得名的米仓道，狭窄曲折、沿途荒凉，在交通上难有大的作为；因邓艾偷渡灭蜀而名声大噪的阴平道，险峻森严、异常艰辛，亦为历来行旅之人所忌惮，凡太平之世绝不愿涉险；唯有金牛古道宽展稳健，且路程较近，加之蜀汉政权长期经营此道，历朝又不断使之完善发展，因此就中国历史上最为重要、发生历史大事最多、使用最频繁的标准来说，金牛道当为古蜀历史上首屈一指的黄金通道。

然而上古时代，川北龙门山脉与秦岭天堑之间，可谓绝壁横亘、千里沟壑，要想在这样的地形下凿石筑路，其工程之艰险、耗费之巨大，在今天的人看来，简直是匪夷所思。为此，两千多年来，金牛古道开凿的过程始终被蒙上了一层神秘幕布，留下了充满神秘和荒诞色彩的传说。

据《华阳国志》等古书记载，战国中后期，秦惠王见古蜀第十二世开明王朝国力衰退，蜀王荒淫无道，便欲伐蜀，但苦于崇山阻隔，无路可通。秦惠王请人凿刻了5头巨大的石牛，并派人在石牛尾下放置黄金，每头牛还像模像样地安排了专门的饲养人员。蜀人一见，以为是天上神牛，能屙黄金。蜀王闻之大喜，便派国中5位有移山倒海之力的著名大

↑ 先秦栈道

力士，开山辟路，一直将石牛拖回成都。这就是"五丁开山"的传说，而这条拖送石牛的道路，就是金牛古道——亦称剑门蜀道的来历。

据说五丁力士开山辟路后返还到梓潼地界时，见有一条大蛇钻入山崖石穴。其中一人掣住蛇尾，奋力拔之不出，于是5人齐力相拔，以致山崩地裂，力士们被压入山下。李白在《蜀道难》中所写的"地崩山摧壮士死，然后天梯石栈方钩连"，说的就是这一典故。

神话虽看似无稽之谈，至少有两个方面对后人有所启发：其一，秦国为了越过秦岭、龙门山脉灭蜀，肯定是千方百计想要开通这条灭蜀之道；其二，可以看出修筑此道的千难万险，此工程中大约发生过许多重大的事故，造成了大量人员的

死亡，而最为严重的一次，可能就发生在传说中五丁掣蛇而死的梓潼境内。

金牛古道作为历史上四川与中原沟通的最重要的一条道路，从广义上讲，它南起成都，经广汉、德阳、绵阳、梓潼、剑阁、广元等地出川，然后在陕西襄城附近转向，接"褒斜道"沿褒河过石门栈道、穿秦岭、出斜谷，直通八百里秦川。

金牛古道在中国古代交通史上的重要地位，早已举世公认；其沿途险峻绝伦，亦是千古闻名。从陕南勉县至蜀中梓潼的崇山峻岭间，一路上雄关当道，险隘迭起，云栈连绵，恶水滔滔，历来行旅之人无不望而生畏，行之胆寒，葬身于险崖恶途、失命于狼虫虎豹者，不在少数，千真万确是"蜀道之难，难

27

于上青天"！

金牛古道最北端与陕西汉中分界，是著名的七盘关。1936 年，当川陕公路修至七盘岭时，因为山势险恶陡峻，来自美国的公路设计师们一筹莫展之下，只好退避三舍，费九牛二虎之力才绕开金牛古道上这座著名的山岭，从七盘山腰的一侧另辟蹊径，蜿蜒连绵数度，最后才逶迤盘旋而下。从此，七盘关这座自先秦以来便作为秦、蜀分界的"西秦第一关"，再也无人问津，一路竟衰颓下去了。

再一路南下，则是有"北门天街"之称的朝天关。朝天关位于距今广元朝天区政府所在地东南十余里的朝天岭上，自古就有羊肠小道沟通南北。当山下嘉陵江峡的栈道通行之后，南北交通的主要干道便改为峡中的栈道。然而江峡栈道在数千年来的历史长河中，屡经战火焚毁，因此南北交通也屡屡中断。反而是朝天岭上的这条曲折小道，在巴蜀与中原的交通史上，成了与江峡栈道并驾齐驱的重要通道，承担了金牛古道上繁重的交通职能。如今朝天关下的明月峡，集中了羊肠道、纤夫鸟道、古栈道、嘉陵江航道、高速公路、铁路这 6 种古今交通道路，号称"活着的中国古代交通博物馆"。

从朝天关沿嘉陵江而下，过飞仙关、石柜阁，入广元城，然后再顺江出城，经过一片开阔的河谷地带，便来到金牛古道上的三国名城——昭化古城。昭化古称"葭萌"，距今已有 2300 年的建城史。此城三面环山，两面临水，自古为兵家之重地。此地历来大小战争不计其数，是著名的古战场，三国遗址有著名的战胜坝、葭萌关、牛头山以及保存完好的古城建筑。

这一段，已接近整个金牛古道最核心的区域。再往南，便到了世称为"蜀北屏障"和"两川咽喉"的剑门关。金牛古道又称为剑门蜀道，可见这座具有标志性的天下名关，便是整个金牛古道的核心。自蜀汉以降，剑门关前便烽火未断。凡是改朝换代、外扰内乱之际，剑门雄关便会为兵喉之气笼罩，被杀伐之血垢染。自诸葛亮立剑门关以来，历代关前所经过的大小战争已不下百余次，的确称得上是名闻天下的铁血雄关。

剑门关向南，金牛古道便渐渐摆脱了险象环生的局面，古道风光变得旖旎灵秀，绮丽多姿。沿途有古柏遮天蔽日的翠云廊、香烟缭绕的梓潼七曲大庙、江油窦团山太白故里、绵阳富乐山、德阳黄许镇白马关等景点名胜，总之，已是鸡犬相闻、阡陌纵横，一派平旷富饶的川西坝子风光了。

茶马古道

茶马古道是云南、四川与西藏之间的古代贸易通道，主要是为了川、滇的茶叶与西藏的马匹、药材交易，并用马帮运输，故称之为"茶马古道"。一般来说，茶马古道有两条线路：一条是由云南普洱经大理、中甸、德钦等地到西藏；另一条线路，则是由四川成都经雅安、康定、巴塘、昌都至拉萨，再经后藏日喀则出境到尼泊尔、缅甸、印度，转回境内雅安、康定、理塘、巴塘到西藏。"茶马古道"连接川滇藏，延伸入不丹、锡金、尼泊尔、印度境内，直抵达西亚、西非红海岸。现有的古文物及历史文献资料表明，早在汉唐时，这条以马帮运茶为主要特征的古道就发挥着作用。

茶马古道是世界上通行里程最长、路途最艰难，也是沿途风光最优美的古代商路，总行程在万里以上，几乎没人能够走完全程。历史上茶马古道最大的贸易中转站要数四川康定。康定过去叫做"打箭炉"，从青藏高原下来的马帮到达康定之后，一般都要在这里转换运输工具，或者就地进行茶马贸易。1696年清康熙帝批准了在康定进行茶马互市贸易的请求，使康定成为了内地与西藏地区之间主要的商业中心。四川出产的丝绸、茶叶等商品经过康定运往西方，而南亚、欧洲、美洲的商品也从这里销往中国内地。

在川藏茶马古道沿途分布着可以称为地球上最壮丽，也最令人心动神摇的风景。从成都到雅安，全然是一派川西坝子富庶丰饶的平原风光。雅安素有"川西咽喉"、"西藏门户"、"民族走廊"之称。其气候属于亚热带季风性气候，终年多细雨，如云似雾，恍若轻纱，似有若无，民间称之为"雅雨"，雅安也因此而有"雨城"之称。雅安是川茶最大的产区之一，其境内的蒙顶山被尊为茶中故旧，其所产之蒙顶茶是茶中极品，也是中国最古老的名茶，自唐以来1000多年中，蒙顶茶岁岁进贡，年年送京，直至中华民国除旧革新。世有"扬子江中水，蒙山顶上茶"之赞誉。

出雅安城，一路险峡沟壑渐多，纵横交叠的崇山峻岭令人望眼欲穿。涉过险峻的飞仙关、走天全

↑ 古道上的石桥

古镇、再出禁门关，便到了著名的汉藏分水岭——二郎山。二郎山素以其雄险高峻闻名于世，其山顶可远眺蜀山之王贡嘎雪峰的雄姿，被历代行旅客商视为畏途。二郎山景区内富集着丰厚的土司文化、边茶文化、藏汉佛教文化遗迹，最著名的有古碉门茶马互市、二郎山茶马古道、紫石关旧城墙、红灵山寺庙群、慈郎寺等文物遗址。另外还保存有红军长征时遗留下来的红军大学、红军总医院、红四方面军总部、大岗山战场等遗址。

翻过二郎山后，过泸定，抵康定，然后路分两线。南线经雅江、理塘、巴塘、芒康抵达西藏昌都；北线走道孚、炉霍、甘孜、德格，最后也抵达西藏昌都。这一路上的高原风光，雄奇旖旎，随处可见的雪山草甸、森林湖泊，与藏民族无拘无束、自在天然的生活场景相映衬，无处不是如天堂般的纯净和谐。

历史上的茶马古道，绝不仅仅是一条悠然轻松的旅游线路。它不仅作为一条商贸之路而贯通东西，同时，它也是一个民族的转经朝圣之路。那些前往圣城拉萨的虔诚的朝圣者们，不断在崎岖蜿蜒的茶马古道上踽踽而行，有的更是磕着等身长头，从四川的康巴地区一步步直到遥远的西藏拉萨。

在茶马古道通往西藏的沿途，那些从来不为人知的民间艺术家们，在长达千年的漫长时光中，在路边的岩石上、嘛呢堆上绘制和雕刻了无数的经文咒语、佛菩萨形象，以及被他们视为神异之物的如海螺、日月、星辰，等等。那些或粗糙或精美的造像为茶马古道那漫长艰辛的旅途增添了一份神圣和庄严，同时，也见证了这条千年古道上的荏苒光阴。

南方丝绸之路

南方丝绸之路可以说是一条几乎被现代人遗忘了的道路，而在当年，它曾经是西南中国最繁盛的一条商道，绵延在广阔的崇山峻岭和滔滔的江河之间。

早在西北丝绸之路形成以前，在中国西南的川、滇地区便有着一条充满传奇色彩的古道，它南通印度支那，北连蜀都成都，是南亚诸国与中国西南的经济文化往来的主要通道。蜀地盛产的优质丝绸，一直受到南亚各国王公贵族的珍爱。为区别于西北丝绸之路，故将这条古道称之为南方丝绸之路。南方丝绸之路在古代又称为"蜀身毒道"，一来是印度国在古汉语中称作"身毒"；二来从字面上看，这条道路虽然繁荣，却也充满着难以想象的艰辛，令人不禁对上古先民不远万里进行经济文化交流的活动，产生由衷的敬意。

沿着这条崎岖的古道，先民们出巴蜀、穿云南、入缅甸、抵印度，络绎往来。一路上，既能看到彝、藏先民夜行的火把，也能看到古羌人匆匆的足迹；既能看到印度大乘佛教随着商贩的驼铃，渐次传入蜀地腹心，也能看到绚丽多彩的蜀锦丝绸，引起南亚诸国上流的惊叹……南方丝绸之路可以说是我国最早与异域文化交流的重要通道，它既是商贾往来的古道，更是文化互动的桥梁。

一般来说，南方丝绸之路是从四川成都，经郫县、大邑、邛崃、荥经、汉源、石棉、凉山等地出川，然后经云南昭通、永仁、大理、保山、怒江、高黎贡山、腾冲和瑞丽直入缅甸，并从东南亚诸国延伸至印度。

四川境内的南方丝绸之路长1000多公里，千年风雨铸造的驿道文化可谓俯拾即是，数不胜数，给后人留下了一条珍贵的古代文化交通线。其中最著名的有邛崃的平乐古镇、大邑有"佛道同源"之誉的鹤鸣山和雾中山、汉源旧石器富林文化遗址、凉山彝族风情等。这些如同珠串一般点缀在南方丝绸之路上的名山胜地、古镇风物，使沧桑古道变得丰厚而深沉，给后人留下了数不胜数的丰富遗产。

邛崃县距离成都70公里，自古便有"天府南来第一州"、"南方丝绸之路第一站"的美誉，而平乐古镇，则是邛崃民风最淳朴、保存最完好的古镇驿站，早在前150年西汉时期就已形成了集镇，迄今已有2000多年的历史。这里有"川南第一桥"兴乐桥，桥头附近的13棵古榕树更是冠如华盖，其中树龄最大的有1500年之久，被当地人奉为"神树"。乡民们还把自己的儿女拜寄给榕树做干儿女，希望能得到神树的庇佑。平乐镇外的骑龙山上现在还保留有南丝绸之路的遗迹，已渐渐为学者游客们所珍重。

沿古道继续南行，就到了有"佛道同源"之誉的大邑。大邑县鹤鸣山为中国道教的发源地，汉顺帝时留侯张良的后裔张陵在此建立"正

一威盟之道"，后称为五斗米道，张陵号称天师。如今的鹤鸣山上依然是古柏森森，仙云袅袅，道人出入其间，一派人间仙府的气象。与鹤鸣山紧邻的雾中山，则历来为古"蜀身毒道"上的佛教神山圣地，有"中国佛法南传第一站"之称，受到历朝历代皇室的敕封。难怪明代状元杨升庵题联，将雾中山誉为"天下无双地，雾中第一山"。

随着马帮的铃声渐渐远去，南丝绸之路再一路向西南迤逦而行，至雅安荥经县的安靖乡和凤仪乡。这里是全国最大的传统手工艺聚集地，号称"砂器部落"，而近年发现的对研究南方丝绸之路最有价值的文物"何君阁道碑"，则记录着这条上古通道的来龙去脉。出荥经县一路南行，翻大相岭，过汉源，就到了中国彝族聚居的中心——四川凉山彝族自治州首府西昌。凉山彝族的火把节早已是远近闻名的彝族民间文化风俗，而以巫觋仪式和自然崇拜为核心的彝族毕摩文化艺术观光，则成了近年来凉山彝族人文旅游的最热门项目。新中国成立以来，西昌作为航天工业的基地，更是备受中外的瞩目，有"中国休斯敦"的称谓。

南方丝绸之路出凉山后，向南经攀枝花出川，进入云南永仁地界，再经大理、保山、怒江、高黎贡山、腾冲、瑞丽等地，直入缅甸，延伸至东南亚和南亚的广大地区。自此，南丝绸之路终于完成了从蜀地成都到南亚印度的全部旅程，成为一条名副其实的古代国际经贸与文化的交通线。

三星堆众多奇异瑰丽的青铜器照亮了巴蜀文化史上几近苍白的历史画卷。成都平原史前古城遗址的发现表明，古蜀文明是源于川西地区、独立发展起来的、带有明显地方特征的长江上游古代文明。

三星堆——一个失落的文明

无垠而深邃的历史沙漠中到底掩埋着多少失落的文明和未解之谜？面对时间这绵长的隧道，犹如宇宙的浩瀚，人类的视力仍然是浅近而有限的。

大约在 3000 年以前，四川广汉三星堆的工匠们创造了一项伟大的工程，复杂的项目中包括制造许多青铜面具和青铜树，耗资之大令后人猜测，那是一个有着非凡国力的国家。那时的人们相信他们祭祀的场所一定是世界的中心，当那棵神圣的青铜树耸立起来的时候，膜拜的人们便实现了天与地的沟通。如今，在月光、星象、舞蹈与火焰映衬下那神秘、玄幻、深沉的仪式只可以在我们的想象中复原。

沉睡数千年，一醒惊天下

3000 年以后一个春天的傍晚，农人燕青保及其兄弟 3 人在挖蓄水沟时，无意发现了一处惊天的宝藏。这就是后来举世闻名的"三星堆"遗址。时隔 50 多年后，在 1986 年发掘的两座大型祭祀坑里，出土了 1000 多件美妙绝伦的珍贵文物，引起了世界轰动。这个古文化遗址被世人誉为"世界第九大奇迹"。

美国城市学家刘易斯·芒福德在《城市发展史》一书中曾提出"人类最早的超自然的精神礼仪性、威仪性会聚地点，即各方人口朝觐的目标是'城市发展最初的胚盘'"的著名观点，在三星堆古城址和祭祀坑遗址有鲜明的体现。

20 世纪以来，中国考古界有过多次重大考古发现，从广阔的时间和空间上显示了中华文明的源远流长和灿烂辉煌。广汉三星堆的考古发现，更是举世瞩目，它产生的影响，远远超过了谢里曼对特洛亚城址的发掘，成为 20 世纪世界考古史上一道绚丽的光彩。

"沉睡数千年，一醒惊天下。"三星堆遗址的发现，揭开了川西平原古蜀文明的神秘面纱。庞大的古城遗址、奇异的文物造型、独特的文化背景，标志着一个高度发达的古代文明。这里有许多光怪陆离、奇异诡谲的青铜造型，有高 2.62 米的青铜大立人，有宽1.38米的青铜面具，更有高达3.96米的青铜神树。而以流光溢彩的金杖为代表的金器，以满饰图案的边璋为代表的玉石器，也是前所未见的稀世之珍。其中神秘而奇特的青铜器，充分展现了古代文明的顶尖成就。国宝级文物"青铜立人像"和"纵目面具"，形体硕大、形象奇特、造型优美、内涵深邃，其别具一格的艺术造型，填补了商周时期中原青铜文明中人物形象缺少的空白，不仅为中原青铜文化所稀有，而且在世界青铜艺术中也是独一无二的。

三星堆的青铜器，是距今4500年至3000年前的作品。比古希腊的雕塑要早1000多年。过去我们总是为中国古代的青铜器没有人物雕塑而感到遗憾，而现在我们发现，我国古代不仅有青铜的人物雕塑，而且是世界上最早的、水平最高的青铜人物雕塑，我们足以为此感到自豪。三星堆出土的文物是丰富的，不仅是青铜器，它的玉器、金器，其制作技艺之精湛也令人叹为观止。

其中50多件青铜人头像在形态造型上既有共同风格，又各具特点，其中有平顶脑后梳辫者，有平顶戴帽或头戴冠者，又有圆头顶无帽或将发辫盘于头上或于脑后戴蝴蝶形花笄者，还有头戴双角形头盔者，等等。这些青铜人头像大都为浓眉大眼、高鼻阔嘴、方面大耳，显得粗犷豪放，极富神采。其中也有线条圆润五官俊秀的造型，充满了青春女性之美，好似英雄群像中的"公主"或巾帼人物。群像中还有数尊戴黄金面罩的青铜人头像，给人以

↑ 三星堆青铜鎣鎣造像

华贵神奇之感，说明古老的东方同古希腊与古埃及一样也早已制作使用黄金面罩了。最奇特的是3件硕大的青铜纵目人面像，它们的眼球明显突出眼眶，双耳极大，大嘴阔到耳根，造型极尽夸张，而且眉眼描黛，口缝涂朱，有的鼻梁上方还镶嵌卷云纹装饰物，仿佛是科幻中的"天外来客"。

这些青铜人物雕塑使一个已经失落的古老的巴蜀文明，一个只有茫昧迷离的文献记述而缺乏物化实证的巴蜀文明破土而出、喷薄而发，闪现出灿烂而耀眼的光芒，照亮了巴蜀文化史上几近苍白的历史画卷。其中所蕴涵的丰富的文化和历史信息，掩蔽着众多的扑朔迷离的文化之谜。

一个可以想象又无法猜度的古老时代

人们仿佛穿越时空，重新走进了辉煌闪耀的古蜀时代：眼前耸立着规模宏大的城市建筑和丰富多彩的器物；人们在特定的场合进行宗教神权与祭祀礼仪活动；城乡之间是忙碌在农田和作坊里的人们；车水马龙的街头不时走过脚步匆匆的信差；人们从遥远的北方带回了冶炼青铜的

技术，从更加遥远的西域学会了漆染和玉石工艺；每一座城镇都生活着掌握文字的巫师，他们不断地占卜和祈求平安，为不幸得病的人们治疗；每当天空中飞过五彩的鸟儿，人们都怀着一颗敬畏的心去膜拜，太阳则是他们心中永恒的神；早晨给人们带来了希望，日落时分则令人感到无端的恐惧和感伤；源源不断地从冶炼厂里运出的青铜雕像和青铜神树等众多精美的器物只是为了用来膜拜不可知的天际，或者用来与天际搭成一个沟通的神物……

我们既可以想象却又无法猜度那个繁荣的古老时代，怎样的历史事件刺痛并掩埋了这个深藏在中原背后的独特的地域文明。

走进分布范围达12平方公里的三星堆遗址，品味这四川境内迄今发现的范围最大、延续时间最长、文化内涵最丰富的古文化、古城、古国遗址，人们无不为巴蜀先民拥有的神秘而博大精深的文明所震撼。这一文明产生的渊源是什么？与中华文明的发源地——北方的黄河流域有着怎样的血缘关系，是否像学者们推究的那样与西方世界的闪米特人有着某种关联？三星堆文明持续了多少世纪，又是怎样突然地沉睡于地下？

惊世骇俗的古代文明遗存的出土唤起了人们对固有的历史意识的怀疑，也带来了对中华文明所展现的独特的艺术审美取向的深层思索。

不得不承认，三星堆文化不仅展现了古蜀人诙谐浪漫、从容大雅的艺术世界和铿镪辩肆、不师故辙的文化心理，同时也为人们深入到史籍记载的背后，去探索文明起源

的神权阶段的人类社会形态提供了大量的实物证据。

在这些重见天日的物件中，一大批形态各异的人或动植物造型的青铜塑像以及人兽形状的饰件，在以三星堆为中心的古蜀王国的祭祀活动中被大量使用，成为特有的"神权政治"器物的杰出代表。在相对独立的发展历程中，三星堆青铜器孕育了自己奇特新颖的艺术风格，创造了别具一格的美学传统，成为古代东方艺术中的一朵奇葩。三星堆遗址雄辩地证明了中华上古文明的起源是多元一体的，长江流域和黄河流域同样都是华夏文明的摇篮和发源地。因此，作为三星堆文明独特的物质文化青铜器群，不仅是中国长江上游古文明的文化遗产，也是世界古文化的珍贵遗产。

"山川风雨发其姿"，巴蜀地区作为独立的文化区，素有产生百科全书式天才的传统。从司马相如、扬雄、陈子昂、李白、苏轼、杨升庵、李调元到现代的郭沫若、巴金，都是能错综古今的文宗，都具有气势恢弘、纵横恣肆的艺术气质和"控引天地"、"包括宇宙"、"总揽人物"的开阔胸襟以及铺张扬厉、追求浪漫、不师故辙的开放性思维。这些特征均可以在三星堆人诡奇浪漫、怪诞夸张的造型艺术里找到它的美学源头。

三星堆文化源远流长，是历经若干年积淀的结果。就其中的原始宗教崇拜观念而言，它不仅包含有图腾崇拜，也存在自然崇拜和祖先崇拜。多层次宗教信仰并存，说明三星堆古蜀人的宗教信仰观在发展过程中，不是简单的更替。当新的

观念产生以后，旧观念中仍有功用的文化元素不仅保留下来，还与新观念互相渗透、交融，不断积累。

三星堆宗教文化是多层次宗教文化累积的结果。它告诉我们，古蜀人不仅崇拜图腾，同时还崇拜自然。他们崇拜太阳、崇拜高山、崇拜大树，并能在日常生活中根据自己对大自然的观察和理解，把图腾崇拜和自然崇拜有机地结合起来，

↑ 三星堆出土的青铜神树

给宗教注入复合崇拜的新观念。

"三星堆"出土的青铜巫师像、纵目面具、神树和大量祭祀器皿，向人们揭示了距今3000～4800年的蜀族先民不但崇尚祭祀，而且祭祀活动已经由"神人相通"的巫师主持。与历史上传说巫觋在社会中的地位与职能极为相似。

考古者在三星堆2号器物坑一共发现了6件由青铜制造的树木。人们在重新修复它们时，仅能比较完好地恢复一件。而这棵青铜树的残高竟高达3.96米，由于最上端的部件已经缺失，估计全部高度应该在5米左右。树的下部有一个圆形底座，3道如同根状的斜撑扶持着树干的底部。树干笔直，套有3层树枝，每一层3根枝条，全树共有9根树枝。所有的树枝都柔和下垂。枝条的中部伸出短枝，短枝上有镂空花纹的小圆圈和花蕾，花蕾上各有一只昂首翘尾的小鸟……这青铜神树显然是一棵具有复合特征的通天神树，它不仅是神话传说中扶桑与若木的象征，而且也是天地之中建木的生动写照。它以神奇的想象力和高超的青铜工艺与造型艺术，生动地表达了古代蜀人的通天观念，赋予了神人交往的象征含义，并将通天神树和太阳神话巧妙地结合在一起。

在三星堆出土的文物中，有一尊高1.71米的青铜巫师人像和高65厘米、宽1.38米、两个眼珠向外突出16厘米的宽面大耳"纵目"的青铜面具十分引人注目。《华阳国志》记载："蜀侯蚕丛，其目纵，始称王"，其墓葬称为"纵目人冢"。纵目青铜面具的出土，自然会被人们与蚕丛

联系起来，或者说是蚕丛的一个标志，属于祖先崇拜的范畴。青铜巫师人像头戴花冠、身着长袍（前裾过膝、后裾及地），大眼直鼻，方颐大耳。双手屈于胸前，做握物状，赤脚戴镯，立于铜方座之上。据考证此巫师亦为古之蜀王。

古蜀人特定的"手崇拜"集中表现在大型青铜立人身上。这尊由三星堆2号坑出土的大型青铜立人可能是鱼凫王或某位"群巫之长"的形象。它通高2.62米，头戴太阳花冠，两臂一上一下举在胸前，双手各自握成环管状，手势十分夸张。据笔者掌握的有限资料，三星堆还有一尊头戴三叉高冠的青铜人像，双手在胸前也呈环管状。或许他们作为帝王或是巫师，在祭祀时挥舞着巨大的环管状双手，窥天瞅地，向臣民们传达着上天之意、神灵之意、祖宗之意。夸张的环管状双手大大增加了神秘的气氛，超越了时间、地域和民族的局限性，作为一种可以外在显现的普遍形式，化生成元始天尊的双手而得到了新的生命。

在大立人青铜像的头顶花冠的正中，就有一个圆形的代表太阳的标志。从它所在的位置看，这个大立人青铜像也许就是代表太阳神在行使自己的职能，也许他本身就是太阳神的化身。值得指出的是，在三星堆还出土了众多圆轮状"太阳纹"铜饰件，象征太阳光焰纹圆盘等，这是太阳崇拜的直接表现。

兼容并蓄，让三星堆古蜀文化立于世界文化之林

三星堆古城存在的历史时期是

如此之长，使它成为了不同时期不同社会经济形态和文化特征的各支蜀文化的"兼容器"。这里有纵目人铜像为表征的采集狩猎时代的蚕丛文化的遗留，有鱼鹰形象为代表的渔猎时代的鱼凫文化的流风，也有以鹰头杜鹃形象为代表的农业时代的杜宇文化的遗韵，同时还是构建中国道教文化基本元素的重要成分。

古代的四川地区有无文字，或者说一些器物上面的符号是图案还是文字，直到今天仍然是学者们争论的问题。三星堆出土的器物上，没有一个文字。但古蜀人有一些符号性的图案看上去是有特定意义的。有一件璋，上面刻有许多图像，所传达的视觉语汇很不寻常。我们从三星堆文化以后的蜀人兵器上能看到许多符号形的图案，它们已经不是简单的图案了。

众所周知，文化的开放性和多元交流是所有文明社会的本质特征之一。世界上任何一个成熟的民族所创造的文化，都不可能是纯之又纯的文化。其形成和繁荣，都是在其自身发展的基础上，吸收、采借了其他文化的优秀成分而发展繁荣的，都是在与其他文化的碰撞、交流、融合中发展进步的。三星堆古蜀文化作为成就辉煌的古代文明更是如此。三星堆古蜀文化与其相邻的中原文化、滇文化，相互影响、渗透、融合；与相距遥远但有经济文化交往的东南亚文明、南亚文明、西亚近东文明甚至欧洲古代文明，有着绵延不绝的联系。通过三星堆古蜀文化的研究，可以看到外来文明因素的影子、元素。开放性、兼容性是三星堆古蜀文化立于世界文化之林的重要文明特征。

成都平原史前古城遗址的发现表明，古蜀文明是源于川西地区、独立发展起来的、带有明显地方特征的长江上游古代文明，成都平原则是它的文明中心。

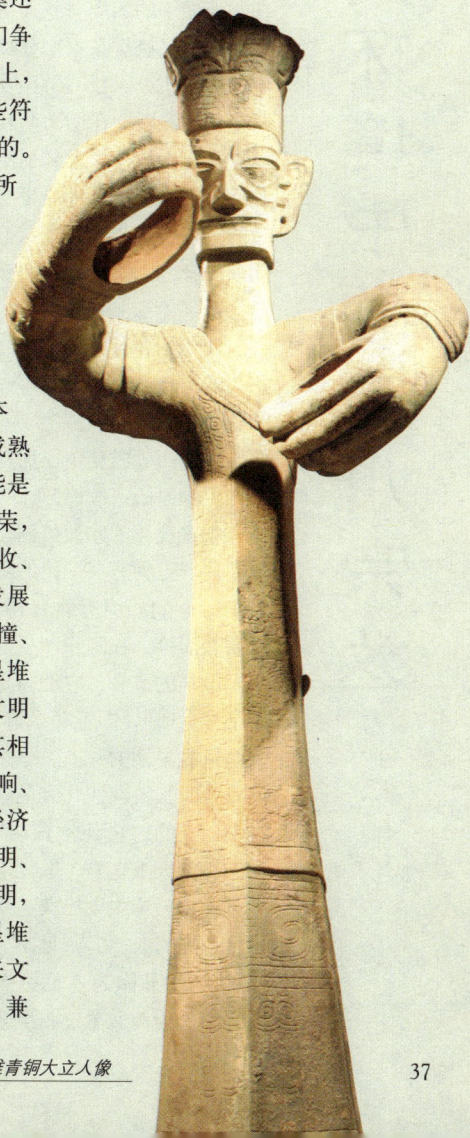

↑ 三星堆青铜大立人像

37

多种教派和信仰共处的原生态生活在四川周边的山区同样存在。宗教给人们带来了安宁、微笑、内心的秩序。

人文环境中的四川宗教

多种教派不同信仰带给川人同样的安宁和温暖

与世隔绝的横山纵岭在川西坝子的四周向苍天祈福，为世代栖居在重峦叠嶂中的各族民众寻找一份平安与生活的温暖。在明清两代汉族文化大规模深入到蜀中腹地之前，来自各种原生宗教的意识形态弥漫在底层劳动人民身上。宗教自然而然地渗透到了每个人的生活。

四川的各种宗教都有着悠久的历史、文化以及广大的信徒。在彝、土家、羌、傈僳、纳西等民族中还保存着神秘的原始宗教信仰。

很多民族的宗教信仰还停留在"万物有灵"论的阶段。在他们心中万物皆神。以宗教而论，在四川产生的中国最早的道教，它的前身就是"鬼道"，即五斗米道，这是道教早期的一派，是东汉顺帝时张陵在四川大邑县城内创立的。它奉老子为教祖，尊为太上老君，以《老子五千文》为主要经典。初学这种道的人，名为"鬼卒"，道徒中骨干称为"奠酒"。以"治"为传教单位，至东汉汉安二年（143）已发展到二十四治，绝大多数分布于今四川境内。历史上全国各地道观林立，四川至今仍有青城山和丰都名山的道教洞天福地存在。

广泛分布在蜀中各地的少数民族都具有浓厚的宗教情结和民族信仰。他们至今仍然沉浸于对古老习俗和信仰的承袭、依赖，在人世的多变和岁月的流转中把对幸福和美的向往交给了祖先和神灵。

彝族人至今仍坚信万物有灵。他们认为宇宙万物为天神所造，土地为衣食之源，水神主宰田地不受水旱之灾，火神可以驱邪等。信仰天神、地神、水神、石神、山神、火神及日月星辰诸神。著名的火把节其实也是具有宗教意义的祭火节。

羌族人如果遇到天旱，人们便举行搜山仪式，祈求降雨。届时会禁止人们上山进行打猎、砍柴、挖药等活动，违者将受谴责或遭痛打。如果仍然不降雨，人们会再到高山之巅主持祈雨仪式。

梅山神是土家族信奉的猎神，猎人出猎前都要先祭

↑ 东方佛都

祀她。梅山神信仰还有着一个凄美的传说：古时候有一名叫梅嫦的女子，上山打柴，遇到老虎。她在同老虎的搏斗中，衣服被撕破，浑身受伤，但仍拼着力气，最后打死老虎，为民除害。后来人们奉她为山神，加以祭祀。

汉族人经世致用的生活哲学决定了他们缺乏严格的宗教信仰，而这也与儒家伦理体系在中国的正统有着相辅相成的关系。盆地中央的川西平原以"天府之国"的美誉滋润着世世代代的四川人。那里的人们在安详和美好中体验着轻松与闲适。于是，对生活在四川的汉族人来说，诸如祭灶王、药王菩萨、财神一类具有明确目的的仪式行为占据了他们的主要宗教意识空间。每到祭日，人们便纷纷赶来开展祭祀活动，同时，赛歌跳舞，演戏娱乐，十分热闹。这与其说是一种宗教活动，不如说是一种带有集体无意识性的群众娱乐行为。

在更大的空间地域中，四川人的宗教信仰将归属于具有悠久历史的佛教，本土滋生的道教，伴随着历史进程和民族迁徙而来的天主教和伊斯兰教。

佛教：言蜀者不可不知禅

四川悠久的历史和绵长的文明，伴随着物华天宝、人文荟萃的文化底蕴。其中佛教文化更是历经千年沧桑，奉献了无数璀璨的瑰宝，丰富了中华民族文化的艺术宝库，为"既崇且丽"、"蔚为香国"的巴蜀增添了不少智能之光。蜀中自古名刹众多，数不胜数；历代高僧辈出，不胜枚举；佛教文化更是源远流长，熠熠生辉。

佛教在蜀中的传播已有近2000年的历史。在过去，只要涉及对蜀文化的研究，便不得不承认"言蜀者不可不知禅，言禅者尤不可不知蜀"的论断。

隋唐五代时期，四川高僧辈出，仅益州就有高僧28位，是全国高僧最多的地区之一。唐代四川最有名的高僧是道一和宗密。

走在成都的大街上，你不时会被一些古意盎然、仿佛有梵香萦绕的街名、地名所吸引，比如大慈寺路、文殊院街、红庙子街、小天竺街、转轮街，等等。

大慈寺路、文殊院街都是众所周知的成都"名街"，前者是以唐代古大圣慈寺而得名，当时为全国第一大寺庙，号称"震旦第一丛林"；后者则是以著名的都市禅林、同样也是初建于唐代的文殊院而得名。红庙子街得名于清代康熙二十七年(1688)所建之准提庵，当时其围墙全涂成红色，老百姓称其为"红庙子"。位于华西医大附近的小天竺街，则得名于"小天竺古刹"，天竺是佛祖释迦牟尼的诞生地，所以这条古街的名字里透出浓浓的禅佛味道。

另外，成都还有昭觉寺路、蓥华寺街、白云寺街、楞伽庵街、转轮街、守经街、报恩寺街、喇嘛寺街，等等。据有人统计，至今成都尚保存有118个因寺庙得名的街道，而其中一半以上又都是与佛教寺庙相关的。

其实，佛教文化对成都地方文化的影响，又何止区区街名！历史上成都百姓的生活习俗，受到了佛教思想不知不觉的浸染。蜀中百姓历来都有在传统节日到佛寺中游乐的习俗，比如大年初一到寺庙烧高香、二月的观音会、四月的佛诞日、七月的盂兰盆会，乃至中秋、重阳、冬至等传统节日，人们也都习惯于到寺庙里去放生祈福，讨个吉祥。1176年，宦游成都的陆游约一帮朋友去看大慈寺举办的燃灯法会，他看见大慈寺的建筑不禁做诗："万瓦如鳞百尺梯，遥看突兀与云齐。宝帘风定灯相射，绮陌尘香马不嘶。"

佛教的长时间流传，对四川地区的政治、经济、思想文化、文学艺术都影响至深，留下了众多宝贵的遗产。石刻、绘画、建筑、文学等都有不少令后人称道的作品。如著名的乐山大佛、荣县大佛、大足宝顶山卧佛以及大足、安岳、广元、巴中、资中的石刻造像群；阆中永安寺、蓬溪常乐寺、广汉龙居寺壁画等一大批元、明佛教绘画精品；藏传佛教的壁画和唐卡，有的历时数百年而图像清晰、色彩鲜明，具有浓郁的民族风格。

四川的佛教名胜众多。除了前面提到的成都的文殊院、大慈寺、昭觉寺外，还有唐僖宗避难住过的新都宝光寺；有明武宗敕封的遂宁广德寺以及"西方胜境"灵泉寺；有中国佛教四大名山之一的峨眉山；有在藏族聚居区和川、甘边境一带颇负盛名的阿坝格尔登寺；有藏传佛教格鲁派著名的寺庙甘孜县大金寺、甘孜寺、长青春科尔寺；宁玛派白玉寺、呷拖寺；萨迦派的更庆寺等一大批蜚声海内外的佛教寺庙。

作为"佛门圣地"、"天下名山"的峨眉山，历来与名人学士、墨客骚人的咏赞、记述和传播有着密切关系。著名诗人李白、苏东坡留下

↑ 郎木寺

↑ 青城山天师洞

不少赞美峨眉山的诗篇，至今脍炙人口。在二峨山（古绥山）下不远处的沙湾镇，有现代文豪郭沫若的故居。郭沫若写了不少关于峨眉的诗篇，堪称峨眉诗人，他所书写的"天下名山"题名，已成稀世珍品。

乐山大佛位于峨眉山东麓的凌云山栖鸾峰，濒岷江、大渡河、青衣江三江汇流处。佛像是8世纪初一座依山凿成的弥勒坐佛造像，建造历时90年，是世界最高的弥勒石刻大佛。大佛背负九项山，面向三江汇流，刻工线条流畅，比例匀称，庄严肃穆。佛座南北两壁，存有唐代石刻造像90座，其中"净土变"龛、"三佛"宝堪称艺术佳品，极具艺术价值。

佛教对蜀地文化艺术的影响也极大。从蜀地出川而名扬天下的文化名人，如唐代"青莲居士"李白、宋代"东坡居士"苏轼、明代"新都状元"杨升庵等，他们的人品学问都受到了佛教文化的深刻熏陶；他们的作品，皆透出一股既孤标俊逸又自在洒脱的禅意。佛教文化济世度人、珍视和平的理义，与蜀人"勇且让"的精神气质，水乳交融，成就了蜀地平和而勇担道义的地域人文气质。而佛教圣地峨眉山诸寺、乐山弥勒大佛石刻、新津观音寺壁画等，也都是以深厚的佛教文化名扬世界，成为中国乃至世界人类文明史中的宝贵遗产。

道教：诞生在四川清幽的山川中的朴实自然

从一个地域的历史中描一条人文景观的粗线条，可以发现蕴涵在人们性格中的多元因素。四川复杂的地理地貌包容着人们各种各样的世界观和人生信仰。从佛教中衍生的中国化的禅宗与高山密林的蜀地相辅相成，而这种宗教存在的空间形态也不难让人理解为什么独独这个地方诞生了中国本土的道教。

东汉汉安二年（143），道教创始人张陵来青城山赤城崖舍，用先秦"黄老之学"创立了"五斗米道"，即天师道。后来张陵"羽化"山中，青城山便以道教发源地和天师道祖山、祖庭名彪史册。汉晋之际，道教逐步兴旺，范长生移居青城山，助李雄建立成汉政权，蜀中一时安定繁荣，天师道成为成汉政权和蜀民的精神支柱。整个唐代更是道教辉煌鼎盛的时期。五代时，道教音乐进入宫廷。青城道士张孔山传谱的古琴曲《流水》，1977年被美国录入镀金唱片，由"旅行者二号"太空飞船带入太空，在茫茫宇宙寻觅人类知音。

道教的理想是修炼成仙，为此选择幽静秀美的名山大川作为修道养生之地，谓之洞天福地。道教有十大洞天、三十六小洞天、七十二福地之说，四川即有许多仙真修道的福地。众多的仙山宫观星罗棋布，装点着秀丽的巴山蜀水，供人们欣赏、朝拜。

青城山道教自创建至今，宗派繁衍，久盛不衰，香火未断，素有"青城天下幽"之称。这里群山环卫，碧翠四合，状如绿色城郭，唐代即被称为"青城"。道教建筑群自然、古老而悠久，体现出浓郁的中国西南地方特色和民族习俗。

青城山的主庙为天师洞，建于隋代，是一组规模宏大、结构精美绝伦的建筑。正殿里有唐代造的三皇像，历时1200年，至今仍然完好。青城后山名庵古寺荟萃，文物古迹甚丰，有神秘的溶洞，罕见的古墓群，大蜀王的遗迹。这里山势重叠，沟谷幽深，山泉瀑布在奇岩怪石间飞腾而下，势若游龙。修建在悬崖峭壁上的栈道，峰回路转，幽趣横生。

自古以来，人们以"幽"字来概括青城山的特色。青城山空翠四合，峰峦、溪谷、宫观皆掩映于繁茂苍翠的林木之中。道观亭阁取材自然，不假雕饰，与山林岩泉融为一体，体现出道家崇尚朴素自然的风格。

著名的科学史家李约瑟在其《中国科学技术史》中强调指出："道家思想乃是中国的科学和技术的根本。"可见道教在中国宗教文化史上

↑ 青羊宫的铜羊

43

↑ 地震前的白鹿书院

的地位与影响。

伊斯兰教：回族的灵魂所向

　　成都的青羊宫是著名的道教古观，传说这里是太上老君降生的地方，至唐代其规模已相当宏大。唐玄宗到达四川，曾驻营宫中。唐中和元年（881），僖宗避乱至成都，也在宫中驻营。传说在宫中挖得玉砖一块，上刻"太上平中和灾"。后来僖宗平乱返回长安，认为这是太上老君的恩典，于是颁诏赐钱，大建宫观，内外九重殿宇，气象宏伟，俨然帝王之宫殿。

　　对生活在四川的回族人来说，宗教依然是他们生命的归宿和灵魂所向。唐末五代时，四川梓州就有波斯人李氏兄妹定居而信仰伊斯兰教。元、明两代回民大批进入四川，至清代达到顶峰，总数约10万人。他们集中在成都、绵阳、凉山、阿坝等地区。与他们的祖先一样，他

们大多围绕清真寺居住。四川的穆斯林大多属伊斯兰教卡迪林耶派。清康熙年间，麦加人尔卜董拉希携其弟子祁静一在甘肃、陕西及川北阆中一带传教。尔卜董拉希后在阆中去世，祁静一为之建"拱北"，今存阆中巴巴寺内。青川县有卡迪林耶派，河州人马五满拉在康熙年间至此传教，去世后建有薅溪拱北。

　　如今的四川回民仍然沿袭着祖先的信仰。不管生活在什么地方，对真主安拉的忠诚和强烈的集体荣誉感使他们总是成为"少数的多数"。

　　四川著名的清真寺有：成都皇城清真寺、广元上河街清真寺、阆中巴巴寺等。

传教士从外面世界带来的"异端邪说"

　　没有人能确切地知道，西方传教士们是从什么时候开始，把目光投向被无以计数的崇山峻岭和大江

大河层层隔断的蛮荒之地的。据考证，天主教于 1640 年传入四川；基督教于 1877 年传入四川。

传教士进入四川的山山水水，是怎样艰难的跋涉啊！这里山连着山，仿佛永远没有边，一条条羊肠小道曲曲弯弯没有尽头，陡直的山岩可以阻断人的去路，湍急的河水可以把人吞没，山林里随时会冒出可怕的瘴气，到处是人们敌视的目光和仇恨的眼睛。但是，西方传教士们还是徒步走来了，他们怀藏着一本《圣经》，带着献身的信仰和主的重托，不畏千山万水，来到了深山僻壤之地。在中国这样严酷思想控制的社会里，传播"异端邪说"是可怕的罪行，更何况他们往往孤身一人，传播一种在许多传统的中国人看来匪夷所思的信仰学说。

1856 年，一位名叫洪传广的法国传教士来到四川，他把四川的天主教分为成都和重庆两大教区，并于清咸丰十年 (1860) 视察了彭县白鹿乡，产生了在这里修建一座天主神哲学院的念头。清同治四年 (1865)，洪传广买下了一位名叫朱建虎的人的院子和地产，开始筹备建设白鹿天主神哲学院。

应该说这些传教士做得相当出色，他们以百倍的韧劲、千倍的耐心，加上殉道者的勇气去承受现实的危险和磨难，小心翼翼地在民众中传达上帝的旨意。他们甚至采取一些取悦于民众的方法，如宣称入教者可给予医疗救治，无田地者可帮助租地耕种，鳏寡孤独者可入老人院，儿童可免费入学，未婚者可为其配偶……于是，越来越多的中国人走进了教堂，接受洗礼，定期到教堂做"弥撒"，在朝云暮合中进行祈祷和忏悔，让天国的理想之光笼罩自己。据史书记载，在明清两朝，四川地区天主教徒最盛时达数万人之多，仅白鹿一个镇，就有上千民众接受了洗礼。

天主教和基督教在四川的山山水水不断地播撒着自己的信条。历史依然像一条没有断流的溪流在缓缓流淌，川人赤脚走在其中，或许将感到冰冷之外的另一种暖意。

中国历史上最伟大的两位诗人的写作都和四川紧密相连，那些作品的精华与蜀地的灵气，如同孩子与母亲的关系。这种精华、灵气一开始是注定要被历史上的中国诗坛中心排斥的。

四川诗人与中国诗歌史

四川这片精神上"中庸"的土地出人意外地"不产"沉稳敦厚的小说，却"盛产"需要被激情千锤百炼的黄金匕首——诗歌。这固然与中国文化史上对诗歌的青睐相关，但"产自"蜀地的诗歌与其他地方的诗歌相比，因其特殊的气味而显得重要。中国历史上的京城诗歌、江南诗歌受宫廷诗影响过重，以强调技巧的典雅规范著称。蜀地诗歌却如蔓生草木，较少受到拘束，有了华丽夸张的想象，诗人爱在文本中故意自我塑造（如爱好扮演游侠、高人、隐士），更为这些诗歌添加了生命血肉的质感。历史上蜀地诗歌的每一次成熟，都给中国诗坛带来强烈的冲击甚至致命的颠覆。

四川具备孕育诗歌的天然土壤。从四川诗人的生活土壤来考察，阴郁的天气、低消费的物质水平、舒缓的生活节奏，以及人与人之间散淡的联系，成就了某种孕育诗歌的作用力——无形中让个体的"人"格外突出；远离文化中心的地理位置，又迫使个体超越寻求与"中

↑ 杜甫草堂因为杜甫而成为中国人最为熟悉的景点

↑ 琴台路上的雕塑讲述的是那段传奇的诗人爱情

心"联系的层次（这也是四川诗人与江南诗人最大的不同），而直接面对高远广阔的"天地"。四川人的思维和生活方式，使得道家思想与"游侠"文化很早就在蜀地找到了恣意生长的沃土。这两样奇异的文化花朵遇到高超的文字才华，便足以诞生四川诗歌这一令天下震惊、山河失色的艺术瑰宝。

中国历史上最伟大的两位诗人的写作都和四川紧密相连，之所以要在这里提及，是因为那些作品的精华与蜀地的灵气，如同孩子与母亲的关系。这种精华、灵气一开始是注定要被历史上的中国诗坛中心排斥的，但是否正好说明了它的有力和有效，预见了它必定取而代之的前景？

公元8世纪初，一个中亚半汉化地区的李姓家族移居蜀中。这家的一个孩子长成少年之时，受到道家思想与"游侠"文化的影响，整

日仗剑行侠，兴之所至散尽千金，或者轻率地违抗社会行为准则。这个少年侠客就是李白，夸张至极的行为与绮丽的诗歌使他在蜀地成了名人。8世纪20年代中叶豪情万丈的李白出川，开始沿长江漫游。然而这一次出川和10年后的另一场漫游，都未给李白带来意想中的巨大声名——他的奇异的诗歌和放荡不羁的狂士性格，以及疑点重重的身世背景，都超出了当时以王维为中心的京城诗人圈与孟浩然等重要诗人的审美和交往习惯。他有一些追随者，但没有人认为他是伟大的诗人。孤独愤懑的李白始终游离在诗歌圈子之外，直到离世几十年后，才被韩愈、白居易等确认为盛唐最伟大的诗人之一。

李白诗歌的声音当时只在一个叫杜甫的青年诗人的诗中得到了强烈有效的回响（但这好像就够了）。8世纪40年代中叶，李白的仕途遭

↑ 望江楼公园是为女诗人薛涛而设的

遇挫折，他离开宫廷东行。正是在这次旅途中，李白认识了"有前途的青年诗人"杜甫。杜甫是真正理解、爱戴李白的诗人，李白诗歌的影响经过消化后灌注到杜甫那复杂的诗歌个性之中。

与李白相反的是，将近50岁，杜甫才来到四川，一待就是8年，直到去世前两年才离开。在四川的时期，是杜甫诗歌创作的鼎盛时期。他的成都诗歌中，出现了老人成熟的、半幽默的自我形象，其中隐约可以看出来自狂士形象的影响。占杜诗现存数量1/4的夔州（白帝城）诗，时而雄奇壮丽，时而萧瑟凄凉、沉郁顿挫，既格外严谨又极其复杂，是公认的杜诗经典。

四川是中国历史上的诗歌之乡，甚至当代也有人夸张地说，成都是中国诗歌的"首都"。的确，从汉代辞赋家司马相如、扬雄开始，历史上除了刚才提到的最伟大的诗人李白、杜甫，陈子昂、苏轼、黄庭坚、陆游、杨升庵等都与四川有着千丝万缕的联系。20世纪80年代轰轰烈烈的四川诗歌运动，90年代至今四川诗人的个体写作都为当代中国诗坛作出了不可忽视的贡献。而四川和中国诗歌史上最有意味的莫过于李、杜二人生前飘零潦倒，不被推崇认可，死后却成了中国诗歌的代表——两座历史上最具高度的山峰。

现在的四川人幸福地生活在诗歌之中却浑然不觉。和其他地方一样，他们绝大多数不会写诗，也不知道正是类似他们现在的特殊生活节奏，曾经孕育出中国最璀璨的诗歌。三大诗歌纪念点——成都的杜甫草堂、江油的李白故居、眉山的三苏祠，隐没在九寨沟、黄龙等著名风景旅游点的光芒之下，显得遗世独立。

现代四川人对诗歌的态度恭敬而客气，可以用杜甫草堂的一块警示牌来代表，那牌子上写着："诗歌圣地，文明旅游"。

四川的美术和音乐

除了诗歌以外，四川的美术和音乐也都在中国文化史上占有重要地位。这是否也得益于这片山水的恩泽呢？但一脉相传的文化传统的确使四川的现当代艺术家们有了站在巨人肩膀上的可能。

历史上四川美术和诗歌相比，美术的黄金年代比诗歌来得略微晚些。从五代时期著名画家黄筌开始，到其子居寀、居宝、居实于宋代画坛成为一代宗师，四川美术方有了不俗的表现。

黄筌的巨大贡献是没骨（法）画，直接用颜色或墨色绘成花叶，而没有"笔骨"——用墨线勾勒的轮廓，现在已经成为中国画传统花卉（花鸟）画的一种画法。

四川美术在历史上的发展与宫廷趣味、外来力量的加入和画院制度的建立有着紧密的联系。五代的西蜀、南唐，沿袭唐玄宗时代的体制设立翰林院，管理文辞翰墨才艺人士。唐明皇及唐僖宗先后入川避难，卢稜伽、孙位等名家跟随而来，出现了西蜀翰林院中画家众多、画事尤盛的局面。在孟蜀时代即任翰林待诏赐紫金鱼袋的黄筌，一度担任整个翰林院的负责人，他的儿子黄居寀一开始供奉西蜀，后来服务北宋，受到宋太祖和宋太宗的高度重视。于是专门的"翰林图画院"得以创建，黄居寀成为院中权威。黄筌、黄居寀父子的画法风格，也成了画院绘画的标准样式，"较艺者视黄氏体制为优劣去取"。

↑ 这样的美景才产生了《康定情歌》的优美旋律

↑ 建筑中的细节最能体现当地的审美取向

与黄氏父子平分秋色，汤子升、文同、苏轼等是四川山水画家的重要代表。南宋僧人僧法常，明朝的徐贲在绘画领域也有不俗的表现。

在现代画坛上，出生于内江的张大千师从清代著名画家八大山人朱耷。因画荷而闻名的朱耷画荷多用湿笔，而张大千兼用渴笔，湿笔墨活、浓郁、深厚，凝练而不滞，渴笔飞白、苍劲、流畅，华滋而不枯，徐悲鸿推誉其"五百年来一大千"。中国画坛一代宗师傅抱石与四川有着紧密的联系，居住在四川的8年里，他的创作发生了质的飞跃，尤其在山水画上成就巨大。《琵琶行图》韵致清雅、人物描绘形象逼真，《高山仰止》等代表画作都带着明显的四川山水风格。在中国当代画家中，罗中立无疑是一面旗帜。学生时代他就以一幅超级写实主义作品《父亲》一举成名。该作品以纪念碑式的宏伟构图，饱含深情地刻画出了中国农民的典型形象，震撼人心。

四川画家"开花"，墙内墙外都香。不过"墙内"（在当地）他们赢得的是名声，墙外（四川以外）赢得的却是更实在的收益。四川不是绘画的买方市场，市民没有在家里悬挂真迹名画的习惯，连中产和富裕阶层有了钱也宁可投资更实惠的旅游、饮食，他们想欣赏名画，就"狡猾"地参观参观成都双年展，却少有掏钱占有的愿望。四川画家在家乡安身立命，过着一杯清茶、数句清谈陪伴度日的生活，但他们还需不时地放眼全国甚至海外，每年要拿出一部分时间，和北京、上海、广州等地的画廊、画展打打交道，而在那些地方，他们的画会受到热烈的欢迎。

司马相如是汉代一位辞赋名家，

在音乐上也有相当的造诣，善于鼓琴，据说卓文君就是偷听到他的一曲琴音，无比倾慕，才与之私奔到成都，心甘情愿地当垆卖酒。这是四川关于音乐的最动人的传说。

在成都的永陵博物院的浮雕"二十四伎乐"中我们依稀可以看见当年巴蜀繁荣的景象以及音乐发展的辉煌历史。但这些美妙的音乐已经失传，无法想象当初蜀王的欣赏品位与唐代皇帝有何不同，只能猜测西蜀的宫廷里宴乐形式的重要与成熟。

现在能够听到的历史上正宗的四川雅乐，是青城山的道教音乐和峨眉山的佛教音乐。宗教历时千年而依旧坚如磐石的地位使得相应的音乐得以保存，不仅保存了宗教音乐的形式和曲目，还保存了它们千年未变的永恒主题与味道。

《康定情歌》是四川民间音乐的最大神话。它不仅为国人熟悉，而且已经风靡世界，成为中国民间歌曲的代表之一。这首歌曲的作者是谁一直是个巨大的谜，现在确已无从考证。但可以肯定的是，它属于甘孜，属于康定，属于四川。

四川是少数民族集中的省区之一，这里有中国第二大藏族聚居区、最大的彝族聚居区和唯一的羌族聚居区。这些历史悠久的少数民族都有自己独特的文化，其中音乐资源也十分丰富。藏族歌手容中尔甲的一曲《神奇的九寨》成了宣传九寨沟的有力武器。曾获"中国最佳民歌新人奖"的彝人制造乐队则来自凉山彝族自治州，他们在民族音乐与轻摇滚的结合中作出了有效的探索，较好地保持了彝族音乐中原生态的粗犷与激情。

现代乐坛中，创作《阿姐鼓》的四川遂宁人何训田被称作音乐奇才，是中国第一位用自己的音乐理论进行创作的作曲家，他于1983年创立了RD作曲法即任意律和对应法。

在国际上享有盛誉的男中音廖昌永出生在成都郫县。他是世界歌剧舞台的极少数杰出的亚裔歌唱家之一，世界"三大男高音"之一的多明戈曾评价说，廖昌永是中国自己制造的世界级的歌唱家，一位天才的亚洲艺术家。

成都的小酒馆是成都地下先锋音乐根据地，这里聚集了一大批喜欢音乐和艺术的朋友，产生了一批年轻的音乐新生势力，为成都赢得了中国摇滚大后方的美誉。

成都的大街小巷都有卖五颜六色的藏饰的地摊，商场里都能买到可口的牦牛肉干，而饭店里最受欢迎的则是苗家人发明的酸菜鱼。来到四川游玩的人总不会忘记去看一看古老的羌族建筑——碉楼。

多元格局中的民族文化

从成都出发，沿 213 国道前行 120 公里，会来到传说中大禹的出生地——石纽山下的绵池镇羌锋村，也就是著名的"西羌第一村"。这个景美情浓的河坝古寨依旧保留着古老朴素的习俗。整个羌寨顺坡而建，别致有序，形如古堡，地面上曲折的巷道相连，石木的房屋看似凌乱其实有序，而羌碉则傲立寨中，远眺江河与山脉，捍卫着这个民族的根与血脉。石级小巷中不时闪现出心灵手巧的羌女把织羌绣。屋顶、火塘和田地里散落着羌人心中的图腾——白石。远方的耕牛、山麓的溪水、优美的莎朗舞和动人的山歌，再加上果园、羌歌、羌舞，使人顿有恍若隔世之感。而这仅是四川地区民族生活的一个缩影。

四川是一个少数民族聚居的地区。事实上，各民族早在先秦时代就创造了灿烂的古代文明，广汉三星堆文化就是当时高度文明的杰出代表。四川盆地的东西两侧一直是少数民族的传统居住区，这种状态迄今没有多大改变。在层层叠叠的山峦、茂密的原始森林和奇幻诡异的水生生态环境中，世代栖居的人们几乎完整地保留了数千年的古老文化。他们在此生息繁衍，不问外事。如果外人偶然进入这里，会觉得仿佛置身于世外桃源。

羌族：中国民族文化的"活化石"

当人们走进四川西北部因石碉建筑而被誉为"千碉之国"的古老而美丽的羌族土地，一座座碎石砌筑的高大碉楼或高踞山岭之巅，或雄峙危崖之上，或扼交通要道之冲，或守山川形胜之险，或据村寨之内外，或傍昔日土司头人官寨衙署，山山岭岭，村村寨寨，无处不有。仅卡撒一寨便有石碉 300 余座。在昔日充满血腥的民族冲突中，碉楼保护着自己的民族从风霜雪雨中绵延到了今天。这些奇峰异质的古老建筑折射出一个民族的性格和历史的沧桑，让人感到别样的风情。

过去，羌族男子年满 15 周岁时有举行成年礼（冠礼）的习俗，这意味着他将随时走向战场。如果他在未来的岁月里战死沙场，将会在葬礼上受到隆重的待遇。许多人头戴铠甲，手持兵器，围成圈跳舞，接着形成两排对阵，兵器飞舞，铜铃叮当，吼声震天，表现死者作战时的威武气概。

"重死"是羌族的文化情结，在羌人看来"人有生错的，没有死错的"。火葬是羌族人常用的丧葬方式。英国牧师托马斯·托伦士在《青衣羌——羌族的历史习俗和宗教》中说羌人："死人时，要供奉祭品，死者都火葬。"清代甘肃《文县志》记载当地羌族人"葬礼不知成服，唯聚薪焚之"。可见羌族人很早就开始了火葬的习俗。火化前家属会请来端公念咒，然后将棺木抬到火葬场所。那里有一座可以移动的小木屋，里边供奉着本族历来的神位，此时将木屋移运别处，而把应火化的棺木放在原处，然后四周堆放柴火连棺火焚。这时死者亲人围坐，并跳丧舞。焚化之后，将骨灰埋在地下或岩穴。

来到羌寨的旅人有可能遇到当地人正在进行独特的游戏。热情的主人会邀请你参加推杆、抱蛋、打靶，或扭棍子、爬天杆、荡秋千等娱乐竞技活动，让你感受独特的民族风情和无穷的生活情趣。

推杆比赛是羌族地区最为普遍的一项体育活动。比赛时，只需要一块两丈见方的平地，用一根长约一丈、手臂一般粗细的木杆，一人紧握一端，并将木杆骑在两腿之间作为防守；另一人则握着木杆的另一端，用力向前推，作为进攻。攻守双方面对木杆须保持水平，不能

↑ 羌族

上下摇摆或忽然猛推；进攻的一方必须将木杆向前推至两尺以外的界线处才算获胜，否则被判失败。裁判由村寨的长者或有威望者担任，以击掌 5 次限定一个回合的时间。推杆比赛由于防守的一方较为省力，进攻者可逐渐增加人数，直至胜利。比赛时，围观者以呐喊声为之助阵，使比赛显得紧张热烈。比赛结束后，姑娘们抬出一坛坛醇香的咂酒，首先向胜利者敬上一碗，然后众人用细管吸饮，相互庆贺。

"祭山会"和"羌年节"是羌族最隆重的民族节日，分别于春秋两季举行。春季祈祷风调雨顺，秋后则答谢天神赐予的五谷丰登，实际上是一种春祷秋酬的农事活动。由于这种传统的悠久，在外人看来，始终充满浓郁的宗教色彩，更折射出远古神秘文化的光辉。

↑ 彝族

彝族：大凉山上的自由之子

盛夏，当大凉山绿草如茵，荞子花红遍的时候，四川彝族地区一年一度的盛大"火把节"就到来了。时间一般在农历六月二十四到二十六这三天。具体要由寨子里德高望重的长辈按照古老的计时历法来确定。

彝族的祖先是从西北高原南迁的羌人与本地的古老部落融合而成。汉代的窄都夷、斯榆、冉、昆明，唐代的白蛮和乌蛮，与后世的彝族有渊源关系。经历过漫长的母系氏族和父系氏族的原始社会阶段，公元2世纪前后，今凉山彝族的祖先古侯、曲涅的居住地"孜孜扑乌"（今云南昭通）已进入阶级社会，此后这两支彝族先民先后渡过金沙江迁入凉山，并在这块美丽的土地上生存了下来。

"火把节"对彝族同胞来说，如同汉族的春节一样隆重。彝族人有句谚语："火把节没有看错了的，彝族年没有过错了的。"之所以如此受到重视，是因为传说"火把"曾保住了彝族人的家园，带来了彝族地区一年一度的丰收。

旅人们平时来到大凉山，主人们会热情地招待。如果在火把节期间来到这里，那他可真是赶上了好时候。好客的彝族人将会"打羊"、"打牛"迎宾待客。根据来客的身份、亲疏程度，分别以牛、羊、猪、鸡等相待。在杀牲畜之前，主人会把活牲畜牵到客人前，请客人过目后宰杀，以表示对客人的敬重。酒是敬客的见面礼，在凉山只要客人进屋，主人必先以酒敬客，然后再制作各种菜肴。待客的饭菜以猪膘厚为体面，饭桌上会有独特的荞粑、面糊酸菜肉、白水煮乳猪、锅巴油粉。吃饭中间，主妇要时时关注客人碗里的饭，未待客人吃光就要随时加添，以表示待客的真诚。如果有幸，你还能听到当地的人朗诵民间流传的诗歌《勒俄特依》、《玛木特依》或《阿姆尼惹》。

藏族：为宗教而生的民族

公元7世纪时，藏王松赞干布在西藏建立了王朝，唐宋时称其为"吐蕃"，直到清康熙年间，才正式称为"西藏"。藏语属汉藏语系藏缅语族藏语支，分卫藏、康、安多三种方言。藏族文化独特而完整，其宗教仪式、建筑、音乐、舞蹈、绘画、雕塑、服饰等，无不以其浓烈的高原风格遗世独立，征服了现代人的审美渴求，甚至形成了当今世界的一种强劲的风尚。

藏族人在迎接客人时除用手蘸酒弹三下外，还要在五谷斗里抓一点儿青稞，向空中抛撒三次。酒席上，主人端起酒杯先饮一口，然后一饮而尽，主人饮完头杯酒后，大家才能自由饮用。饮茶时，客人必须等主人把茶捧到面前才能伸手接过饮用，否则认为失礼。吃饭时讲究食不满口，嚼不出声，喝不作响，拣食不越盘。

敬献哈达是藏族待客规格最高的一种礼仪，表示对客人热烈的欢迎和诚挚的敬意。"哈达"是藏语，即纱巾或绸巾。哈达以白色为主，最好的则是蓝、黄、白、绿、红五彩哈达。五彩哈达只用于最高、最隆重的仪式，如佛事活动时。

绝大部分藏族人以糌粑为主食，特别是在牧区。糌粑是把青稞炒熟磨成细粉，食用时拌上浓茶或奶茶、酥油、奶渣、糖等。藏族人多食用牛、羊肉，肉类的储存多用风干法。一般入冬后宰杀的牛羊肉一时食用不了，多切成条块，挂在通风之处，使其风干。酥油是日常不可缺少的食物，除饭菜都用酥油外，还大量用于制作酥油茶。酸奶、奶酪、奶疙瘩和奶渣等也是经常制作的奶制品。

藏族大多信奉藏传佛教，民族节日也均与宗教活动有关。每年藏历正月十五，是观酥油花灯的节日；四月十五日则是纪念佛诞和文成公主入藏的吉日良辰；除此之外，还有萨噶达娃节、雪顿节、望果节等。

藏族的寺庙建筑以土木石结构相结合，以木结构为主。大经堂通常为三层建筑，墙体用块石砌成，厚而窗子小，给人非常浑厚稳定的感觉。底层用朱红色棱柱，柱头部分雕刻立体图案，上面托着粗大替木。在墙体上方，多用棕红色的饰带，上面缀上镏金铜镜等装饰物。房檐四周竖有镀金金幢，上有风铃，房顶正面中间是金法轮，两面为护法兽等。

藏族最具特色的艺术，也是依附于佛教寺庙或与宗教活动相关。在美术方面以唐卡绘画、佛像雕塑为代表；音乐舞蹈方面则以寺庙宗教音乐、戴面具跳神活动、格萨尔藏戏等为主。而藏族的民间艺术则主要是以集体歌舞为主，比如跳锅庄、跳弦子等活动。

他们深受传统文化的熏陶，温文尔雅但城府深，坚韧能干而因循守旧；他们洞达细心，从不放弃丰富多彩的闲情逸趣，但他们稍欠气象恢弘的王者之气、纵横江湖的霸气，即使偶露峥嵘，更多的是自卫而已。

刚柔相济的盆地客

自从伟大的水利工程都江堰建成后，四川盆地便成为了一只巨大的金饭碗，它一直是中国最著名的粮仓之一，川人躲在其中优哉游哉自成一统。

明崇祯五年（1632）到清康熙十九年（1680）的近半个世纪里，四川历经了大破坏、大移民、大复兴的千古嬗变。据《清代四川财政史料》记载，1578 年四川的人口数为 3102073 人，至 1685 年锐减到 92000 人，漫长而惨烈的战火使丰饶的天府之国成了人烟稀少虎狼横行的荒野。当大清第一任四川巡抚张德地走马上任时，连赋税都征收不到，触目惊心的荒凉程度令他欷歔不已。

局势稳定下来后，清政府实施了大规模的移民入川政策，移民多来自湖南、湖北、广东、福建、陕西等省。政府在赋税、路费、耕牛、种子等方面给予了大力支持，能招募 300 户人家入川的人，甚至就能当县太爷。璧山县《郑氏家谱》上的一首歌谣，生动地记录了当时的历史："吾祖辈家西徙去，途经孝感又江。辗转跋涉三千里，插占为业垦大

↑ "吃茶看戏"是四川人的终极享受

荒。被薄衣单盐一两，半袋干粮半袋糠。汗湿黄土十年后，鸡鸣犬吠谷满仓。"经过一个世纪的发展，到1795年，四川人口激增了近百倍，达到近900万，千里沃野上人口稠密，香车宝马随处可见。至1949年，全国4.75亿人口中，四川就占去了5370万。

中原汉族势力是在秦汉以后才逐渐源源不断地涌入四川的，在漫长的岁月里，四川曾经是巴、蜀、濮、羌、藏、彝、土家、氐、纳西等多种民族的杂居地，他们中的大多数人早已融入汉族文化中。清初"湖广填四川"移民大量涌入后，川人的血统更加庞杂。清代以后的川人并不排外，因为他们的祖先当初大都是翻山越岭跑到四川来的外地人。

秦汉之后，巴山蜀水从未丧失过孕育人才所需的地气。西汉初年蜀郡郡守文翁用石头在成都垒建了全国第一所地方性的官学（文翁石室），此后，在良好的儒学传统与伟丽的巴山蜀水的融合下，四川盆地成了中国历史上的一大人才聚宝盆。我们注意到作为人才聚集区，八百里秦川在唐代后随着山水的日益枯竭，人才亦随之剧减，北宋以前涌现人才最多的河南在此之后盛况不复存在，江南才子在南宋后才蓬勃兴起如日中天，湖南人俊彩星驰独领风骚的状况是在清代中期后才出现的。唯有四川盆地两千年来龙脉旺盛，人才辈出未有间断，与之相邻的西部各地远不能望其项背。

四川人普遍温和而讲究伦理，有一种与土地水乳交融的"家庭精神"（黑格尔把中国文化的主旨概括为"家庭精神"）。他们缺乏北中国历史上的尚武精神，但又不似吴越一带江南人那样婉蔼柔弱。他们缺乏杀气但同时潜藏着山地人特有的野性，这种野性使他们敦厚朴实中交织着狡黠的性情。川人向往相对闲散舒适的生活，与生俱来就有一份闲心，他们懂得调侃，懂得如何在逆境中精心地营造属于自己的悠闲气氛。他们是中国人中最精于烹调的一个群落，吃在日常生活中是雷打不动的头等大事，他们大都烧得一手好菜，尤其酷爱吃辣椒和花椒。在必要的时候，他们也能爆发出猩红色辣椒般的热情来。

那种认为川人风风火火、热情大方的观点是不确切的。在历史上盆地内的川人明显有着南北差异，差异的代表性地区就是成都和重庆。成都人性情闲雅飘逸，对人彬彬有礼，易于交往但不易深交，善于夸夸其谈而注重实际利益，胆小怕事却喜欢提劲，他们为人干练中庸，天性敏感，感情细腻，不断为生活中琐碎的小事所累，同时能从中寻觅出美来。成都人是川人中禀赋超群、深谙生活之道的一个群体，他们精细如美丽的蜀锦。

从总体上说来，川人刚柔相济，小农习气较重。他们深受传统文化的熏陶，温文尔雅城府深厚，坚韧能干而因循守旧。他们洞达细心，从不放弃丰富多彩的闲情逸趣。以成都为例，这座西南最繁华的城市有三多——茶馆多、饭馆多、球迷多。川娃儿迷球迷得厉害，铁杆儿球迷一群群，20世纪90年代，偌

↑ 随街而立的饭馆是成都人闲适生活的标记

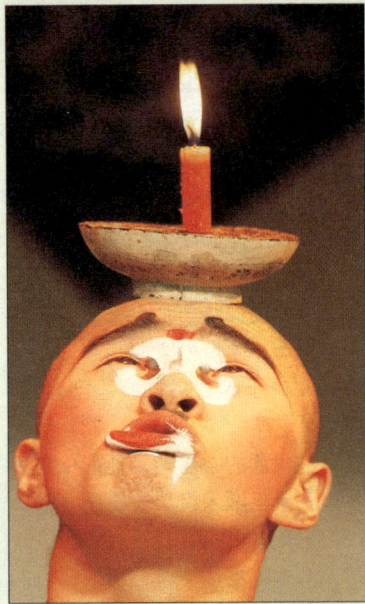

↑ "顶灯"与"变脸"、"吐火"同为川剧中的绝活

大4万人的市体育场，就算踢得再臭的球也是场场爆满，最臭的球也能使他们流连忘返、大侃特侃，球场里人山人海，鲜黄的大旗高高飘扬，大旗下川娃儿们"雄起"之声不断，地动山摇的吼声和群情激昂的人浪使人为之震撼。川娃儿为了看场球，甚至可以坐满满两列火车去西安给球队加油，可以乘轮船沿江直下上海，可以雇飞机去新加坡，真是水陆空三军倾巢而动。许多外地人自愧弗如地敬仰起川人的那份洒脱与激情来。然而要真让这些人操着家伙去场上遛遛，他们就摇头不干了，在战争与和平之间，川人更愿意选择后者。

然而出川，对川人来说则是意味深长之举，就像闪电滑出云端，隐伏着坚韧的骚动和激烈的诗情。在希腊神话中，巨人安泰的母亲是大地之神盖娅，只要安泰身不离地，就能源源不断地吸取母亲的力量。对北出剑门东出夔门的川人来说，古老的盆地便是他们的盖娅。

俗话说：川人留川磨成牛，川人出川惊海内。出川的时刻，就是出招儿的时刻。司马相如、扬雄、严君平、法照、陈子昂、赵蕤、李白、袁天罡、马祖道一、陈抟、苏轼、范祖禹、杨慎、李调元、张大千、郭沫若、廖平、谢无量、能海、袁焕仙、巴金、张群、刘湘、邓小平、朱德、刘伯承、陈毅、聂荣臻……有谁不是中国历史上的一轮骄阳？

饮德食和，万邦同乐。中华美馔，莫妙于川。

食在天府

在中国（或许在世界上），没有任何一个地方的人比四川人更爱吃。四川人对食物的专注、追逐和兴趣喂养着"川菜"从秦砖汉瓦的高堂正厅之畔伴随着袅袅炊烟，绵绵不绝地飘到了今天。如今，对泱泱一亿的四川人而言，口福就是幸福的一大部分，饮食是一座最容易兑现的天堂。川菜浓郁的味道和深厚的历史积淀浸透在川人的血液里，随着他们飘游的身影向四方散逸。

以食为天，以食为乐

四川人真的是以食为天，以食为乐。他们对吃的痴情和投入对一个北方人来说甚至有些过分，真可谓印证了孔夫子"食不厌精，脍不厌细"的古训。如果你去蜀中的名山大川旅行游玩，不小心踏进了封闭在山麓水畔的某个人家，会发现黑黢黢的土制的房屋里也许一贫如洗，房梁上却挂着至少半扇熏猪肉和一排垂下来的辣香肠。黝黑的、附着尘土的熏制品装点着简陋的厅堂，在主人淳朴的眼神里映射出一份对生活的满意。他们崇

尚吃，不仅是为了生存，更是为了享受吃所带来的精神与情感的快乐。在吃中品味人生，在吃中享受生活，在吃中抒发情感，从而使"味在四川"这句谚语拥有了更多地域气息浓郁的意趣和情趣。在北方，一个闲暇的人若是嘴里总是嚼东西，别人就会冠之以"嘴馋"。四川人则完全没有这份含蓄，他们不仅要自己吃，还邀请别人一起吃。你若问他不饿干吗吃东西，他就说"吃起耍"。

在成都，无论什么季节，黄昏以后的府南河都漂浮着水声灯影里的温馨和暖意，潮湿的空气中弥漫着

↑ 凉粉

59

↑ 小吃遍布城镇,并且各有特色

清润的气息,鳞次栉比的街道两旁涌动着吊脚楼细瘦的气韵。干净的、没有尘土的饭庄里茶碗清凉、人声鼎沸。破损的地砖和承梁的软木凝神不动,在柔和的光线中彼此注视时光在它们身上泼洒的些许沧桑。车水马龙的街头时常会传来消逝已久的堂倌的喊话。清脆的嗓音里积蓄着这方水土在他们身上生息的随和。每一条街道都为你铺开了长长的一溜儿饭馆,以及摆在路边的各式小食摊。小巷人家的厅堂院外飘拂着回锅肉、卤煮火烧或小火锅的辛辣香味。人们围在冒着热气的麻辣烫小桌边吸吸溜溜地品尝着竹签上的美味,或挤在一个不起眼的饭店里要一份啤酒鸭,就着烧酒摆一会儿龙门阵。孩子们在大街上嬉戏,手里抓着兔头、鸡爪或猪尾巴。每一个小区、街道都有叫卖冒菜或烧烤的小摊子。空气里总是适时地飘

动着"三椒九味"的分子。身材颀长、皮如蛋白的女子小心翼翼地举着手中的小吃,身体前倾,生怕吃东西的时候弄脏了漂亮的衣服。漫步在这样的环境里,人会有些迈不动脚步。这就是天府之国的成都。几乎所有人都把生活的乐趣建立在生命最根本的欲求上——吃,在这儿是一个快乐的主题。对成都人来说,早市上的粮食和蔬菜或许就是一个浪漫的音符。它们堆放在一起,像一曲即将飘扬起来的交响乐把人们推向了对一份美食的无限向往。

在这里,什么样的食物都可能得到改造和创新,也没有什么东西不能在这里落脚。凡是能吃的东西,人们都愿意尝一尝。并在这一尝之间品出此物的材质和习性,也许仅是简单的一勾一芡,就变换出一道新的美味。在成都,就连菜的预备阶段——买菜——也十分具有创新

意味。你要是懒得自己切，有切现成的片、丝、块……你要是懒得调配，有调配现成的回锅肉、水煮肉、鱼香肉丝、酸菜鱼……应有尽有，你只需拿回家下锅即可。再不然，就直接下馆子。四川的城市里到处都是散落的饭馆，不论大小俗雅都能出得来正宗的味道。饭店的消费也是异常便宜，很多地方米饭是免费的，永远吃不腻的泡菜也是。饮食在这里随时会发展出一种新时尚。比如这段时间流行盐水鸡，过几天会出现狗肉火锅，再过几天又流行"一兔三吃"……总而言之，变才是川菜的常态。

大麻大辣，国色天香

川菜素有"一菜一格，百菜百味"的美誉。这绝非浪得虚名。因为四川人太爱吃了，愿意在吃上进行探索和研究，这也是川菜得以发展为当今中国最有影响的菜系的原因之

一。在吃这个问题上，四川人不大谦虚，他们喜欢香汤辣水的滋味生活。他们受不了清淡的日子，很多第一次到外地，尤其是到北方的四川人总是抱怨饭菜没有油水，这基本上就快要了他们的命。

对于中国人而言，四川就是一个饮食的天堂。这个看似平淡的地方有着太多得天独厚的条件，从久远的年代就发展出了特色浓郁、口味齐全的菜肴体系。在烹饪上，有几十种方法，更是独创了小炒、干煸、干烧、家常烧等方法。川菜有几十种味型，最让人难忘的莫过于麻、辣二味。高手烹调的川菜，讲究的就是辣得爽口，辣得有韵味，辣有微辣、香辣、麻辣、咸辣、冲辣等轻重层次。如果一个初来乍到的外乡人没有经过一段磨合期，突兀地在饭馆里点了诸如"麻辣肉丝"这样的品种，那对不起，这道菜阁下算白点了，实在是麻辣得吃不下

↑ 川菜已经成为中国最流行的菜系

呀——嘴都没感觉了，还吃个什么味道。然而一个人在四川住久了之后，便会深得麻辣的妙处，想离都离不了。

川菜之所以发展出大麻大辣的特点，并不是一个偶合的现象。这与四川盆地独特的地理环境、气候有着密不可分的关系。首先，四川地区的"两椒"及"两椒"制品品种极其繁多。其次，位于中国西陲的巴蜀，由于气候温热潮湿，生活在这种气候和自然环境中的人，无论从生理和味觉上，都会对辛辣芳香的食物产生一种自然的需求，以刺激味觉，摄入较多对身体有益的养分，来满足人体代谢的需要，抵御疾病的侵袭。如此说来，在四川生活久了，连不喜欢吃辣的人都要改变食性啦！早在公元前316年之前，秦统一六国夺取蜀国时，姜、花椒等辛香调味品，就已成为巴蜀地区的风味特产。《吕氏春秋·本味篇》曾有"和之美者，阳朴之姜"的记载；《蜀督赋》中亦有"魔芋酱流誉于番禺乡"的描述。其实川菜之所以广受各地人们的垂青很大程度也归功于"辣"，辣椒不仅中国人爱吃，更是"誉满全球"的嗜好性食品。它之所以深受世界各国人民的喜爱，除了独特的口味外，还与它富含维生素和铁等矿物质有关。

如果循着历史隐秘的轨迹追寻，我们将至少在西晋时期就遇到自成一系的川菜的雏形。"沃野千里，土壤膏腴"的成都平原利用平缓的地势、纵横的沟渠，以及历千年而不倒的发达灌溉系统为这里的人们提供了源源不绝的饮食资源。这是一片固守在盆地中央的人间乐土。因为自然条件优越，不愁吃穿，所以蜀人逐渐形成奢靡风俗，人们总是浸淫在吃喝玩耍的氛围中，这也进一步促进了川菜的成形。到了秦汉两代，物产丰富的"天府之国"使得川人的饮食结构得到更大发展，经历了隋唐五代，到两宋时期已经走出四川传至全国各地，至清末民初已经形成相对独特完整的菜系。之后，从辛亥革命到抗战，中国烹饪各派交融，给川菜以深刻的影响，使之更加丰富，并在全国范围内流行起来。川菜独特的风味夹带着一种地区文化向全国乃至全世界蔓延，并渐渐被人们接受和喜爱。近年来，各种火锅店和川菜馆在全国的大街小巷安家，越来越多的人已将舌头沉浸于川菜的麻辣之中，也已将自己融入川菜文化里。

中国历代的文人雅士，凡是品尝过川菜的都是赞不绝口。唐代诗人杜甫有"青青竹笋迎船出，日日江鱼入馔来"的诗句。南宋诗人陆游不但会做，而且很懂得烹调技术。他长期在四川为官，对川菜兴味浓厚。唐安的薏米、新津的韭黄、彭山的烧鳖、成都的蒸鸡、新都的蔬菜，都给他留下了难忘的印象，离蜀多年后仍是念念不忘，晚年曾在《蔬食戏作》中咏出"还吴此味那复有"的动情诗句。此外陆游还在诗中称道了四川的韭黄、粽子、甲鱼羹等食品。近代著名的作家李劼人更是亲自开过川菜馆。可见他已经不满足于单单享用，而是要深入到美食的背后去探个究竟了。

那么川菜之所以大行其道背后

↑ 洛带古镇到处都是小吃店

的秘密到底是什么？我想还在于一个"香"字。正是这"香"成全了川菜。川菜的魅力就在于有味，在于味的变化多端，味是川菜的灵魂。四川境内江河纵横，树木四季常青，烹饪原料多而广，既有江河里的蟹鳖鱼虾，又有山区的野味山珍；既有四季不断的多种新鲜蔬菜和笋菌，又有肥嫩味美的各类禽畜；还有品种繁多、质地优良的种植调味品和酿造调味品，如郫县豆瓣、永川豆豉、涪陵榨菜、叙府（宜宾）芽菜、南充冬菜等，都为各式川菜的烹饪及其变化无穷的调味，提供了良好的物质基础。这么好的资源条件造就的川菜想不好吃都难。这也是川菜之所以在中国乃至世界得以立足和传播，深受人们钟爱的根本原因。无论是做工复杂的大菜，还是简单易制的家常菜都能让你本来谦逊的胃口大开。什么菜都有味，而川菜

的味专门能下饭，下了饭就舒坦了，这是川菜最原始的魅力。而它最大的魅力还在于人味。吃什么菜就造就什么人的性格，四川人的性格就是泼辣，细腻，顽强，像川菜一样靠谱。泼辣是因为吃麻辣，浑身毛孔贲张，刷刷地往外冒，舌头都烫直了，实在没工夫和你细细地掰哧；细腻是因为不满足于简单的口味，绝不因能下饭就马马虎虎凑合吃，嘴里淡得无聊时，必定要创造出七八种怪味，辨出个不同来，讲出个道道儿来；顽强是因为饿得发昏时，总能想出办法找到吃的，看到什么就能吃到什么，想到什么就能吃到什么，所以不夸张地说，四川人要饿死了，全国人民就没法活了，要不四川人怎么那么多呢。

四川人多，饭店也多。在中国，没有一个城市拥有像成都这么密集的饭庄。无论是横贯全城的人

63

民路与蜀都大道，还是依旧垂着历史眼睑的宽窄巷子，只要你停下脚步，身边就一定有吃饭的地方。真可谓五步一馆、十步一庄。很多大饭店精于传统的筵席菜。筵席菜烹制复杂，工艺精湛，原料一般采用山珍海味配以时令鲜蔬，名菜有大蒜干贝、清蒸竹鸡、如意竹荪、樟茶鸭子、辣子鸡丁等，可谓品种丰富、调味清新、色味并重、形态夺人、气派壮观。20世纪三四十年代流行的公馆菜如今又出现在成都的街面上，此外，"吉香厨"的江湖菜也有口皆碑。许多街边的"苍蝇馆子"都是小吃的藏龙卧虎之地，所谓的蓬门荆钗，不掩国色天香。别怕"跌份儿"，大快朵颐的惊喜就在那里等着你呢！找一位致力于到寻常巷陌中探访美食的成都朋友一起去僻街陋巷里转转，一定能收获一份美食。抗日战争时期，著名人士郭沫若、阳翰笙、陈白尘、戈宝权、凤子等常聚于通远门附近小巷中的一家小餐馆，品尝五香牛肉、清炖牛肉、油炸牛肉、水晶包子等川菜川点，郭沫若还乘兴为小餐馆题写"星临轩"招牌，留下一段名人与川菜的佳话。

麻辣烫、串串香和火锅的美食世界

四川是饮食的天堂，无疑更是一座小吃的天堂。那里小吃品种的丰富多样，无所不用其极的制作手段绝对可以从令人观止到令人吃止。冬天的麻辣烫、夏天的冷啖杯、口味霸道的冒菜和麻辣粉，无不叫人流连忘返。走在成都的大街小巷，我们随处可见大大小小的串串香铺子，红漆的矮方桌、小凳子和热气腾腾的一锅红汤以及那一大把一大把的竹签就构成了成都特别的一景。而每到夜晚便出现在居民小区的烧烤摊更是香雾缭绕。成都的烧烤完全不限品种。很多地方的烧烤不过是限于羊肉串、腰子、鸡翅之类。成都的烧烤摊上无所不有，海带、土豆、花菜、莴笋、香肠、鱿鱼、魔芋、黄花、藕、排骨等无论荤素全部都烤，味道更是脆香麻辣，令人难以忘怀。四川小吃的最大特点就是好吃。无论在城间的小巷还是某个乡村的面馆，你都会被那里各色小吃的味道所折服。许多有名的小吃，发源于旧时城镇沿街叫卖的小贩，历经几十上百年的发展，如今已形成如龙抄手、钟水饺、担担面、珍珠圆子、夫妻肺片等具有"中华老字号"招牌的专业店。四川小吃的另一个特点是便宜。真的是太便宜了！2块钱的面条，或者3块钱的冒菜，再或者一串1角钱、吃一晚上也花不了几个子儿的串串香，都足以满足你的胃口。

当然，来到成都肯定少不了吃火锅。四川的火锅早在左思的《三都赋》中就有记录，可见其历史至少有1700年。狮子楼、谭鱼头、寇记老灶火锅、三只耳，都是不错的选择。如果觉得这些地方贵也不怕，很多街道都有各种各样的小店，也相当考究。火锅在外地人看来没啥区别，只有到了成都这个满城飘着火锅香味的地方，才会有人认真问你，你是要吃传统老派的，还是要吃流行新派的……你可以到高贵典

↑ 风靡全国的串串香、麻辣烫

雅的"皇城老妈"寻找一下巴蜀文化的渊源，也可以到大众火锅店与家人来一番自助。"家家粗粮王"有无数可以下锅的菜供你选用，而且还有各种甜点、蒸煮食品、汤类。一眼望不到边的大厅里川流着熙熙攘攘的人群，到处是其乐融融的景象。的确，亲戚相聚，朋友小酌，围着火锅边吃边聊，无拘无束，浓香热气与和睦的气氛交融，其乐无穷！宋人林洪说吃火锅有"团圆热暖之乐"，清诗人严辰咏火锅诗句"围炉聚饮欢呼处，百味消融小釜中"，正是这种乐趣的写照。成都火锅的吃法也是变化多端，什么"香辣蟹"、"狗肉火锅"、"鱼头火锅"、"啤酒鸭"、"鸳鸯锅"、"九尺鹅肠锅"……不胜枚举。

最后还得说说成都的"鬼饮食"。成都流行"鬼饮食"，就是晚上开始摆出来，一直吃到凌晨的夜宵大排档。最出名最热闹的自然是东大街。吃的有卤的鸡脚、鸡翅或鸭脚、鸭翅；卤的猪耳朵和猪尾巴；煮的花生、毛豆；凉面、凉粉；煨在蜂窝煤炉子上的蹄花；现煮的粉子醪糟等。不是什么店铺，就是一些长凳和矮椅子临时摆在街边，甚至扩展到马路上。反正已经是深夜，也不存在阻塞交通的问题。过去，华兴街有一家煎蛋面馆，除了煎蛋面，也卖些凉菜、卤菜和水酒，一到晚上，街沿边，密密麻麻的塑料小凳上，坐满了男男女女；现在，叫华兴煎蛋面的夜吃馆子，在成都的东南西北，不知有多少家。夏天的时候，人们很喜欢"冷啖杯"，顾名思义，是冷菜冷酒。但是，夜里胃凉，全吃冷的东西，肯定不会爽快。聪明而极度好吃的成都人又在夜吃中专为人们的胃口搞上一碗好东西——炖蹄花。最先是在西御

↑ 耍都夜市

街和半边街的交接口子上，有一位大妈，把自己炖的猪蹄花，摆到口子上卖。大妈炖的蹄花，汤白肉烂，加在里面的雪豆也炖得开花开朵，香浓的汤汁里，撒上葱花，再加上自己做的家常剁椒豆瓣做蘸水碟子，叫人一坐下，就恨不得马上狼吞虎咽。虽然是在露天野地里，可无论酷暑寒冬，吃蹄花的人，黑压压一片。后来，大妈买了部运锅碗瓢盆、桌椅板凳的面包车，里边摆张小桌子，吃客们幽默地叫它"雅间"。这就是如今凡是成都人都知道的老妈蹄花。

出成都到周边县市，尤其到了乡下，就会遇到正宗的"九大碗"，也就是四川有名的三蒸九扣菜。这是最具巴蜀乡土气息的农家筵席，是过去四川一些地方乡下红白喜事的酒席。清代以来，四川民间凡遇婚嫁丧寿或贺开业、请"满月"等，传统席面多为备办九种荤菜宴客，此即俗称"九大碗"或"九斗碗"。"九大碗"大都以清蒸烧烩为主，席间虽有泡菜鱼这样的带辣味菜肴点缀其中，但绝大多数都是"吃"咸鲜本味。如粉蒸肉、红烧肉、蒸肘子、烧酥肉、烧白、东坡肉、扣鸭、扣鸡、扣肉等。对20世纪六七十年代生于农村的人来说，九大碗是一个氤氲着无边幸福的词汇，在成都郊县农村，至今依然是婚嫁的主要菜式。

准备出发

旅行与季节

四川——天府之国，非浪得虚名者也。且不说山水仙境铺陈得洋洋洒洒，此处亦是饮食男女之人间乐土。若想在旅行中得四川真味，当需敏感的舌，饕餮的胃，观六路的慧眼，听八方的灵耳，还应有川人散漫的心态，步履从容，神闲气定。

● 春季·四川

【四川的春天十分柔和】

以成都为例，4 月蓉城，月平均气温为 17℃，平均最高气温为 22℃。白天正处于人体感觉舒适的环境温度 18℃ ～ 21℃ 范围内。又因盆地四周群山环绕，冷空气不易大举入侵，所以，作为我国大部分地区春季常见的大风天气，在成都平原却极为少见。四川盆地春季雨水不多，成都地区的平均相对湿度

为 78%。四川的春雨有"随风潜入夜"的特点。3 ～ 5 月平均有 81% 的雨水降在夜间，但夜雨昼晴，空气清新。在这样温润的气候条件下出游，无疑是一种极大的享受。

高原的春天比平原要晚一些，不但依旧可以看到冬季的银装素裹，而且还可以感觉到春天万物复苏的气象，各种山花竞相开放。略显不足的是气候偏冷，时有春雨侵袭。

● 夏季·四川

【山清水秀宜避暑】

四川东部盆地因四周环山，故盛夏常出现连晴高温天气。夏季集中了全年雨量的 50% 或以上。西部高原区，既有"一山四季"的立体气候特色，又集中了以米易、渡口为代表，年平均气温高于 18℃，全年无冬，夏季长达 190 天以上的干、湿分明的南亚热带气候和以石渠、色达为代表，年平均气温在 0℃以下，常年无夏，最热月气温低于

↑ 树正群海

10℃的亚寒带等多种气候类型。

　　总而言之，川西高原夏天气温较高，空气湿度比较大，天气闷热，紫外线照射比较强烈，出门前请做好防晒准备。早晚变化大，平均气温在19℃～22℃，夜晚较凉宜备薄毛衣。

● 秋季·四川

【秋季入川，正是在最美的季节，去最美的地方】

　　四川东部盆地秋季多雨，在9～11月份内，秋雨绵绵，最长时要连续25～30天。

　　秋天的川西高原是最绚烂的，有着最精华的美色。天高气爽，气温多在7℃～18℃，昼夜温差较大，特别是10月后的深秋。10月下旬后有冻土出现；国庆期间天气温度大致在5℃～20℃，晚上会更冷，所以一定要带羽绒服。

● 冬季·四川

【进入温暖南国的冰雪世界】

　　四川盆地北部的天然屏障，使冬季寒潮不易入侵，盆地冬暖春早，但光照少，多雾。除局部景区气温与北方接近外，大部分景区温暖湿润、绿色怡人。

　　川西高原冬季较寒冷，气温多在0℃左右。路面常有冰雪，海拔4000米处可能有风雪或小型雪崩。

　　过去人们都认为高原的冬季不能旅游，如今才发现其冬季之美养在深闺人未识，是北方冰雪和南方绿色的最佳融合，与春、夏、秋三季相比，与北方景色反差更大、特点更突出，极具诱惑。

节庆日历

● 成都地区节庆

成都花会

　　时间：2月

　　地点：西门外的青羊宫

成都灯会

　　时间：每年春节前后举行

　　地点：青羊宫、文化公园一带

龙泉桃花会

　　时间：3月

　　地点：龙泉花果山风景名胜区

都江堰放水节

　　时间：4月5日

　　地点：都江堰

天彭牡丹花会

　　时间：农历三月三左右

　　地点：彭州市

望丛歌会

　　时间：端午节

　　地点：郫县

● 四川气温降水表

月份	1	2	3	4	5	6	7	8	9	10	11	12
最高（℃）	5	10	13	15	20	22	25	25	23	20	15	8
最低（℃）	-3	-2	2	6	8	10	15	15	13	10	5	2
降水（mm）	15	24	26	48	87	76	104	82	76	53	26	18

黄龙溪火龙节

　　时间：农历正月初二晚上至正月十五

　　地点：黄龙溪古镇

●其他城市节庆

自贡恐龙灯会

　　时间：2月5日～3月11日

　　地点：自贡市

峨眉朝山会

　　时间：5月份，历时7天左右

　　地点：峨眉山

广元女儿节

　　时间：9月1日

　　地点：广元市

●民族节庆

藏历新年

　　时间：正月初一（藏历）

　　地点：四川各藏族居住地

康定元根灯会

　　时间：藏历十月二十四至二十六为主祭期

　　地点：康定

望果节

　　时间：没有固定日期，各地根据农事而定

　　地点：炉霍

　　一般在秋收前8月选择吉日举行，为期1～3天。

嘎登节

　　时间：公历7月上旬

　　地点：稻城

赛马会

　　时间：公历8月1日，3天左右

　　地点：理塘

金马节

　　时间：藏历五月初四，1～3天

　　地点：色达

央勒节

　　时间：农历八月中旬，历时7天左右

　　地点：巴塘

巴姆山节

　　时间：公历7月21日，历时1～3天

　　地点：乡城

墨尔多庙会

　　时间：农历七月初十

　　地点：丹巴

迎秋节

　　时间：农历八月，历时7天

　　地点：甘孜

赛马节

　　时间：公历7月中旬～8月中旬，择日举行

　　地点：塔公

黄龙庙会

　　时间：农历六月十六至十七

　　地点：松潘县黄龙寺

麻孜会

时间：农历三月十五

地点：九寨沟

牧民节

时间：农历正月初举行，历时7天

地点：阿坝州

采花节

时间：农历五月初五，历时2天

地点：南坪县博峪一带

赏花节

时间：农历六月，3～5天，或长达10余天

地点：马尔康一带

红原赛马会

时间：农历七月初一

地点：红原

俄喜节

时间：农历腊月初七

地点：凉山木里县一带

谢水节

时间：农历三月初六

地点：凉山州冕宁县一带

上九节

时间：农历三月初九

地点：雅安宝兴县一带

白马歌会

时间：清明节前后

地点：绵阳平武县

●四川彝族节庆

火把节

时间：农历六月二十四至二十六，历时3天

地点：凉山彝族地区

彝族年

时间：一般在农历十月或十一月，历时3天

地点：凉山彝族地区

●四川羌族节庆

羌历年

时间：农历十月初一

地点：阿坝州羌族聚居地

祭山会

时间：各地并不统一

地点：阿坝州羌族聚居地

巧牙会

时间：农历七月初七

地点：阿坝州羌族聚居地

川主会

时间：农历六月二十四

地点：阿坝州羌族聚居地

颂歌节

时间：农历五月初五

地点：茂县北部的羌族聚居山寨

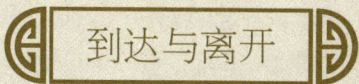

到达与离开

"蜀道难，难于上青天"愁坏了喜游山玩水的古人，如今，来去

四川已易如反掌。"黄鹤之飞尚不得过"，但我们有飞机；"猿猱欲度愁攀援"，可我们有穿越大山的铁路与公路。

● 航空

　　航空当然是旅行中最省时、省力、有效的交通方式，唯一的问题就是价格高于铁路和公路交通。

　　成都航空港是西南的交通中心之一，辐射全国，连接曼谷、中国香港。另外，还有宜宾、西昌、达州、泸州，以及新开通不久的九寨沟机场，这些都有多条国内航线或省内航线。

● 铁路

　　四川省现已建成宝成、成渝、成昆、内昆、达成5条铁路干线和三万、小梨、资威、成汶、德天、广岳、攀枝花、广旺、宜珙9条支线。

　　宝成线北起陕西宝鸡，过略阳、阳平关进入四川，再经广元到达成都，全长669公里；成渝线连接成都一重庆，一直通往贵州和华南地区，全程505公里；成昆线南接南昆线，是成都经昆明至广西北海的主要铁路线；内昆线是由内江至昆明的铁路干线；达成线是连接川北的铁路干线。

● 公路

　　全省公路以成都为中心，干、支线公路呈辐射状分布，同时，又辅以东西、南北线路的相互交织。主要的公路干线有：川藏线，以成都为起点，一条经康定、巴塘、八宿、林芝至拉萨，一条经康定、甘孜、昌都、那曲至拉萨；川青线，一条通往青海久治，一条通往青海玉树；川陕线，一条通往陕西汉中，一条通往陕西安康；川陇线，一条通往甘肃临夏，一条通往甘肃文县；川渝线，以成渝高速和原川鄂路为主；川云线，东路经隆昌、泸州、贵州入云南，中路经内江、自贡、宜宾入云南，西路经西昌、攀枝花入云南；川滇线，由川藏线上的甘孜、理塘经乡城入云南中甸。

　　成都汽车中心客运站是四川最大的公路客运枢纽站。成都一都江堰、成都一绵阳、成都一乐山一峨眉山、成都一雅安以及内江一自贡一宜宾，都有高速公路把省内各主要景点连成一体。

住在四川

　　四川旅游住宿设施十分完善，大量物美价廉的旅馆、招待所，高档次的酒店、宾馆，星罗棋布分布在全川各个城市和风景区。而且，随着西部旅游的发展，新的星级酒店和旅馆又像雨后春笋一样冒了出来。房价也比较适中。你可以根据自己的要求和财力选择。

　　无论住处好坏，先只付一天房费。倘要续住，次日12:00时再付一天，不要怕麻烦。这样不管是计划有变还是见"好"思迁，都不会有损失。

　　四川江河纵横、沃野千里，自然条件得天独厚，入烹之料多而广，堪称"天然菜库"。自古蜀人就爱吃，也善吃。悠悠两千多年，造就了滋味无双、辛香传世的泱泱川菜，从中国洋洋大观的烹饪世界中脱颖而出，成为中华饮食的执鼎大派。到了四川，如果没有让胃口自由，让口舌恣意，没有体味美食风流，那么，就等于没有到过四川。正所谓：品得三千美食，胜过万世功名。

吃在四川

●自贡小河帮：川菜中的极端主义

传统意义上的川菜，主要由3个地方菜种组成——以成都菜为代表的"上河帮"，以重庆菜为代表的"下河帮"，以自贡菜为代表的"小河帮"。

自贡菜是中国盐帮菜典型菜种，也是中国菜肴中辣性最激烈的，"自贡无菜不辣椒"，这话虽然多少有些夸张，却很鲜明地说出了自贡菜的风格。自贡最具特色的食品是牛肉，例如水煮牛肉、火边子牛肉等，都是自贡地方风味浓郁的川菜精品。另一个不得不吃的美食，是自贡富顺豆花，又白又嫩、又滚又烫的豆花，蘸上那又红又艳、又鲜又辣的特制蘸水，无比可口。

●川南：川菜之乡

川南美食第一站，自当是彭山，它的甜皮鸭和彭山漂汤都是一绝。过了彭山，就是三苏故里眉山。眉山地区的美食数不胜数，名扬天下的自然是苏东坡创制的东坡肘子和东坡鱼。做得最好的一家餐馆紧邻三苏祠，叫做"疏竹轩"，另外，眉山的钵钵鸡也是川南钵钵鸡的经典。而龙眼酥是眉山最有名的糕点。眉山过了是乐山，乐山的美食更是名甲四川：西坝豆腐、东坡墨鱼、青神江团、汉阳土鸡，并称为乐山美味四绝，食者尝之，终生难忘。乐山的代表美食还有：仔姜鸭脯、珍珠鱼、牛肉豆腐脑、跷脚牛肉、珍珠圆子等。

川南其他地方的美食也各具特色。宜宾最有人气的饮食是宜宾燃面，是宜宾传统的名小吃。面条松散红亮、香味扑鼻、辣麻相间、味美爽口，又因其油重无水，引火即燃，故名燃面。宜宾还有一种特色小吃，叫"叙府糟蛋"，是将鸭蛋浸泡于配好作料的醪糟甜酒汁中13年而成。宜宾李庄古镇位于宜宾市东郊19公里的长江南岸，李庄的名吃为"大小三白"，白肉、白酒和白糕称为李庄"大三白"。李庄白肉，是李庄美食的当家菜品。白斩鸡、白斩兔、白花生称为李庄"小三白"。

雅安是川南边缘的美食重镇。其中，首推雅鱼。正宗的雅鱼，头上有把"宝剑"，小心别吃了歪的。雅鱼之所以名贵，大概源于一民间传说：清代雅安举人李景福曾以雅鱼上贡慈禧太后，对方吃了大加赞美："龙凤之肉，恐亦难与媲美。"雅安所产的"裂腹鱼"，形似鲤而鳞细如鳟，体肥大，肉嫩味美，用菜经沙锅烹调制作雅安名菜"沙锅雅鱼"、"雅鱼全席"，被誉为川味上品。

↑ 粽叶包裹的豆豉

●川东美食：四川的东部地区包括资阳、内江、乐至和广安一带

邓小平的故乡——广安，素有"川东门户"之称。这里的西板豆豉、永寿寺豆腐干、邓家菜、中和豆花远近闻名。永寿寺豆腐干是由被誉为"武胜第一庙"的永寿寺女僧试制而成。由于女僧长年吃斋，豆腐便成了她们的第一营养品。相传，庙内僧人为改变饮食结构，经反复实践，终于试制成功了永寿寺豆腐干，而今已历百余年。该豆腐干精选上等黄豆为主要原料，浆汁至少过滤两遍以上，做工精细，烘烤讲究，做出的豆腐干色泽美观，卤香中带有清香，醇厚中转微甜，回味绵长。

西板豆豉原名板桥五香豆豉，色泽棕黄，软硬适度，香气扑鼻，味醇化渣。其制作先将黄豆用清水泡涨，蒸熟后放室内通风处发酵，半个月左右取出加适量米糟、白酒、食盐、花椒面及山奈、八角等五香

粉，装入坛内密封，露天储存，一年后启用。若存放三五年，豆豉变成浓郁芳香的豆油，为上等调料。

说起广安美食，不可不提邓家菜，顾名思义，即邓小平的家庭招待客人的菜谱。特点是菜肴丰富，经济实惠，凉、炒、炖、蒸、烩齐全，老少咸宜。主要菜品有八个：凉拌瘦肉片，糯米加糖垫底所蒸的"夹沙肉"，干咸菜蒸肉条——"扣"猪肉和独具广安特色的红苕粉菜油炸后的"酥肉"，蒜苗加辣椒炒成的"回锅肉"，用地方豆类或萝卜、笋子等炖成的"排骨汤"，大豆打成浆所炒的"莲渣闹"，具有邓家特色的包谷汤圆，最后一道陈年咸菜，既是增加食欲的兴奋剂，又可一调油腻的口味。

若要提到用鱼为原料的菜品，"甜城"——内江人一向以会做、会吃闻名川内。历史上最有名的是一道叫"不是鱼"的佳肴。"不是鱼"其实还是鱼。相传在隋炀帝时期，

由于隋炀帝昏庸无道，天下分为四派，其中驻守太原的李渊暗中囤积兵马，准备造反，为了不引起隋炀帝的注意，就散发消息说蜀中多美食美女。隋炀帝非常向往，派出大量的兵马前往蜀中搜罗名厨。当时最有名的是内江"吴一口"大厨，据说吴一口只需尝一口就能知道菜的配料和火候，因此大家都叫他吴一口。他最擅长的是做鱼，其中有道祖传鱼看十分独特。这道鱼的制作费时费料，活鱼用特殊汁水养三天才杀，鱼肉再用腌汁制作三小时才下锅，从时间到配料，一样都不能多也不能少，堪称蜀中一绝。吴一口被隋炀帝的兵抓到京城做这道菜，皇上吃了龙颜大悦，连呼"痛快"。皇后问吴一口："此乃鱼乎？"吴一口还没来得及回答，隋炀帝已接过话说："此非鱼，鱼非此美味。"吴一口一时目瞪口呆，隋炀帝是出名的滥杀无辜，既说了"此非鱼"，吴一口怎敢再说"此乃鱼"？隋炀帝问："此菜到底为何物？"吴一口急中生智，随口答"不是鱼"。隋炀帝追问："不是鱼是何物？"吴一口答："此菜虽是鱼肉入料，但菜名就叫'不是鱼'，菜是祖传，小人不知为何叫此名。"吴一口的机智使他躲过一劫，这道菜的菜名也从此变成"不是鱼"。

内江还有一道"内江名菜"，叫"周鲇鱼"，其实"周鲇鱼"不是一道菜，而是用鲇鱼烹制的数十种菜肴。什么水煮鲇鱼、麻辣鲇鱼、蒜烧鲇鱼、滋补鲇鱼、清蒸鲇鱼等"鲇鱼系列"。"周鲇鱼"的原料取自长江中的天然鲇鱼，味道美且营养丰富，鱼刺少

又易于消化，还能滋阴健脾、利尿消肿。因做法多样，味道各有不同，对许多"食鱼族"来说，换着花样吃，既不容易生厌又满足了口福。

饱尝完"鱼宴"，来到毗邻内江的资阳市，喝上一碗白如奶汁、鲜美难忘的羊肉汤，定会感叹别有一番滋味在口中。有着1000多年历史的简阳（资阳属地）羊肉汤享誉省内外，被誉为"中国名汤"。人们赞誉简阳羊肉汤是女人的美容院，男人的加油站。简阳的羊其品质为何能名扬天下？行家有一风趣的说法："它吃的是中草药（绿色草食）、喝的是矿泉水（龙泉三岔两湖水）。"难怪肉质细嫩，肥而不腻，鲜香浓烈，余味悠长。

●乡土川北

川北的饮食很有乡土气息。其中绵阳梓潼片粉是当地街头随处可见，饿了打个尖，馋了香个嘴的传统小吃。把制好的绿莹莹的大块片粉按客人要求，撕成大小不一的条状，加入熟油辣子和花椒油，滴一点点醋，少许蒜泥，讲究的再放几颗炒好的干黄豆，拿筷子拌匀，一入口，辣乎乎，麻酥酥，酸溜溜，凉丝丝，嚼起来还有股子韧劲儿……梓潼片粉号称梓潼乡土风味小吃三绝之一，同样的调料，拌其他凉菜，都吃不到片粉这么独特的味道。然而梓潼人对片粉的具体制作工艺很保密，仅仅透露原料是绿豆和豌豆淀粉烫制而成，其独有的绿色得益于韭菜汁，是传了好几百年的工艺。

此外，绵阳的席凉粉、罐罐鸡、菜豆花等无不是乡土味极浓的特色

美食。

说到川北，就不能不说到南充著名的"川北凉粉"。自清末问世以来，它以红辣味醇、鲜香爽口的川味风格饮誉巴蜀，流传至今。当时，原南充县江村坝农民谢天禄，在中渡口搭棚卖担担凉粉，他的凉粉制作精细，从磨粉、搅制到调料、配味都有独到之处，行人品尝后无不称道，谢凉粉便有了名气。其后，农民陈洪顺悉心研究谢凉粉的制作工艺，取其所长并加以改进，凉粉制作工艺得到进一步完善。他选用新鲜豌豆用小磨磨细，十分讲究搅制火候，所做凉粉质细柔嫩，筋丝绵软，明而不透，细而不断，调料配味，更具匠心。不久，陈凉粉便名扬川北一带，"川北凉粉"也不胫而走。

南充还有"顺庆羊肉粉"，也是川北著名的小吃之一。米粉质细、绵软，汤色乳白而滚烫。数九寒冬，来一碗羊肉粉可发热冒汗，大有驱寒祛湿之功，故有人喜食羊肉粉来发汗治疗感冒。

保宁干牛肉，亦称张飞牛肉，是川北阆中市的一大名食。在清代乾隆年间就远近驰名，至今已有200多年的历史。中华民国时期在成都"劝业会"上被评为"上等食品"，自此声誉更佳，至今不衰。保宁干牛肉分生、熟两种。生干牛肉又称风干牛肉，经腌渍、烟熏、风干、密藏等工序精制而成。熟牛肉，系选用精肉，经浸渍、松肉、腌渍、抹香、煮熟、烘干等工序精制而成。保宁干牛肉，色显玫红，滋润光亮，肉质细嫩，纹丝紧密，不干、不燥、

↑ 大街上随处可见的炸河鲜

不软、不硬。食之，咸淡适口，五味俱全，具有浓郁的山野味，为宴席配餐、伴酒佐餐之上品。

"女皇故里"广元，以女皇蒸凉面和剑门豆腐最有特色。

女皇蒸凉面又叫"夫妻米凉面"。相传，唐朝高宗时，工部尚书武士之女武媚娘（武则天）14岁时，就被唐太宗选入宫中为才人。当时因君命难违，她不得不离自小青梅竹马的情郎常剑峰。武媚娘在幼时读书之余，经常和常剑峰一起游河湾，而河湾渡口有一家削面店。他们每次游完河湾，总要到削面店吃上一碗。因此与店老板混熟了，经常边吃边谈论面的制作。后来，他们想夏天要是能吃到凉面该多好。于是便和面店师傅一起试验，终于用米浆做成了一种柔软可口、绵韧不黏的米凉面。武媚娘和常剑峰高兴得相拥而歌，面店师傅见此情景，

便打趣这一对小情人：这面不如就叫"夫妻米凉面"吧！恰巧这天又是武媚娘的生日，"夫妻米凉面"就这样诞生了。由此传开，成为当地人人爱吃的地方名食。女皇蒸凉面耐嚼、爽口，吃法多样，最普通的吃法是：碗内放凉面，加入酱油、香醋、辣椒、辣油、香油、白糖、花椒面、蒜泥等调料，搅拌后有酸、甜、麻、辣、香五味，川味十足。

广元剑阁县的剑门豆腐历史也很悠久，至今还流传着姜维守剑阁时就地取材磨制豆腐犒赏官兵的传说。以剑门山区砾岩油沙石土出产的黄豆为原料，使用来自剑门七十一峰的"剑泉"水，经浸豆、磨浆、滤渣、煮浆、点浆、脱水等工序制成。采用炒、炸、熘、烧、炖、蒸、汆、凉拌等烹调方法，可制作出上百种菜肴。著名的有菱角豆腐、怀胎豆腐、熊掌豆腐、雪花豆腐、麻辣豆腐等。具有白嫩细腻、鲜香味美等特色。

德阳的名小吃叫"罗江豆鸡"。

孝泉名小吃"果汁牛肉"始创于中华民国时期。制作过程一是购回肉牛，雇工放牧，投喂精料，待肉肥膘满，由"阿訇"（伊斯兰教宗教职业者）下刀宰杀，取其精肉，剔去筋杂，切成拳头大块状，下缸腌渍，待盐透心，起缸滤去盐水，入锅"武火"沸煮去尽肉中血水，起锅凉凉，再剔筋杂。二是入卤进味，初用"武火"沸煮，再用"文火"炖，肉粑入味，沸卤出锅，待自然冷却后，再次剔除筋杂，将纯净肌肉横着肉纹切成长约一寸的小条块，形似粗筷头状，即为坯料。三是取纯净菜

油烧至一定温度，投坯料入锅油炸，严格掌握火候，既要保持牛肉的特鲜味，又要酥脆而不顶牙，入口咀嚼以化渣为度。四是起锅滤尽余油，拌以数十种名贵中药加工而成的香料和花椒粉、辣椒油、熟芝麻及少许饴糖等配料而成。

●甘、阿、凉三州的民族风味

甘孜州

糌粑是藏族的主食。藏族人一日三餐都有糌粑。糌粑，名字听起来新鲜，实际上就是青稞炒面。吃糌粑时，碗里放上一些酥油，冲入茶水，添上炒面，用手搅拌。拌时，先用中指将炒面向碗底轻捣，以免茶水溢出碗外；然后转动着碗，并用手指紧贴碗边把炒面压入茶水中；待炒面、茶水和酥油拌匀，能用手捏成团，就可以进食了。食时用手不断在碗里搅捏，揉和成团，用手往嘴里送。

从牛、羊奶中提炼出来的酥油是每个藏族人每日不可缺少的食品。牧民提炼酥油的传统方法比较特殊。先将奶汁加热，然后倒入一种叫做"雪董"的大木桶里，用力上下抽打，来回数百次，搅得油水分离，上面浮起一层湖黄色的脂肪质，把它舀起来，灌进皮口袋，冷却了便成酥油。酥油有多种吃法，主要是打酥油茶喝，也可放入糌粑调和着吃。逢年过节炸果子，也要用到酥油。酥油茶是藏族群众每日必备的饮品，是西藏高原生活的必需品。

阿坝州

洋芋糌粑是九寨沟最有特色的

食品，但在一般酒店并不容易吃到，小摊点是比较好的选择，尤其是在九寨沟县城里面能够吃到此种美食。洋芋又称土豆，把洋芋蒸熟以后放在木桶里用力捣，直到土豆呈黏稠块状，然后再打成糌粑，放在锅里面煮，煮好后放入酸菜、辣椒，入口爽滑，美味无比。

居住在阿坝的羌族人，主要食物有玉米、小麦、青稞、黄豆、荞麦等。他们用大米煮到半生拌玉米面蒸熟，此饭如以玉米面为主叫"金裹银"，以大米为主叫"银裹金"。特色食品还有蒸蒸酒、血馍馍等。

羌族人不喜欢吃鲜猪肉。杀猪的时候，喜欢将猪肉连皮带毛切成小块，挂在梁上熏干，做成"猪膘"，存放越久远，颜色越黄越是珍品。陈年的猪膘，肉色嫩黄、晶莹剔透，吃起来油而不腻、十分可口。猪膘可以用做日常炒菜的调料，也是赠送客人的上等礼品。

"酸菜面块"是一种特色很浓的藏族传统晚餐。其主要原料是酸菜，酸菜的制作方法很简单：把菜叶煮到快熟时，取出冷却，然后装入坛子或木桶里，密封好放在阴凉处，一星期左右就成了。制作面汤时首先加酸菜，其次加本地阴干的腊肉或新鲜牦牛肉，再加进土豆、面块和盐、葱等煮熟，香喷喷的酸菜面块便做出来了。

当地的酸奶也很有特色，将牛奶煮沸，倒入木桶，加少量的旧酸奶作发酵剂，温度在30℃～40℃，制成的酸奶像嫩豆腐一样，并有一种芳香的气味，酸甜可口。

凉拌牦牛肉：牦牛的肉经过盐卤，切成薄片，拌上辣椒后不失为一道很好的下酒菜，当然，酒要喝当地的青稞酒。牦牛产于高原，肉香且带一点儿野味儿，吃起来别有一番滋味。

凉山州

在凉山，正宗的彝族坨坨肉、烤乳猪、酸菜鸡、煮羊肉、辣子鸡汤等美味佳肴，味道既保持了原料本身固有的香味，又融入了彝族人对食品独有的味觉嗜好。坨坨肉顾名思义，外观如"坨坨"。制作坨坨肉的选料极有讲究，要选用按照传统放牧方式自养的、凉山本地品种的猪崽儿肉为原料。因是放养的，其肉紧密、结实，又以山上的高寒植物为主食，肉质更带有一种高山的醇香。将猪宰杀后用柴草烧其猪毛，待清水洗刷时，刮去毛和那层薄薄的皮，然后再烧再洗，直到去尽毛，猪皮呈黄褐色为止。开膛剖肚清洗完备后，将猪肉砍成扁方形的肉坨坨，尽量砍大一点儿，以示对客人的敬重。煮肉的火候很关键，一般煮到水面的泡沫消失就行了，这时肉刚熟，及时捞起，此时的肉不硬不绵，咬起来很有弹性。调料看似简单，却非常重要，以当地出产的花椒、海椒、精盐、大蒜，再加入木姜子（一种植物香料）拌好即可食用，味道醇厚而清香。

凉山还盛产各种野生菌：鸡㙡、蘑菇、牛肝菌、大脚菇、一窝叶、灰灰菌等，无不是鲜美可口的山珍。

西昌邛海中多产鱼虾，其虾被称为邛海虾。西昌市有一道远近闻名的美食——醉虾，由邛海边的汉族渔民创制，深受当地人和外来游客的喜爱。它以麻、辣、酸为主要特点，加上虾肉的细嫩与清香，叫你爱不释口，欲罢不能。

预　算

●无法省掉的开支：门票

据专家们说，四川省"门票经济"发达，全国领先。据不完全统计，全省省级以上风景区的门票、观光车票、缆车票、区内游船票等，总金额已超过3000元。省级以下景区、景点、公园、博物馆等还多如牛毛，不在此列。这些"牛毛"都是拔自我们的腰包。目前门票还有涨价的趋势，令人更加担心钱包缩水。

那么，如何省钱呢？首先应对自己旅游的景区有大概的了解，对一些景点进行筛选，找到最具特色的地方，没什么新意的、常见的景观就不必去了。有些景区的门票（如九寨沟内）是每进一次就要购买一次，所以请您安排好时间，以免浪费门票钱。另外，闲逛不需要花钱买门票，也能了解景区和城市的风土人情，玩出好心情。

成都的一些景区现在实行淡旺季两套收费价格，如九寨沟、黄龙、峨眉山、四姑娘山等，冬季纷纷推出了淡季的优惠门票、观光车票价格。九寨沟门票从310元降至80元，景区内的观光车票也将从90元降至80元。淡季旅游时，不仅门票降价，而且由于游人少，一些宾馆在住宿上都有优惠，可以打折，高的可达50%以上。在吃的问题上，饭店也有不同的优惠。此一项，淡季旅游比旺季在费用上起码要少支出30%以上。

●行程中最大的开支：路费

交通费用是旅行中最大的开支，众所周知。四川旅游资源丰富，景点之间相距较远，尤其是甘孜州的很多地方都是风景优美之地，但交通十分不便，有的地方甚至不通长途汽车，只能包车，所以路费会是在四川旅行最大的开支。

自助游者要计划好出游的返回时间，采取提前购票，或同时购返程票的方法。一些航空公司有提前预订机票可享受优惠的规定，且预订期越长，优惠越大。与此同时，也有购往返票的优惠。在预订飞机票上如此，在预订火车、汽车票上也有优惠。如预订火车票，票买得早，可免去临时买票的各种手续费用。

自驾游是比较省钱的办法，而且四川是一个非常适合自驾旅游的地方，但自驾车也会遇到诸如滑坡、塌方等"自然灾害"，而且"自驾游"省钱的关键就是要找个好向导，除此之外，结伴消费、租返空车、合理规划线路都是省钱的办法。

●弹性最大的开支：住宿

旅行住宿丰俭由人，几十到几百元不等。如果想住得好，又住得便宜，出游之前要利用一切渠道收集目的地的旅馆信息。如果有熟人介绍或自己可入住的企事业单位的招待所和驻地办事处，当然是首选，这些招待所和办事处一般条件较好，因为大部分的企事业单位招待所和办事处享有本单位的许多"福利"，且一般只限于接待与本单位有关的人。住在这种招待所和办事处里，价格便宜，安全性也好。

在选择旅馆时，可选择一些交通较方便、处于不太繁华地域的旅馆，比如说旅游景区相对集中的城郊旅馆，不但安静，而且环境优美，去玩儿也方便，还可省一些路费。这些旅馆在价位上往往比火车站、汽车站旁边的同级旅馆低20%～30%，而且还可打折、优惠。如今城市出租车发展快，住远一点儿没关系。

● 可以省掉的开支：购物

旅途中购物，看似简单，却包含着一门省钱的学问：以地方特色作取舍，只购当地独有的；购买一些本地产的且价格优于自己所在地的物品，切记莫买贵重东西；切忌贪便宜，某些风景区，在出售贵重物品时，往往用各种方法出售假冒商品；买本地特产时最好有行家指导。但是也不要盲目轻信别人，切忌冲动从众，而要相信自己的判断，做个成熟的消费者。

特别注意事项

四川多雨，雨具必备。山区尤其注意防雨，雨具以轻便的塑料薄膜雨衣为佳，或者穿上防水性能好的冲锋衣、冲锋裤，特别是骑马时，雨水会淋到膝盖上。

最壮美的景色大部分在川西北高原，海拔一般在2500米以上，高原旅行有一定的探险性，游览前先了解目的地的基本情况和游览须知。

高原反应主要症状有头晕、胸闷、气短等，较严重的会出现恶心的现象。但这些反应属正常现象，一般适应1 2天即可恢复正常，不需做特别的准备。如果不放心，也可以在康定买一些"红景天"等高原药，或者交一点押金租氧气袋，或者在成都购买小型氧气瓶；感冒灵胶囊对高原反应也很有效；不剧烈运动，多喝水，少饮酒，多食蔬菜、水果，这是减轻高原反应的办法之一；有心脏病、高血压、哮喘等病症的游客，请携带好有关的药品。

高原一般比平原低温期长1个月左右，昼夜温差大，要带足够的衣物；一定要戴墨镜，保护眼睛。

登山是在四川旅行中主要的运动，应注意：登山前要先确定上山的最佳线路，做好详细的行程规划，否则容易发生意外事故；备好食物饮料，穿上适宜的鞋子，登未开发的野山最好带上指南针、绳子和棍棒，要有向导，不可盲目行动，以防迷路；险要地段谨慎缓行，走路不观景，观景脚步停；不要贸然进入悬崖、山洞、水池、丛林等危险地带；下山时要特别小心，要看得准，走得稳；如觉得自己体魄不够强健，毅力不够坚强，最好乘观光车或缆车上山。上下缆车时应注意安全。

请尊重当地少数民族的生活习惯和信仰，避免发生冲突；购物要慎重，以免发生不必要的纠纷。

成都地区

成都，休闲与美食之都、西部旅游集散地、一座来了就不想离开的城市。秦岭山脉、龙泉山脉、邛崃山脉、大小凉山为成都挡住了寒流热潮和风沙，成都便显得温润而秀美，正所谓"日日花重锦官城，夜夜清风知时节"。以成都为中心，任意向东南西北各个方向出发，平均走上150公里就是四面青山的葱郁与清澈流水的欢歌。处于这样绝好自然环境中的大都市，摊开世界地图也寻不到几处，青山、流水则是一个个让人难以忘怀的美丽景致的珠链。

　　成都自建城以来就没有迁移过，这块钟灵毓秀的土地包容着各种文化，也接受了各地移民，和谐、富足、自由，充满人文情怀。市内的众多古迹讲述着悠久的历史；茶馆、古镇延续着美味小吃和川剧文化；田野中散落的川西民居小巧精致……无论新兴的高楼或传统的庭院小筑，阡陌纵横还是高速公路的穿行，都没有改变成都一以贯之的休闲特性。

　　用休闲之都与美食之都来评价成都一点儿也不为过。华灯下飘散着丝管之声和美味之色，人们享受着成都地域独有的平民化幸福生活，不分等级贵贱，共有的是惬意的生活和平实的态度。仙山名刹、美味佳肴，让人不想出川，也使得古人的"少不入川"成了一个"反面广告"，引得无数俊男靓女争相来到此间消磨时光。成都，一座来了就不想离开的城市！

景点目录

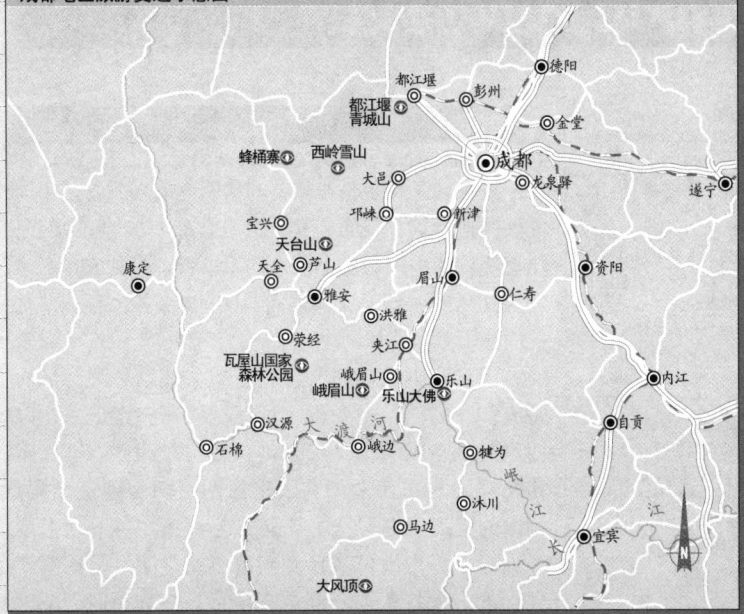

成都地区旅游交通示意图

都江堰
彭州
德阳
都江堰
青城山
金堂
蜂桶寨
西岭雪山
成都
大邑
龙泉驿
遂宁
宝兴
邛崃
新津
天台山
资阳
天全
芦山
眉山
仁寿
雅安
洪雅
荣经
夹江
内江
瓦屋山国家
森林公园
峨眉山
乐山
峨眉山
乐山大佛
汉源
大渡河
峨边
自贡
石棉
犍为
沐川
马边
宜宾
大风顶

康定

岷江

长江

📱**读者来电**

　　都江堰和青城山都在成都边上，一般去那里都是从成都出发的，放在"成都地区"比较合适。

　　　　　　　　　　——成都　昀子

😊请把您的建议告诉我们。(010-85166737)

成都市区及周边

武侯祠

🕐 夏季 7:30 ～ 21:00；冬季 8:00 ～ 18:30

🚌 乘坐 1 路、8 路、53 路、57 路、59 路、82 路、109 路、110 路、301 路、302 路、335 路、503 路等公交车可到达。从茶店子客运站打车过去约 25 元。

🎫 58 元（邮资明信片门票 60 元），年票 100 元

📝 1. 除刘备殿和孔明殿外，石兽、三绝碑和三国文化陈列室是值得品味的景点。

2. 在武侯祠游览时记得打听川剧表演时间，因为旁边的古戏楼晚上常常有川剧折子戏表演。

锦里

📝 来锦里最好是晚上，华灯初上时这里游人如织、熙熙攘攘。从街边的小吃摊买些当地特色的点心，边吃边游很惬意。这里出售的特产和纪念品很多，价格较其他地方贵些，不过可以讨价还价。

武侯祠

【中国的武侯祠以陕西勉县的最早、成都的最为有名】

成都武侯祠是祭祀刘备与诸葛亮的庙堂，是中国唯一一座君臣合祭的祠堂，距今已有 1500 年的历史。诸葛亮作为中国历史上著名的军事家、政治家，喜欢三国文化的人到了成都不到武侯祠，会被人称作"伪三国迷"。

武侯祠坐北朝南，古柏苍翠，红墙环绕。依次是大门、二门、刘备殿、过厅、诸葛亮殿五重，以西侧的刘备陵园、二门至刘备殿与东西殿、过厅至诸葛亮殿与东西两厢房，形成两组四合建筑结构。祠内的蜀汉历史人物泥塑像多达 47 尊，按蜀汉君臣分列上下，均出自清代民间雕塑家之手，是成都武侯祠的一大特色。西侧是刘备墓，史称惠陵，墓冢封土高 12 米，周长 180 米，墓前有"汉昭烈皇帝之陵"墓碑。

唐碑为祠内的最重要的文物，耸立在大门和二门之间，建于唐宪宗元和四年，距今已有 1200 余年。此碑因文章、书法和所称颂的诸葛亮功德均为盖世妙绝，在明代被誉为"三绝碑"。另外，在武侯祠还可以看到很多历史名人对那段历史或人物的凭吊，尤以宋代岳飞手书的诸葛亮的《出师表》和清末的《攻心联》最为著名。

武侯祠还有一个名字叫汉昭烈庙，但已经很少有人知道了。武侯祠南侧是成都武侯祠博物馆，是三国文化的资料收藏与研究中心。

锦里

【有"成都版清明上河图"之称】

锦里兴于秦汉，两汉三国时期，"蜀锦"的生产作坊主要集中于此，被称为"锦官"，又叫"锦里"。唐宋时"锦里"成为成都的代称。

锦里不长，却浓缩了成都生活的精华：茶楼、客栈、酒楼、酒吧、戏台、风味小吃、工艺品、土特产，处处透着精致、处处透着川西文化的魅力。三国文化

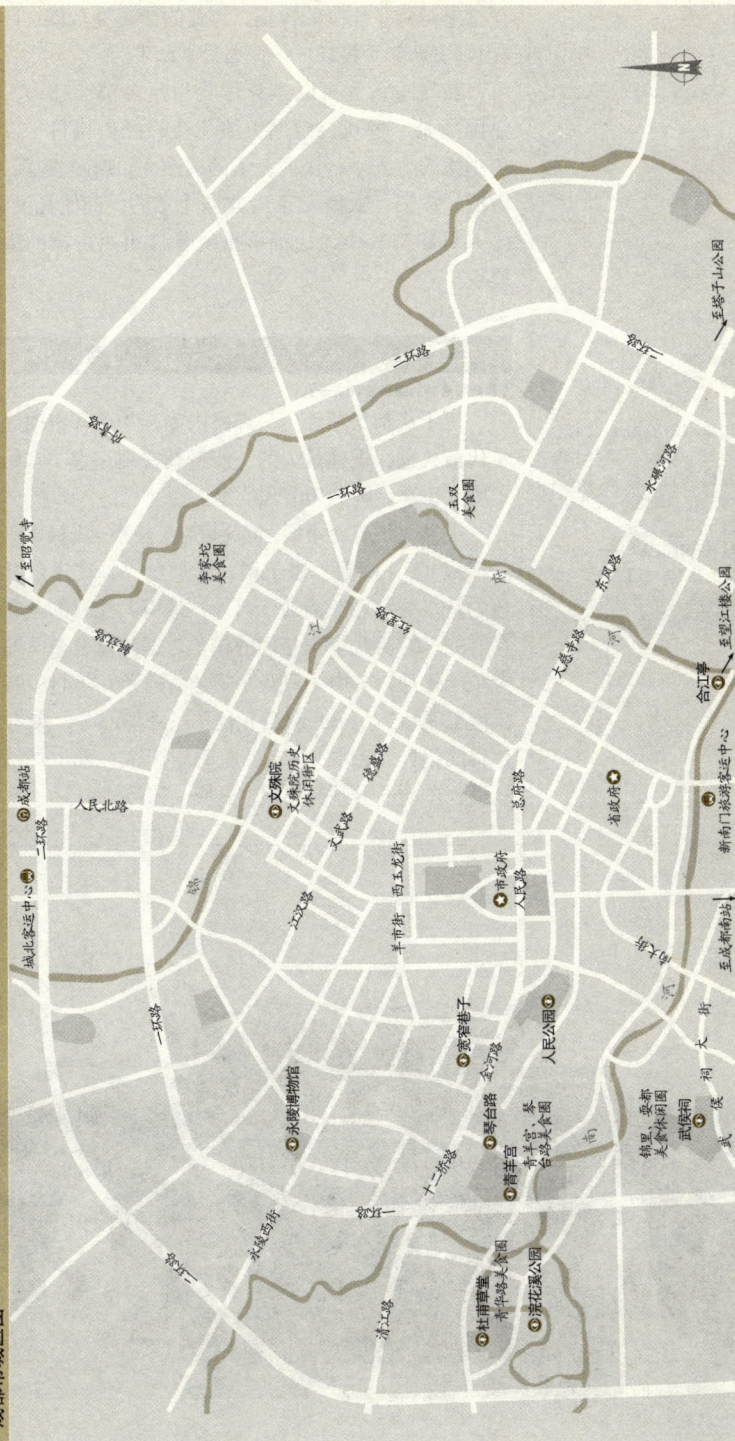

成都市城区图

至昭觉寺

至熊猫基地

城北客运中心
二环路
人民北路
一环路
三环路
二环路
一环路

李家沱
美食园

玉双
美食园
水碾河路
府
东风路
至望江楼公园

江
合江亭
新南门旅客运客中心
至成都南站

文殊院
玉林历史
休闲街区
红星路
总府路
省政府
市政府
人民路
羊市街
西玉龙街

永陵博物馆
宽窄巷子
金沙路
人民公园
琴台路
青羊宫
青羊宫
百花潭公园

十二桥路
百花潭公园

杜甫草堂
锦里
美食休闲园
武侯休闲园
武侯祠
大
祠

青华路天光阁
清江路

浣花溪公园

在这里得到了充分的体现，可爱的诸葛亮玩偶、印着《出师表》的手机袋……让人爱不释手。

在这里，你可以亲身体验川西古镇"赶场"的热闹场景：古戏台定期上演川戏的经典剧目；以特色小摊的方式举行民间艺人的展演（如糖画、捏泥人、剪纸、皮影、吹糖人等）；趣味十足的民间婚礼仪式，游人可参与其中，让锦里重现昔日川西古镇的生活原貌。

青羊宫

【是全国著名的道教宫观之一】

位于成都市新西门一环路内侧，为成都市内建筑年代最久远、规模最大的一座道教宫观。青羊宫始建于唐代，现存殿宇为清代所建。

主要建筑有灵祖殿、混元殿、八卦亭、无极殿（即三清殿）、斗姆殿、唐王殿、紫荆台等，其中最具特色的是八卦亭和三清殿。另外，最引人注目的是宫内存有的一对清代雍正年间的铜羊，据传孺童牵羊即为老子的化身。其中一只双角羊是清道光九年(1829)由云南工匠铸造；另一只独角怪羊虽外形似羊，实为12生肖的化身：鼠耳、牛鼻、虎爪、兔背、龙角、蛇尾、马嘴、羊胡、猴颈、鸡眼、狗腹、猪臀。

青羊宫

🕐 8:00～18:00

🚌 乘 5 路、11 路、17 路、19 路、25 路、27 路、34 路、35 路、42 路、47 路、58 路、59 路、63 路、82 路、84 路、109 路、302 路公交车可达。

💰 5 元

✒ 自唐代以来，每年农历二月十五老子生日，青羊宫举行庙会，进香朝拜老子，这里便成为成都最热闹的地方。

↑ 青羊宫

琴台路

【一条和司马相如与卓文君的爱情有关的老街，却也有着现代成都的浪漫】

位于通惠门和锦里路之间。如今的琴台路上青砖黛瓦，朱红色的柱子，大红灯笼，晃眼（成都方言，不经意一看的意思）还觉得是明清时期。《铜车马》《龙心灯》和《凤求凰》的雕塑与地上的仿汉画像砖和那些挑檐一起透出古典的情怀。

琴台路当是成都最浪漫的一条街，汇集着美食、美酒和美女，甚至每一盏灯里都会映出美丽的故事。在琴台路上还有诸多特色的小铺子，锅盔、茶叶或者小饰物，一路流光溢彩。

宽窄巷子

【在成都最美的历史街区享受美食；在成都最精致的传统建筑里享受夜生活】

宽窄巷子是宽巷子和窄巷子的合称，北以支矶石街与宽窄巷中间画线并纳入成都院内北墙为界，南以井巷子为界，东以长顺上街与宽窄巷东街口为界，西以下同仁路与宽窄巷子西街口为界。

宽巷子代表了最成都、最市井的民间文化；原住民、龙堂客栈、精美的门头、梧桐树、街檐下的老茶馆……巷子中，最值得一提的是老成都原真生活体验馆，它展示民国时期一户普通成都人家一天的生活场景，呈现了老成都的生活状态。在这里还可以看几十年前的老成都人摆龙门阵，看成都女孩绣蜀锦，晚上看皮影、看木偶戏、即兴写书法等。

窄巷子则以展示成都的院落文化为主。这种院落文化，宅中有园，园里有屋，屋中有院，院中有树，树上有天，天上有月。临街院落布满了各种西式餐饮、轻便餐饮、咖啡、艺术休闲等精致店面。

井巷子以酒吧、夜店、甜品店、婚场、特色零售为主题。小洋楼广场是井巷子中最具特色的建筑，法式小洋楼据说曾是一个大户人家的私邸，后来成为教堂。现在，这里变成了恋爱、婚庆的经典场地。

人民公园

【这里有最地道、最接近成都闲人生活的茶馆】

原名少城公园，始建于1911年。园内有湖，临湖建有仿古茶楼。此园身处闹市却环境清幽。

这里有最地道、最接近成都闲人生活的茶馆。

琴台路

🚍 同仁路站以西500米便是琴台路北端，一座古典的高大牌楼便是琴台路的标志性建筑；或乘坐35路、109路公交车在宝云庵站下车即到琴台路南端，南端的标志性建筑是六角形的散花楼。

宽窄巷子

🚍 乘4路到羊市街站，58路、81路公交车到金河路站下车。从琴台路步行15分钟左右就能到宽窄巷子。

🎫 老成都原真生活体验馆10元

↑ 宽巷子

人民公园

🚍 乘5路、区5路、13路、47路、53路、区53路、58路、64路、78路、81路、94路、103路公交车可达。

而且消费也最便宜，5元一杯茶可以喝一天，12元还包括午饭一顿和茶水。这里的茶馆生意很好。晚点去还找不到位子。茶馆到处坐满人，各喝各的茶，各摆各的龙门阵。恍然间，就可以感受到成都人最纯正的休闲。

司马相如与卓文君

司马相如是汉朝的才子，因在汉景帝前不得志，便称病辞官回到四川老家。有次去当地富豪卓王孙家做客，其女儿卓文君因久仰司马相如的文采，在屏风后窥视。司马相如被屏风后的倩影深深吸引，弹奏了一曲《凤求凰》以表达爱慕，而卓文君也连夜与司马相如私奔。当时，司马相如是个一贫如洗的穷书生，卓父认为女儿与人私奔败坏了门风而不给他们任何经济援助。两人只好回到司马相如的老家临邛开了家小酒铺，以卖酒度日。

后来，汉武帝即位，司马相如受皇帝赏识，拜官加爵，有了要纳茂陵女子为妾的想法。于是给卓文君写了一封只有13个数字的家书："一、二、三、四、五、六、七、八、九、十、百、千、万"。卓文君一看便明白丈夫的意思：数字中缺"亿"，即表示丈夫对她已无情"意"，便回了一封后世流传的楚调曲《白头吟》：

皑如山上雪，皎若云间月。闻君有两意，故来相决绝。

今日斗酒会，明旦沟水头。躞蹀御沟上，沟水东西流。

凄凄复凄凄，嫁娶不须啼。愿得一心人，白头不相离。

竹竿何袅袅，鱼尾何簁簁。男儿重意气，何用钱刀为？

以及一首《数字诗》："一别之后，两地相思，说的是三四月，却谁知是五六年。七弦琴无心弹，八行书无可传，九连环从中折断，十里长亭望眼欲穿。百般怨，千般念，万般无奈把郎怨。万语千言道不尽，百无聊赖十凭栏。重九登高看孤雁，八月中秋月圆人不圆。七月半烧香秉烛问苍天，六月伏天人人摇扇我心寒，五月榴花如火偏遇阵阵冷雨浇花端，四月枇杷黄，我欲对镜心意乱，三月桃花随流水，二月风筝线儿断。噫！郎呀郎，巴不得下一世你为女来我为男。"

据说司马相如看到这首用数字连成的诗之后，越看越觉愧对妻子，于是赶回故乡，把卓文君接来长安一起生活，最终长相厮守，白头偕老，成为一段千古佳话。

↑ 杜甫草堂

大慈寺
【寺内墙堂上的所有画像"皆一时绝艺"】

大慈寺位于成都市东风路一段，紧邻春熙路，始建于隋朝，唐玄宗赐匾"敕建大圣慈寺"，玄奘曾在这里受戒，古称"震旦第一丛林"，是成都著名古寺。大慈寺历经兴废，多次毁于兵火。现存建筑有天王殿、观音殿、大雄宝殿、说法堂、藏经楼等，系清代顺治后陆续重建，殿宇宏丽。现为成都市博物馆所在地。

唐代吴道子、前蜀李升、后蜀黄筌等都在此作有壁画。寺中所藏碑石书法墨迹也丰富，被宋苏轼誉为"精妙冠世"。

杜甫草堂
【是有关杜甫平生资料与创作馆藏最丰富、保存最完好的地方】

位于成都西门外的浣花溪畔。公元759年冬天，杜甫为避"安史之乱"，携家入蜀。靠亲友的帮助，在成都西郊风景如画的浣花溪畔修建茅屋居住，称"成都草堂"。在这里，杜甫居住了将近四年，所做诗歌流传到现在的有240多首。

其实杜甫当年居住的草堂早已不复存在，现在看

杜甫草堂

🕐 9:00 ～ 17:30

🚌 乘17路、30路、35路、47路、82路、85路、309路、503路公交车可到达。

💰 60元

📝 杜甫草堂旁边有一座浣花溪公园，里面绿树、湖泊、茶园点缀，是成都人休闲喝茶的好去处。公园内的地面上铺有一条数百米长的诗廊，篆刻着中国历代以来的著名诗词。

89

到的，实际上是后人为纪念杜甫所建。从正门开始，依次是大庙、诗史堂、柴门、工部祠。其中大庙、柴门是杜诗中提到的草堂原有建筑，诗史堂正中是杜甫立像，堂内陈列有历代名人题写的楹联、匾额。工部祠内供奉有杜甫画像。

望江楼公园
🚌 乘 3 路、19 路、35 路、335 路公交车可达。
💰 文物保护区 20 元，园林区免费

望江楼公园

【为纪念唐代女诗人薛涛而建】

望江楼公园坐落于成都东门外锦江河畔，于清光绪十五年（1889）建，一度成为成都的象征。望江楼公园也是全国竹子品种最多的专类公园，品种多达200 余种，以人面竹和琴丝竹最为有名。公园里翠竹环绕，小桥流水，环境清幽。

这里的一副对联一直在文人圈里流传："望江楼上望江流，江楼千古，江流千古；映月井中映月影，月井万年，月影万年。"这映月井在哪儿，很多人不甚了解，但距望江楼不远的薛涛井却时时散发出盛唐的华彩，这位叫薛涛的女子在当年是许多文人的红颜知己，抚琴谈心、吟诗作赋，书香之气便一直在这锦江之畔流淌。另外，公园内还有濯锦楼、浣笺亭、五云仙馆、流杯池和泉香榭等建筑。

薛涛与竹

薛涛（约 768 ～ 832），唐代女诗人，字洪度。姿容美艳，性敏慧，8 岁能诗，洞晓音律，多才艺，声名倾动一时。她和当时著名诗人元稹、白居易、张籍、王建、刘禹锡、杜牧、张祜等人都有唱酬交往。

薛涛居于浣花溪上，自造桃红色的小彩笺，用以写诗。后人仿制，称为"薛涛笺"。晚年好作女道士装束，并建吟诗楼，在清幽的生活中度过晚年。

薛涛一生爱竹，赞颂竹"虚心能自持"，"苍苍劲节奇"。为纪念薛涛，后人在园内遍栽各类佳竹，荟萃了国内外200余种竹子，其中不乏名贵竹种。园内竹子姿态万千，各有妙趣，如琴丝竹、人面竹、佛肚竹、鸡爪竹等，它们各呈姿态，而又和谐相处，或互抱成丛，或交织成廊……人们把这幽篁如海、清趣无穷的园林誉为"竹的公园"。

↑ 文殊院

文殊院

【内藏有唐僧玄奘顶骨，为全国仅存的三块之一，尤为珍贵】

位于成都市城北文殊院街，是成都市区现存最完整的一座佛教寺院，也是四川省和成都市的佛教协会所在地。

文殊院坐北朝南，原名"信相寺"，清康熙三十六年（1697）重修后更名为文殊院。进山门往里走依次是天王殿、三士殿、大雄宝殿、说法堂、藏经楼。东西两厢是钟鼓相对，斋堂与客堂对称排列。各殿堂之间有长廊密柱相连。藏经楼收藏有各种佛经上万册，其中有康熙皇帝御赐的《药师》、《金刚经》等，十分珍贵。据传该寺住持慈笃海月法师在此修行，显灵而成文殊菩萨化身。1703年，康熙皇帝亲笔题写"空林"匾额一块，故又称"空林堂"。

寺内供奉大小300余尊佛像，有钢铁铸造，有脱纱、木雕，有石刻、泥塑，十分丰富。从年代而论，有出土的梁代石刻，有唐宋年间铁铸戒神，更有清代青铜铸像，还有缅甸玉佛，具有很高的文物价值和艺术价值。

寺内还珍藏明清以来书画珍品，最著名的是康熙皇帝1702年御赐文殊院的"空林"墨迹，以及康

文殊院
🕐 9:00～17:00
🚌 乘1路、16路、18路、55路、62路、64路、75路公交车可以到达。
🎫 5元

熙临宋代书法家米芾的《海月》条幅。此外，还有唐代玄奘法师顶骨、印度贝叶经、唐代日本镏金经筒、千佛袈裟、发绣观音、挑纱文殊和舌血含宝等佛教文物。

宝光寺

【曾与文殊院、昭觉寺、草堂寺并列为成都"四大精蓝"】

宝光寺在成都市新都区宝光街，是我国历史悠久、规模宏大、结构完整、文物众多的佛教禅宗丛林。

宝光寺相传建于东汉。唐僖宗李儇南逃入蜀，曾在宝光寺后修建行宫驻跸，并迎请高僧知玄（悟达国师）住此，重修宝光寺、塔。曾与成都文殊院、镇江金山寺、扬州高旻寺并列为长江流域"四大丛林"。

宝光寺是我国唯一保存了早期佛寺"寺塔一体、塔踞中心"的典型布局的寺庙。寺中舍利塔建于唐代，是一座高30米的13级密檐式方形砖塔。罗汉堂建于清咸丰元年（1851），内塑佛、菩萨、祖师59尊，罗汉518尊，是我国罗汉堂中历史最久、规模最大的泥塑罗汉堂。

永陵

【陵墓建筑和精湛的石刻艺术，仍可算得上是陵宫艺术之花】

又称"王建墓"，位于一环路内西门三洞桥，是五代时前蜀皇帝王建的陵墓。墓封土高15米，直径80米，周长225米。气势胜过刘备的"惠陵"。

永陵的精髓是地宫，里面不管是王建的石像，还是其棺床周围的石刻二十四乐伎、十二扶棺力士浮雕，都堪称杰作。大门右侧的永陵博物馆内，收藏了许多五代时期的精美文物。后室放置御床，正面有双龙戏珠浮雕，左右是狮兽浮雕。床上则是王建的坐像，神态肃穆。整个建筑气魄雄伟，装饰华丽精美。

昭觉寺

【该寺被东南亚及日本的佛教徒视为祖庭】

著名的佛教祖庭。建于唐贞观年间，宣宗赐名昭觉，因其寺内高僧辈出，以两度任主持的南宋禅僧圆悟声名最隆，故被誉为"川西第一禅林"。园悟禅师所著《碧岩录》、《园悟心要》等不仅是中国佛教临济宗的重要著作，并且远传日本，被列入日本大正藏，而所著《茶禅一味》一书传入日本300余年，至今仍

宝光寺

距离成都18公里左右，成都到新都的班车可在梁家巷乘坐公交车650路，票价3元。

5元

1. 宝光寺素食具有独到特色，油而不腻，清爽可口。

2. 宝光寺还有很多珍贵文物。如南朝梁武帝大同六年（540）的千佛碑；唐开元二十九年（741）的施衣功德碑，唐僖宗行宫遗础；元代金银粉书《华严经》；明永乐年间的"尊胜陀罗尼"石幢；清代《大藏经》、玉佛和石刻舍利塔，以及被称为"镇寺三宝"的舍利、贝叶经和铜优昙花等。

永陵

8:30～17:30

乘25路、30路、42路、48路、54路、94路、109路、302路公交车可到达。

20元

昭觉寺

乘1路、区7路、32路、45路、63路、69路、70路、71路、80路、83路公交车可达。

5元

为日本茶道界的至宝。日本和东南亚一带的许多佛教寺庙还把昭觉寺视为祖庭。

金沙遗址博物馆

【古蜀文明发展演进的关键一步】

金沙遗址博物馆是为保护、研究、展示金沙遗址及出土文物而设立的主题公园式博物馆，总建筑面积约35000平方米，由遗迹馆、陈列馆、文物保护中心、园林区等部分组成。馆藏金沙遗址发掘出的各种珍贵金器、玉器、青铜器等，以及国内文物界少见的古代象牙及象牙制品。

遗址年代大致在商代晚期至春秋早期，商代晚期至西周中期是它最繁盛的时期，这一时期金沙应是古蜀国的都城所在地。它与成都平原的史前古城址群、三星堆遗址、战国船棺墓葬共同构建了古蜀文明发展演进的四个不同阶段。

大熊猫繁育研究基地

【认识大熊猫，回归大自然的极佳场所】

成都大熊猫繁育研究基地建立于1987年，位于成都北郊斧头山，距市区10公里，有一条宽阔的熊猫大道与市区相连，现已成为国内开展大熊猫等珍稀濒危野生动物移地保护的主要基地之一。

基地以建立初期从野外抢救的6只大熊猫为基础，

金沙遗址博物馆

🕗 8:00 ～ 18:00

🚌 成都市城西金沙遗址路2号。从成都新南门车站可乘901路观光公交车抵达。

🎫 80元

ℹ️ 博物馆旁边有清溪西路美食一条街，美食很多，火锅和汤锅特别有特色，可在博物馆出口乘7路公交车到达。

大熊猫繁育研究基地

🚌 成都昭觉寺汽车站乘107路、532路公交车可达。

🎫 58元

ℹ️ 最好早上早点去大熊猫基地。因为中午前后，大熊猫们就要准备休息了。

↑ 大熊猫基地

已成功地使大熊猫圈养种群数量增加到约 70 只。大熊猫博物馆内资料珍贵、展品丰富，是认识大熊猫、回归大自然的极佳场所。除大熊猫外，小熊猫、黑颈鹤、白鹳和白天鹅、黑天鹅、雁、鸳鸯及孔雀等动物，也在这里悠然自得地生息繁衍。

都江堰

🚌 成都茶店子汽车客运站有直达都江堰的班车。或者在新南门汽车站乘到青城山的班车，在玉堂下，然后乘 101 路公交车到都江堰。

🎫 90 元

🚄 成都目前已开通至都江堰的快速铁路，全程票价 15 元，起点成都站，终点青城山站。每天 6:40 头班车，最短间隔 25 分钟，全程 30 分钟，到都江堰 27 分钟。

都江堰

【我国乃至世界上唯一保存完整，且还在使用的"生态水利工程"】

位于成都平原西部的岷江之上，距今已有 2200 多年的历史。都江堰渠首工程主要由宝瓶口进水口、鱼嘴分水堤、飞沙堰溢洪道三大部分构成。主体工程是将岷江水流分为两条，分开岷江的地方便是有名的鱼嘴，其中一条水流引入成都平原，这样既可以分洪减灾，又能引水灌田、变害为利，至今灌溉面积依然超过 800 万亩。宝瓶口、分水鱼嘴及飞沙堰相互依赖、相互制约、相互调节，科学地解决了江水自动分流、自动排沙、控制进水流量等问题，消除了水患，使川西平原成为"水旱从人，不知饥馑"的天府之国。

西山南道 🌸

【原为茶马古道的一段，如今古城楼依然】

都江堰景区内有一条古称松茂古道的石板路，产于雅安的茶叶在古代便是经由这里到达松潘远达青海西藏，这条古道现今成为游人必经之地。所经之处还可见到保存完好的古城楼，史家将之称为"西南锁钥"，

↑ 都江堰水利工程

当年赵云曾在此驻守以防羌人。

伏龙观 ❀
【为纪念李冰治水时曾在此降伏过一条孽龙而改名】

位于离堆公园内北端，原名范贤馆，始建于晋朝，是纪念三国时期贤达范长生的。北宋初年，改范贤馆为伏龙观。

观内前殿正中立有一座东汉时期 (168) 雕刻的李冰石像，高 2.9 米，重 4 吨，是 1974 年修建外江节制闸时从 4 米深的河床中挖出来的。李冰石像的右侧，还有东汉时期的堰工石像、唐代金仙和玉真公主在青城山修炼时的遗物——飞龙鼎。鼎上惟妙惟肖地雕刻有 8 条各具神态的飞龙，出土于清朝雍正年间。

二王庙 ❀
【为纪念李冰父子治水功绩而修建的】

位于岷江左岸的玉垒山上，原名崇德祠，现前门傍山而立的牌楼上还有"蜀太守李公祠"六个大字。宋代以后李冰父子被封为王，遂称二王庙。这里最大的看点是主殿内珍藏的治水名言、诗人碑刻以及天下闻名的治水《三字经》、《八字诀》。

安澜索桥 ❀
【我国现存最古老的索桥】

位于都江堰鱼嘴分水堤上，横跨内江与外江的分水处，全长 500 米，古名"珠浦桥"、"评事桥"。明末毁于战火，清嘉庆年间由塾师何先德夫妇集资重建，所以又名"夫妻桥"。现在的桥比原址下移了 100 余米，并用钢索替代了原来的竹索，木桩桥墩也改为了混凝土桩。

青城山
【道教发祥地之一，拥有日出、云海、圣灯三大自然奇观】

青城山位于都江堰市西南 20 公里处，距成都 70 公里，海拔 1600 余米。全山曾有道观 70 余座，现尚存 38 座。堪称青城山特色的还有日出、云海、圣灯三大自然奇观。青城山分前山、后山两大景区。青城山也被当地人称为"青城前山"，主要是道教文化，文物古迹多集中在这里。青城后山主要是自然风光、水秀、林幽、山堆，是徒步休闲的好去处。后山还是蜀茶的著名产地，农家乐也比较多。

伏龙观
🚩 伏龙观后的观澜亭是观看都江堰的绝佳之地。

二王庙
🚩 每年的清明节会举行仿古放水祭祀活动。受汶川大地震的影响，二王庙目前正在维修期间，预计 2010 年能重新开放。

青城山
🚌 成都几乎所有大的车站都有车直达青城山，也可在都江堰转车前往。成都到青城山的车票 13.5～24 元。从都江堰到青城前、后山都有中巴车，到前山 4 元，到后山 7 元，前山到后山 3～4 元。也可以乘坐成都到都江堰青城山的快速铁路。

💰 青城前山 90 元，缆车 40 元（往返）

🏠 到青城山游玩如果不是当日往返的话，可以住宿的地方很多，各种宾馆和农家乐都可以选择，不过住在山上会更有意思一些。前山除了有一个游客接待中心以外，大部分提供住宿的都是山上的道观。

青城山景区示意图

白云寺
白云群洞
天桥
索道
桃源别洞
观日亭
上清宫
索道
四望亭
龙隐栈道
百丈长桥
金娃娃沱
三潭雾泉
祖师殿
天师洞
半山亭
悠谷飞泉
月城湖
五龙沟牌坊
飞泉沟牌坊
泰安寺
水晶溶洞
后山门　八卦台
王小波李顺纪念馆
建福宫
圣母洞
青城后山牌坊
青城山门坊
至都江堰
N

1. 天师洞：标准间 50～80 元/间（带卫生间、彩电），三人间 45 元/间。2. 上清宫：标准间 120 元/间（带卫生间、彩电），三人间 50 元/间（带彩电），四人间 60 元/间。

到了青城山不可不尝的"青城四绝"：白果炖鸡、青城苦丁茶、道家泡菜和洞天乳酒，另外还有石爬鱼、魔芋烧鸡、青城山老腊肉等。

都江堰南光长征博物馆就建在青城山下，博物馆拥有 2000 多册红军长征史料、文献、书籍，300 余幅红色书画及百余件红色实物，向人们展示了红军长征的历史背景和曲折过程。

　　茂盛的植物让青绿的色彩永不离去，云绕峰峦，雾笼道观，仙山鸟鸣涧，古径诗传传。这座陪伴人类 2000 多年的名山处处带着遗世独立的风采，秦朝年间便是国家级祭祀山川的圣地，以至名流纷至沓来，留下无数佳句墨宝，杜甫曰："自为青城客，不唾青城地。为爱丈人山，丹梯近幽意。"而传诸四海的"天下幽"则出于吴稚晖，他在游览青城山后写道："顾青夺在亦雄亦奇亦秀外，而其幽邃曲深，似剑阁、三峡、峨眉皆无逊色。故以'天下幽'标明青城特点。""幽"一字点出青城的绝妙景致情境。

建福宫 ❀
【游览青城山的起点】

　　坐落在山门左侧的丈人峰下，始建于唐开元十二年（724），现仅存两殿三院，是清光绪十四年（1888）重建的。里面保存有委心亭、古木假山及明庆府王妃的梳妆台遗址，另有壁画、楹联等文物。距建福宫不远有座鬼城山，据说是战国时鬼谷子隐居之地。

上清宫 ❀
【供奉的是道教始祖张三丰、纯阳祖师及太上老君的庙宇】

  始建于晋代，现存庙宇为清同治年间所建，内存老子的《道德经》五千言木刻等。正殿供奉的是道教始祖张三丰、纯阳祖师及太上老君的塑像，东配殿供奉的是孔子和关羽。宫左侧有鸳鸯井两口，一方一圆，一深一浅，一清一浊。宫右侧有一麻姑池，半月形，水深仅数尺，传说为仙女麻姑浴丹的地方。

天师洞 ❀
【青城山最为著名的地方】

  位于建福宫北面2公里处，始建于隋朝大业年间。相传为张道陵修炼之地。天师洞三面环山，一面临涧，掩映在参天的古树下，十分幽静。洞门前有一株树龄已逾2000年的古银杏树，树高50余米，树干周长7.06米，直径2.24米，传说乃张天师手植。殿后有黄帝祠和天师洞等古迹。

祖师殿 ❀
【环境幽静，曾有唐宋诗人在此隐居】

  位于天师洞右后侧山腰处，又名真武宫，始建于唐代。殿内有真武祖师、吕洞宾、铁拐李等塑像，还有八仙图壁画、诗文刻石等。此处环境幽静，曾是唐代诗人杜光庭、薛昌，宋代张愈等人的隐居之地。

上清宫
☰ 宫后的最高峰老霄顶上有一座呼应亭，是观赏日出、圣灯和云海奇观的绝佳之地。

↑ 青城前山上清宫

青城后山

🚌 都江堰客运中心有班车直接发往青城后山，票价9.5元，约1小时到达。从都江堰打车到青城后山的车程大约15分钟。青城前山到后山只需乘中巴或出租车过去，10元左右。成都新南门车站也有到青城后山的班车，票价50元，车程1小时左右。青城山8:00～18:00都有回成都和都江堰的班车。

💰 20元

📷 "5·12地震"中受灾的宾馆、农家乐虽然已有部分完成重建并开业，但还不具备大规模接待能力。

🚶 后山因为地震的原因，石级比较陡，大概走1小时可以到前山，由此下山，环境非常好。

泰安古镇

🍴 泰安古镇的农家乐，几十元一个人，含房费和餐费。此外这里的小餐馆菜味不俗，价钱比较公道。用青城山老腊肉做的菜也非常好吃。

🚶 泰安古镇在"5·12地震"中受到重创，一些民居甚至倒塌。目前泰安古镇正在修复重建，但不影响来此游玩。

龙池国家森林公园

🚌 都江堰客运中心、成都城北客运中心、茶店子客运站、新南门车站均有直达龙池的班车。

💰 平时20元；1～3月冰雪节期间52元。缆车：上行16元，下行14元，中转车（从停车场到缆车入口）往返20元

青城后山 🛡

【石径蜿蜒、溪水缠绵，峰回路转间可算是一步一景，是徒步休闲的好去处】

　　青城后山脚有泰安寺和泰安古镇。沿山道而行，峭壁悬岩、飞瀑流泉不绝。主要景观有神仙洞、三潭雾泉、龙隐峡栈道、白云群洞、黄鹤桥、双泉水帘等。其中三潭雾泉被誉为青城后山绝佳美景，以深不见底、潭水碧绿的"金娃娃沱"为中心，四周有龙宝亭、龙宝岩、回音壁、涌泉洞，以及白龙过江、五龙吐水等奇妙景观。

　　金娃娃沱上行100米便到龙隐峡，两山对峙，相距咫尺，下面涧深水急。深涧上是龙隐峡栈道，斗折蛇行。

　　游览线路：从五龙沟上山，游览金娃娃沱—龙隐峡栈道—桃源别洞—通天洞—白云群洞—白云寺—百丈长桥—双泉水帘—翠映湖，最后抵达泰安古镇。

泰安古镇 🛡

【古朴雅洁，安宁祥和的小镇】

　　因深山古刹"泰安寺"而得名的泰安古镇，环抱于幽静的青城后山之中。

　　有史以来，泰安古镇便是成都平原西入大小金川必经驿道上的重镇，古称"花坪老泽路"，唐代为味江寨，清代因古泰安寺改名为泰安场，是成都茂汶、金川物资质交流的中转重镇，历来商贾云集。

　　走在洁净的小街上，两旁是潺潺清流，蜿蜒流经每一条街道、每一户人家。小镇的尽头是古泰安寺，山门辉煌，庙宇金碧，钟声隐隐。自唐宋以来，泰安寺一直是佛门弟子向往的圣地，存有《重修一楼双功序》、《太安寺清醮碑志》、《盂兰会》3通清代古碑。寺旁有一座舍利塔，是明代高僧鉴随禅师的灵塔。由于"5·12地震"影响，泰安寺两座大殿彻底被毁，目前处于修复重建中。

龙池国家森林公园 🌲🏛🧗

【我国20个重点国家级森林公园之一】

　　龙池风景区地貌构造形成于1.9亿万年前，被称为"活化石"的珙桐、连香树、银鹊树、圆叶玉兰等濒危树种在此生机勃勃，野生动物有金丝猴、大熊猫、羚羊、金鸡和岩牛等，被中外专家誉为"野生植物基因库"、"动物天然乐园"。

　　景区内森林幽邃、翠峰环拱、龙池湖波荡漾。主

要景点有：庙门、阳光岩瀑布、祈雨台、正殿和配殿构成的龙王庙建筑群。石景奇观——御龙园是距今六七百万年喜马拉雅造山运动的遗址。区内异峰巨石林立，形成无数深邃静谧、蓊郁嵯峨的石沟、石窟、石壁和石林。更令人称奇的是在这数以万计的奇形花岗石上长满了厚甸甸的苔衣和各种珍奇古树，有高山杜鹃、珙桐、连香树、麻柳、银鹊树等。冬天是龙池森林公园最美的时候。龙池冰雪节从每年十二月开始，到次年三月结束，历时三个月，有滑雪、溜冰、冰雕、雪雕、雪橇等丰富的活动。

龙泉花果山

【这里的石经寺是四川汉族地区唯一一座密宗寺院】

位于成都市东郊 20 余公里处，春天漫山桃红梨白时是最美的时候，3 月的桃花节更是在鼎沸的人声中揭开了春的序幕。桃花集中的景区有书房村、桃花故里，大部分接待是以独门独院的农家乐为主，四野花香四溢，院落中可闻鸟的欢歌，清风相伴，流连忘返。

到了龙泉驿，除却赏花，周遭还有宝狮湖、龙泉湖、百工堰可供游玩，丰富的水上游乐项目总是让年轻人和孩子们乐而忘返。始建于明代的石经寺至今香火鼎盛。

三圣花乡

【赏乡村四季鲜花，品农家特色餐饮，体验乡村民俗风情】

三圣乡（现三圣街办）因该地建有三圣庙而得名。三圣庙建于清代，供奉炎帝神农氏、黄帝轩辕氏，黄帝的史官仓颉，后又改为供奉三国英杰刘备、关羽、张飞。

三圣乡种花的历史悠久，是蜀中茉莉花的故乡。据说早在清代乾隆元年（1736）的一位姓王的秀才即开始种茉莉花，至今已传至八代。目前，全乡耕地 1.24 万亩，花卉种植面积 1 万余亩，曾获得"中国花木之乡"和"全国十大重点花卉批发市场"的美誉。

三圣花乡景区分为"花乡农居"创意村、"幸福梅林"民俗村、"江家菜地"雕塑村、"东篱菊园"摄影村、"荷塘月色"漂流画家村五个主题景点，又称"五朵金花"。是成都人周末度假的首选地之一。很多年轻人也会选择在这里拍婚纱照。

龙泉花果山

🚌 成都五桂桥汽车站乘 37 路、专线中巴车，城东客运站乘 14 路、专线中巴车可到达龙泉驿。抵龙泉后，再转乘专线车或人力三轮车至各景点，2～5 元／辆。

🎫 百工堰公园 2 元；石经寺 2 元。

📌 龙泉驿是成都人周末休闲的去处，一般当天往返。当地的特色食品有黄凉粉、冯兔肉、刘鸡肉、鄢鸭子、卤鹅、油炸水蜜桃、鸡肉菌炖豆腐、嫩玉米煎饼、窝子油糕、担担面、牛肉酸辣粉等。

三圣花乡

🚌 从成都市区乘 38 路、56 路公交车可直达。

99

洛带古镇

🚌 成都新南门汽车站有直达洛带的班车。也可在成都市内乘58路、71路、81路等公交车到达五桂桥汽车站，然后坐219路直接到洛带古镇。

🍴 洛带境内的供销社饭店的油烫鹅、新民饭店的野山菌全席和客家酒楼的水酥、面片汤等特色菜已成为洛带客家餐饮的特色菜，远近闻名。尤其是夏季，人工无法栽培的野山菌（当地人称"鸡腿菇"）出山之际，慕名前往尝鲜的食客更是络绎不绝。

📝 1. 洛带客运中心并不在洛带古镇里面。出客运中心后往右，沿马路走，遇丁字路口往右走5分钟可到古镇。2. 古镇内的四川客家博物馆门票1元。

黄龙溪古镇

🚌 从新南门旅游客运中心有直达黄龙溪的班车，车票7元。金沙汽车站也有直达的班车。

🍴 古镇的特色食品非常多，有老妈兔头、董蹄花、焦皮肘子、珍珠豆花、野韭菜炒蛋、素炒野灰菜、红烧黄辣丁等。

洛带古镇

【客家文化与美食在这里得到了充分展示】

明末清初时期的移民运动和"湖广填四川"的历史，使来自于异乡的客家人在四川洛带生了根。经过数百年的繁衍生息，洛带古镇形成了独特的客家风俗和客家文化。

洛带古镇分老街和新街。老街宽约10米，由一块块1米左右的石板镶嵌而成，凹凸不平的石板见证了古镇漫长的岁月和沧桑。老街上还保留着大量客家古民居，屋顶多用小青瓦覆盖，结构多为单进四合院式，正中为堂屋，屋脊上通常有"中花"和"鳌尖"等装饰。

老街以清代建筑风格为主。湖广、川北四大客家会馆、客家博物馆和客家公园坐落其中，又被人们称为"客家名镇、会馆之乡"。镇上有许多特色小吃与土特产，如伤心凉粉、古镇老腊肉、天鹅蛋等。

黄龙溪古镇

【适合消夏的古镇，至今保留着打更报时的传统】

黄龙溪位于成都近郊双流县境内。这里清代风格的街肆建筑仍然保存完好。青石板铺就的街面，木柱青瓦的楼阁房舍，镂刻精美的栏杆窗棂，以及镇江寺、

↑ 洛带古镇

↑ 黄龙溪古镇

潮音寺和古龙寺三座古庙，无不给人以古朴宁静的感受，使其成为许多影视剧的外景基地。

保存完好的老街共有 7 条，总长 1140 余米。行走在不过 1 米多宽的青石板路上，看着蓝地白字的酒旗在风中舞动，听着青瓦木门和门前的石磨发出的响了无数岁月的吱呀声，总让人想起遥远的过去。府河与鹿溪河在这里交汇，泾渭分明。航运是黄龙溪过去与外界联系的主要交通途径，今天则是重要的游玩方式。

这是一座适合消夏的古镇，游船上，树荫下，随便拣一处就能在徐徐的河风中发一个下午的呆。

三星堆遗址博物馆

【这里的考古发现震惊世界】

三星堆遗址是我国已发现的历史最早、规模最大的古蜀都城遗址。博物馆的大门就像几个遗址发现的青铜面具组合在一起，非常有特色。馆内展厅面积达 4000 平方米，展示上千件商代祭祀坑出土的陶器、玉器、骨器、金器和青铜器等珍贵文物。

在这批古蜀秘宝中，有高 2.62 米的青铜大立人像、有宽 1.38 米的青铜面具、更有高达 3.96 米的青铜神树等，均堪称独一无二的旷世神品。而以流光溢彩金

🚗 游黄龙古镇一般都不用在当地住宿，若有兴趣体验小镇风情，镇上也有小旅馆，住宿费一般为 15～40 元/床。

🍴 1. 古镇上的古龙寺门票 1 元，内有一个三县衙门是一定不可错过的古迹。

2. 这里盛产河鲜，当地人烹鱼是一绝。有一道菜是羊肉和鱼肉合在一起做，只能在当地人家里吃到这道菜。

三星堆遗址博物馆

🕐 第一展馆 8:30 ～ 18:00，第二展馆 8:30 ～ 18:30

🚌 位于三星堆遗址东北角，南距成都 40 公里。从成都昭觉寺汽车站乘班车到广汉，然后乘 6 路公交车可直达三星堆。

🎫 82 元

🚗 1. 在广汉下车后不用出站，在原地等 6 路公交车即可。不过间隔时间有时候会比较长。或者从广汉汽车站打车到三星堆，约 15 元。

2. 三星堆内导游讲解费80元。不过博物馆内有许多自助语音讲解系统，可提供免费语音讲解。3. 如果对三星堆历史不是很了解的话，可以先到青铜馆四楼的放映厅观看一下《考古中国》有关三星堆的系列介绍。

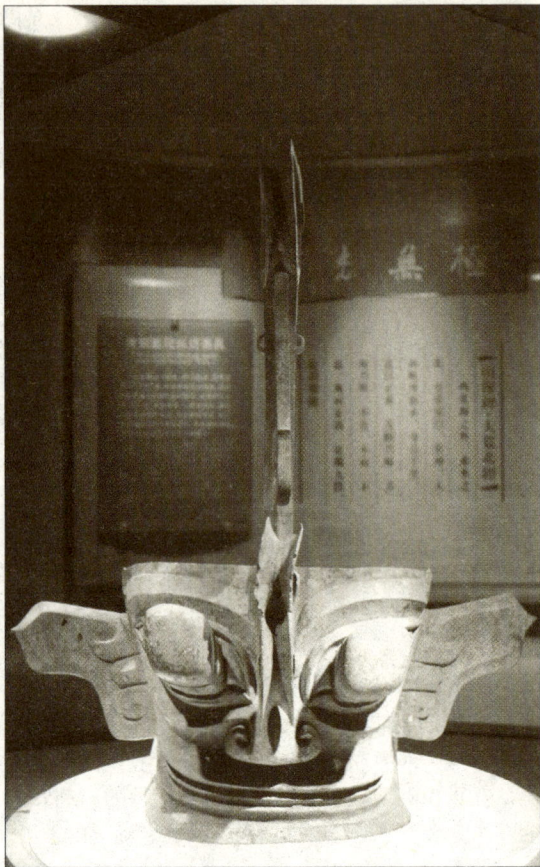

↑ 青铜戴冠纵目面具

杖为代表的金器，以满饰图案的边璋为代表的玉石器，亦多属前所未见的稀世之珍。

大邑刘氏庄园

【中国近现代社会的重要史迹和代表性建筑之一】

刘氏庄园原是大地主刘文彩的私家住宅，始建于1931年，是目前国内保存最完好的一处封建地主庄园。全公馆共有27个院落、180多间厅堂住室、3处花园、7道庄门。

庄园分为南北两个陈列馆。南馆是刘文彩一家生活起居的场所，其中建有闻名中外的泥塑群像"收租院"。北馆是"川西民俗博物馆"，共收集展示了实物近2000件，是了解川西民俗文化风情的珍贵场所。

大邑刘氏庄园
🚌 成都金沙汽车站每日有班车发往大邑。
🎫 老公馆30元，川西民俗博物馆10元
ℹ️ 庄内有一座三层"小姐楼"，又称"绣楼"，建筑精妙，风格独特。

西岭雪山

【四川境内四季皆能旅游的景区之一，中国目前规模最大的高山滑雪场】

　　山顶终年积雪，千年不化。因杜甫隐居草堂时写下的名句"窗含西岭千秋雪，门泊东吴万里船"而得名。分为前山和后山两个游览区，两区相通。前山以自然风光为主，集雪山林海、险峰怪石、奇花异树、急流飞瀑以及众多的野生动植物等景观于一身。主要景点有红石尖、红石堡、野牛道、日月坪、阴阳界等。

　　日月坪是西岭雪山海拔较高的观景地，也是领略西岭之韵的最好地方。春秋两季，在山下还是阴雨绵绵的时候，这里往往晴空万里，可以观赏到云海、佛光等自然景观。从日月坪到阴阳界需要步行约1小时。阴阳界所处的位置，正好是两种截然不同气候的分水岭。一边是晴空万里，一边是云蒸雾蔚。因为山峰西部是青藏高原气候，寒冷干燥，东部为盆地气候，温暖湿润，两种不同的气流在白沙岗上相通，形成了奇特的气象。目前前山只将景区开发至阴阳界所在的位置，再往后就人迹罕见了。

　　后山景区位于西岭雪山德东大门，海拔2100～2800米，年积雪期达四个月之久（12月初～3月底），冬季平均气温-2℃。因地势坐北朝南，多雪静风，阳光和煦。这样的高山滑雪场在中国独此一家。滑雪场日月坪的2号索道是中国目前最长的高山索道，全长2500米，落差1000米，全程乘坐需要40分钟。

崇州文庙

【正逐渐形成中国西部的孔子文化中心】

　　建于明代，保存较为完好，殿内有宫墙、启圣宫、棂星门、圣城、鼓乐亭、大成殿等建筑，是这一地区独一无二的文庙建筑群落。

　　大成殿、启圣宫及东西庑殿有孔子及其父母、弟子塑像60余尊，歌颂孔门风范，记述儒学发展，还在棂星门前后两侧镌刻有100余条孔子语录，宣扬孔子思想，凸显了崇州文庙文化内涵。从1999年起，这里每年9月孔子诞辰之日前后都会举办具有国际规模的孔子文化节。节日期间再现了历史上宏大的祭孔仪式，主要活动有"县令弹冠主祭、境民束装入庙、三牲醴酒、三跪九叩、歌乐礼赞"等场景。

西岭雪山

🚌 位于大邑县城西50公里处。成都新南门汽车站有直达景区的班车。城北客运中心、青羊宫、金沙车站等处每日均有数十班车前往大邑。成都到大邑不到1小时，车费7元。大邑车站每天有数班车前往西岭雪山。

🎫 前山20元；后山30元（节假日80元），交通车10元（节假日60元）。冬季雪场开放时的滑雪费用在不门票里，一般100元/小时，每增加一小时，增收50元

📷 前后山都有住宿、餐饮接待的地方。景区内的千秋山庄是前山较好的住宿地，标准间280元/间。山路上有很多农家乐旅店，标准间100元/间。景区1号缆车站附近的山地独家酒店是目前西岭雪山接待条件最好的一家星级酒店，标准间280元/间。花水湾温泉度假区不仅住宿条件好，而且有成都地区少有的温泉浴，标准间300元/间。

🍴 当地最优特色的餐饮就是冷水鱼农家乐，可以品尝到新鲜的三文鱼，58元/斤。另外，野蕨菜、竹笋等土特产在农家乐里也可以吃到。

崇州文庙

🚌 从成都金沙车站乘公交车只需40分钟左右便可到崇州。从崇州车站步行至崇州文庙约需10分钟。

🎫 15元

🍴 崇州城内大东街红源超市旁有正宗的天主堂鸡片，值得品尝。大北街许多小吃店的特色是豆花。

罨画池公园·陆游祠

【有"西南苏州小园林"之称】

位于崇州市城内，始建于唐。由罨画池、陆游祠和崇州文庙三部分组成。罨画池水池景色以梅花和菱花烟柳为胜，园中的各式盆景在川西地区也颇负盛名。据说，崇州有好几任知州为江南人，因此罨画池也带有浓郁的江南园林色彩，被称为"西南苏州小园林"。

陆游祠是除陆游家乡浙江绍兴外，全国仅有的纪念陆游的专祠。陆游曾两次出任蜀州通判。在蜀州期间曾多次游览州中山川名胜，写下100多首寄怀蜀州的诗词，抒发他一腔忧国忧民的赤子情怀。

陆游祠共有三重屋宇，主体陈设突出"梅"的主题。过厅以"梅馨千代"命名。序馆为"香如故堂"，青色石础，风格典雅庄重，以陈列有陆游的诗、画及一些草书手迹石刻为主。

每年仲春举办兰花会，其时幽兰丛丛，暗香涌动。

圆通古镇

【一座有着1600年历史的古镇，曾经繁华一时的江上码头】

早在明代，这里就有"良田数万亩，烟火数千家"之说，至清代，更招引五省客商来此建馆开业，当时便有"小成都"之称。今天，在东盛街、双凤街、麒麟街上大多还能依稀看到昔日陕西馆、广东馆、江西馆、湖广馆的模样。

在杨柳依依的半边街的尽头是一座桥，始建于清嘉庆年间，现在看到的这座桥是中华民国二十七年(1938)山洪暴发被毁后于次年重建的。半边桥有3孔，边拱呈半圆，中拱为蛋尖形。如驼峰似穹隆、巍峨高耸，桥身上有雕刻精美的龙头、龙身、石狮等。桥的两侧原本各有一座吊脚楼，但是后来仅剩一座了。

陈家院子是一座典型的川西民居，建于清代，高大森严的围墙内有一大一小两个天井，数十个房间里是清一色的楠木地板。圆通街头还有诸多岁月遗留下的华丽痕迹：麒麟街上的黄氏和罗氏故居，两处民居集清末民初民居建筑之大成；临河的一个小巷口，耸立着哥特式建筑，经历岁月风尘仍难掩昔日的美丽。几乎随意走进一个深巷，你都会有惊喜的发现。

九龙沟

【以九龙沟动态水石景观最为引人入胜】

位于崇州市三郎镇内，距成都市区 76 公里，因"九沟九槽九条龙"的神话传说而得名。沟内怪石嶙峋，流水飞瀑自百米高处落下，蔚为大观。登临六顶山主峰可观云海、日出及漫山遍野的野生杜鹃，也可远眺白雪皑皑的四姑娘山。沟外有座千年古刹九龙寺，其建筑颇具特色。

三郎古镇保留了淳朴的川西民风，因传说此地为李冰第三子辅佐父亲降龙治水之地而得名。

街子古镇

【成都平原上一座充满神秘传说的古镇】

位于崇州市。街子场不大，镇上的老房子多半是明清时期留下来的遗物。街子场主要的街道有 5 条：中药铺所在的街叫江城街，中药铺斜对面是一个十字路口，路口附近有几家小吃店，豆花饭馆子里的豆花、卤鸭子、卤猪尾、卤排骨都十分美味。大路口有口开凿于清同治二年（1863）的古井，人称八角井，这口井的位置正好是过去崇庆县与都江堰市的交界处。

街子是一个充满传说的地方，据《中国通史》记载，明朝开国皇帝朱元璋之子朱允在历史上曾神秘失踪，经民间许多专家考证，朱允其实是隐居于街子场的上古寺附近。从 1401 年起一直在山里住了 10 余年。

信奉"惜字是福"的街子人认为，随便丢弃、污染有字的纸是缺德的事，应该把废弃不用的有字纸放在特制的纸篓内集中起来焚化。于是分别在街道的上场口和下场口修建了两座专供焚纸用的字库。字库塔建于清道光年间，用石条、石墩和青砖建成，塔高 150 米，分五层，最上面的四楼外墙刻有"白蛇传"等壁画。上场口的那座已毁，下场口的这座至今保存比较好，不过在汶川大地震中被震掉了塔顶，目前正在修复中。

文君井

【相传是司马相如与卓文君开设"临邛酒肆"时的遗物】

位于邛崃市临邛镇里仁街，此井即司马相如与文君当年汲水之地，后人题名为"文君井"。文君井是一口不规则矮罐形的土窑井，因其井壁诸部均无砖块

九龙沟

🚌 成都城北客运中心、金沙汽车客运站有直达车前往九龙沟风景区，车费约 15 元；也可到崇州后转乘去九龙沟的班车。

🎫 30 元

⚠ 六顶山、钻天峰及令牌山（迷魂凼）属探险路段，无导游切勿前行。

街子古镇

🚌 成都金沙车站有直达街子古镇的班车，车程约 40 分钟。

🍴 特色食品是药膳，有名的有山药炖乌骨鸡，山药炖肘子，15～20 元／份。

文君井

🚌 成都市新南门旅游客运中心、金沙汽车客运站有客车前往邛崃。邛崃至文君井只需步行。

🎫 2 元

与条石的痕迹，故现已确定为汉代古井。庭园内另有当垆亭、听雨亭、水香榭、梳妆台等建筑，均是清末时建造。

邛窑
🚌 成都新南门、金沙汽车客运站有车直达。

邛窑

【隋唐窑遗址中面积最大的一个】

位于邛崃市南河岸边的什邡堂村，"邛窑"是我国古代的著名瓷窑之一，始于东晋，兴于隋，盛于唐，衰于南宋。其发掘出土的文物是此地所有出土文物中品种最丰富、制作最精美的，其中"邛窑三彩"为四川古青瓷的代表作。

随瓷窑发掘出来的90余平方米的唐代民居遗址更是丰富了什邡堂邛窑遗址的内容，并且成为研究中国古代民居建筑及陶瓷业的典范。

回澜塔
🚶 回澜塔上可凭窗远眺邛州古城和方圆数十里的山色风光。

回澜塔

【成都境内最高的古塔，也是中国现存最高的风水古塔】

坐落于邛崃市城东南3公里处的回澜塔古称镇江塔，为重楼式，高75.48米，共13层，修建在邛崃南河河心的沙碛上，经历了无数次大风、洪水、地震灾害的严峻考验，至今仍然巍然屹立。

平乐古镇
🚌 成都新南门旅游客运中心每天均有直达平乐古镇的专线旅游班车，车程约1小时40分，车费25元。
🍴 这里"孙血旺"有烧血旺、烩豆腐、卤菜系列等。

平乐古镇

【这是一座时光倒流的古镇，一个可以让人静静发呆的地方】

位于邛崃市西南19公里处，平乐镇至今已有两千多年的历史，以"九古"闻名：古街、古寺、古桥、古树、古堰、古坊、古道、古风、古居民。

横跨南北的乐善桥是一座距今已有100多年历史的七孔石桥，有"邛南第一桥"之称，建于清同治元年（1862），桥洞为不多见的桃形，锥形的七个桥墩则像七条一字排开的小船，别致而有新意。平乐镇的金华山上还有雕刻精美的唐代石刻和世所罕见的"天马行空图"。

小镇上还有保存完好的74处造纸坊遗迹，古造纸坊位于距此10余公里的芦沟，造纸工具多为南宋时期的文物。石质的锅、石质的缸、碾竹子的石碾、泡竹子的水池直至缫纸的石缸无一遗漏，全部完好地置于溪畔空地，藏在翠竹丛中。

考古学家认定的中国第一条丝绸之路（南方丝绸

之路）灵关道，从成都出发，经临邛，从平乐古镇经过继续通向南方。平乐的骑龙山上至今仍有保存完好的古秦汉驿道遗址。古驿道两边均被垒成高墙，中间通车马的大道铺着巨大的卵石，走向均顺着山势蜿蜒。

火井古镇

【一座因出产天然气而得名的古镇】

　　火井古镇始建于南北朝时期的北周，是一座具有近 1500 年悠久历史的文明古镇。火井古镇具有浓厚的汉代文化、天然气文化、宗教文化和明清时期传统文化。它是世界上公认最早发现并使用天然气的地方，也是中华第一女状元黄崇嘏的故乡。

　　文井江从古镇中间穿过，两岸山清水秀，衬托出古镇愈发的清秀。古镇街上至今还保存有打草鞋、弹棉花、打铁、甩麻绳等传统手工作坊。

　　中国人使用天然气的历史要比西方最早利用天然气的英国还要早 1000 多年。火井镇上有座叫"海屋"的、非常有气势的建筑，为中西合璧的一楼一底的砖木结构房屋，看上去坚不可摧。比这高大的海屋更为吸引人的视线的是那些隐藏在泥土墙角的古老的天然气管道，在天罡祠、孔夫庙一带，就分布着许多火井遗址。火井镇除了产"火"，还盛产茶叶。旧时有"十八堡茶场之所，四十八家店"之说。

　　火井镇还拥有邛崃市唯一的资源——优质温泉。

天台山

【山内的"和尚衙门"是国内唯一一座古代宗教法庭】

　　位于邛崃市西南天台乡境内，距市区 42 公里，距成都 135 公里，南、西、北三面山体如墙，东面敞开如门，终年绿树成荫，花开不绝。

　　金龙河穿绕山区台地之间，因河床多为整块的砂岩，故河水清澈见底，不带泥沙，而两岸的花草树木和岩石的颜色又让水呈现出斑斓的色彩。位于金龙河中下段的响水滩瀑布是天台山群瀑之首，落差 40 多米，宽 20 多米，分 8 层跌落，飞瀑夹风炸雷，煞有气势，故名"响水"，是景区内大小 7 处瀑布中最壮观、最吸引人的一个。另外一个跨度达 150 米的圆弧形瀑布——蟠龙岩瀑布则会在阳光下形成不同形状的虹影。天台山还是一座宗教名山，道、佛、儒并存，

火井古镇

可从成都金沙车站、新南门车站、火车北站、石羊场车站乘大巴至邛崃。邛崃至火井有中巴直达。

火井镇上有小旅店可以住宿，费用在 15～50 元/床。

天台山

从成都金沙车站乘汽车约 30 分钟可到邛崃，也可从成都城北客运中心（火车北站）、石羊场中心站经新津沿新邛路到邛崃，从邛崃旅游客运中心站乘车约 50 分钟可到达天台山。成都新南门车站每天 8:00 和 9:30 有旅游专列可直达天台山景区。

旺季 50 元（每年 3 月～10 月 31 日）；淡季 20 元（11 月 1 日～次年 3 月）

一定要尝尝这里的烤排骨。

鼎盛时曾有130余座道观佛寺，现仅存48处，且唯有永乐寺保存较好。

蒲江石象湖

【亚洲最大的郁金香主题公园】

蒲江石象湖
🚌 成都新南门车站每天有大巴定时往返。
🎫 50 元，船费 20 元
🌸 石象湖一年四季几乎鲜花不断。4 月初盛开的郁金香，9 月底 10 月初盛开的百合花最是吸引人。

石象湖距成都约 88 公里，相传景区内的古刹石象寺曾是三国时期蜀汉大将严颜骑象飞升之地，后人为了纪念他而建石象寺，湖也因此而得名为石象湖。景区大门如同一只从天而降的巨大蝙蝠，取"蝠（福）从天降"之意。

位于象山最高处的"古象山书院"，原名"象山学堂"，南宋书院教育兴起后更名为"古象山书院"。书院完全是宋代学堂的建筑风格。屋顶的设计也颇具创意，中间为六品官，两边依次为榜眼、探花，上面的横梁则寓意栋梁之才。南宋著名的理学家、教育家魏了翁在此接受了他的启蒙教育。如今，书院存有魏了翁的珍贵史料以及南宋理学的相关书籍。

石象湖的春天是郁金香的王国。象山餐厅下的缓坡是一个"世界花园"：南非的凉菊，北美的羽扇豆，摩洛哥的花环菊，法国及地中海沿岸的白头翁，还有阿尔及利亚的白晶菊，南欧、西伯利亚的毛蕊花……

湖内有九沟十八岔，岔岔十八沟，湖上分布着七星台、石象寺、黄龙岛、听涛轩等十几个小岛，自然形成的纵横交错的港湾让幽湖成为一座巨大的迷宫。

朝阳湖

【以"碧水清幽"著称】

朝阳湖
🚌 成都新南门汽车站、西门车站都有车前往蒲江。
🎫 20 元

位于蒲江县境内，由朝阳湖、长滩湖和飞仙阁等景点组成，有始建于汉代的飞仙阁、二郎滩摩崖造像、佛教圣地九仙山、道教圣地太清观、宋代理学家魏了翁创办的鹤山书院旧址、抗日名将李家钰旧居，以及战国时期的巴蜀船棺和汉墓等。

上里古镇

【四川"十大古镇"之一】

位于雅安市雨城区北部。古镇初名"罗绳"，是历史上南方丝绸之路临邛古道进入雅安的重要驿站，是唐蕃古道上的重要边茶关隘和茶马司所在地；近代又为红军长征过境之地。又因场镇内有韩、杨、陈、许、张（韩家银子——钱、杨家顶子——官、陈家谷子——田、许家女子——靓、张家锭子——斗）五大家族居住在此，故俗称"五家口"。

古镇修竹、溪水、古桥相映成趣。镇上古朴的建筑高低错落，石板铺街。从古镇沿河上溯1公里，有十余座古桥，造型无一相同。其中最具代表性的是清乾隆四十一年(1776)的"二仙桥"（单孔大跨度石拱桥）与清乾隆十四年（1749）的"立交桥"（进入古镇的必经之路，桥面平整，两端为引桥，可上下通行）。

白马泉、喷珠泉是上里古镇域内独特的风景区，素有"雅州山水秀，二泉天下奇"的美誉。白马泉古名"龙渊"，是常年恒温间歇泉，因起潮落潮均能听见马蹄的声音而得名；喷珠泉，距白马泉100米，泉边有清代雅州太守黄云鹤所书"喷珠泉"三个大字，泉水终年不枯，珍珠般的气泡从池底喷出。

古镇内的韩家大院始建于清代嘉庆年间，院内雕刻历经三代人方完成，雕刻内容以川戏折子戏和历史典故为题材，其独特的镶嵌式雕刻工艺，实为地方一绝。

古镇境内还尚存红军石刻标语数十幅，形成一条"红军走廊"。

蒙山

【"扬子江中水，蒙山顶上茶"这句诗让蒙山进入了世人的视线】

蒙山位于名山县城西，因春夏季节常云雾蒙顶而得名，是一座历史悠久、风景秀丽的名山，也是我国有史可查的最早人工栽培茶树的地区之一。早在两千多年前的西汉时期，蒙山茶祖师吴理真开始在蒙顶驯化栽种野生茶树，开始了人工种茶的历史。其所产茶叶因品质优异，自唐至清都被列为贡品。

上里古镇
成都新南门汽车站有直接到上里古镇的班车。

上里古镇有一道"乌骨鸡炖山药"，味道鲜美，又滋补身体。

蒙山
成都新南门车站有车发往名山，行程120公里。到名山车站后，再坐名山至蒙山的客运车到蒙山停车场，费用5元；也可以打的上去，费用约35元。

60元，往返缆车30元，世界茶文化博物馆20元，套票70元（含景区门票、往返缆车、世界茶文化博物馆票）。

主要是成都人周末消夏的地方，晒太阳喝茶，临走还可以带些明前茶回家。

↑ 雅安蒙山

蒙山山顶为一小盆地，四周山峦起伏，林木葱郁，雾气缥缈，群鸟啾啾，景色宜人。周围三座海拔500米以上的山峰呈鼎足之势环绕。到蒙山有3条路可以上：一条由北麓沙地村上山，沿路有上马石、缚虎山、欢喜岭等多处胜景，路径盘曲逼仄；一条从东麓赖家村上山，羊肠小道，陡峭难攀；另一条由南面芭蕉东岭头上山，路宽阔平缓，山上茶民都从此路上下。

蒙山天峰脚下原有一所天寿寺，一度列为丛林，僧人众多，香火颇盛。日本高僧几次上山朝香，并且献有一块匾额，上有草书"海上奇观"四字。匾额现保存在县文物管理委员会。峰间尚存古梦井、甘露石室、皇茶园、石麒麟、宝墙等遗迹。

碧峰峡

【因林木葱茏、四季青碧而得名】

碧峰峡风景区由两条峡谷构成，左峡谷长7公里，右峡谷长6公里，呈"V"字形，青峰对峙，景色秀雅。景区有黄龙峡、天仙桥、天然盆景、千层岩瀑布、白龙潭瀑布、女娲池、滴水栈道等景点。峡内有瀑布、溪潭50余处，有的似银丝飞珠溅玉，有的如白练凌空下泻，构成了碧峰峡景区一道独特风景线。

黄龙峡峡长4公里，陇西河盘旋于峡谷之中，蜿

碧峰峡

🚍 成都新南门汽车站有直达碧峰峡的专线旅游车。也可以到成都石羊高速公路客运站乘坐"成都—雅安"的班车，抵达雅安后再坐三轮车或出租车至上里乘车点，搭乘至碧峰峡的班车。

💰 80元（含大熊猫园门票、摩梭风情表演门票、观光车票）

📝 1. 可沿1.5米宽的石板路在峡区内环绕旅游。2. 可搭乘当地人的面包车上山，至翠屏寺。3. 当地人自制的凉粉味道不错。

110

蜒湍急。两岸峭崖夹峙，林木蔽日，飞瀑垂挂，山泉潺潺。位于右峡旅游栈道处的滴水栈道，溪水从10余米的裸岩上均匀洒落，水珠飞溅，沁人心脾。

女娲池位于景区白龙潭瀑布下，为瀑布多年冲刷而形成的开阔潭池，传说为女娲沐浴之所。池周青山绿翠，花香鸟语，池水清澈见底。

碧峰寺位于碧峰峡翠屏山巅，又名翠屏寺，海拔1250米，始建于唐，明代重建。寺庙依山就势，几经兴废，现存观音殿、石牌坊、石狮、香炉等。

芦山县博物馆

【一个综合性历史博物馆】

位于芦山县城南街汉姜侯祠内，是纪念三国蜀汉名将姜维的祠堂，分为正门、平襄楼、姜公庙大殿3部分。正门是一座保存完好的明代木结构牌坊——汉姜侯祠。平襄楼又名姜庆楼，是姜侯祠主体建筑，始建于北宋，为木结构三重檐斗拱建筑，是举行祭祀活动的场所。整个建筑造型雄伟，古朴生动。姜公庙大殿是明代建筑，内供姜维塑像，目前我们所见的姜维像是1993年通过民间集资用红砂石打制成的。

王晖石棺

【博物馆的一处野外保护场地】

位于距芦山县城1.5公里的石羊上村，为蜀郡属国上计史王晖逝世之葬具，距今已1800余年。石棺由棺盖和棺体两部分组成，有5幅浮雕。1942年出土的王晖石棺是研究我国古代葬制、习俗、宗教的实物依据。

喇叭河自然保护区

【绿色宝库、动物乐园】

位于夹金山东南麓，处在绵延起伏的龙门山、邛崃山脉的南缘，是四川盆地向川西高原过渡的高山深谷地带。整个景区旅游资源可划分为昂洲河、潋潋沟、蜂子河、大峡、珙桐沟、喇叭河、关门峡、黑悬沟等八大景点。

区内贝母山岩壁绵亘十余里，高数百丈。大峡一线天青峰对峙，飞瀑临空。喇叭河跌水群掩映在幽谷之中，由珙桐、连香树、水青树、多种槭树混交组合

芦山县博物馆

🚌 成都新南门车站有开往芦山的班车，车费40～45元/人，车程2小时。
🎫 10元

王晖石棺

🚌 成都新南门车站有开往芦山的班车，车费40～45元/人，车程2小时。
🎫 10元
📝 记得一定要去吃当地的烧烤，这里的烧烤相对比较集中，三轮车夫都知道地方。烧烤方式有点像"铁板烧"，现炒现吃。鱼是一定要点的，如果是冬天还有热啤酒。

喇叭河自然保护区

🚌 目前没有直达喇叭河的班车，需要包车前往。从成都到喇叭河行程约3小时。
🎫 60元；观光车20元；高山滑水80元；漂流110元

成都地区◎雅安

碧峰峡／芦山县博物馆／王晖石棺／喇叭河自然保护区

111

的"四珍林"，构成五彩缤纷的森林景观。

登山线路一：喇叭河景区核桃坪—双石溪—连香坡—翡翠长廊—鹿池。

路程3公里；登山道沿溪而上，两岸绿树成荫，鸟语花香，河中溪水潺潺，清澈见底，可边玩边走。返回时可乘坐高山滑水道"漂流而下"。

登山线路二：五彩谷—滑雪场—箭竹林—牛井沟—原始森林。

路程：7～8公里；海拔较高，可俯瞰景区；山林中经常可见野生动物；原始森林木栈道清凉爽快。

望鱼古镇

【被岁月打磨光滑的石板路令人遐想起当年茶马古道上来往的客商与马帮】

望鱼古镇

🚌 雅安上坝卫校处有金杯车半个小时直达望鱼古镇，15分钟发车，票价9元。或坐4路公交车到终点站。

位于雅安市城区以南35公里周公河的上游，毗邻洪雅县瓦屋山镇，建于明末清初，因茶马古道在此没有驿站而形成场镇。主要建筑坐落在突兀于山腰的一块巨石之上，因巨石形似一只守望着周公河游鱼的猫而得名。

望鱼老街为一条狭长的一字形长街，一条青石板路纵贯全街面，路面已被岁月打磨得幽幽发光。街道两侧全部为木结构青瓦房和吊脚楼，精致的瓦垄、墙角、窗棂和柱基石上的雕花显露出昔日的繁华。这些建筑曾经是衙门、银庄、当铺、药店、绣楼、旅店、饭馆、茶铺和戏台，现在大多已成为民宅。老街两头长长的石级，可到达河边，并与新街相连，要进入老街，必须顺石级登至山腰，表现出易守难攻的防卫性，是古镇出于防御山匪流患的需要而建。

因地形限制，望鱼老街民居多采用下店上宅或以天井分割前后不同功能。房屋的地坪有一定高差，有的门口还设有若干级石级，石级与街面有各种式样的孔洞相连，形成完整的排水系统。雅安古称"天漏"，当地雨水较多，住宅多用四合头式，又称"四水归池"式，四面屋檐相连，落雨时行人可从檐下通到各处。

红军长征翻越夹金山纪念馆

【重现了当年红军在当地藏族同胞带领下翻越夹金山的艰险历程】

红军长征翻越夹金山纪念馆

🚌 雅安有直达宝兴县城的班车。

位于宝兴县县城西侧的青衣江畔，占地面积约4500平方米，在红军长征翻越夹金山70周年时修建而成。整个纪念馆由红军广场、主题雕塑和红军长征翻越夹金山连环画护栏三部分组成。

东拉山大峡谷

【被视为川西旅游环线自驾游最惬意的地方之一】

位于龙门山脉邛崃山脉南部的宝兴段。景区总面积348平方公里，海拔1800～5338米，包括东拉山沟、赶羊正沟、鹿井沟、桂嬅湾、猫子湾等五大景区，集典型的峡谷地貌和雪山草原等自然生态景观于一身，为川西峡谷地貌自然生态景观的代表性景区，在自驾车旅游者中很有名气，被视为川西旅游环线自驾游最惬意的地方之一。

蜂桶寨自然保护区

【1869年法国传教士兼生物学家戴维在这里首次发现大熊猫，使大熊猫享誉世界】

面积4万公顷，是邛崃山系大熊猫栖息地关键性的走廊带。区内群山延绵，翠谷纵横，箭竹遍地，不仅是大熊猫、金丝猴等珍稀野生动物的天然乐园，也是珙桐、连香树等珍稀植物的植根之地。保护区管理处建有科研陈列室、动物驯养繁殖场和抢救室，驯养大熊猫、小熊猫、黑熊、马来熊、红腹角雉等多种动物。

管理处附近还有南山群猴区、后山、大水沟、"三峰一岩"等景点，邓池沟天主教堂是1869年法国传教士兼生物学家戴维发现大熊猫的地方，并从这里把中国大熊猫介绍到国外。

保护区内的锅巴岩是一座洁白晶莹的玉石山峰，出产著名的"宝兴白"大理石。矿体连绵45公里，宽2公里。用"宝兴白"雕琢的各种工艺品，由于材质优良，加上精度的雕刻工艺，深受欢迎。

东拉山大峡谷

距离成都235公里，距雅安市98公里，距宝兴县28公里，在宝兴县客运站坐车去陇东镇，票价为6元。然后从陇东镇到景区。或者在宝兴县租车到东拉山。租车费一般是150元/辆。

旺季（4月1日～11月30日）50元；淡季（12月1日～3月31日）40元

蜂桶寨自然保护区

雅安乘长途大巴赴宝兴县，车程3个小时，票价12元；再包车赴蜂桶寨自然保护区管理处，车程约1小时，车费30元左右。

硗碛乡政府招待所：40～80元/床。另有可选择入住当地的藏式民居。

眉 山

江口古镇

🚌 成都新南门客运站有开往彭山方向的客车，票价14.5元，行车大约70分钟。到彭山后，如果是终点站下车，下车后需往回走大约500米，然后乘坐过江口镇的中巴车即可，票价1.5元，约20分钟即到。彭山至江口方向及江口至彭山的车很多，彭山回成都的票价12元。

🎫 江口崖墓 15元

🚣 如果是夏天前往，可以坐当地打鱼人的五板船游玩一番，到下江口滩地往返，一条船可载4人。

江口古镇

【史载最早的茶叶市场，史称武阳茶肆】

　　古镇迄今已有2000余年历史，因其地处府南河二河的交汇处，故名江口。

　　镇内遍布古遗址，古墓群、五里长街、古店铺、吊脚楼、古榕树等古建筑群相映生辉。在临河的古镇上有一项必不可少的内容——吃鱼。刚从河中打上来的活蹦乱跳的鱼，加上当地特有的做法，或煎，或蒸，或煮，或炸，想想都会口舌生津。县城内桂家饭店的鱼特别好吃，是值得绕道前去一品的地方。

仙女山

【寿星彭祖修身之地，世界长寿文化发源地之一】

　　又名彭祖山，布局非常神秘，阳山和阴山环抱呈立体太极图，而彭祖墓正位于天然太极图的阳鱼鱼眼

↑ 彭山仙女山双佛

之上。刚入山门便是掩映在树荫中的九九长寿梯，两旁有不少当地人摆摊卖些字画和小玩意儿。细看那些字画，内容多和养生、长寿有关，想必是因这里的800岁寿星彭祖的关系吧。而仙女山却另有一个久远的传说。

相传刘秀在登基之前曾被人追杀逃到四川江口镇。一位善良的农妇吴英为他做了一些红苕饭充饥。然而，全村人的流言飞语却逼得吴英在后山上吊自尽而死，还任她的尸体被风吹雨打，一挂就是18年，直到登上皇位的刘秀来到山上跪谢她的救命之恩时，绳子才断，但吴英的尸体依然站立不倒。刘秀遂封她为仙女，这座山便被称作仙女山。

山上与寿星有关的养生殿值得一看，实物、图文、石刻再加上解说员的讲解便将彭祖的养生秘诀一一呈现在了你的眼前。

彭州龙门山地震遗址公园

【"5·12地震"留下的累累伤痕】

包括广为流传的小鱼洞断桥遗址、白鹿中心学校

仙女山

🚌 成都新南门旅游客运中心有车发往彭山，票价12元。

🎫 30元，养生苑10元

彭州龙门山地震遗址公园

🚌 成都五块石客运中心每天有滚动发往彭州的班车，票价15元。到了彭州客运中心，那里有好多专门送人去参观"5·12雕塑"的小面包车（到小鱼洞），5元。

寿星彭祖

彭祖也就是传说中的寿星，他活了800岁，是位长寿的老人。彭祖是否活了800岁？这一点无从考证，但在中国的很多历史传记里都有对此人的记载，比如《史记·楚世家》说，彭祖为五帝之———颛顼的孙子。从夏朝至商朝，他活了近800年，但关于他的长寿故事早在秦汉以前就已流传，屈原的长诗《天问》及孔子和庄周的著作中也都将他视为长寿的典范，晋代医学家葛洪撰写的《神仙传》就是一部为彭祖立传的著作。

虽然，彭祖并非天上的寿星，但人们确信他掌握了一套养生之术，是懂得长生不老秘诀的人，这也是人们将他与寿星合而为一的原因。彭祖的延年益寿养生法大致有四个方面：其一，修身。他是气功的最早创始人，他的这套健身法被后人写成《彭祖引导法》。其二，养性。不计较名利得失，不追求物质享受，情绪恬静而达观。其三，良好的生活习惯。一切顺乎自然，顺应四时节气，重视劳逸结合，用脑切忌过度。其四，节制。夫妻生活谐而有节。

《华阳国志》中记载，四川眉山市彭山镇，是彭祖的故乡。寿星的诞生融合了道教养生观念，现在我们能看到的寿星形象都有一个硕大无朋的脑门。山西永乐宫壁画中的寿星，可能是存世最古老的寿星形象，在众多的神仙中，他的大脑门让他十分突出。

遗址（最牛学校）、中法桥断桥、白鹿上书院天主教教堂遗址这四大遗址景观。

小鱼洞大桥在彭州小鱼洞镇，总长187米，宽12米，钢架拱桥。汶川地震中，位于断裂带上的小鱼洞大桥被彻底震塌，已不能通行。现在有矗立在小鱼洞大桥彭州一侧桥头的蓝色雕塑。雕塑表面的白色明文有汶川大地震简介、彭州受损情况和在地震中垮塌的小鱼洞大桥介绍。

彭州市白鹿镇老街也处于汶川地震的断裂带上。地震时老街靠河的一段瞬间被抬起，原来一条平整的街道上下错开3米多。离老街不远的彭州市白鹿中心学校，地震时断裂带刚好从两栋紧邻的教学楼中间通过，靠山的一栋被抬高了2米，留下一个陡坎。所幸两栋教学楼安然无恙，近千名师生平安撤离。白鹿中心学校后被网友誉为"史上最牛教学楼"。

白鹿上书院由法国传教士在1908年修建而成，用于培养中国天主教神职人员。1949年以后，上书院基本不再发挥宗教场所功能。在汶川大地震中，这座百年遗迹在短短8秒钟内全面坍塌，通体白色的石质大门断裂成梯形，粗壮的半圆柱形门柱只有底部尚存。规划将于原址重建。

中法桥是石质双拱桥，系鱼霞松（法国人）任白鹿下书院院长时，由其亲自设计施工而建成，当地的人们将此桥命名为"中法桥"。在"5·12地震"中，此桥遭受严重损坏，只剩一个孔的残桥留下来，不能通行。

九峰山

🚌 成都北站中心站、新都、广汉、郫县、都江堰等地都有直达彭州市的汽车。彭州汽车站有到达九峰山的班车，交通十分方便。

🎫 30元

九峰山

【风光堪比青城山】

位于彭州市西北部的大宝乡境内，由九峰山、丹景山和银厂沟三个景区组成。峰顶有明代天启年间始建的雷音寺。晴天可观日出、云海、佛光，阴天可见"瀑布云"奇观。

瓦屋山国家森林公园

【曾与峨眉山齐名天下，是历史上著名道教圣地，有"东有峨眉，西有瓦屋"之誉】

位于洪雅县境内，距成都140公里，距乐山55公里，总面积约700平方公里，是四川公园面积最大、景观资源最为丰富的景区，与峨眉山、乐山大佛构成川西南旅游金三角。

瓦屋山是历史上著名的道教圣地，这里的日出、佛光、云海、圣灯等奇特的景象一点儿也不逊于峨眉山，在复杂多变的大气折射作用下，瓦屋山上空还会出现独有的"三个太阳"并存的奇观，所以早在唐宋时期就与峨眉山并称为"蜀中二绝"。

被地质专家认定为中国最高、最大的"方山"位于瓦屋山山顶。"方山"约11平方公里，平均海拔2830米，高出内蒙古"桌子山"681米。迷魂凼位于瓦屋山鸳鸯池东南方向，因其复杂的地形、异常的地质结构能使罗盘、指南针、钟表等在此失灵，故已被公园列为游人禁区。

春天绵延不尽的杜鹃让瓦屋山赢得了"杜鹃王国"的称号，这些粉白朱红的艳丽还没有退去的时候，珙桐那鸽子形的乳白色花朵开始在群山间飞翔，为夏天的瓦屋山带来无穷的凉爽，秋日的绚丽与冬日的晶莹剔透继续着瓦屋山另外的高潮。

三苏祠博物馆

【北宋时期著名文学家苏洵、苏轼、苏辙父子三人的故居】

位于眉山市西南隅纱縠行内。元代改宅为祠，祭祀三苏，明洪武年间扩建，明末毁于兵火，仅存五碑一钟。清康熙四年（1665）在原址按明代规模重建，尔后历代均有补修。

三苏祠是一座富有四川特色的古典式的园林建筑。周围红墙环抱，绿水萦回，荷池相通，小桥频架，曲径通幽，有"三分水，二分竹"的"岛居"之称。正殿、启贤堂、瑞莲亭为清康熙年间所建，近现代所建和修葺都以清代康熙四年的建筑为模式，使之成为一组典型的、完整的四川清代古建筑群。正殿有苏洵、苏轼、苏辙的塑像，东侧由池水将绿洲亭、抱月亭、云屿楼连成一组园林。亭小水阔，树密楼奇。西侧一泓池水为"百坡亭"廊桥横断，向北望，透过"披风榭"可见隐于竹林中的东坡卧像。殿堂部由三进四合院组成，虽按轴线处理，但有收有放，灵活多致。

祠内收藏有"丰乐亭记"、"醉翁亭记"、"表忠观碑"和"罗池庙碑"四大名碑的金石碑文或碑拓本；陈列有数以千计的匾联书画等文物。迄今馆藏文物共有5188件，是三苏研究、陈列展览的珍贵资料。

瓦屋山国家森林公园

🚌 从成都到瓦屋山约200公里，成都新南门汽车站有班车前往。

🎫 50元，观光车20元，缆车50元

🍴 瓦屋山有各种野菜和瓦鱼仔等美味，基本消费20～100元/人/天；瓦屋山的住宿方便，有许多宾馆以及农家乐，30～100元/床不等。

ℹ️ 瓦屋山的雪景是离成都最近的，春节假期前往可一睹南国冰雪的风采。

三苏祠博物馆

🚌 位于眉山市城西。从成都新南门、城北客运中心，金沙汽车站和石羊汽车站都可以到眉山。如果在眉山北站下车，可乘8路公交车到中医院下。如果在搬运社车站下车，对面就是三苏祠。

🎫 45元

ℹ️ 进门两棵古银杏据说还是当年苏老泉栽下的；每逢高考，三苏祠的香火特别旺盛。

117

柳江古镇

🚌 成都金沙车站有班车到洪雅，车费 25 元，洪雅到柳江 5 元。

🏠 古镇上有一些小旅馆可以住宿，标准间 80 元／间。

🍴 游览柳江时可顺便游览玉屏街上的曾家大院。柳江街上的野生河鱼价廉物美，野生黄辣丁 15 元。

【一座具有湘西风韵的川西古镇】

位于眉山市洪雅县城西南，地处通往瓦屋山国家森林公园的途中。四周青山环抱，天气晴朗时还可远眺峨眉群峰。柳江镇临河而建，依山傍水，老街两旁的住宅多是用河中取出的圆石平铺地面，再在上面立柱架梁，建造房屋。有的挑楼加美人靠临河悬出，做工非常精细。

从空中俯瞰呈"寿"字形的曾家大院建于清朝年间，是柳江现存最大的民居建筑群落。临河一边为了追求"寿"字的形，其围墙、房屋的结构如同锯齿状，凹凸弯拐，但非常协调。大院由两个院落组成，一个大门进出，大院有两块大的空地，中间是一幢三楼一底中西合璧式的楼。大院的墙体以砖石为础，上为木构，色彩装饰不俗，成为柳江镇的标志性建筑。

乐山

乐山大佛
【世界上最大的古代摩崖造像】

位于乐山城东岸岷江与大渡河交汇处，因建于凌云山峭壁，又名凌云大佛。大佛始建于唐朝开元元年（713），完工于贞元十九年（803），历时90年，距今已有1200多年历史。佛像比例匀称，体态庄严，通高71米，头高14.7米，头宽10米，肩宽8米，颈长3米，耳长6.7米，头上发髻1021个，头顶上每一个螺髻都可以放置一张大圆桌；它的脚背宽8.5米，可以围坐100多人。乐山大佛比山西大同云冈石窟最高的大佛要高出3倍，比曾号称世界最大的阿富汗帕米昂大佛（高53米）高出18米，是名副其实的世界之最。

乐山大佛具有一套设计巧妙、隐而不见的排水系统，对保护大佛起到了重要的作用。在大佛头部共18层螺髻中，第4层、第9层和第18层各有一条横向排水沟，分别用锤灰垒砌修饰而成，远望看不出。衣领和衣纹皱褶也有排水沟，正胸向左侧的水沟与右臂后侧水沟相连。两耳背后靠山崖处，有洞穴左右相通；胸部背侧两端各有一洞，但互未凿通，孔壁湿润，底部积水，洞口不断有水渗出。正是这些水沟和洞穴，组成了科学的排水、降温和通风系统，防止了大佛的侵蚀性风化，使得大佛经历了千年风霜仍屹立在青衣江畔。

乐山大佛建成之初，还同时建有13层的楼阁覆盖其上，名叫"大佛阁"，为大佛做遮风避雨之用，可惜毁于明末的战乱之中。如今游人只能从大佛两侧山崖上的几十处孔穴想象当时的宏伟气势，那是当年建造楼阁时，安置梁柱的地方。

凌云山上还有精美的石龛造像、凌云砖塔以及精致典雅的楼阁亭台和苏东坡读书楼等，使壮丽的凌云山更具人文气息。

凌云寺（乐山大佛博物馆）
【寺内的岩壁刻有"苏东坡载酒时游处"题字，清晰可见】

凌云寺又称大佛寺，位于凌云山栖鸾峰侧，与乐

乐山大佛

🚌 成都新南门客运站有到乐山的旅游专线车。去乐山港可在客运中心站门前乘9路车。从乐山大佛乘13路车到肖家坝车场，这里有到成都新南门汽车站和峨眉山的班车。

🎫 70元（含麻浩崖墓博物馆和乌尤寺）

📝 1. 买票的时候一定要说清楚是去乐山大佛，乘坐旅游专线。去乐山和去乐山大佛的班车是不一样的。如果坐去乐山的班车，只能到乐山市。2. 旅游专线车下车时在乐山大佛景区前的石牌坊。这里有免费旅游车接待，但是会把游客送到东方佛都，然后告诉只能买东方佛都和乐山大佛的联票，120元。东方佛都和乐山大佛是完全没有关系的两个景点，东方佛都是一个仿古石刻佛像主题公园（40元），没有必要去。其实从东方佛都往回走10分钟左右就能到乐山大佛的北门。3. 乐山大佛博物馆和麻浩崖墓博物馆倒是值得一看。4. 如果仅仅是想看乐山大佛，可以到乐山港乘游船到三江汇流处观看。那里的角度最好。游船50元。5. 去凤洲岛在乐山市城南的肖坝上船，枯水期是浮桥，涨水季节是摆渡。岛上的豆花饭味道不错。6. 在乐山大佛外围，有一尊全身长达4000余米，由几座山体组成的"巨型睡佛"，呈仰面朝天之势。著名的乐山大佛不偏不倚正好端坐在巨佛心胸部位。巨佛的头、身、足，分别由乌尤山、凌云山和龟城山三山联襟组成。观看卧佛的最佳位置在乐山市滨江路"福全门"。

↑ 乐山大佛

山大佛相邻。创建于唐代，后荒废。今寺为明、清所建，有由天王殿、大雄宝殿、藏经楼组成的三重四合院建筑。寺门正中高悬巨大金匾，上集苏东坡书"凌云禅院"四字。两旁联文是"大江东去，佛法西来"。既使人有佛法庄严之感，又表明了凌云寺所居地理位置，还巧妙地将"大佛"两字嵌于其中。寺内最后一重殿是藏经楼，原为寺内收藏佛教经卷的地方，于1930年新建。从它的结构和外形可以看出近代建筑风格，在寺中游览却另有一番情趣。楼下新辟"海师堂"，塑有大佛建造者海通法师、章仇兼琼、韦皋的全身像，以此寄托后人对他们的敬仰之情。

凌云寺建筑雄伟，布局严谨，风景秀丽，有"天下山水胜之在蜀，蜀之山水在嘉，嘉之山水在凌云"之誉。其上有新中国成立后修复的苏东坡载酒亭。

目前，凌云寺已开辟成"乐山大佛陈列馆"，馆内陈列大量实物、文献、图片和模型，展示了乐山大佛 90 年建造史和历代保护维修史。

麻浩崖墓 ✿
【以内通丰富、雕饰精美而被誉为"南安（乐山古称）名墓之首"】

位于凌云、乌尤两山之间的溢洪河道东岸。崖墓，是古代流行于乐山的一种仿生人住宅，凿山为墓的一种墓葬形式。这种墓葬因流行于 1800 多年前的东汉至南北朝时期，故称东汉崖墓。

墓中保存着许多汉代建筑、车马伎乐、鸟兽虫鱼图形，且有不少历史题材的神话故事，以及画像石棺、书法题刻。同时，还有中国乃至世界遗留最早的佛教石刻造像。它是汉文化与印度早期佛教文化交融的具体反映。

麻浩崖墓其范围包括斧头湾，东西长约 200 米、上下宽约 25 米，有编号的崖墓 544 座，层层叠叠，墓门毗连，密如蜂房，极为壮观。

麻浩崖墓现已成为乐山汉崖墓博物馆。

凌云栈道、九曲栈道 ✿
【抬头苍峰屏峙，低首水天一色】

在乐山大佛左侧栖鸾、兑悦两个山峰的悬崖绝壁间。它削壁穿洞，架虚构空，藏奇露险，蜿蜒曲折，似一条腾空而起的巨龙。栈道开凿于 1983 年年初，全长约 500 米，栈道北端与大佛脚平台相连，南端与璧津楼相通，与大佛右侧的九曲栈道构成一条回环曲折的旅游线路。

大佛右侧的石壁上，有一条险峻的栈道自上而下盘旋至大佛脚，这便是著名的"九曲栈道"，是与修建佛像同时开凿的。栈道第一折处的"经变图"雕刻精细，线条优美，并刻有楼台亭塔，是研究唐代建筑和石刻艺术的宝贵资料。在栈道上不仅能近距离地观看到乐山大佛的真容，还能感受到三江汇流、水天一色的壮阔，以及乐山市的繁华。

凤洲岛 ✿
【观赏两江汇流与乐山大佛的好地方】

绕城而过的大渡河在乐山南面形成了一个岛屿，人们将之命名为凤洲岛，岛上多茶馆和农家乐，是周末人们度假的地方。四面环水，江上清风徐来，翠色柳丝拂面、清幽静谧、飞禽戏水、卵石布景。

东方佛都

【仿古石刻佛像主题公园】

东方佛都与乐山大佛分别在山的两边，是一个仿古石刻佛像主题公园。在 20 万平方米范围内，集中仿制了国内外佛像 3000 多尊，有当今世界最大、体长 170 米的巨型卧佛，我国历代佛像精品仿品，以及东南亚和印度、日本等国家、地区的著名佛像仿品，还有占地 800 多平方米的佛教艺术精品陈列馆，充分体现了中国佛教和东南亚佛教艺术的风格。

东方佛都
💰 50 元，和乐山大佛的联票是 120 元
📖 景区进门后经过的第一座石桥是观看巨型卧佛的最佳位置。

五通桥

【有"小西湖"之称的水乡古镇】

位于乐山市南 24 公里处，是一座颇有特色的水乡古镇。涌斯河和芒溪河把五通桥分为四望关、青龙嘴、竹根滩三部分。五通桥依山傍水，青山照映，玲珑秀丽，民俗独特。清代诗人李嗣源称赞"烟火万家人上下，风光应不让西湖"，故有"小西湖"之称。

水多桥也多，镇内各种风格的桥把 3 片陆地连接起来，荡舟河上，穿行桥下，可领略小镇风光。五通桥的另一景观是这里的黄桷树，几百株苍劲雄伟，枝繁叶茂。树沿着河，街沿着树，形成了五通桥独特的风光。

这里还是全国七大"游泳之乡"之一，芒溪河是天然的游泳训练场，多年来培养了许多优秀的游泳运动员。

五通桥还是青年英雄丁佑君烈士的故乡。菩提山上建有"丁佑君烈士纪念馆"，馆名匾额为胡耀邦所书，馆内还陈列有朱德等党和国家领导人的题词。这里绿树环绕，清新优美，还可鸟瞰整个市容。

五通桥
🚌 从乐山市联运车站或新城南客运站都有到五通桥的班车，车次很多，票价 3.5 元左右。
📖 五通桥每年五月端午节，都要举行传统的龙舟竞赛，场面壮观。

西坝古镇、桫椤峡谷

【与恐龙同时代的桫椤与两千多年历史的古镇相映生辉】

西坝古镇位于乐山市南 26 公里处，因境内有溶江穿流而过，故又名西溶镇，距今已有 2300 多年的历史。自古为水陆交通要冲，是南方丝绸之路的重要驿站，人称西坝水码头。古镇上人文景观众多，如庙沱法海寺、川主庙、南华宫古建筑等。古镇的街道均由石英石、红砂石板镶嵌，保存完好的 1500 多米的古街两旁，居住着 300 多户人家，上千间小青瓦式古

西坝古镇、桫椤峡谷
🚌 在乐山联运车站或新城南客运站有直达西坝的班车。西坝到桫椤峡谷步行需 2 小时左右，或者乘到桫椤峡谷的中巴，票价 2 元，也可租摩的前往，8 元。
💰 桫椤峡谷 10 元

建筑。漫步街头，随处可见雕花木窗、玄门等具有四川民居特色的建筑。

杪椤峡谷位于西坝镇东南4.5公里处，整个峡谷呈"丫"字形，总长12公里。杪椤峡谷里奇崖怪石众多，窄窄的石径连着遮天的浓荫，泉水在石径旁飞珠溅玉。"天地洪荒"四个大字跃入眼帘时，你就可以见到这与恐龙同一个时代的1万余株杪椤，如伞的枝叶与那些翠竹撑起绿色的天空。

这里可以徒步露营，也可以走马观花。景区内主要景点有饭真桥、龙吟涧、古栈道、灵芝崖、板桥疏竹、侏罗纪景区、九曲溪、佛手把玉、双生树，等等。

美女峰石林

【一处适合徒步爱好者和摄影发烧友前往的美景】

位于乐山市沙湾区，是峨眉四峰中的第三峰即三峨山，这里曲径通幽、林木参天、树与奇石相间，鸟鸣山涧。

牛华古镇

【南方丝绸之路上的重要驿站】

这里曾经车水马龙，会聚五湖四海的口音与佳肴，因而这里的人们随和而亲切，善于经商，也善于烹饪。古镇现今有不少老建筑，来此转一转的目的主要是为了这里的麻辣烫。牛华麻辣烫成为川西及川南一带老百姓喜爱的美食，因而来到乐山，完全有必要来到其诞生地品尝正宗，不失为一种出行的理由。

罗城古镇

【全镇街道房舍即如一艘航船】

罗城始建于明代崇祯元年（1628），建筑布局极为独特，全镇坐落于山顶，街道房舍即如一艘航船。相传明代崇祯年间，一位外地秀才到此，看到当地民众苦于缺水，生活极不方便的情形，不禁口念"罗城旱码头，衣冠不长久。要得水成河，罗城修成舟。舟在水中行，有舟必有水"。当地人居然也认定改造建筑是解决缺水难题的好办法，于是纷纷捐资修建，即建成了这座举世罕见的小镇。

这座船形古镇全长2000多米，宽约650米。主街道为南北走向，两端较窄，中间宽敞。街面起伏，

1. 峡谷内可品尝当地特色豆花饭。果实采摘时节还能采摘鲜果：枇杷、桃、橘、葡萄、苹果、枣等，均可随便采吃。租用帐篷30～50元/天。2. 西坝镇上最有名的是豆腐，方德饭店、三坝酒店、玖壶酒家和沫溪河度假村是镇上最有名的四家饭店。方德饭店有100道精致的豆腐菜品。3. 五通桥六六鱼火锅：位于桥沟镇十字街三码头，来这里主要是吃鱼，鲶鱼、黄辣丁、肥砣、白甲、乔克、青波、鲤鱼，从几元到几十元/斤不等。

美女峰石林

8:00～18:00

在成都或在乐山搭乘至沙湾的公交车。在沙湾城区可乘市内1路公交车直达美女峰景区山脚（车票1元）。

5元

山上有接待点，豆花饭5元/客，住宿20元/床，旺季会略涨一点儿。

牛华古镇

乐山到达牛华或经由牛华的车相当多，票价在5元左右。

牛华帅味鲜麻辣烫是牛华街上生意最火爆的一家。丰俭由人，竹签串起来的叫串串香，1毛钱1根竹签，有的好菜穿的是2根竹签，千万不要以为是宰客，竹签只是一种计价方式。

罗城古镇

位于犍为县东北部，距乐山市60公里，从乐山汽车站搭乘班车前往罗城只需1小时左右。

123

1. 火车：成昆铁路由北至南贯穿峨眉山全境，成昆线的各次列车均经停此站。列车车次常有变动，特别是春节及"五一"、"十一"期间常常会增开一些车次，请购票前先咨询车站问讯处或售票口。峨眉山火车站下车后乘18路公交车或出租车前往市区。出租车5元起价。
2. 汽车：成都新南门旅游客运中心、茶店子客运站、金沙客运站、城北客运中心均有车发往峨眉山。新南门旅游客运中心的车多发往报国寺旅游车站，其他车站发的车到峨眉山客运中心站。市区到报国寺可在名山中路的峨眉山公交车总站乘12路（2元／人）或打的（10元／次）前往。乐山大佛景区外也有很多当地人的面的拉客去峨眉山，约15元。峨眉山市的汽车站主要有客运中心站（市区名山路东段，☎0833-5536498）和旅游车站（报国寺附近），发往各地的车都有，到成都和乐山是最多的。

恰如波涛中的甲板；街中戏楼高耸，如高扬的风帆。而街尾的灵官庙又如同航船的船舱。街道两侧各有一排长约200米，宽约6米的荫廊，仿佛船篷一般，又称"船厅街"。罗城的建筑布局引起了国内外专家的重视，1983年，澳大利亚有关方面就在墨尔本依罗城的风格建成一座"中国旅游卫星城"。

峨眉山

【中国四大佛教名山，一生必游之地】

位于四川盆地西南部，峨眉山市南郊7公里处，包括大峨、二峨、三峨、四峨四座大山，人们常说的峨眉山，主要指的是大峨山。山体南北延伸，绵延23公里，山区面积约115平方公里。最高峰万佛顶海拔3099米，而山下的平原地区海拔仅400余米，相对高差在2600米以上，远远超过了久享盛誉的五岳和黄山等众多国内旅游名山。峨眉山气势磅礴，青秀苍黛，修长如眉，因《水经注》中写道："秋日澄清，望见两山相对如峨眉焉。"故取名为"峨眉"。

峨眉山是著名的"普贤道场"，山上有各具特色的古刹30余处，四季暮鼓晨钟、香烟弥漫、佛音缭

↑ 峨眉山报国寺

峨眉山景区示意图

其中著名的有报国寺、伏虎寺、清音阁、洪椿坪、仙峰寺、洗象池、万年寺、华藏寺。山中现有文物古迹点 164 处，藏品近 7000 件，其中属国家定级保护的有 850 多件。被联合国专家称为世界上同纬度生物、植被保护最好的区域，并列入《世界文化遗产名录》。

报国寺 🏮
【山下的第一座寺庙，峨眉山八大名寺之一、佛教活动中心】

　　报国寺坐落于峨眉山麓，建于明万历年间，明末毁于战火。清顺治年间重建，清康熙敕名"报国寺"。后经两次扩建，成为四层殿宇和亭台楼阁俱全的宏大寺庙。报国寺第三殿——七佛殿后有一尊高 2.4 米、国内罕见的大型彩釉瓷佛，身缀千叶莲衣，仪态丰满，神情端庄，为永乐十四年 (1416) 在江西景德镇烧制，是极珍贵的文物。第四殿是藏经楼，楼中藏有佛经和

🎫 150 元，报国寺 8 元；旅游专线车：报国寺—五显岗 20 元，报国寺—万年寺 30 元，报国寺—雷洞坪 40 元。缆车：金顶缆车 40 元 (上行)，30 元 (下行)；万年寺缆车 30 元 (上行)，20 元 (下行)，45 元 (往返)。

🏨 峨眉山上几乎所有的大小寺院都备有客房。另外在清音阁、洗象池、雷洞坪等一些地方还有很多私人住宿的地方，金顶还有些宾馆。如果要住寺院，最好住规模大点的寺院，那些小到只剩一个殿的寺院的住宿条件会比较差。一般可以选择的寺院有：清音阁、息心所、华严顶、洗象池、金顶卧云庵、仙峰寺、洪椿坪。寺院住宿的价格一个多人间床位 10 ~ 30 元不等，双人间一个房 60 ~ 160 元不等。除了金顶卧云庵外，主要集中在从洗象池经洪椿坪到清音阁这一线。1. 邮电宾馆：位于报国寺附近，环境不错，茶座设在绿树掩映下的长廊上，有点儿园林的感觉。标准间 200 元左右。📞 0833-5591666。2. 红旗饭店：位于万年寺停车场旁边，标准间 360 元 / 间，淡季 100 元 / 间。📞0833-5090032。3. 金顶山庄：位于金顶上，标准间 480 元 / 间，经济间 260 元 / 间，淡季可打 5 折。4. 金顶大酒店：就在金顶上，标准间 780 元 / 间，淡季可打 5 折。📞0833-5098088。

🍴 在峨眉山一定要品尝寺庙里的斋饭，很有特色；除此之外景区内的各类饭店都比较贵，最好自己带干粮上山。山脚的餐馆基本上都能打 7 折，不过最终多少还要靠自己的砍价能力。

📋 1. 峨眉山从山脚的报国寺到雷洞坪、五显岗、九岭岗等停车场距离很远，如果赶时间的话，建议还是坐大巴到半山腰再开始游览，否则徒步游峨眉山据说至少 3 天。2. 去峨眉山最好结伴而行，因为山中的猴子比较顽劣。不要提塑料袋或者在敞开的袋子里放吃的东西，也不要当着猴子掏口袋，不要穿红色的衣服，也不要和猴子发生接触。在没有工作人员的

元书法家赵孟𫖯书《王右军兰亭序》大条幅及郑板桥、康有为、张大千、徐悲鸿等名家墨迹。

寺外凤凰包上有一座亭子,亭内挂有一口大钟,为明代嘉靖年间圣积寺住持别传禅师所铸,高2.3米,重1.25吨,上刻自晋以来历代君王、文武将相、高僧居士姓名和铭文、佛偈7万余字。

报国寺左右两侧均有山路上山。右线经万年寺达金顶,左线经伏虎寺、清音阁等直达金顶,全程64公里。

伏虎寺 ❀
【峨眉山第一大寺】

从报国寺西行约1公里就到了伏虎寺,因寺后山峰形似老虎而得名。伏虎寺始建于南宋绍兴元年(1131),原寺明末遭毁。于清顺治八年(1651),由贯之禅师重建,建成十三重殿宇的宏大寺庙。伏虎寺周围楠木参天,浓荫蔽日,而寺内的普贤殿屋顶却终年不积落叶,洁净如洗,一尘不染,清康熙皇帝赐名"离垢园"。大殿右侧有一华严塔亭,内置明代铸铜华严塔一座。塔高6米,共14层,八角对称。塔身铸有4700余尊小佛像和《药师经》、195048字的《华严经》等经文。佛像眉目清晰,经文工巧秀丽,为峨眉山重要文物之一。

萝峰庵 ❀
【"萝峰晴云"为峨眉十景之一】

伏虎寺后有一小庵名"萝峰庵",四周修竹丛生,乔木茂盛,清代太使蒋超便是在此完成了22卷、12万字的《峨眉山志》,病逝后葬于萝峰岭下。天气晴朗时,可以看见峨眉十景之一的"萝峰晴云"。

清音阁
【峨眉十景之一的"双桥清音"就在这里】

踞牛心岭下,海拔710米,是峨眉山八大寺庙之一,左通洪椿坪、仙峰寺,右达白龙洞、万年寺,过去为上山朝拜、观光必经之地。寺庙虽小,地势险要,山环水绕,景色优美,是我国佛寺园林建筑的典范。

由于受地形的限制,清音阁只有一个殿堂,供奉华严三圣,中为释迦牟尼佛,左为文殊菩萨,右为普

↑ 峨眉山

贤菩萨。

万年寺 ❀
【峨眉山开山第一寺】

报国寺以东 15 公里处便是万年寺，寺庙背倚双龙岭，面向钵盂山，为峨眉六大古寺之首。万年寺原名普贤寺，始建于东晋隆安五年 (401)，唐代重建，易名为白水普贤寺。寺中有一尊普贤骑白象铜像高 7.35 米，重 62 吨，铸于北宋太平兴国四年 (979)，历经几次火灾均完好无损。

现在的万年寺为明万历二十八年 (1600) 重建，明神宗赐额"圣寿万年寺"。为防火灾，此次建为无梁砖殿，无梁殿是我国古代建筑史上一大奇观。主殿长宽均为 16 米，墙壁、斗拱、窗棂皆为砖砌，屋顶中空、螺旋式，四周呈方形，全殿无梁无柱，不用一木，故称"无梁殿"。殿中为普贤菩萨，两侧和上方供有 3000 尊铁佛和 12 尊金人。无梁殿风格别致，屋檐门窗及穹隆顶图案优美，色彩鲜艳。

↑ 万年寺

洪椿坪 ❀
【"洪椿晓雨"为峨眉十景之一】

清音阁上行 6 公里便是海拔 1100 米、位于宝掌峰下的洪椿坪。寺庙始建于明万历五年 (1577)，由楚山禅师所建，原名"千佛禅院"。明崇祯年间，德心禅师续建时因寺外有千年洪椿古树 3 棵，于是改名为"洪椿坪"。清顺治年间再次扩建。寺中"忘尘虑"匾额和"锡飞常近鹤，杯度不惊鸥"对联，均为清康熙皇帝亲笔题赐。另有清人冯庆樾所撰"双百字"楹联，是全山第一长联。

寺内藏有一盏清末制造的千佛莲灯，上雕 500 尊佛像，造型生动，神态各异。奇特的是，灯上还刻有小说《封神演义》中描写的道家神仙故事，雕镂精美，为珍贵文物。

春夏之晨，雾气弥漫，千枝滴翠。人行其中，眼见是雾，衣沾是雨，有诗曰："山行本无雨，空翠湿人衣"，被称作"洪椿晓雨"，是峨眉十景之一。

生态猴区 ❀
【峨眉山的一条必游风景线】

位于洪椿坪下、清音阁上的"一线天"附近，是目前国内最大的自然野生猴区。猴区内设栈道、亭子、索桥，方便游人观猴、逗猴。

峨眉山猴也实行"朝九晚五"上班制。每天9:00左右，猴区就像集市般热闹。随着管理员打锣、吹哨声，猴儿们便在猴王的率领下，扶老携幼、拖儿带女地来到猴区游山道和栈道旁"上班"，与人同乐，直到17:00以后在管理员的催促和吆赶下才告别游人"下班"。

峨眉山猴种名藏猴或西藏猴，别名四川短尾猴、大青猴，因生活在佛教名山，故又名"猴居士"。藏猴在十几种猕猴属动物中体形最大。猴区内现有三支家族式野生猴，300余只。

仙峰寺 ❀

【"九老仙府"疑似仙人居所】

由洪椿坪上行约15公里可到仙峰寺，仙峰寺也叫九老洞。其间要途经全山三大陡坡之一的"九十九道弯"，这是全山坡道最长、最陡、石级最高、拐弯最多的一段路，游人至此，大多怯而止步。

1 *峨眉山十方普贤*

仙峰寺始建于元代，原名"慈佛院"，明万历年间改建，因寺左有一高峰，终年云雾缭绕，时隐时现，恍如仙境，故名"仙峰寺"。寺外 500 米处有一巨石高 10 米，长 16 米，上面刻有"南无阿弥普贤菩萨"八个大字，顶端刻有"仙圭"二字，人称"三峰石"。仙峰寺右侧不远的半岩上，有一个幽深而神秘的石灰岩溶洞——"九老洞"，传说古代黄帝问道的九位老人就住在洞中。洞口高约 4 米，洞内大洞套小洞，曲曲折折，深不可测，洞壁石乳凝聚，斑驳陆离。相传财神赵公明曾在此隐居修炼。春夏之交，这一带繁花似锦，鸟语花香，仿佛置身于世外仙府，这就是峨眉十景之一的"九老仙府"。

雷洞坪 ❀
【全山最美的景致就在这一段，是杜鹃最集中的地区】

雷洞坪距洗象池约 7.5 公里，经过曲折迂回的"八十四盘"即到。这段山路是全山最为陡峭难行的几段山路之一，也是全山自然风光最为奇美的路段之一，这里是峨眉高山杜鹃的集中区。初夏时节，沿途杜鹃怒放，成林成片，颇为壮观。雷洞坪下一株高 13 米、胸径 2.7 米的"美容杜鹃"，树龄已有 450 岁，被称为"杜鹃皇后"。

雷洞坪海拔约 2400 米，温差很大，冷暖气流极易在岩下成饱和状态，高声喧哗的震动可引发雷雨，游人们可以在此"呼风唤雨"。

雷洞坪的积雪期很长，又因雪质上佳，坡度适宜，还开设了高山滑雪场。

峨眉金顶 ❀
【峨眉山"金顶四奇"日出、云海、佛光、圣灯最集中的地方】

由洗象池上行 15 公里，经过一道有 2380 余级石级的险坡——七里坡，再经过接引殿便到了海拔 3077 米的峨眉金顶。

金顶以高达 48 米的十方普贤圣像为中心，由金光耀日的金殿、雄浑庄严的铜殿、银光灼灼的银殿和洁白的朝圣大道组成。

万佛顶位于 3099 米的峨眉之巅，明清时此处曾建有文殊庵和藏经楼，藏有精本经书 400 册，为全山之冠，可惜现已遭毁。游人至此极目远眺，向西可见

峨眉金顶

🚡 金顶缆车（接引殿—金顶）上行 40 元，下行 30 元，往返 70 元，🕐 5:30～18:00。

📷 睹光台和舍身崖是望日出，观云海，赏圣灯，看佛光的最佳地点。

白雪皑皑的贡嘎山，向东则见农田河流阡陌纵横，其壮观的景色让人难以言表。

夹江千佛岩

【欣赏江风与渔火中的唐代摩崖石刻造像】

夹江县名得益于此地两山夹一江的自然景观，大观山和依风岗对峙，青衣江从中蜿蜒而过，形成"两山对峙，一江口流"的旖旎风光。靠青衣江左岸的石壁上，排列着 200 多窟石刻造像共 2400 余尊，故称"千佛崖"。佛像开凿于隋，兴盛于唐，延及明、清；造像排列错落有致，少则独占一窟，多则上百尊集于一窟；大可逾丈，小不及尺，造型优美，技艺精湛，姿态各异，绚丽多彩，尤以"净土度"为佳；显示了中国古代高超的石刻艺术水平。

崖上多名人题咏，佛像之下是一条古栈道，临青衣江，晨昏之际，可站在古栈道上观江面帆影落日，游历在自秦汉以来的古代文化的氛围之中思接千载，也可以在临江的茶园里发呆，总之这是一个体现月皎风清意象的景区。

此外，这里还有一个手工造纸博物馆。

马边大风顶

【除了自然景光、民族风情，这里还是登山爱好者的天堂】

位于乐山市马边彝族自治县西南隅，面积达 350 平方公里，主峰海拔 4042 米。

马边大风顶的植物多种多样，也是动物的天堂，生活着大熊猫、牛羚、林麝、金猫等数十种国家一、二级保护动物。在马边大风顶的数十座山峰之上峰峰可观日出和云海，山上的高山草甸上生活着牦牛，常常能见到放牧的彝族同胞，这里也是体验彝家风情的好地方。

黑竹沟

【有人说它是"恐怖魔沟"，有人说她是"中国的百慕大"】

黑竹沟位于峨眉山西南 100 多公里的峨边彝族自治县，境内溪涧幽深，迷雾缭绕，但景色别有一番原始大气之美。这里地理位置特殊，自然条件复杂，曾出现过数次人、畜进沟神秘失踪现象，于是给人一种神秘莫测之感。

夹江千佛岩

🚌 成都新南门汽车站到夹江的班车，车票 25 元左右，夹江县城到千佛岩有公交车前往（1 元）。

🎫 30 元，夹江手工造纸博物馆 8 元

🏠 千佛岩内农家乐 5 元 / 人，镇上小旅店 30 ～ 40 元 / 间。夹江千佛岩游人接待中心的特色菜有：青衣江河鱼、放养土鸡、无公害蔬菜，住宿 60 元 / 间，包吃包住 70 元 / 天。

🍴 叶儿粑、豆腐脑、土门泡海椒、豆腐乳、夹江苦竹笋值得品尝。

📷 细细品味石刻艺术之外，崖上的"月亮厂"、"泾口古渡"等历代碑刻不可忽略，崖下的古渡和龙脑石等自然奇观可摄影留念，有时间可以逛逛聚贤街。

马边大风顶

🚌 从成都到马边的车程 6 ～ 7 小时，新南门车站、五块石客运中心每天各有 2 趟班车。从乐山到马边县城的班车 30 分钟一班。从马边县城到暴风坪（大风顶半山腰）的班车 9:00 发车。或者从成都乘坐火车（或飞机）到达西昌，再乘车前往美姑县。

🍴 1. 马边县城内饮食十分方便，但进到大风顶后就属无人区，需自带干粮。2. 电力宾馆：马边县城光明小区，0833-4520581，标准间 200 元 / 间，单人间 150 元 / 间；福来宾馆：东光小区，0833-4520581，标准间 100 元 / 间。3. 如想前往大风顶，一定要事先联系好进山的一切事项，如吃、住、向导等。另外，大风顶营地之间水源缺乏，一定要备足用水。大风顶风景区内无住宿，需自带帐篷露营。

黑竹沟

🚌 黑竹沟景区距成都 246 公里。可在成都新南门汽车乘车到峨边县后转车前往黑竹沟镇，上山没有班车，只能包车或搭乘便车。

成都

成都是西南地区最大的陆路和空中交通枢纽,铁路交通也相当发达,现有宝成、成昆、成达、成渝等重要的交通线路交会于此,通往西北、华北、东北、东南、西南等地。国道有108、212、213、317、318、319、321线等通往西南、西北各省;高速公路则有成渝、成绵、成乐、成雅、成灌、成南等线,和其他干线公路一起组成了省内的交通网,通向各主要城市,并连接各县及乡镇。双流国际机场年客流量居全国第6位,现在国内、国际航线65条。

航空

国航西南航空公司的总部设在成都,目前通达国内外大中城市60余座。成都双流国际机场是西部地区重要的航空枢纽。北京—昆明、上海—拉萨和兰州—昆明3条航线相会成都,是国内飞往西藏拉萨航班最多的机场,也是国内最繁忙的航空港之一。

市内有公交车抵达:303路公交车从火车北站始发;303路区间车在人民南路二段民航售票处(岷山饭店旁)上车,均根据航班时间提前2.5小时发车,票价10元;303B公交车的起点站是金沙车站,发车时间与双流机场对发,

每天7:00出车,19:00收车,票价2元。机场乘车点在机场出站口前。行程约40分钟。

往返机场还可以乘出租车前往,较为集中的地方也是民航售票处,且可散客拼车,一般是夏利或捷达,能坐4人,有时3个人也走,一般打车不打表,费用60元/辆,过路费20元,由乘客自理。从机场出来坐出租车的话,最好到专门的出租车上下客处排队上车,也可打表计费。

国航西南航空市内售票处

成都售票处
✉ 人民南路二段11号
☎ 028-86665911、86660081

北新街售票处
✉ 北新街31号民航大厦
☎ 028-86716688-2012

顺城街售票处
✉ 下西顺城街金属大厦
☎ 028-86752369-6001、86513771

银河王朝售票处
✉ 下西顺城街99号
☎ 028-86618888转8587

新明珠酒店售票处
✉ 光荣西路8号
☎ 028-87667171

四川航空公司售票处

✉ 人民中路三段
☎ 028-86782541

✉ 人民南路二段11号
☎ 028-86654858、86647163

✉ 人民东路
☎ 028-86611137

国航24小时市内购票
☎ 028-86668080

✉ 川航24小时市内购票
☎ 028-88888888

铁路

成都火车北站是西南地区最大的铁路客运中心,是宝成、成昆、达成、成渝等铁路干线的交会点,也是成都铁路局管内唯一的客运特等站。

火车北站位于人民北路一段北段,售票大厅的工作时间为6:00～23:00,咨询及订票 ☎ 028-84445111。网上可预订第4日至第11日成都站始发各次列车车票。🖥 www.chengdustation.com。火车北站有多个小件寄存处,一般为2元/件/天。2路、9路、区9路、11路、16路、24路、27路、28路、34路、36路、44路、52路、区52路、54路、区54路、64路、65路、70路、85路、区85路、303路公交车都可到达火车北站。

🛈 可用手机拨打火车北站客运服务中心82800126查询火车到发时间、票价以及行李到达的时间等。现在可以搜寻成都火车站的网页,网上订票查询都极为方便。

公路

成都是全国45个公路主枢纽城市之一,有6条国道在此交会,是全省公路的中心。

乘汽车出行是在四川旅游最有效的交通工具,成都市内在东南西北分布有多个汽车站,其所在位置决定了这个车站发车的方向,比如位于成都东边的汽车总站,这里的车就是发往川东方向的。

新南门旅游客运中心

成都市旅客分流的主要集散地。发车方向：主要开往川西、川西北和川南地区以及九寨沟、乐山、碧峰峡、银厂沟、瓦屋山、石象湖、天台山等省内各大景点及一些省外线路。

✉ 新南门临江路57号，乘6路、28路、35路、55路、82路、301路公交车可达。

☎ 028-85433609

成都汽车客运总站（五桂桥客运站）

主要开往成都以东至龙泉驿、资阳、内江、泸州、宜宾、重庆等地。重庆客运站分为菜园坝和陈家坪两个，陈家坪离市中心还很远，如果想让住在江中区的朋友买票一定要说明白是到菜园坝车站下，否则在山城重庆想从陈家坪到菜园坝真是要费一番精神。

✉ 五桂桥迎晖路194号，乘2路、4路、区4路、33路、49路、58路、81路、98路公交车可达。

☎ 028-8471640、684711692

成都金沙汽车客运站

成都以西至大邑、邛崃、雅安等地。

✉ 清江中路50号，乘5路、13路、19路、32路、35路、47路、69路、77路、78路、81路、84路、96路、110路、111路、113路公交车可达。

☎ 028-87350091

成都石羊场汽车客运站

成都以南至乐山、峨眉山等地。

✉ 石羊乡三元村六组，乘28路、52路、区52路、61路、78路、84路、85路、区85路、94路、100路公交车可达。

☎ 028-85176614、85157719

昭觉寺汽车客运站

成都以北至金堂、德阳、绵阳、广元、江油等地。

✉ 成华区青龙乡西林村四组，乘1路、区7路、45路、60路、69路、70路、80路、83路公交车可达。

☎ 028-83514316、83504125

茶店子汽车客运站

前往多个旅游景区，成都西北方向的都江堰—青城山，以及阿坝州等。

✉ 金牛乡跃进村，乘4路、75路、79路、82路、86路公交车可达。

☎ 028-87506625、87506610

城北客运中心

简阳、资阳、绵阳、德阳、上海、乌鲁木齐、兰州等地。

✉ 二环路北二段11号，乘2路、9路、区9路、11路、16路、24路、27路、28路、34路、36路、44路、52路、区52路、54路、区54路、64路、65路、70路、85路、区85路、303路公交车可达。

☎ 028-83175758、83175992

十陵客运站

发往成都以东至南充、遂宁、广安、西充、大英、岳池、苍山、蓬安等地。

✉ 城南立交桥下，东三环路三段外侧，乘7路、107路、108路、113路、301路、307路、308路公交车可达。

☎ 028-86379300、86379301

五块石客运站

成都以北至彭州、高县、万州、平昌、南江、富顺、拉萨、新疆、甘肃、云南等地。

✉ 火车北站站北路，乘24路、44路、57路、73路、99路、227路公交车可达。

☎ 028-83114017、83118599

公交车

成都市区的大多数地方都可坐公交车到达，特别是市内各景点。公交车多数为无人售票车，需自备零钞投币。不论远近一般是上车1元，空调车和高档车2元。只要避开上下班的高峰时期，坐公交车在市内游玩还是很舒适的。

✐ 成都市区内的各大路口人群较为集中的地段设有"成都通"信息亭，可自助查询公交线路，成都地区主要景点、宾馆、酒店、票务等信息。

出租车

市内的出租车多为富康和捷达，绿色白顶红字是成都出租车的标志。7:00～22:00起步价5元/3公里，超出3公里后按1.4元/公里计价，22:00～次日7:00起步价6元/3公里，超出3公里后按1.7元/公里计价。

✐ 成都大多数的司机是一张"活地图"，关于好吃的，好玩的地方他们大都知道，向他们询问会得到很满意的回答。

雅安

雅安市交通既无航运也无空运，铁路运输十分有限，仅有汉源县乌斯河一线17公里，一个火车站，即乌斯河火车站。

不过雅安的公路交通非常发达。国道108、318线和成雅高速公路并行纵贯，交通便捷。从雅安到成都路程仅需1个小时；到双流国际机场仅需50分钟。从成都乘车到蒙山碧峰峡风景区需要约3小时。雅安至各景区除有汽车外，还有"摩的"往返，交通十分便捷。成都新南门、高升桥、城北客运中心等每日有班车经过蒙山到雅安。

乐山

铁路

成昆铁路纵贯乐山境内5个区市县，乘火车到乐山需在峨眉山站或夹江站（乐山站）下车，千万不要以为到了乐山站就是到了乐山市区，仅仅是站名而已，还需要转乘公交车到达乐山市。去黑竹沟可在峨边站下车，再转乘汽车去斯合镇，从611林场或黑竹沟沟口进入。

公路

乐山距成都162公里，地处成乐、乐雅、乐自、乐宜、乐西五大干线公路的交会处，可通往成都、雅安、自贡、内江、西昌及重庆等地。成都几乎每个车站都有车发往乐山。

乐山客运中心站旁边有一个小车站，全是发往峨眉山或成都的桑塔纳，可拼车，坐满4人就走，成都二环路以内还可送到家。乐山至峨眉山车费10元，乐山至报国寺车费15元，乐山至成都车费65元，乐山至双流机场车费80元（9:00～11:00发车），乐山至宜宾车费75元，乐山至自贡车费50元。

旅游车站在乐山港码头旁边，去峨眉山可在此乘车，终点站是报国寺车站，车次很多。另外还有发往沙湾、五通桥的公交车，每10分钟一班，但收车时间较早。

眉山

铁路

从成都火车南站、火车北站每天都有发往眉山的列车。

公路

成都新南门旅游客运中心、金沙客运站、城北客运中心每日均有数班车发往眉山。成都城东车站有车直达仙女山景区，或乘车至眉山后再转车前往黑龙滩镇。成都新南门旅游客运中心有车发往瓦屋山，发车时间9:00～17:00，票价27.50元。城北客运中心6:30～16:40，每30分钟发一班车，票价22.50～27.50元，梁家巷车站有车发往洪雅，乘车至瓦屋山山顶停车场后再乘架空缆车游览，约30分钟可达。金沙客运站有车直达柳江，也可搭乘去高庙、瓦屋山的班车。

🛏 住 宿

成都

作为一个省会城市，这里的住宿是相当方便的，几乎东、西、南、北中任何一个方向都能找到适合下榻的地方，以火车站、汽车站附近为最，且高中低档都有，

总的说来住宿消费水平应是中等偏下。

如果你一个人到成都，只是把成都作为中转站，待几个小时或住一晚就走，建议不必住酒店或小旅馆，那样要不就是太贵，要不就是不太安全。找一家大型的洗浴中心，比如：哆来咪、海蓝云天、高老庄一类都行，既便宜又舒适，还很安全。将包裹寄存后，在里面泡个澡或洗个脚，解解乏，松松筋骨，饿了就叫点儿炒菜或面食，然后看看电视，舒舒服服地一觉睡到天亮。如果没有其他的娱乐消费，一般50元左右就够了。

四川大学学术交流中心红瓦楼宾馆

其好处是安静、安全。标准间45～100元/间。

🚇 望江路29号，从火车站乘27路或34路到九眼桥下车，向前走几百米进川大校门右拐就到。

电子科大宾馆

标准间88～118元/间。

🚇 建设北路二段2号
📞 028-83208888

梦之旅青年旅馆

松木做成的大门，很有美国西部的味道，有时候晚上在楼顶还有烧烤。旅馆对面便是武侯祠，交通便利。标准间140元/间。

🚇 成都市武侯祠大街242号
🚌 乘车到武侯祠，青年旅馆在南郊公园正对面
📞 028-85570314、85570322

交通饭店

在海外的知名度很大，

是很多洋背包客在成都的住宿首选。新南门汽车站就在隔壁，离岷山饭店也很近，所以假如搭公交车去甘孜州或者去双流机场比较方便。标准间 160 元 / 间。

🏠 成都市新南门临江中路 6 号
🚌 从火车站打出租车 20 元不到。
📞 028-85541017

蓉城饭店青年旅社
（山姆青年客栈）

地处市中心，交通便利。标准间 120 元 / 间。

🏠 陕西街 130 号
🚌 乘 1 路、16 路、78 路公交车红照壁下车，往天府广场方向走 60 米即到。火车站打车 15 元左右。机场过来，到岷山饭店下，徒步即可。
📞 028-86154179

九龙鼎青年旅馆

武侯祠斜对面，住宿环境干净。标准间 120 元 / 间，床位 30 ～ 35 元 / 床。

🏠 武侯祠大街 246 号
🚌 1 路、8 路、10 路、335 路等，所有到武侯祠的公交车都能到。火车站打出租车约 24 元。
📞 028-85548131

成都驴友记青年旅舍

一幢三层楼的独立建筑，有一个类似川西四合院的天井。房间不错，就是位置稍微有点远，不太好找。标准间 120 ～ 160 元 / 间。

🏠 成都市星辉西路任家湾 23 号
📞 028-83222271
🌐 http://www.donkey-pal.com

龙堂客栈

龙堂有个黑漆大门，一个小桥流水的园子，正面矗立着一幢四层中国古典式楼房。标准间 220 元 / 间，单人间 180 元 / 间，床位

45 元 / 床。

🏠 宽巷子 26 号
🚌 乘机场穿梭巴士到岷山饭店下车，然后转 78 路公交车在同仁路口下车，旅舍距离同仁路口 200 米左右。或者从火车站乘 64 路公交车到同仁路口下车。或者从车站乘 4 路公交车到长顺上街下车。
📞 028-86648408

成都观华青年旅社

是一位新加坡人开的，主人去过很多国家和地区，深知旅途中的要素，所以这家旅舍的设施以人为本，着力介绍四川的风光与风情，对旅客的关爱可谓无微不至。旅社位置不错，文殊坊离得不远，交通便利。空调标准间 120 ～ 180 元 / 间，普通间 70 ～ 90 元 / 间（公用卫生间）。

🏠 成都市西珠市街 42 号
📞 028-86914422

西藏驻成都办事处第二招待所

这里的住客多是往返于川藏的旅客。单人间及标准间为 90 ～ 150 元 / 间，有免费的早餐。

🚌 白马寺街四巷，从火车站乘 34 路公交车可到。
📞 028-83334058

成都铁路局军事代表办事处招待所

此处安全、安静，但不是很好找，从西门车站往东南进花牌坊街，步行约 5 分钟，路南侧有一条小巷子，巷口有"成铁招待所"的招牌。标准间 100 元 / 间，有空调、电话、电视，但不能保证 24 小时供应热水。

🏠 花牌坊街协和村 17 号
📞 028-87772222、86680166

航空局招待所

因为是航空局的招待所，不仅经济实惠、安全卫生，而且能在这里搞定一部分的旅游订票等事务，省却了来回奔波的辛苦。标准间 100 元 / 间，单人间 60 元 / 间，三人间 60 元 / 间，四人间 80 元 / 间。

🏠 成华区双桥路 213 号（一环路东三段）
📞 028-84352558、84354792

红星路上的宾馆

为了交通方便，建议最好选择新南门汽车站附近的宾馆旅店，出车站上红星路，往北（左拐）步行有粮食宾馆、成都军区某招待所，再远些坐公交车如 8 路、21 路、28 路可到达四川日报门口，那里有星光宾馆、红星宾馆，往南不过 300 米有城南旅舍和成都军区空军招待所。这样便于乘车去乐山峨眉山以及其他地方。

崇州三郎镇翠围山庄

特色食品为青蒿肘子、太安鱼、土鸡、松鼠鱼，为庭院式农家乐，是夏季避暑人士喜欢选择的山庄之一。团队 20 元 / 人，散客 25 元 / 人。

🏠 崇州三郎镇上
📞 028-82295528、13882110641

崇州九龙沟九龙酒家

住宿 10 元 / 天，特色菜野菜、原始烧烤、泉水豆花。

崇州九龙沟长江长度假村

别墅式度假村，餐饮、会议、客房、娱乐、茶园、

停车、风情篝火晚会。

📞 028-82295238

乐山

金海棠大酒店（三星级）

乐山市区较好的宾馆之一，环境清幽，带游泳池，凭住宿卡免费。金海棠的旁边是老霄顶公园，在这里吃早餐是一种享受，标准间380 元 / 间，另有豪华套房和单间，没有普通间。

✉ 海棠路

📞 0833-2128888、2122666

嘉州宾馆

乐山市的老牌宾馆，应选择高楼层住宿，这样就能从房间的窗户看到乐山大佛与大渡河。标准间 360 元 / 间。

✉ 沿江的白塔路上

📞 0833-2139888

日峰宾馆

是乐山大佛景区内较好的住宿点之一，标准间 218 元 / 间。

📞 0833-2302777

凌云饭店

在客运中心对面，交通方便，卫生条件很好，服务也不错，24 小时有热水，可单卖床位，淡季可打 7 折。标准间 118 ~ 238 元 / 间。

📞 0833-2132904

↑ 宽巷子

🍽 餐 饮

成都地区，尤其是成都市内，堪称川菜大本营，这里品种多、价格低，只要留心，你就能在成都的每一个角落找到称心的美食。

城东

以望平街、玉双路、双林路为主的餐饮业聚集地，集中了大大小小的酒楼和特色菜馆。玉双路还是与科华北路、羊西线齐名的美食集中地。《南方周末》曾刊登过一篇《吃喝玩乐，成都文化人的圈子生活》的文章，说到成都文化圈的一些人，"到了晚饭的时间再去著名的'餐饮街'玉双路品尝美食"；望平街的三只耳冷锅鱼早已声名远播，每晚都是吃客满座，曾经风靡蓉城的张继怪味怪甘蔗冷锅鱼也出在这条小街上，小肥羊火锅来自北方，与川味火锅大相径庭。双林路华福豆花庄独创的芙蓉豆腐、竹筒豆花、红油玉带等不少新派川菜，既保持了川菜的精髓，又具有营养保健、味美可口的特点；狮子楼川菜酒楼融中国古典传统和西方现代风情为一体，可同时接待 800 多人就餐。

城西

有羊西线、沙湾、府南新区三个大型的"成都美食大本营"，这三个地方集中了各种餐饮名牌店，也集中了各种层次的消费水平，

135

只要前往，绝不会失望而归……

羊西线长达7000多米的美食风情线，成都美食标志性酒楼——银杏酒楼一马当先，红杏、大蓉和、巴谷园、老房子、圣淘沙、潮皇阁、丽景轩、周大妈夕阳红、菜根香、紫云轩、芙蓉锦汇、唐宋府第……只要一走进这条长街，你就会感到美食的浩浩荡荡，滋味的层层叠叠。这里有在成都、在四川、甚至在中国，都是最好、最正宗的川菜名店，红杏的笋丝凉拌鸡、霸王蟹、鳝段粉丝，大蓉和的大红袍鱼头、瓦罐煨汤，周大妈夕阳红的烧带鱼，菜根香的泡椒系列，无数饱含着川菜厨师慧思技巧的经典菜式，把鲜香麻辣演绎得让人垂涎欲滴。这些风格各异的酒楼都有自己的招牌菜，凭此才能傲立羊西线。

沙湾国际会展中心本身就是一个内容丰富多彩的餐饮城，而在二环路外的交大路两侧，则布满了佳韵川菜、巴山蜀水、荣金华、德庄等酒楼，还有郑连锅、老鸭汤、云南野菌滋补沙锅等特色餐馆……

府南新区街道不长，集中了几十家酒楼，而且主要以火锅和特色餐厅为主，食圣黄辣丁火锅和曾实记泥鳅王风味庄都是这条街的"老字号"。还有成温路和杜甫草堂一带，集中了德庄、刘一手、谭鱼头等品牌餐饮店。

城南

以玉林小区和人民南路、科华北路为主的城南美食圈，让人乐而忘返。玉林生活广场一带集中了数家品牌酒楼和酒吧，如"满庭芳"、"陶然居"、"川江号子"火锅等，吸引了全成都的耍家和好吃客……

川江号子被称为"酷锅"，其推出的"绝代双椒"火锅独树一帜，鲜青花椒剔透碧绿、清香醇麻，糍粑海椒红亮香辣、筋道不凡，加入多种作料以植物油炒制，色泽鲜亮而绝无凝结的油滞。入口则在麻辣中更透出鲜香的清爽。白汤以老母鸡、老鸭、棒子骨、鱼、猪肚等老火秘制，酸萝卜等乡土清香鲜味融入其中，鲜美异常，烫食河鲜、海鲜，味尤胜。

人民南路南沿线的饮食上，大多走的是园林式生态餐饮之路。巴国布衣以一种民间的姿态，用川东寻常百姓家的菜肴原料烹制出口味独特的创新菜品，使川菜在风味独特中得以提升与超越。同时，巴国布衣富于地方文化的环境设计，在充分表达巴蜀文化的厚重、清新之时，更以浓墨点染出川东的民风和亲情。说到巴国布衣，不能不提他们的招牌菜，芋儿烧甲鱼、竹荪折耳根炖鳝鱼、豆腐鲫鱼等，无一不是取自民间而精致有加的精品。

"外婆家"有个土法煨菜的煨缸，要数人合抱，号称川西第一缸，用耐火砖砌

成，内置炭，经炭火慢煨五六个小时后，端出来的土鸡豌豆黄、野菌煨青豆等菜品，那绝对是原汁原味，美不胜收。"外婆家"的另一特色是用土灶柴火焖饭，把久违的乡村特色尽呈食客眼底，那柴火焖出来的饭，当然有一种味道。

城北

以人民北路和李家沱小区为中心有两个美食聚集地。人民北路的餐饮业以西藏饭店一带为主，西藏饭店红宫餐厅的蜂窝土豆、虾盏醉米鸡、回锅肉、红宫酱肉等招牌菜，手艺绝不是盖的。

李家沱生活小区沿着三友路一带，狮子楼、庄子村等餐饮名店均在此开设分店，再加上一品烧脚牛肉、蜀韵天成等中档消费的中餐酒楼，以及各类小吃店、韩国料理等，真是"五味俱全"。

成都小吃

小吃是成都美食不可缺少的一部分，与川菜齐名。成都小吃品种繁多：各色小面到抄手包饺、糕团汤圆到筵席细点、凉拌冷食到热饮羹汤、锅煎油烙到蒸煮烘烤，堪称花色品种琳琅满目，甜咸酸辣各味俱全。成都小吃之有名，在于口味之丰富，这是其他地方小吃所不能比拟的，常有的口味为香甜、咸甜、椒麻、红油、怪味、麻辣、咸鲜、糖醋、芥末、蒜泥等十余种，而每一种口

味针对不同的品种又各有不同的使用方法和变化。

龙抄手

因皮薄馅嫩，口感爽滑鲜香，汤浓色白，成为蓉城小吃的"龙头老大"。龙抄手用料选的是精制猪腿肉及新鲜鸡蛋，并佐以肉汤、胡椒面、味精、姜、香油、川盐，是蓉城小吃的佼佼者。

赖汤圆

是成都最负盛名的小吃，迄今为止已有百年历史。赖汤圆有著名的"六不"：煮时不烂皮、不露馅、不浑汤，吃时不粘筷、不粘牙、不腻口。赖汤圆滋润香甜，爽滑软糯，食用时随上白糖、麻酱小碟，供蘸食用，更是满口喷香。

钟水饺

与北方水饺的主要区别是全用猪肉馅，不加其他鲜菜，上桌时淋上特制的红油，微甜带咸，兼有辛辣，风味独特。

三大炮

其糯米是口感爽滑的软糯，从制作糍粑到分成坨状会发出三响，再弹入装有黄豆面的簸箕内，使每坨都均匀地裹上黄豆面，再淋上熬好的红糖汁，撒上芝麻面便可以品尝香甜可口的三大炮了。

夫妻肺片

相传有夫妻俩推着小车沿街叫卖凉拌牛肉片，因调制得法，味道鲜美，被赞誉为"车行半边路，肉香一条街"。夫妻肺片的用料里边没有肺，而是牛肉、牛舌、牛心和牛头皮，切成很薄的片杂烩在一起，人们称之为"烩片"。据说是好事的学生用硬纸板写个招牌挂在车上，把"烩"字写成了"肺"字，因此"夫妻肺片"就慢慢出名了。

担担面

面条细薄，以手工擀制成细韭菜叶状，臊子肉质香酥。面条煮熟后，佐以葱花、芽菜、猪油，加少量汤汁，鲜美爽口，辣不重而微酸，再有豌豆尖的清香，实在让人食欲大增。

樟茶鸭

选用秋季上市的肥嫩公鸭，经腌、熏、蒸、炸四道工序，又名"四制樟茶鸭"，以茶熏鸭是此菜的一大特色，成菜色泽金红，外酥里嫩，带有樟木和茶叶的特殊香味。

叶儿粑

大多是小贩用自行车驮了蒸锅在街上卖的一种小吃，是糯米粉包了各种馅做成的。叶儿粑色泽清新，口感细嫩，荷香味浓，甘甜爽口，菜分两味，咸甜皆宜。桉树叶子留在"叶儿粑"上的味道使得这道小吃有一种特殊的清香味儿。

酸辣豆花

用酱油、醋、辣椒面、味精调成味汁，放入事先熬烫的豆花，撒上芽菜末、油酥黄豆、大头菜末和葱花即成。酸辣豆花口味酸辣咸鲜，豆花细嫩，配料酥香，味浓滚烫，别有风味。

蛋烘糕

相传清道光年间，成都文庙街石室收院旁一位姓师的老汉从小孩办"姑姑筵"中得到启发，遂将鸡蛋、发酵过的面粉加适量红糖调匀，在平锅上烘煎而成。因吃起来酥嫩爽口，口感特别好，遂成名小吃。

华兴街煎蛋面

天府面点中之上品。番茄的酸甜味自然流露，面汤暖心，面条爽滑且柔软。

老妈蹄花

汤白肉烂，加在里面的雪豆，炖得开花开朵，香浓的汤汁里，撒上葱花，再加上自己做的家常剁椒豆瓣做蘸水碟子，口味不输大餐。常食可强身健体，滋补养颜。

酥皮鸡饺

色泽金黄，形态美观，皮料酥香，馅鲜味美。

成都特色餐饮推荐

武陵山珍（连锁大店）

以排骨鸡，外加人参、枸杞，熬制高汤作为底料，再加入各种菌类．配有特制香辣酱碟。各类野生菌种类齐全，大部分闻所未闻；

↑ 香辣凉糕

天然食品，而且味道之鲜，极其润滑可口。

玉林的寇记老灶火锅

在玉林西路，圣天露对面，老树咖啡楼下。

老码头

玉林中路，也属于老灶火锅，菜品也很精，价格比寇记便宜。

快乐老家的极品鹅肠

脆香可口，就是价格比较贵。

抚琴李老大牛杂

青田家私旁边的一条小巷子里——"李老大牛杂火锅"，味道没得说。通常18:00以后进来的人都将吃不到。

皇城坝牛肉

文化宫背后那条街（三桂前街），上下两层，里面的粉蒸牛肉、拌牛肉、炒牛肉、牛尾汤……随便点一样都不错。

王肥肠的干锅

在东风背后的巷子里，干锅系列：20～30元不等，还配三四个素菜。非常有名。

ℹ️ 王府井旁边那条路顺路往里走的"王梅串串香"与"玉林串串香"齐名。再里头还有何氏冷锅鱼也不错，到王梅串串香前有个岔路，左拐，再找一找，一个"三倒拐"烧菜店，号称成都数一数二的，味道确实不错。红星路口克拉玛依酒店楼下的"天泉鳝鱼火锅"，味道鲜美，价格便宜。

川大附近

在川大左侧，就是磨子桥十字路口，那里有个叫巧思的卖糕点的地方，里面的蛋挞味道很好，10元／斤。里面还有很多种类，肉松面包、比萨饼都不错，而且价钱便宜。

红瓦寺东九时区那边有个花溪牛肉不错。挨着花溪牛肉粉旁边有个叫本色的小饭馆，弄的鲇鱼不错，而且餐具很别致；不远处还有个卖南充米粉的，很好吃。

好又多旁边：魏火锅

比较辣，九尺赵老四比较贵，玉龙火锅比较香，但辣味不够，而且笔者觉得分量不是很多；快乐老家味道不错，极品鹅肠好吃；还有光头香辣蟹。

"三兄弟"的兔脑壳

世纪电脑城即卡卡嘟对面的电信路，一直走到200米左右，有一条小巷子，里面有一家"三兄弟"，麻辣兔头与鹅唇特别好吃。

三只耳

玉双路有一家老店和一家新店，另外芳草街半打啤酒馆楼上也开了一家。据说是冷锅鱼的鼻祖，那里的鱼做得很嫩，味道也鲜美得很。

铁板兔

玉林菜市里头有个玉林串串香，从玉林串串香往倪家桥方向走，有个小小的十字路口（还是在菜市场里头），十字路口左边再走几小步就是卖铁板兔的——小小一家铺面。

廖排骨

在百花小区大石南路有一家，就在好又多附近，每天排好长的队。

皇城牛肉馆

三桂桥街，文化宫背后一条小街。特别推荐：番茄牛肉汤、粉蒸牛肉、皇城肺片、回锅牛杂、脆皮脑花。

138

"香草的天空"西餐厅

科华北路老成都公馆菜过去两三家。这里几乎所有的菜肴里都添加了香草，而且据说厨师出自某顶级酒店。奶油蘑菇汤，有野生蘑菇的鲜味。此外还有用香草烹制的螺蛳意粉，以及店主自制的奶油曲奇饼干。

百姓人家

一环路东边，工人日报社对面（九眼桥往电子科大方向走一站左右）。这里的菜每样都好吃。肥牛肥嫩，而且分量很足。

乡老坎

位于西延线。四合院式，味道很不错，很便宜。特别推荐手撕饼。

豆花美蛙

成都胃病医院斜对面。可以从抚琴18中那个口子直走。挂起一串串红灯笼。特色主打菜"豆花美蛙"38元/斤。它的卤排骨是先用柏树熏过再卤的，外酥内嫩。

沙锅居

玉双路，特色豆瓣煨饭，用的是新鲜胡豆，淡淡的，有点像汤汤饭，口有余香。价格便宜。

光华牛肉馆

财大南门的门口，南门在光华村方向，天天高朋满座。价格便宜、菜品多。特

↑ 成都街上随处可见的饭馆

别推荐:焦皮肘子、回锅鱼、酸菜牛脑、粉蒸牛肉、拔丝牛肉、锅巴鸡片、火爆牛肝、红烧牛筋等。

乐山官记钵钵鸡

双楠小区里"碧云天"住宅小区旁边有个小区叫"卫雅苑"，就在"卫雅苑"的对面.特色荤菜5角一串，素菜3元一盘，切得很薄的土豆片好吃，脆绷绷的。鸡串泡得很入味，很多红油和芝麻在里面，整得麻辣鲜香的。吃到后头喊老板烧一盆白菜叶子汤，加点盐、姜末，再在汤上扣点油膘子，味道十分鲜美。

赖汤圆

⊠ 总府街 27 号
☎ 028-6629976

龙抄手

⊠ 春熙路南段 68 号
☎ 028-6666947

钟水饺

⊠ 提督街 7 号
☎ 028-6753402

夫妻肺片

⊠ 火车北站成都大酒店对面
☎ 028-3318838

韩包子

⊠ 红星中路四段 116 号
☎ 028-6667191

卢记华兴街煎蛋面

⊠ 玉林北路 115 号附 4 号
☎ 028-85575420

邓氏老妈蹄花

⊠ 陕西街
☎ 028-87751011

🛍 购 物

成都的历史文化源远流长，从农耕文明衍生而来的精美生活用品正逐渐淡出生活，却成为艺术品。

蜀锦

在中国四大名锦中历史最为悠久，据史料记载，春秋战国时期蜀锦的生产即已具规模，秦汉时则因其产量高，质量好而闻名天下了。蜀锦质地坚韧、色彩艳丽、花色品种多样，早在清宣统元年（1909）参加南

洋劝业会展览时就获得了国际特等奖。

蜀绣

系手工制品，一个"绣"字道出了它与蜀锦的不同，一个讲究的是织工，一个要求的是绣艺。蜀绣的主要原料是软缎和彩丝，绣工们运用细腻多变的针法，在画屏、被面、枕套和衣服鞋袜上绣出巧夺天工的图案，且颇有中国写意画的意境，令人叫绝。最为出名的大概要算现在放置于北京人民大会堂四川厅的"熊猫戏竹"、"芙蓉鲤鱼"等蜀绣作品了。

漆器

成都漆器的历史非常久远，在送仙桥和锦里一条街、琴台路都能购得。

瓷胎竹编

成都竹丝瓷胎以"景德镇"名瓷做内胎，用细如发丝、轻薄如绸的竹丝精巧编织，依胎成型，紧扣瓷胎。既有瓷器特点，又有竹编特色，二者浑然天成，被誉为"东方艺术之花"。主要的产品有花瓶、瓷碗、茶具等。成都市近郊邛崃市平乐古镇最为集中。

崇州竹编

300多年的编织历史造就了品种繁多的竹编工艺品：除竹篮、竹盘、竹碗、竹扇、竹灯笼、竹套三花提篮、竹筷篓、竹纸篓、竹花插等，共计有200余种。

红旗连锁超市

几乎所有来成都想带点特产回去的游人都会来这里。灯影牛肉、张飞牛肉、火锅底料、手撕牛肉、牛蹄筋、棒棒娃、遛洋狗、九寨沟、韩慎斋什么的。种类繁多，且正宗。在成都有很多连锁店。而且还提供打包服务。

🎵 娱 乐

成都的娱乐生活以茶馆和酒吧为聚居地，通常是茶酒不分家，既可喝茶也可喝酒，这些地方主要集中了成都的年轻人和一些文化人士。"人以群分"，酒吧和茶馆也有不同的气质和类型，价格也不尽相同。

酒吧

玉林生活广场的一楼至三楼都是酒吧，多数以音乐酒吧为主；玉林西路的小酒馆，有与百花潭公园相邻的芳邻路上的酒吧一条街，这里的酒吧则大多以主题酒吧为主；还有位于紫荆路上的以轻吧为主的新酒吧一条街等。安顺廊桥南岸有酒吧一条街，临河，很爽。锦里和宽窄巷子则是以川西民居建筑式样为特点的，集吃喝玩乐住宿于一身的休闲步行街，节假日有川西特色民俗表演。

古格

芳邻路上，从西端入口进入后看见的第一家酒吧。出入古格的人都很另类，很

BOBO，身上能打孔的地方绝不放过，能描图的地方绝不会空着，甚至指甲，让人联想起"大跃进"时期的开荒增收。这里每周二、四、六会有人体彩绘表演。现在古格在九眼桥附近也开了连锁店，这里的啤酒很便宜，百威通价10元一瓶。

白夜

成都为数不多的与文学、诗歌、绘画有关的酒吧之一，来此消费的有画家、作家和音乐人，位置在老酒吧的对面，几乎所有的出租车司机都知道这个地方。

亚非拉

这里每晚还有吉他歌手弹唱民谣，可为客人伴奏。时间是1个小时。更难得的是，在人民南路这块黄金路段上，它居然还有一片庭院，在有阳光的日子里，坐在或有伞，或没有伞的庭院中看看书，听听音乐，喝上一杯咖啡或茶，甚至只是对着路上的车流人流发呆都是一件很惬意的事情。

✉ 人民南路四段20-1号
☎ 028-85569118

音乐房子

是一个以音乐会友的酒吧，合伙开这家酒吧的几位股东都是音乐人，经常会在酒吧里演唱自己原创的新歌。除了每天晚上的固定演出外，时不时地还会举行一些主题音乐会。

✉ 玉林南路玉林生活广场305号
☎ 028-85574366、85535602

半打酒吧

成都市著名的酒吧，宽敞大气，秉承了 PUB 十年来的传统，在这里没有性别、年龄的限制，尽可以体会极富时尚气息的酒吧浪潮。是一家很不错的音乐酒吧，出租车司机大都知道这里。

☒ 芳草街 26 号
☎ 028-85192929

茶馆

成都茶馆是重要的社交场所。七十二行，行行都把茶馆当做交友聚会的好去处，"茶友"们坐在一起摆摆"龙门阵"，听听社会新闻。茶馆成了社会生活的一面镜子。

成都茶馆不仅历史悠久，数量众多，而且有它自己独特的风格。无论你走进哪座茶馆，都会领略到一股浓郁的成都味：竹靠椅、小方桌、三件头盖茶具、老虎灶、紫铜壶，还有那堂倌跑堂添水的功夫，无一不给你留下深刻的印象。

"坐茶馆"是成都人的一种特别嗜好。茶客们不拘形式，不讲排场，逍遥自在。哪怕是在寒冬腊月，只要太阳稍微灿烂一下，人民公园、文殊院、望江公园、府南河畔……都能看到喝茶的人。

有独自一人的，有拖家带口的，有谈情说爱的，有看书打牌的，这些茶客的心思似乎都不在茶上，在乎的只是找一个地方提神聊天罢了。

顺兴老茶馆

一个积聚了资深茶文化专家、古建筑专家和优秀民间艺人心血的茶馆，一个有明清时期成都茶楼风范的茶馆，一个可以喝盖碗茶，吃名小吃，看折子戏，赏字画，读碑刻，体味古朴风情的茶馆。成都凡是点得上的名小吃，顺兴都有（不一定地道哈）。20:00 左右，还有川剧的变脸表演。人均消费：40 元。

☒ 沙湾路 258 号，成都国际会议展览中心 MALL 三楼
☎ 028-87693202、87693203

鹤鸣茶馆

典型的成都老茶馆模样，大众化消费，加上公园内绿树红花的映衬，还有地道的川剧表演，生意好自然就是情理之中的事了。

☒ 人民公园内

圣淘沙茶楼

成都数一数二的高档茶楼，社会名流聚集，环境幽雅，会谈、聊天、品茗、对弈……

☒ 抚琴西路 175 号

悦来茶馆

是成都市内历史悠久的喝茶、听川戏的场所，特点是价格便宜，还是川剧玩友们经常出入的地方。

☒ 华兴正街王府井大厦背后，锦江剧场旁边

文殊院茶馆

文殊院里的市民化露天茶馆，本地人众多，一杯茶，一包瓜子，看报纸，看周遭的市井百态，再花十个洋钱掏个耳朵。人均消费：10　15 元（包括 5 元文殊院门票）。

☒ 文殊坊步行街

大慈寺禅茶堂

环境清幽，追求茶品质量的同志可以来这里，人不多，听听寺院钟声，找个僧人聊聊佛学哲理，恍若隔世。一门之外可就是人来人往的东风路，春熙路也就在一箭之外。人均消费：20 元。

☒ 东风路大慈寺内

青羊宫茶馆

和文殊院的形式基本一致，不过青羊宫里的素食也值得一试，价格也很便宜。人均消费：20 元。

☒ 道教名观青羊宫内

成都周边四日游

D1. 上午游览杜甫草堂，随便在旁边的浣花溪公园喝喝茶，感受一下成都的茶文化；然后前往青羊宫，下午参观武侯祠，晚上在武侯祠边上的锦里，体验成都丰富的夜生活，品味锦里独特的三国文化氛围。再到离锦里不远的耍都去吃吃夜市。

D2. 前往黄花溪古镇游览，午饭后返回成都，去参观文殊院，晚上到文殊坊逛逛，随便吃吃成都有名的夜市。

D3. 早上早起，前往都江堰，参观都江堰水利工程，然后去青城山，傍晚返回成都，去宽窄巷子游览。

D4. 上午乘车前往广汉的三星堆参观，下午返回成都后，去望江楼公园体验成都的市民生活。

名山大川五日游

D1. 成都—洪雅，在柳江下车，游览具有湘西风韵的柳江古镇，转车去瓦屋山，宿瓦屋山。

D2. 晨起观瓦屋山云海日出，森林浴，下午乘车至峨眉，宿峨眉山市区。

D3. 晨起登峨眉山，从报国寺乘旅游专线至五显岗车站，然后步行经清音阁——一线天—洪椿坪—九十九道弯—仙峰寺—洗象池—雷洞坪，然后到接引殿乘金顶缆车到达金顶，夜宿金顶。

D4. 晨起观峨眉山云海、日出、佛光等奇特的自然景观，然后乘金顶缆车到达雷洞坪，坐旅游专线到万年寺停车场，乘万年寺缆车参观峨眉山的开山第一寺——万年寺。然后经万年寺—白龙洞—清音阁—广福寺—纯阳殿—雷音寺—萝峰庵—伏虎寺—报国寺，宿报国寺。晚上也可以去灵秀温泉泡温泉。

D5. 晨起乘车至乐山大佛景区，游览大佛景区，观三江汇流，然后返回成都。

休闲美食四日游

D1. 成都—柳江古镇，吃河鲜美食，宿乐山。

D2. 乘车至西坝，吃西坝豆腐，游览桫椤峡谷，宿五通桥。

D3. 乘车至乐山大佛景区，游览乐山大佛、凤洲岛，宿乐山，品乐山烧烤。

D4. 乘车至夹江千佛岩，游览千佛岩，参观夹江造纸博物馆，吃特色生态食品，下午返回成都。

¥ 预 算

　　成都的消费并不算高，尤其是它的美食，又好吃又便宜。而且从成都前往周边的交通费用也不算高。不过成都周边的景区门票都不便宜。在成都地区旅游，主要的费用都花在美食和门票上，大概平均需要 160 元 / 天。

由成都平原出发，一路上沃野千里，四周散落着极有情调的川西民居古镇。而翻过曾经是天险现在是通途的二郎山后，高原的风光跃然眼前。在盘山公路上起起伏伏抵达康定后，藏族文化开始呈现。

康定城边的折多山是四川人文地理的界山——藏族聚居区将折多山外称作关外，康定为关内，关外便是青藏高原东缘，便可见牛羊成群，草长莺飞的大野风光了！

在塔公，可以走到塔公对面的小丘上俯瞰塔公河及塔公寺、塔林，雅拉雪山在余晖下闪着绚丽的光芒。塔公往南是历史上有名的茶马古道的官道，往北是历史上有名的茶马古道的商道。一南一北两条线成为千百年来汉藏文化、经济的动脉。

川藏南线在历史上是茶马古道的官道，因为自古以来这里的驿站要比北路多，官员及官商进藏大多是经南线，沿途的给养和安全较北路更有保障。

高尔寺山茂密的森林在蓝天白云的映衬下是一幅幅流动的画卷；贡嘎雪山似一艘远航的巨舰，身后是绵延的雪峰如同大海的浪花，它的北方，是遥遥呼应的雅拉神山。

雅砻江深切的河谷两岸密布神奇的民俗。有着"最后的香格里拉"之称的稻城，带给人们无限的向往。

而北路风光更为粗犷，道孚民居闻名藏族聚居区也闻名中外，旦都卡、易日沟、宗塔草原都是让人流连忘返之地。甘孜县的达金寺、白利寺和绒坝岔草原都是极易到达的历史名胜与自然美景。德格阿须草原上世界最高最大的格萨尔铜像雄伟壮观，作为格萨尔的诞生地，有着神奇迷人的传说与雄奇的美，雀儿山、新路海、多瀑沟成为游人一次次来到一次次向往的地方。

相比南线来说，北线山路没有那么险峻，途经的高海拔的山也比南路少得多。由川藏北线还可以到达石渠——一个被著名摄影家吕玲珑命名为"太阳部落"的地方，这里还有蓝色星球上最后一个完全逐水草而居的游牧部落——查加部落，追寻人类的童年。

景点目录

青海省

黄 河

◎石渠

色达◎

①竹庆寺
◎嘛呢干戈
更庆寺① ◎新路海
◎德格
德格印经院①

甘孜◎
◎炉霍

阿坝●

①玉科草原
①灵雀寺

西
藏
自
治
区

◎白玉

◎新龙 道孚◎
丹巴◎

山岩①

塔公草原
①木格错
康定

◎巴塘
跑马山
◎理塘 雅江◎ 新都桥● 泸定◎ 雅安◎
贡嘎山①

金
沙
江
雅
砻
江
①伍须海
◎乡城 稻城◎ ◎九龙

◎德荣

大
渡
河

①亚丁自然保护区

N

读者来电

　　"稻城-亚丁"其实是很多独立的景
点组成的，而不是一个大的景区下面的
几点小景点。希望在更新版中能将这种
关系体现出来。

　　　　　　　　　　——北京 风先生

☺ 请把您的建议告诉我们。(010-85166737)

川藏南线

泸定桥

成都新南门汽车站有直接到泸定的班车。到了泸定县城后可步行前往。

泸定桥

【"金沙水拍云崖暖，大渡桥横铁索寒"】

横跨大渡河，为铁索悬桥，长 100 米，由 13 根铁链组成。桥身有 9 根铁链，平行系于两岸，上铺木板，以作桥面；桥栏左右铁链两根作为扶手，每根重约 2.5 吨。历史记载，桥始建于清康熙四十四年（1705），康熙帝御书"泸定桥"三字匾额挂于桥头，至今桥东仍然立有康熙《御制泸定桥》碑。270 多年来一直是四川通往康藏高原的重要通道。1935 年 5 月，红军长征至此，以 22 位勇士为先导的突击队，冒枪林弹雨，缘铁索匍匐前进，一举消灭桥守敌，红军遂过大渡河。现建有陈列馆，展示了"飞夺泸定桥"战斗场景。

贡嘎山

在康定，有专门的旅游车前往贡嘎山。从成都石羊车站每日均有数班车发往贡嘎山（到田湾下），途经雅安和石棉。贡嘎山下有缆车，可送游客上山。缆车 160 元，坐缆车才能看到冰瀑布。

可住在磨西镇，该镇是前往海螺沟和贡嘎山的住宿集中地，建有不少宾馆和温泉疗养中心以满足游客需要。

贡嘎山

【名列世界第 15 高山、四川第一高峰，有"蜀山之王"称号】

位于甘孜州康定、泸定、九龙和石棉 4 县市交界处，以贡嘎山为中心，由海螺沟、燕子沟、木格错、贡嘎寺、伍须海、贡嘎南坡等景区组成，面积 1 万平方公里。贡嘎山海拔 7556 米，是横断山系大雪山脉的最高峰，周围有 45 座海拔超过 6000 米的雪山。

贡嘎山景区内有 10 多个高原湖泊，著名的有木格错、伍须海、人中海、巴旺海等，有的在冰川脚下，有的在森林环抱之中，湖水清澈透明。景区内温泉点有数十处，最有名的是康定二道桥温泉和海螺沟温泉游泳池。

贡嘎山在藏语里是"至高无上，洁白无瑕的山"的意思，它东临大渡河，西傍雅砻江，是登山爱好者渴望征服的高山，攀登难度超过珠穆朗玛峰，自 1957 年中国国家登山队登顶后的几十年间再也无人登过顶。贡嘎山的景色十分壮丽，当"蜀山之王"被朝晖夕阳镀上一层金色时，唯有仰望神山，以朝圣者的虔诚之心。

有很多地方都可以观看到贡嘎山：1. 观看贡嘎群峰最好的位置应该是康定到雅江县的高尔寺山垭口上。如果是自驾车，建议在此停车摄影。2. 泸定县的

贡嘎山景区示意图

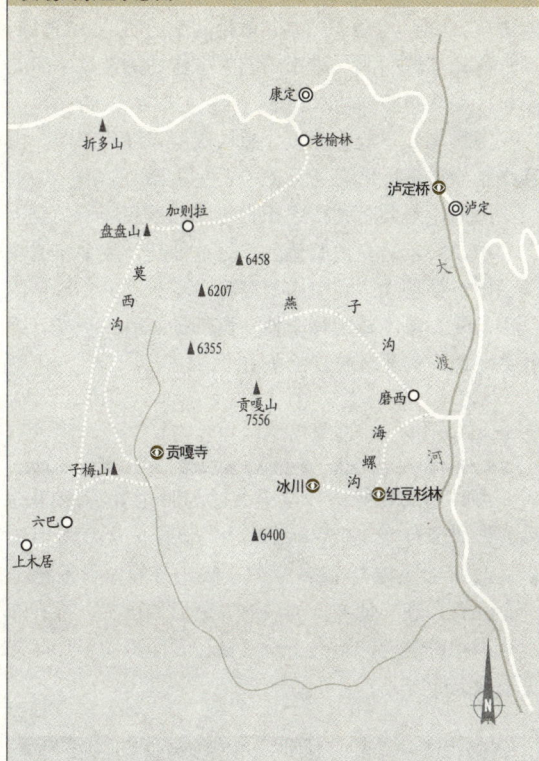

康定◎

折多山▲　老榆林◎

泸定桥◎
泸定◎

加则拉◎
盘盘山▲

▲6458
莫
西
沟　▲6207　燕　子

▲6355　沟

大
渡
磨西　河

贡嘎山
7556　海

◎贡嘎寺

子梅山▲　冰川◎　螺　◎红豆杉林

六巴◎　▲6400

上木居

沟

N

燕子沟，抵达泸定后有直达磨西镇的小面包或出租车，再从磨西镇搭车至燕子沟；或先从泸定坐大巴到彩虹桥，再从彩虹桥坐小面包直到燕子沟。在沟口雇当地农民当向导便可进山，费用为50元/天，他们还会为旅行者准备好进山后的食物。3. 如果是自驾车，从泸定至康定的榆磨公路是最好的角度。4. 康定县的六巴乡玉龙西，从康定包车到玉龙西要200元，费时4小时，然后沿坡向北走，经过钙华池群，需40分钟时间。5. 康定县新都桥营官寨，到新都桥步行即可。6. 理塘县剪子弯山，自驾车在此可以停留摄影。

海螺沟 ❀
【观赏蜀山之王贡嘎山的理想场所】

　　海螺沟冰川是贡嘎山东坡众多冰川中的一条，尾端伸入原始森林区达6公里，海拔只有2850米，是地球上同纬度的冰川中海拔最低的。

　　海螺沟在海拔2850米的地段上，分布着长5700

海螺沟

🚌 1. 成都新南门车站每天有直发海螺沟的长途班车，5个小时左右到达，150元左右。或选择前往康定的班车买到泸定，参观一下著名的泸定桥，然后搭乘泸定到海螺沟磨西镇的班车，15元左右。2. 从四姑娘山也可以直接到海螺沟，不过路途辗转比较辛苦。线路是四姑娘山—小金—丹巴—康定—泸定—磨西镇—海螺沟三号营地。小金有到康定的班车，而康定到泸定距离很近，班车或打车都非常方便。这是一条别有风味的线路，但路途时间长，不愿走回头路喜欢别样风景的朋友可以考虑。

🎫 80元，温泉65元，观光车60元，缆车130元（往返）

🛏 可住在海螺沟景区，内有三大主要宿营地：一号宿营地，位于达干烟沟口，距磨西约11公里；二号营地，位于热水沟瀑布附近，距一号营地6公里，周围景点较多，可就近游览森林，温泉；三号营地位于冰川观景台约2公里。

147

米的冰舌。冰面上到处是冰面湖、冰面河、冰裂缝、冰蘑菇、冰洞、冰桥……冰川弧拱晶莹透明，蓝中透绿。而从冰川"城门洞"进出的游人，探访的是冰下河的出口，观赏到的却是水晶宫。

海螺沟山下长春无夏，植被茂盛，绿荫苍翠。山顶终年积雪，年平均气温在 -9℃ 左右。

海螺沟是观赏蜀山之王贡嘎山的理想场所。登上二层山或狮子岩，放眼望去，碧空如洗，数十座雪峰从云中直插苍天，贡嘎山雄踞群峰环簇之中。每日清晨或傍晚，数十座雪峰全披一层灿灿夺目的金光，这就是海螺沟最著名的日照金山。

燕子沟 ❀

【一条著名的国际登山旅游线路，攀登贡嘎山的运动员大多在这里设立大本营】

海螺沟的姊妹沟，位于海螺沟西北 10 余公里的地方，周围有 15 座 5000 米以上的高峰，从海拔 2100 米逐次向上延伸至 7556 米的贡嘎山主峰，目前还是一个鲜有人迹的地方。沟内的景色原始自然，特有的红石沟和奇沟内的石头千奇百怪，大面积的彩叶林带更是秋天的宠儿。

燕子沟

到燕子沟旅游一般是徒步。从磨西镇上租车前往，车只能到达公路的尽头，剩下的路程就用双脚了。最好和司机约好时间来接你。燕子沟全长 35 公里，徒步约需 3 天。有马出租，50 元 / 天。

↑ 贡嘎山

田湾河风景区 ❀
【集温泉、河流、高山湖泊、森林、冰川、牧场等自然景观于一身】

为"蜀山之王"贡嘎山的南坡，与东坡的海螺沟国家冰川森林公园相毗邻。景区内的贡嘎冰川是贡嘎山主峰西坡最大的冰川，它由大贡巴冰川和小贡巴冰川汇合而成，冰舌末端延伸至海拔3640米的森林中，步行可上，是世界上已知的为数极少的可以身临其上的低海拔现代冰川之一，也是海螺沟冰川之外贡嘎山冰川考察和观赏的一个重要地点。

田湾河上游——莫溪沟的巴王海和环河上的人中海是贡嘎山主峰旁两个较大的高山湖泊，两湖湖水清澈，环境静谧清幽，加之雪峰掩映，密林环绕，更使湖光山色妩媚动人。

康定安觉寺 🏯🏛🕴🚶
【一座藏传佛教格鲁派寺庙】

位于康定县康定宾馆门口，建于清朝乾隆年间。寺庙为土木结构，庙顶部有镏金装饰。每年农历十月二十五这里要举行盛大的燃灯会，当地人称作圆根会，是纪念格鲁派创始人宗喀巴大师的祭祀活动。这时的安觉寺是灯的海洋，人们争先恐后给放置在各殿堂佛像前的酥油灯添灯油，场面十分壮观。

跑马山 🏯🏛🕴🚶
【藏族著名的神山之一，藏语为"拉姆则"，意为"仙女山"】

位于康定南面的城边上，海拔约2700米，跑马山公园一年一度为纪念佛祖释迦牟尼的诞辰（浴佛）而举行的"四月八"转山会是康定城的重大日子。跑马山上有五色海、吉祥禅院、浴佛地、凌云白塔、跑马坪、东观亭、飞云廊、咏雪楼等景点，还可俯瞰康定全城。每到杜鹃花开时节，遍山苍松翠柏，鸟语花香，极有诗情。

南无寺 🏯🏛🕴🚶
【与毗邻的金刚寺誉为"双寺云林"，是康定古景之一】

位于康定城南，葱郁林木中金碧辉煌。南无寺前身为跑马山上的"娜姆寺"，即"仙女寺"之意。传说"娜姆寺"北宋年间就已建立，原系藏传佛教中一座白教庙宇。

明末清初毁于战火，后选址"竹觉岗"重建，清

田湾河风景区
🚌 可从磨西镇坐车到猫子坪的大渡河桥（去泸定也会经过此桥）。然后在桥头搭乘开往石棉的班车，或者在桥头搭乘当地的面包车到石棉，在中途的两河口下车即可。

🏠 在草科乡可以住在一号营地，又叫红房子度假村，当地人称红房子，15元／床，有卫生间，温泉池浴5元（由红房子向西走2分钟有大热水浴室，温泉池浴每人2～5元）；或者住在当地的老百姓家，每天5元钱就行。

康定安觉寺
🚌 在康定县城，步行即可。

跑马山
🚌 在县城边上，最好走路过去，也可以打车。跑马山不能全程通公路，上山需要2小时左右。
🎫 50元

康熙十六年（1677），五世达赖罗让嘉措赠送宗喀巴大师和大威金刚、吉祥天母等佛像画，命名"呷登竹批林"为布达拉宫郎加扎窗支庙，清乾隆皇帝御书赐匾"南无寺"。

南无寺为木石结构四合院，大殿三楼一底，殿内金碧辉煌，两侧为偏殿。楼阁殿宇藏式彩绘，雄伟壮观，是四月八转山会活动的主要场地之一。南无寺出著名僧人，出过3名堪布，14名格西，第八世班禅将其佛袍赠与该寺。该寺终年香火不断，信徒、游人络绎不绝，国外友人及港澳同胞每年来此观光游览者为数甚多。

金刚寺
🎫 5元

金刚寺

【康定藏传佛教宁玛教（红教）著名寺庙之一】

金刚寺是一座红教庙宇，相传始建于公元15世纪后期。金刚寺规模略小于安觉寺、南无寺，但其名声并不亚于二寺。

每年藏历五月初十，为纪念莲华生大师，金刚寺都要举行名为"泽久"的跳神活动。是日，寺院内香烟缭绕，鼓号齐鸣，僧人诵经，观者潮涌。最吸引人的跳神，是俗众称为"骷髅舞"的面具舞蹈。

塔公草原
🚌 康定到塔公每日有多班小客车来往，非常方便。
🎫 塔公寺20元
🏠 推荐塔公寺旁的牦牛旅店住宿，15～45元/床，也可返回康定县城。各日玛村有一家民居接待，20元/晚，有两家藏族村民提供简易的饭菜，以藏餐为主，也供应方便面。
📝 1. 塔公寺是康巴地区藏族人朝拜的圣地之一。2. 每年藏历六月中下旬，寺庙将举行盛大的佛事和跳神活动。3. 若是喜欢人文风情，那么去各日玛最好的季节是每年正月十三至十五这几天。

塔公草原

【塔公在藏语里的意思是"菩萨喜欢的地方"】

塔公距康定县城110公里，被藏族同胞尊为神山的雅拉雪山就耸立在草原边缘，使塔公草原显得十分壮丽。塔公草原深处的藏族村落原始古朴，藏族牧民淳朴厚道。

每年7月下旬至8月初是藏族人在草原上举行盛大的民间活动"耍坝子"的时间，其间有赛马、歌舞等节目，一夜之间草原上便搭起了五彩缤纷的帐篷，热闹非凡。塔公还有著名的塔公寺和各日玛大经塔。每逢藏历十月至来年的正月十五，周围各县的藏族群众都会身着艳丽的节日盛装，集中到各日玛转经塔和听经。

塔公寺 ✤

【藏传佛教萨迦派（花教）的著名寺庙之一】

塔公草原上的塔公寺有"小大昭寺"之称，始创于清嘉庆年间。寺内正殿供奉着花教创始人萨迦班智达的塑像，另有一个专殿供奉头戴镀金帽的释迦牟尼

↑ 塔公寺的佛塔

塑像，据说这是文成公主进藏时带来的。寺庙四周分别建有东方白塔、南方黄塔、西方红塔和北方绿塔。这4座塔加上另外百余座造型各异的佛塔共同组成的塔林环抱着寺庙，寺后的经幡远观是一个巨大的三角形，蔚为壮观。

各日玛

【由数百万块雕刻好的嘛呢石堆砌而成的建筑】

各日玛是一个位于塔公草原深处的村落，这里有一座全用嘛呢石建成的佛经塔，是康巴地区最大的经塔。塔有两层，下面是转经长廊，是藏族人民的虔诚的宗教信仰所催生的宗教艺术建筑。

走进各日玛，藏寨、桑烟、经幡、诵经、藏寺、身着盛装转山的藏胞，宛若一幅浓郁的藏族风情画。每年藏历正月十五之前的三个月里，当地人都会从青海请来一位大活佛，带领从西藏、青海.云南、四川阿坝等地来的群众一起念经祈祷。

木格错

【集雪山草地、温泉湖泊、飞瀑森林、奇山异石于一身】

位于康定县城东北的雅拉乡境内，距县城31公里，海拔3200～3700米。木格错又叫野人海，由杜鹃峡、七色海、药池沸泉、木格错和红海草原等几个小景区组成。

各日玛

🚌 康定至塔公每天有多班小客车来往，车费20元，车程约45分钟，也可包车150～200元。在塔公可租马。到各日玛只在塔公镇上包车，100元左右。

木格错

🚌 康定至木格错租车200元/天，可当天返回县城。

🎫 68元

🍴 木格错旁有盒饭、方便面、饼干、烧烤等提供，但不能住宿，只能返回县城。

151

↑ 木格错

杜鹃峡 ❀
【夏天这里是杜鹃的世界】

位于叠瀑的尽头，成片的杜鹃林蔚为大观，行走其间，听水看花，令人乐而忘忧。

七色海 ❀
【由湖水与温泉交融而成的高原湖泊】

景色一日多变，清晨，湖面如镜般平静透亮；午后涛声如雷震撼山谷；傍晚波光粼粼如金子般灿烂夺目。在不同季节可欣赏"双雾坠海"、"木格夕照"、"木格涨潮"等云、雾、霞、水奇观。

药池沸泉 ❀
【70余平方米范围内集有百个泉眼，治疗不同的疾病】

称为药泉的沸泉群水温高达90℃，含有多种对人体有益的元素，不同的泉眼（如明目泉、健胃泉、洗脚泉等），分别对治疗眼疾、胃病、风湿等病症具有不同的疗效。

木格错 ❀
【又叫野人海、木格错海，有"小九寨"之称】

面积50平方公里，周围有红海、白海、黑海等7个卫星湖及松杉和杜鹃林带，以及包括折多山在内的37座雪峰。木格错长5000米，宽1500米，水深

70 余米，面积 4 平方公里，是川西北海拔 2000 米以上地区最大的高山湖泊。木格错四周群山环抱，山上的白杨、红杉、杜鹃等将大山裹得严严实实，四季给大山披上不同色彩的衣裳。极目远眺还可观赏到藏羚羊、野牛、鹿、熊、狼、麝等许多野生动物的攀崖绝技以及马鸡、松鸡、黄鸭等在林间水中嬉戏。

玉龙西

【雄伟的山峦间、辽阔草原上的一处天然越野场地】

　　玉龙西是贡嘎山北坡一处牧区，其入口在康定至九龙途中的六巴乡，从六巴乡至玉龙西约有 90 公里，是一个天然的越野场地。可以直下河滩，也可以在草原上奔驰，两岸山峦雄伟，木雅藏房在林中若隐若现。

　　玉龙西有一个泉华滩，面积虽不及黄龙，但在群山之中突然显现出如此精致的小景，强烈的对比反而衬出它的无比美丽。夏天的泉华滩色彩艳丽，冬天则是一片冰莹。这里距贡嘎山的直线距离只有 5 公里，雪山绵延，脚下泉华滩清波荡漾，迷人至极。

新都桥

【素有"光与影的世界"、"摄影家的天堂"之称】

　　位于川藏南、北线的分路口。新都桥并不是什么大景点，却有唾手可得的自然美景。

　　过了折多山垭口，沿途就可以见到一个个典型的藏族村落依山傍水地散布在公路两旁，一条浅浅的小河顺着村前缓缓流过。村后的山坡上漫游着星星点点的牦牛和山羊。同是小桥、流水、人家，却有别于江南那娟秀细腻、烟雨朦胧的景象，这里最美的季节是繁花似锦的春天，还有色彩斑斓的金秋。

莲花海

【美景如画，五彩斑斓】

　　位于康定县普沙绒乡苦西绒山谷中，海拔 3000 多米，距康定县城有 120 公里，地处贡嘎山和伍须海风景点之间。莲花海因海中生长有莲花而得其名，又名合合海子，属高山淡水湖泊。

　　莲花海由雪山、石林和森林环抱，雪峰在阳光映照下圣洁而高雅，山腰的石林以及树木虬枝盘绕，千姿百态，黄羊、青羊等野生动物在此繁衍生息，山脚

玉龙西

从康定租车到玉龙西 200 元 / 天，在玉龙西租马匹上山 50 元 / 天。

在进入玉龙西以前，可以在沙德乡上住宿，沙九鱼庄的高原冷水鱼很好吃，这里也可住宿，15 元 / 人。另外还有荣鑫饭店也可提供食宿。

绕过泉华滩往上，在高坡上往南，便是观望拍摄贡嘎山的好地方。

新都桥

可搭乘康定到北路各县的班车或小面包车，车费 30 元。

新都桥胖子饭店有得吃有得住，15 元 / 人。

莲花海

目前只能从康定包车前往。

九龙伍须海

康定每天 7:00 有一班长途大客前往九龙，票价 68 元。从九龙到康定或冕宁每天 7:00 也有一班车。从九龙县城到伍须海每天 8:00 有专门的旅游面包车前往，坐满即走，票价 10 元。如果从县城包车，往返约 100 元。到达伍须海的游人接待中心后，可以骑马进入景区，单程 55 元，往返 80 元。

80 元

伍须海边有小木屋可食宿，5～20 元 / 人 / 餐，单人间 50 元 / 间。另外伍须海景区管理处亦有帐篷出租，20 元 / 顶 / 天。或者回九龙县城住宿。

郭岗顶

从雅江县城乘面包车前往西俄洛乡，车资 45 元；西俄洛乡租马到郭岗顶 40 元（往返）。

30 元

最好带上帐篷和干粮，在此露营一晚，感受"天为被，地为床"的辽远。也可在西俄洛乡食宿，25 元 / 人，藏餐 15 元 / 餐。

德差

德差的交通很不方便。从雅江包车前往需要近千元。从西俄洛乡包车往返也需要700 元左右。

帕姆岭生态旅游区

只有在县城租车，国产越野车 500 元 / 天，进口越野车 800 元 / 天。

需自带干粮，寺庙可以提供茶水，住宿返回雅江县城。

茂密的森林中还生长有很多天然药材。在鲜花盛开的时节，诸多奇花异草竞相开放，花香扑鼻，沁人心脾。秋季，多姿多彩的群山像淋透了颜料，红色、黄色、青色、绿色，映衬蓝蓝的天空。如镜的水面倒映着森林和天空，宁静而致远。湖泊四周如翡翠般碧绿的草坪，成群的牛、羊如珍珠般撒落在草原上。

九龙伍须海

【与九寨沟、海螺沟同时作为第一批国家级自然风景的保护区】

位于九龙县西北部 25 公里处，海拔 3760 米。伍须海藏语意为"光辉灿烂的湖泊"，是一个冰碛湖，长约 1200 米，宽约 600 米，湖水最深处 33 米，四周高山环抱，南面是十二姊妹峰，北面是终年积雪的扎西普让大雪山。那有"十里长廊"之称的杜鹃林，成排成排的落叶松和冷杉，以及绿油油毛茸茸的青苔陪衬着的如蓝宝石般的伍须海。

郭岗顶

【这里有古建筑遗址、千年古柏和谜一般的传说】

位于雅江县城以西 80 公里的西俄洛乡。郭岗顶最美的是夏季，湛蓝的天、雪白的云、如黛的森林、嫩绿的草地、缤纷的野花，各种色彩汇集却结合得纯净而干脆。起伏的缓坡，明净的湖泊，天鹅绒般的草皮。

德差

【川西旅游的最后一块净土】

德差是雅江最偏远的一个乡，分上、中、下三个村子，地处四川雅江江西片区，与雅江康巴汉子村、西俄洛乡郭岗顶形成旅游环线，因景区景色颇似新疆天山牧场，故有"高原天山牧场"之称。草原、密林，以及密林深处无处不在的溪流、玲珑秀美的山峦、神秘宁静的高山湖泊、善良淳朴的民风，纯净无瑕的蓝天白云，德差有着人间天堂所需具备的一切条件。

帕姆岭生态旅游区

【由暖温带温润性高山复合带生态系统组成的原生态景区】

位于雅江县八角乡境内，318 国道右侧，距县城 39 公里，景区面积有 300 多平方公里，这里的自然生态系统，野生动植物资源极为丰富。东嘎山上有帕姆

岭寺，是藏传佛教噶举派寺庙，建筑布局精巧，与周
边环境融为一体，在这里可以观看到日出、云海和佛光。

高尔寺山·黑石城
【高尔寺山上神秘的石头城】

  位于高尔寺山上海拔 4500 米左右。黑石城不止一
座，在高尔寺山的多个山头都有发现，只是规模大小
不一。黑石城中到处可见图腾似的石塔石柱，有的像
男根，有的似女阴，还有人物头像或剪影。这些石塔
石柱都不约而同地朝向了一个方向——贡嘎神山。

剪子弯山 ❀

  距雅江县城 20 公里左右，垭口海拔 4659 米的剪
子弯山是一道较险的山，周围是高原地貌，天气晴朗
可远眺贡嘎雪山。

长青春科尔寺
【康南最大的一座格鲁派寺庙】

  位于理塘县城北仲莫拉卡山脚，长青春科尔寺意
为弥勒法轮寺，也称理塘寺。有"康南黄教圣地"之称。
依山势而建的建筑群高低错落，层次分明。该寺分上
下两个建筑群，房屋依山势错落而布，气势巍然。未
进寺院，首先被佛塔前的嘛呢堆吸引，大小不一的彩
绘嘛呢石琳琅满目堆成小山，石面刻有佛像、六字真
言、经文等，其精美的做工堪称石刻艺术品。这种大
型彩绘嘛呢石堆在甘孜一带并不多见。拾级而上，给
人以极目云天、绝尘归神之感。寺内珍藏有许多珍贵
文物，如三世达赖喇嘛的脚印、七世达赖喇嘛用过的
金鞍等。

  长青春科尔寺原属本教，后由三世达赖改宗格鲁
派，有康南第一寺之称。理塘民谚道"上有拉萨三大寺，
下有青海塔尔寺，中有理塘长青寺"。长青春科尔寺
的发展与出生于理塘的第七世达赖噶桑嘉措、第十世
达赖楚臣嘉措以及第十一世达赖灵童候选人益西登巴
（又称一世禾主香根活佛）有密切关系。

毛垭坝大草原
【高原上的大草原有着别样的情致】

  位于县城以西，群山的怀抱之中，如海的草原郁

高尔寺山·黑石城
🚌 从康定到雅江的车都要经过高尔寺山，最容易去的一座黑石城就在山路边。
✎ 高尔寺山上是远眺贡嘎神山和雅拉神山的绝佳地，如果天气好，那绵延起伏的群山绝对令人震撼。

剪子弯山
🚗 随车观看，通常公交车也会在此停留三五分钟，一是藏族司机会在此洒龙达祭山神，二则大家会要求留影。

长青春科尔寺
🚌 从县城步行 40 分钟到达，乘出租车 30 元往返。
💰 5 元
✎ 1. 别错过寺院里高僧大德讲故事；2. 野生菌汤，味道极其鲜美。

155

乘任何一趟到理塘、巴塘或稻城的班车都可以。从县城乘出租前往 10 元不到。温泉浴资 10～30 元不等。

理塘是著名的世界高城，县城海拔 4000 多米，请备足防高原反应的药品，还有，在没有适应高海拔环境之前，切记不可饮酒或做剧烈运动等容易引发高原反应的事情。

郁葱葱。夏日，湛蓝的晴空下，牛羊成群，绿草连天，盛开的野花姹紫嫣红，打一个滚儿就是一身花香；秋天，晴空高远，云朵洁白，草木金黄；冬日则是白雪皑皑，原驰蜡象。季节的变化赋予大草原无边的神韵与风姿。

川藏南线穿过毛垭草原，所以乘坐去理塘、巴塘或稻城等地的班车沿途都可以欣赏到它的风采。

毛垭坝温泉 ❀
【康南地区最大的温泉】

毛垭坝温泉距县城 6 公里，有 20 余个露泉眼点和供人洗澡沐浴的池塘，水温在 39℃～70℃，对治疗皮肤病有一定功效。

目前只能包车，往返约需 200 元。景区内租马 25～35 元／天。

措普寺有专门为游客准备的大通铺，25 元／晚。

措普沟
【这里是当地藏族人崇仰的神山圣湖】

位于巴塘县境内措拉区，处于理塘至巴塘之间，距巴塘县 60 多公里。主要景点有扎金甲博神山（海拔 5032 米）、措普湖、措普寺（海拔 3800 米）以及丰富的野生动植物，还有四川省十大地质公园之一的地坑温泉群。

措普湖与扎金甲博神山紧邻。措普湖水清碧亮丽，游鱼成群，由于无人捕杀，它们会随着当地人一种有节奏的呼唤声迅速地聚到湖边争抢食物。湖的正面是海拔 5833 米的尼特岗日峰，周围是茂密的原始森林。措普湖与扎金甲博峰地处横断山脉与沙鲁里山脉之间，是这一区域最壮美、最神奇，也是人们节庆、假日聚会的地方。

稻城—亚丁

海子山景区

【青藏高原最大的古冰体遗址——稻城古冰帽】

位于稻城北部高原区，地处稻坝区的桑堆、茹布、省母乡和理塘县与乡城县之间，海拔4487米。

海子山属横断山系沙鲁里山脉，海子山在3237平方公里的范围内共有1145个大小海子，故得名"海子山"。到海子山除了看海子，随处可见的石头也是一景。那一山千奇百怪的石头铺天盖地，形神兼备，神秘莫测。这些大大小小的砾石与湖泊，是青藏高原乃至世界规模最大、最典型的古冰帽遗迹——"稻城古冰帽"。

兴伊错 ✿

【海子山最大的高山湖泊，藏族人心中的圣湖，百鸟栖息的天堂】

位于桑堆乡以北36公里，海子山中部，海拔4420米，为冰蚀淡水湖，共三湖相连，面积7.5平方公里，也是海子山上最大的湖泊，湖水最深处达数十米，是百鸟栖息的天堂，盛产高原黄鱼，稻城河主要的源头即来自于此，它是当地藏族人心中的圣湖。

海子山景区

🚍 从理塘坐班车到稻城的路上是会路过海子山的。如果包车，费用在300元左右。

📌 海子山还没有开发，没有食宿接待，需当天往返。如果想进入海子山地区游览，需找当地向导，以保证安全。

甘孜州◎稻城—亚丁

措普沟／海子山景区

古冰帽

古冰帽也叫古冰盖，是第四纪冰期被冰川长期覆盖所留下来的遗迹。稻城古冰帽的形成主要得益于青藏高原的隆起，由于青藏高原的强烈隆升并达到临界高度，高原季风骤起，一举改变北半球大气环流，形成大冰期，稻城古冰帽便是因其而成的冰盖中最大、最典型的一块。后来随着全球气温的回升和间冰期的到来，冰盖逐渐消融、冰川退后，众多的古冰川遗迹便在冰期与间冰期的反复中逐渐形成。

海子山丰富的地质遗迹分布于海拔4500　4700米的山原面上，类型为角峰、古冰斗、"U"形槽谷、冰蚀洼地、冰斗湖等类型丰富、形态完整的冰蚀地貌及终碛堤、侧碛堤、冰川基碛、蛇形丘、羊背石、冰川漂砾等完整的冰川堆积地貌。尤其是那些数以亿计的花岗质冰川漂砾和1145个冰蚀岩盆(海子)铺满了整个山原面，形成叹为观止的"天外星球，千湖之山"的奇异景观。

稻城—亚丁景区示意图

海子山自然保护区　　▲亚尼音

蚌普寺○

桑堆●　直贡寺○　　▲宗松金　▲果银日则

稻城风光带　　　稻城○　雄登寺○

扎郎寺○　傍河　　　　　　○省母

月金○　色拉○　　　茹布查卡温泉

热乌寺○

巨

波瓦山▲　　　　　龙

曲岭寺○　河

木拉○　　　　　巨龙

赤土●　▲兰央拿卡　▲松日

贡嘎郎吉岭寺○

贡岭○　俄初

河　　日瓦○　赤土●　蒙自

公果▲

卡斯忠▲　仙乃日○贡嘎冲古寺
　　　　　6032　夏诺多吉
该荣达里▲　　　央迈勇　5958
　　　　　　　5958

各卡▲　▲泽拉雅火

亚丁自然保护区

▲嘎母别顶

东义●　　▲
伢勇垭▲　吉咄○
　　　　　俄牙同○

▲俄眉

N

西欧风光 ❀
【一个人的心灵能走多远多高，来到海子山，你就会明白了】

　　来到海子山脚下，会突然发现一幅由群山环绕、森林、小溪、草地组合成的画面，如同典型的欧式风光。

磨房沟 ❀
【牧草丰茂，溪流潺潺，一派高原牧场风光】

　　位于海子山西南边缘，全长43公里，是一条从桑堆通往海子山的山谷，也是桑堆乡藏族人的放牧场。沟内牧草丰茂，溪流潺潺，高原黄鱼成群穿梭。山峦、草场的灌丛中旱獭、野兔、藏雪鸡等小动物随处可见。

稻城
【拥有"最后一片香格里拉"之称】

　　稻城位于甘孜州南部。稻城古称"稻坝"，是藏族译音，"稻"为边，即沟尾的意思，是山谷夹溪的地方。

稻城

🚌 1. 新南门旅游客运中心有车发往稻城，每天6:30发车，票价约230元，车程两日一夜，第一晚在康定住宿，第二晚到达稻城。2. 也可选择先从成都乘车到康定，票价100元，车程7小时；再从康定乘车到稻城，隔天6:00发车，晚上抵达，票价140元。

158

↑ 稻城风景

"稻坝"意即山谷沟口的宽阔之地。这里的主要景区有青藏高原上最大的古冰体遗迹——海子山自然保护区；有广袤辽阔，牧草丰茂的傍河景区；有念青贡嘎日松贡布雪峰和名扬天下的亚丁景区。

有人这样描述它：鲜花辉映草场，小溪潺潺流淌，海子古朴幽深，神峰戴冰雪冠冕，披白云哈达，卓然挺立，一尘不染，稻城—亚丁是"蓝色星球上的最后一片净土"。1928年，美国探险家约瑟夫·洛克到达稻城，并把所拍到的照片发表在《美国国家地理》杂志上，引起了巨大轰动。

除了美景，稻城还拥有悠久的历史文化。这里的藏族不仅全民信教，而且教派众多，除原始宗教本教以外，还有宁玛派（红教）、格鲁派（黄教）、噶举派（白教）、噶当派、萨迦派（花教）等藏传佛教的若干流派。各派的寺庙规模数量不一，全县总共有大小寺院14座，其中的雄登寺和贡嘎岭寺最负盛名。

稻城以馒头、糌粑、酥油茶、牛羊肉、青稞酒、酸奶等藏式食品为主，也有少量专为游客而设的小餐馆，但食物选择不多，要有心理准备，最好自备干粮。

6～8月为夏季，11月～次年3月为冬季，游览稻城的最佳季节是5～10月。

傍河景区

【河流、青稞田、桦林、村落和寺院组成的高原田园风光，景色美不胜收】

位于县城附近，在桑堆（北）至色拉（南）两村

159

稻城到傍河有8公里路程，体力好的人步行去即可。或者也可以骑自行车过去，在高原公路上骑车别有一番趣味。稻城县城彭松措、喜波热等几个山庄有自行车提供出租，25元/人左右（其他推荐骑游线路）。也可以租用当地人的三轮摩托车，按小时租用到近郊，15元/小时。

选择拍摄傍河的田园风光适合一早一晚。光线斜射时，如果有炊烟或薄雾更是无比秀丽，附近山上河边的杨树，常常被一束天光所罩，不要放过这些美丽的瞬间。

之间。公路旁的田园风景让你流连忘返。

傍河在稻城县城附近，位于桑堆（北）至色拉（南）两村之间。傍河与色拉的田园风光，在公路旁就可欣赏到，其中"桑堆小镇"、"傍河夕照"、"色拉晨雾"最为著名。如果赶上晴天，在黄昏的傍河和日出时分的色拉，蓝天、白云、黄杨、红草、雪山、绿水……如果此时薄雾升起，更是恍如仙境。

胡杨林
【夕阳下金灿灿的胡杨林是一道耀眼夺目的风景】

稻城县城周围的万亩河滩和人工种植的胡杨林（去日瓦乡路上可见），一般在寒温带高原难得看到。每到秋季，蓝天白云之下，疏密有致的胡杨林变得金光灿灿，树林前的河滩长满红色的水草，形成一道耀眼夺目的风景线。

茹布查卡温泉
【稻城县内所有的用水都引自这里】

位于稻城县东南4公里的贡巴山北麓，海拔3747米，温泉水质清澈，无色无味，水温40℃～80℃，可直接饮用，据说洗后皮肤异常光洁滑爽，具有强身健体、疏经活血，调理人体内分泌的功能，治疗皮肤疾病有功效，生活在温泉附近的藏族群众大多长寿。

包车从稻城往返30元。推荐走路，沿邮电局往小学方向走，可以看到路牌。45分钟左右就能到茹布查卡村，当天即可往返。也可在稻城县的彭松措、喜波热等几个山庄租自行车前往。

茹布查卡村到处是温泉浴池，条件一般，不过费用便宜，10元/人。

雄登寺
【一座供奉有九世班禅相赠的释迦牟尼像的格鲁派大寺】

位于县城东北10公里处，海子山东南麓，茹布乡境内，海拔4105米。由宗喀巴弟子洛珍吉建于明永乐十三年（1415），寺内藏有10万本颂经书，在其供奉的数百尊大小佛像中，有一尊用檀香木雕刻的释迦牟尼佛像为九世班禅所赠，颇为珍贵。现在看到的寺庙是1983年重建的。

稻城县有不定时的班车前往，更多的是私人的小面包车来往，车费10元左右。

10元

寺僧常常用糌粑喂桑堆河中的游鱼，鱼儿似乎也通人性，成群的游鱼常聚集在一处，任由寺僧们抚摸其背。

蚌普寺
【稻城最古老的寺庙】

距今已有900年的历史。蚌普寺距县城30公里，海拔3940米，是藏传佛教白教的寺庙，藏语叫噶举派。1144年，蚌普寺由一世噶玛巴·都松钦巴创建。寺内极为珍贵的是一尊一世噶玛巴·都松钦巴的自塑雕像和大师生前留下的手迹、鼻血岩画。

桑堆小镇·红草地
【金秋十月的桑堆红草滩总是让你感觉胶卷不够用】

距稻城县城 28 公里。一世噶玛巴·都松钦巴觉悟曾赞誉："我走遍藏族聚居区，来到此地。这里风景秀美，牧草丰茂，六畜兴旺，佛光普照。我愿在此修建寺庙成就功德"。

风光旖旎的桑堆在公路沿线的牧场开阔平展，河流平缓如镜。遥望远处，在起伏的山峦间散落着村落、牧人、牛羊，呈现一派宁静祥和的景象。秋天，这里的灌木红艳欲滴，远处的乔木下是精美的藏族民居，展现天人合一的景象。

直贡寺
【直贡寺的亮点莫过于寺内成群的白马鸡和僧人和谐相处的情景】

位于桑堆乡境内，距县城 20 公里，始建于 1144 年，是藏传佛教的噶举派寺庙。寺内存有帕木竹巴亲手自塑雕像一尊，寺内也有帕木竹巴留下的印迹。寺庙周围古木参天，随处可以见到藏马鸡，可以投喂食品。

白马鸡是我国特产鸟类，数量稀少，分布区域狭窄，仅分布在我国的川西、滇西北及藏东南地区，已被列入国际鸟类保护委员会（ICBP）《世界濒危鸟类红皮书》和国家重点保护野生动物保护名录，属国家二级保护鸟类。并被《中国濒危物种红皮书》列为稀有物种。

贡嘎郎吉岭寺
【稻城最大的黄教寺院】

稻城最大的格鲁派寺庙，因为纪念青贡嘎日松贡布（三怙主神山）而得名。寺庙建筑雄伟，壁画精美，现存有五世达赖所赠的弥勒铜佛一尊。

亚丁自然保护区
【耸立着三座海拔 5000 米以上雪峰的保护区】

亚丁自然保护区位于稻城县日瓦乡亚丁村，属于高山峡谷风景。亚丁，藏语意为"向阳之地"，是稻城的中心景区。1928 年，美国植物学家、探险家约瑟

桑堆小镇·红草地
要停留摄影或细细观赏，只有从稻城包车前往，20 元左右，回去的时候可以在这里打摩的或小面包车返回。
有民居接待，50 元／天，含吃住。

直贡寺
租马前往，50 元左右。
每逢 10:00 和 15:00，僧人就会手持青稞饲喂藏马鸡。

贡嘎郎吉岭寺
位于稻城县与日瓦乡之间，需要租马前往，马匹租金 80 元／天。或者从稻城到日瓦的路上顺便游览。
10 元

稻城到日瓦乡，租车 360 元左右。如果想搭便车，需预留足够时间，花上一两天时间等车。秋天的游客比较多，可以找别人合租一辆车进日瓦，车费约 30 元，车程约 3 小时。建议在日瓦乡租马前往，30 元／匹（单程，含马夫费）。亚丁至洛绒牛场：租费 198 元／匹（单程，含马夫费）；冲古寺至洛绒牛场：为羊肠小道，只能骑马或走路，租马费 35 元／匹（单程，含马夫费）。

💰 150 元

🏠 亚丁村住宿较多，但离景区门口还有一段盘山路。龙同坝离景区比较近，但住宿条件则比较糟糕。日瓦乡绿野亚丁旅社：四人间 15 元／床；日瓦乡三圣如意旅社：四人间 15 元／床；亚丁村只有在藏族人家住宿，20 元／床；冲古寺：住宿为野营帐篷，每个帐篷可住 10 人左右，40～80 元／人，要在 5 月份以后才有帐篷。冬季只能住在当地老乡家或寺庙里，条件相当差。

🍜 在亚丁，可供游人吃饭的地方只有当地老乡家里，吃不惯酥油味的应当准备干粮。

夫·洛克，到达此地，回国后在《美国国家地理》杂志上撰文并刊登所摄照片，将亚丁介绍给了全世界。

亚丁的三座神山：仙乃日、央迈勇和夏诺多吉，统称"念青贡嘎日松贡布"，藏语意为"终年积雪不化的三座扩法神山圣地"。佛名"三怙主雪山"，在世界佛教二十四圣地中排名第十一位。三座雪山相距不远，各自拔地而起，呈"品"字形鼎立。北峰仙乃日海拔 6032 米，南峰央迈勇海拔 5958 米，东峰夏诺多吉海拔 5958 米。

亚丁旅游线路

可先去神山脚下的贡嘎郎吉岭寺（简称"贡岭寺"），接受活佛的祝福。寺院建筑宏伟，寺内壁画精美，文物珍贵。由贡岭寺经日瓦，有两条路通向亚丁自然保护区核心区域。

一条经蒙自峡谷，进入贡嘎银沟龙龙坝，上冲古寺，朝拜神山。沿途风光险绝奇丽，令你目不暇接。这条路也是大多数游客通常选择的线路，有公路直接通到龙龙坝，较省气力。从冲古寺一路向上到达洛绒牛场需要 3 个多小时。然后从洛绒牛场继续往上行，到达曲九扎阿神泉，可以看见央迈勇雪线下藏北香巴拉王国神遣的柏树。继续上行，向右转，可以观赏牛奶海（为热错／俄绒措）、五色海（木底错／单增措）等圣湖。翻越海拔 4476 米的却索玛（金刚亥母）山口，下行一小时到仙乃日脚下的珍珠海（卓姆拉错），再下行半小时可回冲古寺。

另一条向西攀升，没入"闪光之山"的俄初山。俄初山覆盖着莽莽原始森林，每当太阳升起，整座山泛着金光。站在山顶，可远眺三座神山，景色十分壮观。俄初山最美的季节——秋天，简直是一幅天然自成、色彩浓烈的巨幅油画。

穿越俄初山莽莽苍苍的原始森林，向下进入狭窄险峻、湍流飞瀑的东义河谷，下行不远到卡斯村寨，一条小路从这里蜿蜒伸向另一片原始森林，这里叫卡斯沟，是佛教典籍中提到的世界八大寒林（尸林）之一的卡斯地狱谷，是人类肉身由凡界进入天堂的必经之路。穿越卡斯地狱谷，便到达了"天界"——念青贡嘎日松贡布。

↑ 亚丁神山

据历史记载，公元 8 世纪，莲华生大师为贡嘎日松贡布开光，以佛教中观音、文殊、金刚手菩萨分别为 3 座雪峰命名加持。藏族信徒认为一生当中至少应该去一次贡嘎日松贡布转山朝圣。

冲古寺 ❀
【冲古寺前的冲古草坪可以以很好的角度观赏到仙乃日和夏纳多吉】

海拔 3880 米的冲古寺位于仙乃日雪峰脚下，建寺年代已无从考证。该寺院已被严重毁坏，目前只剩下一片残垣断壁。冲古寺既是观赏三座神山——仙乃日、央迈勇、夏纳多吉的必经之地，也是当地藏族转山仪式的出发地。

在老寺庙旁建有一个二层房屋，有一个喇嘛负责管理过往旅客的入住（现在由于景区规定，很难再住进去）及保护周围生态环境。一楼为客房及喇嘛房间，二楼为经堂，游人不能上二楼。每日早上及下午喇嘛都要熏香念经。

冲古寺

📝 1. 此处为神山徒步线路中重要的宿营地，有大帐篷住宿点、厨房以及观景台等设施。2. 在冲古寺对面的山上有一处古代僧侣闭关修行之处，建在悬崖峭壁之上，如果有兴趣，体力又好的话不妨沿小路上去探寻一番。

珍珠海

🚗 从冲古寺出发，大约半个小时即可到达珍珠海。

洛绒牛场

🚶 洛绒牛场也是通往牛奶海、五色海的必经之地（单边步行 3.5 小时左右）。另外小转神山仙乃日也要经过这里（由冲古寺出发，经洛绒牛场绕仙乃日转一圈，全程 20 公里）。

牛奶海

🚶 洛绒牛场严禁骡马进入。所以要想看牛奶海需徒步进入。洛绒牛场至牛奶海徒步往返需要 5 小时。

珍珠海 ❀

【这里是拍仙乃日倒影的理想地点】

　　珍珠海在藏语中称为"卓姆拉错"，是仙乃日的融雪形成的海子。密林中的珍珠海粼粼波光中透出无限清丽，湖畔四周森林翠绿如屏。春天湖边片片杜鹃灿烂怒放，秋天层林尽染、五彩斑斓。

洛绒牛场 ❀

【观看三座雪山的最佳地点】

　　海拔 4150 米的洛绒牛场被三座雪峰所环绕，是附近村民放牧的高山牧场。贡嘎河从草场穿梭，林间溪流潺潺，成群的牛羊、青青的草地、纯净的湖水、别具一格的藏族村落，无处不美好。

牛奶海 ❀

【碧蓝的湖水、洁白的沙滩，景色如梦如幻】

　　从洛绒牛场开始爬山，大约上升 500 米的高度，过了一丛经幡，翻上一个大草坪，就能看到蔚蓝的牛奶海静静地躺在央迈勇雪峰的冰川之下。

　　牛奶海，藏语称"为热错"、"俄绒措"，古冰川湖，状如水滴，面积 0.5 公顷，四周雪山环绕，湖水清莹碧蓝。上方有大片的冰川，传说牛奶海是能治愈聋哑

↑ 亚丁风光

怪病的圣湖。

如果体力好，越过牛奶海继续攀升，到达央迈勇和仙乃日雪山之间的垭口。站在这里回望三座神山，近在咫尺。雪山在云雾升腾，恍若在另外一个世界。

五色海 ✿
【这里也是看仙乃日的绝好地点】

位于仙乃日与央迈勇之间，海拔 4600 米，在牛奶海的上方，翻上一片陡峭的山冈，再上升 100 多米，在山脊上就能俯瞰五色海了，湖面呈圆形。面积 0.7 公顷，水色变化无穷。五色海由于会在光的折射下，产生五种不同的颜色而得名。其藏名为"木底错"、"单增措"，是藏族聚居区著名的圣湖（佛经中赞誉该湖与西藏羊卓雍错齐名)，据传能"返演历史，预测未来"，有很多宗教上的传说。

俄初山 ✿

海拔 5145 米，在藏语里的意思是"闪光的山"。这里的拉姆格林区是稻城最大的林区。此山山势平缓，山上的风云变幻莫测。当 10 月的初霜降临俄初山的山岭峰谷时，雪线以下的林涛树海正换上缤纷的秋装。在俄初山顶远眺贡嘎日松贡布雪峰，景色十分壮观。

俄初山
✓ 每年 10～11 月是这里的旅游黄金季节。

丹巴甲居藏寨

成都茶店子汽车站有车发往丹巴，72元，每天6:30发车，车程约10小时；小金到丹巴的班车车费70元，行程1.5小时；八美到丹巴的班车车费80元，行程2.5小时。丹巴县城到甲居3公里路程，有中巴车前往，车费3元。

30元。

丹巴县城能吃到各种成都美食和地道的藏餐，住宿可直接返回县城解决。也可在甲居藏寨内的民居接待点食宿，10元/床（地铺），20元/床，25元/床（藏式床），40元/单人间。

丹巴甲居藏寨

【丹巴藏寨与碉楼的建筑风格一脉相传，是嘉绒山寨最具特色的景观】

出丹巴城沿金川河而上，七八公里后开始爬山，再经过七八公里的盘山公路到达甲居藏寨。藏寨沿山势而建，从河谷到山脊，在相对高差几公里的山坡上，一幢幢藏式楼房散落在绿树丛中，雪白的墙壁在阳光的照耀下分外醒目。嘉绒藏族每年冬月十二日都要用石灰浆将墙壁粉刷成白色。

丹巴人将碉楼和寨房两种风格迥异的建筑有机地结合在一起，既有寨房特征，又有碉楼的形态。丹巴藏寨墙体也是用石头砌成，一般为3～4层，底楼是仓库和圈养牲畜的地方，二楼为客堂、厨房和锅庄，三楼为居室，顶楼常设为经堂。所有顶楼外沿都涂有黄、黑、白3种颜色，这也是嘉绒藏寨的一大特征。

丹巴藏寨中又以甲居、聂呷、梭坡和革会扎乡的藏寨最为著名。远远望去，几百幢民居错落有致地分布在河谷、山腰之上，其间点缀着一丛丛的绿树，整个藏寨完全融于自然环境中。

梭坡、中路古碉

丹巴县城到中路虽然不远，但是没有班车，租车50元。

中路现有两家民居接待，益西单增家 13508292423，甲麦家 13990464125。饭菜有炒菜也有藏餐，一般为15元/人/天，住宿20元/床。

梭坡、中路古碉

【丹巴"千碉之国"的代表地点】

中路乡位于丹巴县城东北部去小金县城途中，与梭坡古碉群同为丹巴千碉之国的代表地点。这里有四角、六角、八角碉，从功能分有隘碉、烽火碉、寨碉和家碉几种，有几座古碉还能登上顶部。另外这里还有寺庙与道观，文化多元而悠久。春天，碉楼四野的房前屋后，田边坡上梨花盛开，间或杂以粉红的桃花，显得妩媚迷人，与浸透沧桑的古碉一起享受高原的阳光。

在20世纪，中路曾发掘出新石器时代的化石，还有石棺墓葬群，其中罕额依村古石棺葬群经鉴定属于春秋战国时期墓葬。

东谷天然盆景（丹巴美人谷）

丹巴到丹巴美人谷的班车往返车票18元，从乡政府出发需步行10公里方可到达邛山。这里时常发生泥石流，最好避开雨季前往为佳。

东谷天然盆景（丹巴美人谷）

【丹巴出美女，而这里的美女又是丹巴最有名的】

位于丹巴县城西南21公里的东谷乡境内，其间牦牛河水潺潺，清澈明亮，植被保存完好、品种繁多、林海遮天蔽日、郁郁葱葱；奇峰异石如林，沟壑纵横、石笋林立、别具一格；陡水岩飞瀑雷鸣。山间有众多海子、谷底热水塘温泉蒸汽氤氲。神奇的景色令人目不暇接、美不胜收，犹如人间仙境；大自然鬼斧神工的奇迹。

丹巴出美人，这里的女孩子大多不施粉黛，丽质天成，凝脂盘的肌肤和健美颀长的身材，无一不体现出丹巴美人的天然原质。巴底乡邛山村的美人最为著名，这里被称为"美人谷"，邛山村含一、二、三村，由无数漂亮整洁的藏寨相连而成，整个山谷不仅美人漂亮，山谷美景更漂亮。

党岭

【嘉绒藏族聚居区神山之一，飞瀑流泉与高山湖泊众多】

党岭山位于丹巴县城的西北面丹巴县大桑区的边耳乡境内，以道孚县为界，是大雪山脉的北段。距离丹巴县城 68 公里，原系嘉绒十八土司中革什杂土司辖境。党岭山自西北向东南倾斜，呈南北走向，主峰夏羌拉海拔 5470 米，是嘉绒藏族聚居区的重要神山之一，四周群峰林立，在 4500 米以上的为数不少。

党岭山一名源于古羌人南迁时，党项羌曾在此境内经过，故留下"党岭"一名。山上多温泉，植被茂盛，多飞瀑流泉与高山湖泊，是很好的探险旅游地。

乾宁惠远寺

【因十一世达赖克珠嘉措在此转世，因此在藏族聚居区影响至深】

位于丹巴与八美之间，乾宁惠远寺距道孚县城 89 公里，距塔公 20 多公里，距垭拉自然风景区 17 公里。清雍正七年 (1729)，因西藏局势不稳，清政府请七世达赖喇嘛噶桑嘉措避难于此，同时清政府特别划拨白银，征地 500 余亩，修建庙宇、宫殿楼房，寺门正中高悬清世宗钦赐"惠远寺"巨大镏金匾额。

该寺经过 3 次重建，新建的庙宇为宫殿式，殿宇建筑豪华，极具地方特色，为康巴建筑艺术精品。内藏彩绘历代帝王及战将的唐卡画、活佛神像于檀檬之上。惠远寺庙每年有多种祭祀活动，时间达 245 天，大的法会有正月的"默朗钦布"，六月的"亚却"和十一月的"安却"。法会期间，各地的信众会不辞辛

党岭

🚗 最好是从丹巴县城租用越野车或小面包车前往党岭山，车资在 200 元左右。景区内租马费为 85 元／天，马夫费 35 元。秋季是最好的季节，由于海拔较高，最好多带衣服，注意高原反应。

🍴 党岭山目前尚无法提供食宿，还是要在丹巴县城解决，或者自备食品及露营用品。

乾宁惠远寺

🚗 八美有小面包车往来乾宁惠远寺，车费 15 元。也可以从丹巴租车前往。当地人单致可提供金杯、切诺基等中小型车辆，📞 0836-7123518，包车 100 元／辆。

🏨 汽车站招待所：新楼 10～15 元／床，平房 7 元／床；政府招待所：普通间，40～60 元／间，📞 0836-7122486；林场招待所普通间，10 元／床；扎坝招待所 8～10 元／床。

劳前来朝拜、诵经，场面热闹喜庆。

灵雀寺

灵雀寺

✏1.每年藏历正月十五的酥油花会有大批的信众前来参神拜佛，欣赏酥油花。另外还有藏历九月二十二至二十九举行的江刻大法会、藏历十月二十一至二十五举行的安却大法会也十分隆重。2.胜利塔顶是鸟瞰道孚民居全景的好地方。

【"酥油花的圣殿"，甘孜藏族聚居区"霍尔（康巴）"十三大寺之一】

位于道孚县城西北的尼措山脚下，藏语意为阳海寺，全寺占地 700 余亩，外形严肃庄重，宏伟壮丽，内堂雕刻精美，塑绘逼真。整个寺庙背山面水，形成阶梯式建筑群，四周围以高墙，设山门四道，宛若一座城镇。寺内分大雄宝殿、金佛殿、小经堂、护法神庙、辩经堂、存经库、文物室及扎仓等。大雄宝殿内供奉有大小金佛百余座。灵雀寺制作的酥油花最为著名，造型精美、色彩艳丽，为藏族工艺品中的精品，享誉康巴。

道孚民居俗称崩科，木结构，平顶的民居以棕色和白色居多，大多一楼一底，院落宽敞，以圆木做骨架，筑石墙或土墙而成崩科框架，装饰精美，且冬暖夏凉。因为道孚地处地震带，这些建筑物的抗震能力至少在 7 级以上。

玉科草原

玉科草原

🚌玉科草原距道孚县城 90 公里，都是山路，只能包车，包车往返 350 元左右。

🏠在玉科草原上要自带干粮和睡袋帐篷，也可借宿当地老乡家，可适当付费或赠送物品以示感谢。

✏5～7 月份的草原星星点点地布满了野花，是玉科草原最美丽的季节。

【融蓝天、白云、雪山、林木、草原、河流为一体，被称为"康巴阿勒泰"】

"玉科"，藏语意为"玉石"，因该区域内海子山附近有一高山湖泊云祝措，据说云祝措中有碧绿色的玉珠，故名。

玉科草原是一条狭长的森林河谷地带中的草原牧区。区内有连绵不断的草场围栏、经幡林、白塔、漂亮的藏式小楼。

卡萨湖·觉日寺

卡萨湖·觉日寺

🚌成都新南门旅游客运中心有车发往炉霍，车费 135 元左右；康定至炉霍车费 40 元。从炉霍森工局有直达成都的车，车费 120 元。炉霍汽车站有开往道孚、康定、成都、色达、新龙、甘孜、白玉、德格、石渠、嘛呢干戈等地的班车，皆为过路车，时间不定。到卡萨湖和日冈山交通不是很方便，所以要租车，租通包车 200 元 /（往返）。

【炉霍县境两处风格各异的景观】

萨湖位于川藏线旁，距炉霍县城 53 公里，海拔 3510 米，是典型的高原淡水湖，被当地人视为圣湖。每当藏历羊年时，都会有数以千计的信众来此转湖祈福避灾，景致一年四季各不相同。另外，这里还是川藏北路上最大的鸟类栖息地，每到产卵季节，湖的四周便成了丹顶鹤等数十种鸟类的天然产床。

卡萨湖的东面是日冈山，山腰处建有古朴的卡萨寺和卡萨尼姑院；湖的西面是旧觉日寺遗址。南面的达曲河岸良通坝上是新觉日寺，北面出土有 2000 多年前的石棺墓。湖畔南侧的村寨中也能看到那种不用一颗钉子的民居建筑——崩科。

觉日寺是康巴区久负盛名的格鲁派寺庙，位于炉霍县朱倭乡境内，工农红军经过炉霍时，曾以其重檐木墙为红军将士遮风挡雨，因而被写进了中国近代史。

旦都卡

【一条耸立着一座被当地人称为"神山"的河谷】

旦都卡是一条河谷，位于炉霍县旦都乡境内，距县城40公里，方圆数百公里的土地上有华山(石头山)、雪山、冰川、湖泊、森林、河流、峡谷、瀑布、林间草地和众多的野生动物，主峰卡瓦拉翁海拔5498米，因其终年白雪皑皑，常有紫气祥云盘于山腰，故藏语意为"白雪之王"，是当地藏族人供奉的神山。

公元8世纪，莲华生大师为神山开光并加持命名为拉姆色冬玛，即狮面空行母，按佛经上的说法就是一位长着狮子头的女身护法神，可免时难荒年、兵祸疾疫、天灾水旱、饥馑诸苦等一切恶魔不祥。神山除了有此迷人的神话之外，还有漫山遍野竞相怒放的杜鹃，洁白如哈达的瀑布和一片原始森林。

白利寺

【是格鲁派在霍尔地区的13座寺庙之一】

位于甘孜县城西13公里处的生康乡境内，雅砻江北崖的台地上。白利寺全称为白日利众生祥寺，寺庙依山而建，为藏式二楼一底阁楼式建筑。白利寺是红军1936年路过此地时成立的甘孜博巴政府所在地。

嘛呢干戈

【是前往青海和西藏的交通要道】

位于川藏北线与青康线的交会点，海拔3880米，嘛呢干戈藏语意为"在嘛呢石的上边"，因镇上错曲河畔的一块天然形成的嘛呢石而得名。由于地处牧区，牧民骑着马儿来此地进行物资交流，逐渐形成了小镇，有王家卫电影《新龙门客栈》之风格，镇上有觉日寺和拉迦寺。

新路海

【相传是世人为了纪念格萨尔王的爱妃珠牡而取名为"玉龙拉错"】

新路海藏语名为玉龙拉错，玉是心，龙是倾，拉

旦都卡

🏠 炉霍县城旦卡萨大酒店：三星级，标准间320元／间，📞 0836-732366；康北大酒店，标准间100～150元／间，📞 0836-7323171；炉霍县招待所：标准间40～60元／间；车站旅馆：两人或四人间，15～45元／床。

📅 每年8月是炉霍藏族人一年一度预祝农业丰收的传统节日——望果节，有赛马、射箭、马术、藏戏、歌舞等庆祝项目，为期约3天。

嘛呢干戈

🚌 许多到德格、白玉(冬季)、石渠、昌都、玉树的班车都从甘孜路过；从甘孜寺返回县城时可绕道前往，也可在向西行进时先行游览，然后到达甘孜寺和嘛呢干戈，单独前往，包车费用往返60元／车。

🏠 甘孜寺需自带干粮，回县城住宿。嘛呢干戈镇上可入住帕尼饭店、新路海饭店、玉龙神海饭店，价格10～50元／床。嘛呢干戈食宿店有中低档的住宿，是嘛呢干戈最有名的食宿店，最初是接待货车司机而兴起的旅游接待点。帕尼食宿点有新店和老店，川菜中的烧菜做得极好吃。

↑ 新路海

新路海

🚌 可在嘛呢干戈包车前往。包车费 30～100 元，车程 10 分钟。徒步则要 1.5 小时。在海子边租马 50～100 元／天。

🎫 25 元

ℹ️ 新路海保护区内没有住宿，也不允许搭建帐篷，必须回嘛呢干戈住宿。

德格印经院

🚌 成都有长途汽车到德格，康定到德格行程 588 公里，逢双号发车，普通客车 127 元，新客车 169 元。可从德格宾馆徒步前往印经院。

ℹ️ 1. 每年的藏历三月至十月中旬，是印经院开工印刷的季节。2. 德格印经院的版画在藏族聚居区也属罕见，是藏族绘画中的上品，可购买些做纪念品，30～100 元／张。

更庆寺

🚌 从德格印经院徒步走 2 分钟即到更庆寺。

🎫 10 元

错是神湖。这里已设立为保护区，以保护高原自然生态环境，野生动、植物资源为主，同时也是康巴国际狩猎场新路海猎区。区内主要有白唇鹿、金钱豹、雪豹、绿尾红雉、斑尾榛鸡、胡兀鹫、林麝、白臀鹿、盘羊、藏马鸡、血雉、金雕、旱獭、斑羚、鬣羚、秃鹫、赤狐等。此外保护区内的川西云杉、方枝柏、小叶杜鹃、雪莲花等植物资源也十分丰富。

德格印经院

【为藏族聚居区三大印经院之一，为康巴文化的重要标志】

　　位于德格县城更庆镇的文化街上。藏语"德格巴宫"的意思是印刷和收藏经文的地方。1729 年由德格土司登巴则仁创建，由于历代德格土司对藏传佛教奉行兼容并包，不分教派的态度，故院内收藏有各类教派的经典著作，是藏族聚居区仅有的一座五大教派经书并存的印经院。这里的版画艺术水平很高，都是当年德格土司请有名的画师绘制，并由最好的工匠雕刻印版；院内一整套的制作工艺都是保留历代的技术，包括印刷用的纸张也是用最古老的技艺自己加工生产的藏纸，印有经书和版画两大类。

更庆寺

【一座只有"法王"没有"活佛"的萨迦派寺庙】

　　位于印经院的东面，为德格土司的家庙，由萨迦名僧唐东杰波创建于 1448 年。更庆寺为萨迦派寺庙，一年 12 个月里寺庙里几乎都有各种"神舞"的活动，8 月末在更庆寺举行的央乃节的"神舞"别具特色，节日持续 3 天，其中"甲羌"是藏地少有的穿着清朝服饰跳舞的舞蹈。与别的寺庙不同的是，更庆寺历来没有活佛，只有法王，历代的法王都由德格土司家族里的人来担任。现任法王是由僧众和当地老百姓推选出来的嘎拉法王。

竹庆寺

【历代德格土司的规模宏大的家庙】

位于德格县竹庆寺乡更达村，建成于清康熙元年（1662）。竹庆，藏语意为"大圆满"，五世达赖弟子白马仁真以"宁玛祖师莲华生大师曾共莅竹庆，竹庆为红教圣地"为名而建寺。

竹庆寺辖有分寺 100 余座，分布于德格、白玉、理塘、新龙、道孚、康定及青海玉树等地。19 世纪末，竹庆寺创办了协日升佛学院，后来成为藏族聚居区宁玛派的最高学府。竹庆寺依山傍水，风景秀丽。寺庙前草原宽阔，小溪蜿蜒而过，与雪山森林遥相呼应。

多瀑沟 ✿

位于德格仲萨寺以北 15 公里的自然风景区内，是近年新开发的景区，沟内完好地保留了原始的自然生态和风景，但生活条件颇差，有意前往的游客要有心理准备。

阿须草原

【作为格萨尔王的诞生地，这里有了另一种风采】

位于雅砻江畔的上游，距离三岔河 38 公里，海拔 3680 米。这里被确认为格萨尔王的诞生地，塑有世界上最大的格萨尔铜像，还有一座格萨尔纪念堂。

白玉山岩

【是现存的父系社会"活化石"】

山岩是白玉县的一个乡，与西藏隔江相望，江边的山道海拔 2000 多米。山岩藏语意为"地势险恶"，湍急的江水和横断山脉的崇山峻岭使这一带形成一方秘境。山岩戈巴是以父系血缘继嗣关系的氏族组织，

竹庆寺

🚌 可搭乘康定至石渠的班车，在竹庆镇下车后步行前往。

多瀑沟

ℹ️ 多瀑沟租马 50 元／天，向导 30 ～ 50 元／天。自带干粮和睡袋帐篷。建议备齐药品、干粮和胶卷。

阿须草原

🚌 可从甘孜或嘛呢干戈（相距 110 公里）包车去阿须草原，或坐去往石渠的班车到三岔河下，转乘便车。

🏠 镇上有许多旅馆，20 ～ 50 元／人／天。亦可投宿巴迦活佛旅游接待站，150 ～ 200 元／天（包藏餐、住宿、骑马及导游）。

↑ 甘孜县绒坝岔草原

白玉山岩

🚌 甘孜县到白玉县每天有班车，车费70元左右，从德格和巴塘到白玉有公路，但只能包车，德格至白玉包车200元左右，巴塘至白玉包车至少要400元。

🍴 1. 白玉县城有许多餐馆，以川味为主，价格5～15元/人，县城以外只有藏式食品，多数要到当地老乡家就餐，适当付费，或赠送糖果、酒类等礼品。2. 也可带炊具和压缩饼干，或到老乡家借宿，不过最好带上睡袋。

已保持了2700余年。白玉山岩戈巴父系社会范围包括今西藏贡觉县雄松区、四川巴塘部分，有大小戈巴80余个，成员有2万余人。

戈巴的成员只限男性，男孩从降生那一刻就成为戈巴成员了，稍稍懂事就可参加戈巴内的会议。戈巴首领没有任何特权，是因其能说会道，善断大事，经由大家商讨推举而产生的。戈巴间没有主从关系，无论大小，都是平等关系。只有在利害关系不一致时，才以戈巴为主，结成联盟。戈巴男人通常只处理一些家务，相互间饮酒聊天，但他们精于手工，女人则干户外的生产重活，地位不高。戈巴的生产资料和劳动成果通常会均分，游猎时，全体戈巴成员一齐行动，所获不论大小多少都平均分配。

父系氏族是以男性为中心的，若女方未能生育男孩，戈巴可以安排男方另娶，女方及女方家人不得有任何意见。若女方丧偶，戈巴可以决定由谁去接管该女子及其家产。女人不能在卧室或楼上生小孩，分娩的地方是牛圈，之后才能上楼。如果生了男孩，家人会宰羊庆贺，若生下女孩，则不会杀羊。另外，在交往过程中，女人任何时候都不能抚摸男人的头部。

✈ 交通

川藏北线

川藏北线的交通主要在成都新南门汽车站，通常发车时间在7:00以前，有到达北线各地的班车。色达的班车在茶店子汽车站，其线路是经理县、马尔康到达。川藏北线的班车通常要2天时间才能到达甘孜县、德格县和石渠县，中间一般会在康定、炉霍或甘孜县停靠住宿。

成都西门车站每天16:00有4班开往康定的车。成都发往甘孜州各县的车由新南门车站出发，为了安全起见，都会在康定过夜。泸定县与康定市之间是49公里的水泥路面，从泸定出发，车程1小时，票价15元左右。

康定与炉霍是重要的交通中转站，如果在成都不能买到直达的车票，可以在康定、炉霍转车，康定是全州的交通中心，炉霍是川藏北线的交通中心。无论进出，在炉霍车站的时间大致都在9:00左右。

稻城—亚丁

稻城没有机场，也没有铁路通过，唯一快捷的进入方式就是乘坐汽车。

进入稻城，主要有两种行程：一是从成都往西经康定、理塘（川藏南线）再折往南到稻城，二是从云南中甸经四川乡城再到稻城。

成都方向

从成都出发到稻城，有两种走法：南下出则为：成都—雅安—泸定—康定—新都桥—稻城。北上出发则为：成都—都江堰—卧龙—四姑娘山—丹巴—塔公—新都桥—稻城。

如果时间允许，从南线进稻城，北线回成都，一次将稻城、康定、海螺沟和丹巴、四姑娘山游完是最理想、最惬意的，但因为汶川地震的原因，北线沿途路况受到影响，所以目前一般是南线进北线出。

从成都新南门开往稻城的班车，每天至少有两班，其中一趟是8:30发车，票价230元，要在路上行驶两天，中间需在康定过夜。如错过这趟班车，也可先坐成都至康定的班车，然后在康定坐车去稻城。

中甸

中甸（香格里拉）到稻城每天都有班车，车票103元。从中甸（香格里拉）到稻城一天可到达，但中途有一段要过垭口的路是泥路，路况较差。

☑ 乡城到桑堆约80公里，桑堆再到稻城县城约20公里。沿途可租的车少。

稻城县客运站

稻城县客运站有发往康定、成都、中甸等地及部分景点的班车，发车时间比较早。

⌖ 稻城县金珠镇北街

📞 0836-5728762

川藏南线

川藏南线基本上是在茶马古道原来的基础上向前延伸的。西起成都，经康定新都桥、理塘、巴塘到昌都和拉萨，全长2136公里；与北线相比，南线路途较短且海拔较低。

这一地区的交通节点在康定、稻城、塔公和理塘。随着旅游热的兴起，交通状况日益改善。进出和区内的交通都是长途汽车，没有其他的交通方式。

🛏 住宿

川藏北线

这一地区的住宿条件正在日益改善。

康定最好的有3家，一家是情藏大酒店，一家是卡拉卡尔，还有一家是格萨尔大酒店。自助旅行的最好住黑帐篷。

新都桥入住百家乐，八美入住四方来。道孚建议入住民居，炉霍则入住卡萨宾馆，卡萨大酒店，甘孜则在车站附近，那里有各种高中低档的酒店。德格、嘛呢厅戈入住帕尼食宿店，德格县城入住雀儿山宾馆，色达和石渠则入住县委招待所。

在藏族聚居区旅行的经验是：最好入住当地的县委、县政府和武装部招待所，一是卫生好，二是安全性高，三是价格不贵。

173

丹巴

政府招待所

标准间40～100元/间。

丹巴大酒店

标准间150元/间。

古堡大酒店

是丹巴较好的酒店之一，有茶坊和餐厅，标准间180元/间。

墨尔多山庄

标准间80～200元/间，有独立卫生间和热水，能提供较可口的川菜。

丹巴宾馆

标准间20～140元/间。

稻城—亚丁

在稻城主要住在稻城县城、日瓦乡、亚丁村和龙龙坝。稻城县城条件较好，有标准间；亚丁村和龙龙坝的住宿点大多都是民居改造，没有带独立卫生间的房间；日瓦乡的住宿条件在上述两者之间。

稻城

县城内有三星标准的稻城—亚丁宾馆，标准间300元/间左右。此外，还有香格里拉温泉山庄、乡雪酒家、蓝月山谷、交通宾馆、电力宾馆、稻城县政府招待所、多吉客栈、拼音山庄等，房间收费50～380元不等。除此之外，住在藏居也是不错的选择。经济实惠之余，价格一般在15～50元/床。

亚丁人社区

位于进县城的大路右侧。住宿干净，公共卫生间，可以洗澡。每个房间有电热水壶可以自己烧水。此外驴友比较集中，门口信息板可以召集旅伴或搭伴包车，不用的装备也可以存在这里。标准间60元/间（平时）、80元/间（7～8月）、普通间25元/床、多人间15元/床。

喜波热

稻城县城还有条件较好的喜波热、彭松措等民居可供游人住宿，价格为30～100元。喜波热环境不错，汉式、藏式都有，房间干净，热水充足，院子里还种了各种漂亮的花，性价比较高。

日瓦乡

日瓦乡有四星级圣庭亚丁酒店，是目前稻城地区最好的酒店，标准间400元/间以下。此外还有绿野亚丁酒店（三星级）、三圣如意、桃园山庄、天使宾馆、教育宾馆等可供游人住宿。其中，"绿野亚丁"和"三圣如意"名气很大，就在村口。两家价格均为15元/床（四人普通间），绿野亚丁的标准间200元/间左右。

亚丁

亚丁自然保护区外有两个营地：亚丁村、龙龙坝。这里有大量的木屋和藏式民居可供住宿，但住宿环境比较简陋，有些艰苦。

亚丁村和龙龙坝的木屋不少，其中一些新建成的木屋设施、环境还不错，每个房间2～4个床位不等，床位40元/床。另外还有一些旅行社建起的接待点也可以考虑。

🛏 住在藏族居民家里，体验原味的藏式风情；但大多数的民居较为简陋，提供给游人住宿的，卫生条件可能会差一些，而且屋里有浓重的酥油味道，费用20～40元不等，酥油茶免费提供。

川藏南线

成都新南门车站和康定都有发往理塘、巴塘的班车。

两地饮食基本都是藏餐，特色有60元的清炖全鸡（有虫草），20元一斤金沙江鱼。

康定、理塘、稻城是川藏南线上的3座重要城市，也是旅行中的主要中转站，整个南线的住宿条件都较为艰苦，一般以小旅馆为主，很多景区景点则需要住帐篷，所以，建议出行前带一条睡袋，这样既可以保证卫生，而且也方便住帐篷时使用。

康定的住宿可参考川藏北线的相关信息；理塘的住宿条件不好，车站附近有很多私人旅店，便宜，但设施较差。理塘有明珠宾馆、高城宾馆、理粮宾馆、吉祥旅社，档次不一。一般10～25元/床。高城宾馆是这里最好的宾馆之一，其余可以选择理塘粮食局招待所、武装部招待所等机关招待所。

🍴 餐饮

川菜与藏餐是这里的主要食品，另外清真食品和川味面食都很不错。除康定外，其他地区的餐饮特点及多样性不太多。

雅江不能错过的是鱼，所谓"雅江三绝"，雅江鱼、雅江雨和雅江女。雅江县城内现在兴起越来越多的餐厅，高中低档的接待都能胜任，因而也逐渐形成了一个南线的交通中转站。理塘的餐饮业是相当发达的，可以在这里体验藏族美食：炖牛羊肉、煮坨坨肉、酸奶、酥油茶，人参果等。

稻城的餐馆相对较多，大多与住宿点在一起。

📖 行程推荐

D1. 成都—道孚，到胜利白塔后面的山上看落日与县城全景，宿道孚；

D2. 道孚—炉霍，包车去易日沟，看原始森林与杜鹃，宿炉霍；

D3. 炉霍—甘孜，包车去绒坝岔草原，返回时拜谒达金寺、白利寺，宿甘孜；

D4. 炉霍—德格，拜谒德格印经院和更庆寺，宿德格；

D5. 德格—嘛呢干戈，包车去新路海和阿须草原，宿嘛呢干戈；

D6. 在嘛呢干戈搭乘德格或石渠至康定、成都的车，中途会在炉霍县或道孚县住宿；

D7. 炉霍或道孚返回成都。

D1. 成都—康定，下午包车去木格错，落叶松和乔木已有了万紫千红的色彩，宿康定；

D2. 康定—八美，游览泥石林，包车游览东谷天然盆景园，宿八美；

D3. 八美—道孚，游览灵雀寺、胜利白塔，参观道孚民居，宿道孚；

D4. 道孚—炉霍，包车去宗塔草原，露营或在乡上借宿；

D5. 宗塔—炉霍，游览寿灵寺；

D6. 炉霍—康定，在康定泡二道桥温泉或榆林宫温泉；

D7. 返回成都。

D1. 成都—康定，途中观二郎山、泸定桥，下午抵达康定，包车游木格错风光，宿康定；

D2. 康定—稻城，午餐于雅江，途观毛垭坝草原风光、剪子弯山风光和海子山自然奇观，宿稻城；

D3. 桑堆小镇—奔波寺（蚌普寺）—傍河与色拉—茹布查卡温泉；

D4. 稻城—贡嘎郎吉岭寺—亚丁自然保护区—冲古寺—珍珠海；

D5. 亚丁自然保护区—冲古寺—仙乃日—夏诺多吉—洛绒牛场—五色海—央迈勇—牛奶海，返回稻城；

D6. 稻城乘直达成都的班车，晚宿雅江或康定；

D7. 抵达成都，宿成都。

预 算

　　"五一"大假踏春看花七日游：这条线路最大的花销是到炉霍宗塔，因为还没通班车，包车往返需要 600 元，这将占掉 1000 元交通预算的 1/2 还强。另外，门票是省不掉的，在 120 元左右。住宿的选择余地不是太大，所以 400 元左右应该够了，剩下的是必不可少的餐饮费用，带个两三百元，再事先预备一些干粮和饮用水，然后就上路吧。

　　"十一"大假红叶之旅七日游：川藏北线的主要花费是交通费，因为很多线路如果选乘长途汽车，那么时间会受到极大的限制，尤其是像"十一"旅游黄金周这样的时间，所以交通费里有大部分是用于包车的。总体预算在 2000 元左右，其中，交通费 1000 元左右，这条线路很多地方没有门票，所以 150 元左右就够了，住宿的差异因人而异，但这一地区的差别不会太大，450 元左右应该就能住得不错。另外，这一带的餐饮以藏式为主，而且也没有太多的美食可以消费，所以预算为 400 元，很多时候可能会简单对付一下，花不了太多的钱。

　　川藏南线七日游：这条线路是以"香格里拉"为主题，稻城是此行的重点，整个行程中绝大部分时间都逗留在稻城的美丽山水间，7 天的预算为 2100 元左右，主要包括：交通 1000 元，住宿 400 元，餐饮 400 元，还有就是门票准备 300 元左右。

九寨沟地区

作家阿来的小说《尘埃落定》就取材于这一地区，而历史上最为有名的便是乾隆征讨大小金川的战事。优美的自然风光与极具特色的民族文化的有机结合，形成了阿坝州独特而丰富的旅游资源。南面，是卧龙国家级自然保护区和四姑娘山国家级风景名胜区；阿坝州的中部，还有若尔盖高原湿地，以及卓克基土司官寨，藏羌民俗特色鲜明。北面，是被联合国教科文组织列为世界自然遗产的九寨沟—黄龙风景名胜区。

九寨沟是白马人和藏语安多方言区共同居住的地方，人文风情极为浓厚，那些遗世的自然山水以外，这些厚重的历史人文风情将会带你到更为遥远的从前。白马人在族源上属于氐部落，是炎黄二帝中黄帝的后裔，至今仍保持着古老的民风。

九寨沟以南是久负盛名的松潘，途中要经过岷江源头弓杠岭，青葱的峡谷连着蓝天白云，听着悠扬的牧歌轻松到达松潘。松潘是一个保存较为完好的古城，高大的古城墙是明代所筑。到了松潘，另一个世界文化遗产——黄龙也就相距不远，还有牟尼沟、松坪沟。若是从平武返回九寨沟，可以一览王朗自然保护区，看看平武报恩寺，沿古蜀道南下。

中国工农红军长征从 1935 年 4 月进驻到 1936 年 8 月全部走出草地，停留达 16 个月，留下数处会址、遗址、文物等，还有鲜为人知的红四方面军在金川建立的格勒得沙共和国遗址，以及后来建造的松潘红军长征纪念碑园、亚克夏雪山红军烈士陵园等。

景点目录

九寨沟地区旅游交通示意图

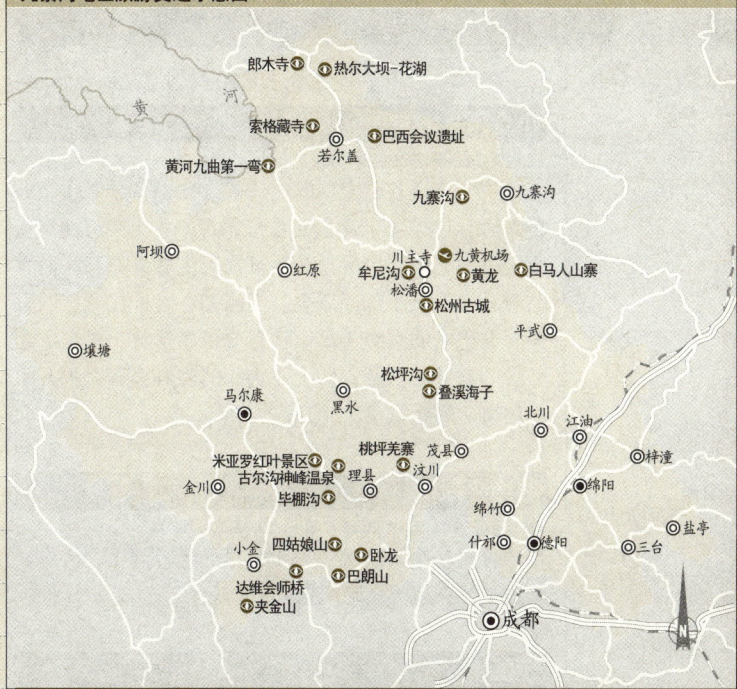

黄 河

郎木寺 ◉
热尔大坝-花湖 ◉

索格藏寺 ◉
巴西会议遗址 ◉

黄河九曲第一弯 ◉
若尔盖

九寨沟 ◉　◉ 九寨沟

阿坝 ◉
红原 ◉
川主寺 ◉ 九黄机场
牟尼沟 ◉　◉ 黄龙　◉ 白马人山寨
松潘
松州古城 ◉
平武 ◉

壤塘 ◉

马尔康 ◎
黑水 ◉
松坪沟 ◉
叠溪海子 ◉

北川 ◉
江油 ◉
梓潼 ◉

米亚罗红叶景区
古尔沟神峰温泉 ◉
毕棚沟
桃坪羌寨 ◉
理县 ◉
茂县 ◉
汶川 ◉
绵阳 ◉

金川 ◉
绵竹 ◉
什邡 ◉
三台 ◉
盐亭 ◉

小金 ◉
四姑娘山 ◉
卧龙 ◉
巴朗山
德阳 ◉

达维会师桥
夹金山 ◉

成都

N

179

阿 坝

小金天主教堂

🚌 从小金县内步行即可。

小金天主教堂

【它的背后是一段苦难的中国历史】

位于小金县委大院内，1919 年由法国传教士余廉霭兴建。1935 年，中国工农红军第一和第四方面军在小金会师，中共中央总政治部在天主教堂召开了两军驻懋功团以上干部同乐会。毛泽东在驻地接见红四方面军在懋功的高级干部，详尽分析了形势，提出了会师后的方针和任务。两大主力军的胜利会师，揭开了中国革命的新篇章。

达维会师桥

🚌 可从小金县城步行前往。

达维会师桥

【1935 年 6 月 13 日，中国工农红军一、四方面军在此会师】

位于小金县达维镇东 1 公里的沃日河上，河岸公路边上建有达维会师纪念碑。

三关桥

🚌 从小金县城包车前往，10 元左右。

三关桥

【桥头堡中有不少红军石刻】

位于小金县至丹巴县的小金川河上，桥头堡的建筑特点为汉藏合璧，现仍可通行。

巴朗山

🚌 位于小金、汶川、宝兴三县交界处，距成都 200 余公里。从成都经都江堰可到达巴朗山，也是从成都去往四姑娘山等地的必经之路。

📷 巴朗山垭口海拔 4500 米，是观云海、日出的好地方。

巴朗山

【缤纷的高山草甸、幽深的原始森林加上奇绝的云海美景】

位于小金、汶川、宝兴三县交界处，距成都 200 余公里。巴朗山海拔 5040 米，藏语称巴朗拉，意为圣柳山。景区内海拔 4000 米以上的山地是寒冻风化高山，山体峭壁嶙峋，岩石裸露。蜿蜒其间的公路是阿坝州东行最险的一条路。在海拔 3500 米的山腰处，高山草甸的草坪间星星点点散落着各色野花，成群的牛羊在蓝天白云下怡然自得。茫茫的云海将雄浑的山脉分成上下两部分：上面是野花缤纷的高山草甸，下面是神秘幽深的原始森林。

被称为"一绝"的巴朗山云海有无风涌动之妙，被称为"二奇"的则是厚度可达 2000 米，千变万化，翻卷腾挪，涌动如巨龙的云层以及柔中带刚，啸声尖厉，遒劲有力，势不可当的过山云。

夹金山

【红军长征翻越的第一座雪山，秋景令人陶醉】

位于雅安与小金交界处，属邛崃山脉支脉，北坡距日隆镇20公里，山下是达维会师桥；南坡下是硗碛嘉绒藏寨，是红军长征时翻越的第一座雪山。夹金山主峰海拔4114米，山顶气候变幻莫测，"六月飞雪"的现象时有发生。夹金山植被丰富，动植物资源很丰富，高山草甸、原始森林让夹金山显得秀美。由宝兴翻越夹金山到达维的路古已有之，是居于山南北两岸的嘉绒人走亲戚和通婚的路，也是最早的通商要道，乾隆征讨大小金川用兵时曾将这条路拓宽，1935年红军翻越此山，达到了中国工农红军第一和第四方面军成功会师的战略目的。

目前夹金山上的主要景点有王母寨、双海子、五道拐、一支箭、九坳十三坡、新寨子、古碉堡等。春天有高山杜鹃姹紫嫣红，秋天遍山的彩林五彩斑斓。

达维喇嘛庙 ✿

【毛泽东、周恩来等人曾在这里工作、生活过】

达维喇嘛庙是一座藏传佛教寺院，外墙有些残败，为嘉绒藏族聚居区特有的石墙，里面为木石结构。

四姑娘山

【我国的登山胜地，被誉为"东方阿尔卑斯山"】

位于小金县东部，是四座山峰的统称。景区以四姑娘山为代表，由四姑娘山、双桥沟、长坪沟、海子沟组成。

四姑娘山主峰海拔6250米，气势磅礴，景色壮丽，吸引了众多的专业与非专业的登山者。猫鼻梁是观看四姑娘山最好的地点。一天中，四姑娘山呈现着不同的身形，从最初在彩霞中的点点亮光，以青灰、玫瑰红色开始，在天光云影中变幻莫测，诱惑着更多的人向她走去。四姑娘山还是观花的好地方，春天之于高原是一个短得不能区分的时段，一晃就进入灿烂而热烈的夏天，黄的、蓝的、红的、紫的花将山变得无比温婉，与云彩一起舞动着世外桃源的旗帜；而秋天，这里的枫红橘黄相伴着雪山冰峰，松萝与冰挂一起在风中享受阳光与风的抚摸；严冬，青山与冰雪同在，秀美与雄浑共存。

夹金山

🚌 只能租车前往，费用约在700元／天。

达维喇嘛庙

🚌 小金县到达维乡的车票7元。

🎫 10元

四姑娘山

🚌 成都茶店子客运中心每天6:30、7:00、7:30、12:00有发往四姑娘山的班车，中途在日隆镇下车。行程5个小时左右，票价63元。

🎫 双桥沟：淡季50元，观光车50元；旺季80元，观光车80元；长坪沟：淡季50元，观光车20元，旺季70元，观光车40元；海子沟：淡季40元，旺季60元

🏠 1. 可住日隆镇招待所，或者双桥沟旁边的四姑娘山庄，费用20～30元／人，房间内有电热毯。也可选择金昆宾馆，它是四姑娘山唯一一家四星级度假酒店，位于日隆镇长坪沟口处，标准间200多元／间。2. 如果想体验当地藏族或羌族风土人情，还可以在当地居民的家庭客栈住，15～30元／人。此外，吃饭问题也可与房东商量，搭伙的话一日三餐不

1. 注意带够防寒衣物。
2. 每年 7～8 月的景致最美，鲜花盛开，气候凉爽；10～11 月则是观赏秋景的好时间。3. 在景区内旅游，如果想骑马游览，可与当地马匹服务公司联系。海子沟马匹服务公司 ☎ 0837-2791575。

双桥沟 ❀
【游人最多，最美丽的一条沟】

全长 34.8 公里，面积约 216.6 平方公里，可观看到十几座海拔在 4000 多米以上的雪山。景区内有阿妣山、古猿峰、猎人峰、望月峰、舍心岩、长河坝、人参果坪、沙棘林、阴阳谷、日月宝镜山、五色山等景观。

长坪沟 ❀
【3 条沟中景观最丰富的一条】

全长 29 公里，沟内 16 公里处便是四姑娘山。景区沟内有喇嘛庙、古柏幽道、沙棘树林、绝壁飞瀑、原野、藏族房舍、雪山、海子、枯树滩等景观。公路只修到距沟口约 3 公里的喇嘛庙，往前只能骑马或徒步。

↑ 四姑娘山

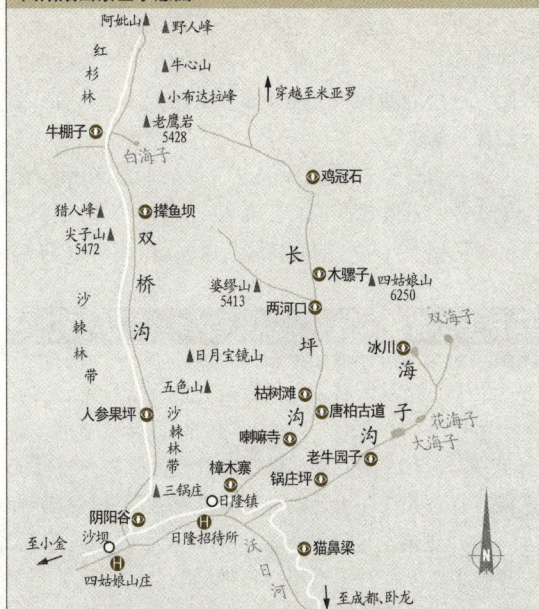

四姑娘山景区示意图

海子沟 ❀
【以高山湖泊为主要景观】

全长 19.2 公里，沟内有花海子、白海子、蓝海子等 10 多个高山湖泊，湖水清澈见底，蓝天、白云以及层次分明的四周山色倒映湖中，成群的高原黄鸭在水面飞翔，林中飞鸟美妙的歌喉都让人感受到海子的灵性。

两河口会议遗址、虹桥沟

【垂直生态系统成就变化多端的美景，从这里可徒步直达米亚罗】

位于小金县城北 70 公里两河乡的关帝庙，因地处虹桥沟与抚边河交汇处，故名两河口。会址的主体建筑现已毁，仅余后部马房，现存建筑为 2003 年在原来基础上重建的。1935 年 6 月 26～28 日，中共中央在此召开了政治局扩大会议，即两河口会议，亦称懋功会议。

由关帝庙后面的村庄继续向山里前行，不到两公里便到达一个叫做阎王桥的地方，过桥便见苍松翠柏与高山草甸相接的美景，从这里可以直达米亚罗景区，是一条轻松的徒步线路，适合休闲型户外体验。这里有几座终年雪山，垂直生态系统成就了变化多端的美景，经过三松坪之后是高山水杨柳与冷杉组成的原始

两河口会议遗址、虹桥沟

🚌 成都茶店子客运站和都江堰都有发往小金的班车。小金县到日隆的车票 5 元。小金到两河的车费 15 元左右。

🏠 两河口乡政府招待所可以住宿，15 元／铺，政府招待所有川菜提供。进虹桥沟需自带干粮和帐篷、睡袋等户外装备，如要生火做饭一定要注意防火，黄鸭海子和两叉河有牛棚子，秋冬时节住牛棚子相比帐篷来说简直就是星级标准了。

🍴 乡上有几家小餐馆，多以卤菜与烧菜为主，味道还不错。如果早上进沟，午餐可以在三松坪对大爷家吃点农家菜，他家的酸菜肉丝和老腊肉不错，一般 10 元／人。

🎒 与虹桥沟毗邻的玛嘉沟、霸王沟非常美丽，以自然景观与人文景观并存而吸引最初的探险旅行者。

183

森林，松萝拂面，遍野都是烂漫的杜鹃。快到两叉河时，会经过一大片沙棘林，这种生长于高寒地带的植物小小的果实在冬天异常红艳，与晶莹的冰雪形成鲜明的对比。这里的沙棘不仅多，而且高达七八米，有"参天沙棘"的美誉。

黄鸭海子是一个高原湿地，也是一个高山牧场。海子四周是落叶松与冷杉，夏天，小叶杜鹃的色彩映在水中；秋天，落叶松的橘红与蓝天白云相映生辉。

沃日土司官寨
🚌 只能包车前往，路况良好，费用约40元，当天可以返回小金县。

沃日土司官寨

【精细的局部雕刻与粗犷的建筑风格形成鲜明的对比】

位于小金县沃日乡人民政府驻地。沃日土司官寨建于清代早期，现存一座四角碉，平面呈长方形，通高37米，有13层。外部保存完好，内部缺少维修而显得有些破败，在很远的地方就能见到沃日河畔旷野里高耸的建筑，走近时可见到巧夺天工的建筑工艺，一些石上与木栏杆上有不少精细的雕刻，与粗犷的建筑风格形成鲜明的对比，不失为一景。

墨龙嘉绒村
🚌 小金县城至抚边乡车费10元，到了抚边可以乘摩的或小面包车，车费5～10元。或搭乘去成都或马尔康的班车，包车只需20元左右。
ℹ️ 这里没有接待点，需要食宿可以与村干部商量借宿，需适当付费。

墨龙嘉绒村

【乾隆攻打金川时的战场，中国工农红军与国民党军队激烈交战的地方】

墨龙村藏语名字叫做"热尔供"，坐落在距小金县城48公里的抚边乡，因其村傍靠一道酷似大象头形的山梁，所以当地人又称其为"龙木且"——象鼻

↑ 嘉绒民居

184

山下的赞拉。墨龙村是藏语嘉绒方言区一个极有特色的寨子，战壕、碉堡等防御工事等古战场遗址至今仍保存完好。穹隆式建筑点缀在如画的景致中，炊烟相伴牧歌，吟诵每一天动人的诗情画卷。

抚边老街 ❀
【悠久的历史在这里留下不可磨灭的记忆】

抚边老街位于抚边新街公路旁的山坡上，有清朝皇帝的御碑、古戏楼、观音庙等古建筑，红军长征时经过这里，相关文物不少。

猛固桥、马鞍桥 ❀
【有着和泸定桥一样的震撼效果】

是横跨抚边河的铁索桥，电视剧《长征》中飞夺泸定桥的战争场面便是在此地拍摄。

卓克基官寨
【很多影视剧曾将这里作为外景地，其风景之美可以想见】

位于马尔康县东南方向 7 公里的卓克基乡西索村，官寨通高 19.5 米，占地面积 1400 平方米，由土、石、木 3 种建筑材料建成，平面呈长方形。主要建筑材料还是木材，它撑起了整个官寨的结构，石材主要用于围栏和围墙，木质的门、窗、房檐、梁柱等有精美的雕饰。官寨的屋面为平顶，可以沐浴阳光、观赏风景。

桃坪羌寨
【是世界保存最完整的羌族建筑文化艺术"活化石"】

位于理县桃坪乡，在汶川和理县之间，是至今仍然保持着古朴风情的原始羌族村寨。桃坪羌寨距成都 163 公里，距县城 41 公里，杂谷脑河水从寨前奔流而过。依山而建的桃坪羌寨建于 768 ～ 770 年，寨内耸立两座九层石块垒砌的碉楼，与对岸山峰烽火台遥遥相望。

寨内的通道很复杂，没有人带路常常会迷路。依山势而建的寨子易守难攻，即便是被围得如铁桶一般，寨内的人依然不会慌乱。因为被围最为担心的是粮食与水，粮食家家户户有存余；至于水，祖先早已从远处的雪山引下水来，在寨内形成密如蛛网的水道通往每家每户，揭开门前石板，就能取水。人行寨内但闻

卓克基官寨

🚌 可以搭乘马尔康至小金县的班车在卓克基乡下车，但一般是从马尔康打车去卓克基官寨，车费 40 元（往返）。

🎫 10 元

📝 如果有时间，可以到卓克基官寨附近的西索民居看看。

桃坪羌寨

🚌 在成都茶店子客运站每天有十几次开往汶川县的班车，从汶川县城至桃坪有面包车或中巴车，票价均 4 元。另外，开往理县的班车也路经桃坪羌寨，每天 5 班。

🎫 60 元

🛏 桃坪羌寨有不少家庭旅馆，吃住都很方便，在这里住上一晚是最好不过的旅途内容，40 ～ 60 元／天／人（包吃住）。

📝 汶川大地震中，桃坪羌寨有房屋部分坍塌，三座著名碉楼的楼尖，也有部分垮了，但主体建筑依然完好。这已经是桃坪羌寨在百年之内，第三次遇上地震屹立不倒。不幸的是，除桃坪羌寨外，茂县的黑虎羌寨、汶川的罗卜羌寨等羌人聚居地，因地震而受到近乎毁灭性的破坏。

米亚罗红叶景区示意图

水声叮咚，却不知水源在何处。这些水道的水清澈洁净，既解决了平日所需，也有防火的作用，同时也为战时的稳定起到重要作用。

甘堡藏寨
【纯净朴实的千年古藏寨】

已有 2000 多年历史的甘堡，位于理县县城以南 8 公里处，是杂谷脑地五屯守备中保留最完整、规模最大的嘉绒藏寨，全为石头所建，距今已有上千年的历史。现今有数百户藏族居民，人口上千。依山势而建的房屋幢幢相连、户户相通，层层叠叠的，蔚为大观。村寨中以前有位清朝的守备，姓桑，他的官寨至今尚存，尚武之风今天尤在。

米亚罗红叶景区
【有着"红色走廊"美称的著名红叶景观区】

位于理县境内，景区全长 120 公里，国道 317 线横穿其间，在这 3600 多平方公里的土地上，山峰险峻，树木葱茏。金秋十月，米亚罗松柏青、枫叶红、柞树黄、桦木如漆，千山万壑，层林尽染。高山草甸和坡地上

甘堡藏寨

🚌 可乘坐成都到理县，成都到马尔康，成都到红原的班车在甘堡下车，车票为 30～35 元。目前因地震影响，交通受限。

🎊 甘堡的传统节庆非常热闹，腊月开始杀年猪，新年里载歌载舞，跳锅庄喝酒。清明一些家庭会有大的祭祖活动，传统的看花节也非常壮观。

米亚罗红叶景区

🚌 成都每天都有去马尔康、红原方向的长途客车，这些客车都要经过米亚罗。

🎫 如果在金秋红叶季节经过此地，只要拍照就会有人来收门票 30 元

🏨 一般不用在米亚罗住宿。如果需要，可选在米亚罗林业站招待所，食宿一并解决。特色菜卤牦牛肉 10 元 / 份，炒鹅蛋菌 12 元 / 份，标准间 80 元 / 间，普通间 20 元 / 人，☎ 0837-6831905。

的灌木丛也是姹紫嫣红，争奇斗艳。四川能看红叶的地方其实很多，到米亚罗观红叶一个最大的优点在于，它位于317国道的两旁，不用门票，也不用辛苦地爬山，甚至连车也不用下就可看个够。

古尔沟神峰温泉

【目前四川省唯一的融浴、饮、疗为一体的天然热矿泉】

位于理县到米亚罗镇之间的古尔沟神峰山下，地处米亚罗风景区腹地，国道317线旁。神峰温泉水温常年保持在52℃左右，日流量在1500吨以上，含有17种有益于人体的微量元素，是目前四川省唯一的融浴、饮、疗为一体的天然热矿泉，具有美容、护肤、减肥、延年益寿等功能。

毕棚沟

【这里的红叶比米亚罗更有野趣】

位于理县朴头梭罗沟境内，幅员180平方公里的毕棚沟，海拔为2400～4500米。因为南连四姑娘山长坪沟，东北紧靠著名的古尔沟灵泉圣水，而成为徒步旅游的胜地。

毕棚沟本身的景色非常美妙。在主沟毕棚沟内，山下是壮阔的森林景观，山腰有清澈晶莹的海子，而到了牛棚子以上，则慢慢开始积雪，洁白的雪花飘落在森林、木屋之上，轻盈无比。

这条国内外知名的徒步旅游线路每年都会吸引无数的徒步旅游爱好者来穿行，一般完整穿越需3～4天时间，需要准备充足的衣物、粮食、装备等，并且在当地请一个向导并配上马匹。

"5·12"汶川地震震中遗址

【这里记载了那段灾难和在灾难中艰难前行的人们】

汶川县映秀镇路口，矗立着一块写着"5·12震中映秀"几个大字的巨石。这块巨石是地震时山体崩裂滚下来的，如今成为震中映秀的标志性路牌。

2008年5月12日14时28分04秒，汶川县映秀镇南方向约11公里处（北纬31°，东经103°24′）发生里氏8.0级特大地震，震源深度14公里。昔日秀美的映秀几乎被夷为平地。

"5·12"汶川地震震中，位于映秀镇百花大桥之

⏰ 10月10日到10月底是米亚罗红叶最佳观赏期，在米亚罗镇沿国道走3个小时来回就能看到满山的红叶。

古尔沟神峰温泉

🚌 可搭乘去米亚罗、红原、马尔康的班车在中途下车，路边过桥即是。

💰 浴资60元

毕棚沟

🚌 成都的茶店子车站有开往理县的长途车票，全程5小时左右。从理县可包车前往毕棚沟内，可坐车经过景区门口并直达公路尽头——上海子接待站。

💰 60元

"5·12"汶川地震震中遗址

🚌 可经新建的都江堰——映秀高速公路到达汶川映秀镇，车程约20分钟。

⏰ 映秀地震一日游：从成都出发，沿紫坪铺库区而上，观赏"地震壁画"，经漩口集中村、百花"5·12断桥"抵达震中映秀，参观张家坪牛眠沟"汶川大地震震源点"、"漩中遗址"等景点，登"5·12长街"纪念地震遇难者，后可抵达老虎嘴和银杏。中途可在集中村体验震后新村的农家乐餐饮，也可在映秀板房用餐，参观完景点后当天原路返回成都。

九寨沟景区示意图

上的牛眠沟口、莲花心至漩口镇的蔡家杠村。汶川地震从这里开始，几百万立方米的岩石碎块从陡峭的山崖上倾泻而下，形成长达近3公里的岩石流和9处山体击打面的震源景观。原牛眠沟被瞬间填高30米。

汶川地震中，都汶公路全线80%的道路被损毁，10余公里的路段被崩塌的山体完全覆盖，50余座桥梁受损，7座桥梁完全垮塌，数十处山体滑坡。其中，位于映秀与漩口交界的百花大桥，桥面断裂，桥墩震毁，全长500米的大桥轰然整体垮塌。

九寨沟

【"九寨归来不看水"是对这一美景的最好说明】

九寨沟位于阿坝州境内，距成都450公里，是长江水系嘉陵江源头的一条大支沟，沟长50余公里，海拔2000～4300米，因周围有盘信、彭布、故洼等9个藏族村寨而得名。虽然很多人都已经到过九寨沟，但对于这个有"童话世界"之称的景区来说，仅仅一次是远远不够的，春夏秋冬不同的美景都值得一访再访。

青山环抱间则查洼、日则、树正3条沟构成了一个"Y"字形，景区内有呈梯级分布的大小海子114个，海子之间的17个瀑布群、11段激流、5处钙华滩流像美丽的项链上一颗颗璀璨夺目的珍珠，在繁茂的原始森林中绽放着异彩。景区内现有树正沟、日则沟、则查洼沟、扎如沟4条旅游风景线，长60余公里，

九寨沟

🕐 7:00～18:00

🚌 景区有绿色环保观光车，观光车车票在购门票时已一并购买，因为是通票所以可搭乘任何一辆观光车。观光车很多，在任意的停车点可以乘坐任何一辆观光车。游览车共有3条线路，分别为沟口—诺日朗，诺日朗—长海，诺日朗—原始森林（淡季不开放）。

💰 淡季80元，观光车80元；旺季310元，观光车90元。淡季可购买二次进沟的门票，20元门票，加上80元观光车车票。旺季为了控制人流量会取消二次进沟的政策。但是实施时间根据每年的游客接待量而定，并不是严格按照淡旺季时间来决定。

✏ 1. 为了保护环境，方便游客，沟内还修建了观景栈道60多公里，使游人有机会越溪河、下危崖、穿丛林，寻幽探奇，但是淡季这些栈道通常都不会

有树正、诺日朗、剑岩、长海、扎如、天海6大景区，以3沟118海为代表，包括5滩12瀑，10流及数十泉等水景为主要景点，与九寨12峰组成高山河谷等自然景观，四季景色各有千秋。

树正沟 ❀
【九寨沟风景区内一条主要的旅游线路】

从风景区大门一进来就是树正沟的沟口，此处海拔2040米，购买门票及观光车票都在这里。沟口至诺日朗全长14公里，地势较低，进入大门后有一段5公里长的柏油路直通荷叶寨。荷叶寨是9个藏族村寨中最大的一个，以田野风光为主，秋季最美。

芦苇海

九寨沟的第一个海子，位于盆景滩之后。海子全长2.2公里，是一个半沼泽形态的湖泊，湖中芦苇丛生，湖水呈宝蓝色。春夏满眼的碧绿与秋冬时节的金黄形成了对比强烈的色彩。

树正群海

二三十个大小海子呈梯田状连绵数里，上下高差近百米。湖泊周围多为柏、松、杉等翠绿树木。湖水层层翻堤而下，在树丛中穿流，跌落的形成叠瀑，清

开放。2. 景区内主要以藏式饮食为主，由于物资多从外面运入，所以餐饮的价格稍高。在当地的酒店可以品尝到洋芋糌粑、九寨柿子饼、荞面饼、九寨酸菜等风味。景区内有诺日朗游客服务中心，自助餐50元／人，酥油茶10元。午餐一般是在这里解决。3. 原则上，景区内不能住宿，如果一日未游完，必须当日出沟，沟口外有大量的宾馆酒店，旺季价格相对较高，而且不容易住上，最好临行前在网上或通过电话提前预订。也有一些游客会偷偷地住在沟里的藏族群众家中。九寨沟内的藏族村落基本上都偷偷接待游客，50元左右包吃住。4. 九寨沟一年四季都可游，除了秋季外，冬季的九寨沟是纯白和宁静的童话世界，冬季住宿和食品虽较旺季少，但却便宜许多。

树正沟

⚡ 下午是游览树正沟最好的时候。特别是夕阳照在芦苇海时，宝蓝色的湖水和金色的芦苇形成强烈的对比，冲击着人的视觉感官。

↑ 树正群海

漱的水在浪花飞溅中直奔下游而去。青翠的树木，碧蓝的海子以及白色的水花，构成了一幅色彩层次分明的画卷。不少九寨沟的经典照片便出自这里。

树正瀑布

位于树正群海的上游，树正寨前的公路旁。瀑布宽约 62 米，高约 15 米，是九寨沟四大瀑布中最小的一个。

树正寨

观览树正群海的最佳位置，村寨前有一座白色的佛塔，是藏族群众拜神念经的场所。村寨里到处飘扬着各色的经幡。

犀牛海

树正沟最大的海子，长约 2 公里，水深 18 米，海拔 2400 米，也是九寨沟中景色变化最多的海子之一。南端有一座栈桥通往对岸。湖岸四周多彩叶，其倒影最具特色，清晨有云雾时，水天一色，十分梦幻。

日则沟 ✿
【九寨沟内最美的一道风景线】

全长 18 公里，位于诺日朗瀑布和原始森林之间。这里景色因四季的转换而变化多端，乘旅游车到原始森林，徒步从上向下行，最后到达镜海。

诺日朗瀑布

九寨沟众多瀑布中最宽阔的一个，宽 300 米，落差 20 米。"诺日朗"在藏语中意指男神，伟岸高大之意，故而诺日朗瀑布的意思就是雄伟壮观的瀑布。自顶端滔滔而下的瀑布如银河飞泻，声震山谷。南端浩大的水势寒气逼人，腾起的水雾在朝阳的照射下，幻化出横挂山谷的道道迷人彩虹。

珍珠滩、珍珠滩瀑布
☑ 珍珠滩瀑布最佳的观赏地点在激流左侧的栈道上。

珍珠滩、珍珠滩瀑布

珍珠滩是九寨沟中唯一不受季节影响的景点，常年水声潺潺。水流经过珍珠滩时，水珠如同珍珠一样在钙华的滩涂上跳跃，在阳光下光芒四射。

淌过钙华滩的水流在尽头形成了著名的珍珠滩瀑

↑ 珍珠滩瀑布

布。这也是九寨沟所有激流中水色最美，水势最猛，水声最大的一段。瀑布宽 200 米，落差最大处可达 40 米，气势雄伟壮观。冲进谷底的瀑布黄绿相间，在阳光下闪烁出绚丽夺目的光彩。

五花海

位于日则沟孔雀河上游的尽头，有"九寨沟一绝"和"九寨精华"之誉。五花海是九寨沟所有景点中最精彩的一个。深秋季节，五花海四周的山坡色彩丰富，姿态万千。五花海的彩叶如火焰流金，多集中在出水口附近。含碳酸钙质的池水，与含不同叶绿素的水生群落在阳光下幻化出缤纷的色彩，湛蓝、墨绿、翠黄、粉红……倒映池中，五彩斑斓，与水下沉木、植物相互点染，尤其美妙，五花海之名由此而来。

熊猫海、熊猫海瀑布

熊猫海位于日则沟，毗邻五花海，海拔 2587 米，深 14 米，面积 9 万平方米。据说九寨沟的大熊猫最喜欢来这里游荡、喝水、觅食，所以得名"熊猫海"。蓝天白云下群峰静立，岸边层林相间，海水澄澈，波光山影。

熊猫海是九寨沟鱼最多的海子，可以观赏到高山

熊猫海、熊猫海瀑布
☑ 九寨沟只有两个海子在冬季的时候不会完全结冰，一个是海拔最高的长海，还有一个就是熊猫海。

↑ 镜海

裸鲤鱼。裸鲤鱼为高山冷水鱼，生长得非常缓慢，而其他鱼在这里很难生存。1983年成都水产局和都江堰管理局将55尾虹鳟投入海子里，1年以后，不见踪影。

从熊猫海北侧的栈桥走到尽头，沿着一段向下的陡峭栈梯缓步而下，可以看见右侧有一道飞流自熊猫海口飞扑直落深谷，中途又被悬崖下突出的岩壁和巨石截成数段，数节叠瀑一气呵成。这道瀑布就是熊猫海瀑布。80米的落差让熊猫海瀑布成为九寨沟所有瀑布中落差最大的一个。站在瀑布顶端就如同站在天际云端一般。瀑布带着极大的冲击力跌落深谷，沿着河道如万马奔腾般狂啸而去。

镜海

📱 最好早上去镜海。这个时候的镜海平静如镜，四周的倒影清晰地呈现在水面上。稍晚一点，镜海就容易起风了。波光粼粼的水面无法欣赏到它的镜面效果。

镜海

从诺日朗上行2公里（日则沟一侧），便到了镜海。镜海长925米，最宽处262米，水深24.3米，面积215.73万立方米，镜海呈狭长形，四周林木苍翠，山壁像一座巨大的石屏风。镜海有三奇：晴日无风时，水面光滑如镜，景物毫不失真地被复制到水中，纤毫悉见；夏日细雨轻洒时，水面微绉水波，顺湖而上可见一条若有若无，如细绢般轻柔的白色水带，其上不见雨点，平滑光亮，带外则波光粼粼

姿色互异中让人恍惚迷离；镜海中有不少长 20～30
米的风倒巨树在水中半浮半沉，其中有两株巨树的
梢头半露，其上竟然生出了灌木苔藓，如盆景般于
湖心亭亭玉立。在万籁俱寂的月夜里游镜海又是另
一番滋味。

原始森林

　　位于日则沟的尽头，是九寨沟面积广大的原始
森林的一部分。森林中有如海绵般柔软的苔藓和落
叶、芬芳潮湿的空气，有阵阵的松涛和啁啾的鸟语。
置身林间，山风拂面，树影映入眼帘，恍惚中不知
身在何处。

则查洼沟 ❀
【九寨沟内 4 条游览线路海拔最高、距离最长的一条】

　　这条旅游线以长海为主，长海位于则查洼沟的顶
端，平均海拔 3100 多米，宽约 600 米，最深处达百余米，
是九寨沟湖面最宽阔、湖水最深的海子。长海呈墨蓝
色，四周山峦叠翠，北侧入口的湖岸边生长着一棵独
臂老人松，一侧枝繁叶茂，另一侧却秃如刀削，奇特
的造型引来无数游人的目光。

　　每年春夏的高山融雪是长海的水源。长海四周没
有出水口却从不干涸，也不溢堤，水位从不曾改变，
似乎时间在这里凝固，成为藏族群众们"装不满，漏
不干"的宝葫芦。

　　初秋的长海五彩斑斓，分外妖娆，冬天的长海则
是一个银色的童话世界，湖面厚厚的冰层使长海成了
一个巨大的天然冰上游乐场，可供数千游人在此尽兴
溜冰、玩雪。

扎如沟 ❀
【一条可充分领略藏族风情的旅游线】

　　扎如沟目前还没有开发，只能骑马或徒步前往，
这是一条古道，名叫扎如马道。扎如沟口的扎如寺是
本教寺院，每年农历四月十五有传统佛事活动——麻
芝助钦节。扎如桥是扎如马道的起点，也是沟口环山
公路与沟内扎如马道之间的分界线。骑马走在宽阔、
平坦的扎如马道上，两旁如诗如画的藏式小木屋以及
山林中随风飘舞的经幡便呈现在眼前。

193

🚌 成都西门车站有发往松潘的班车。
🎫 松州古城楼门票 30 元
🍴 1. 古城宾馆楼下的玉兰饭店口碑不错，饭菜价格、分量和味道都让人称道，人均消费 10 元。2. 星月楼菜色新颖，味道也好，但消费较高，人均 40 元左右。3. 小欧洲西餐厅，服务不错，价格不算便宜。4. "阿里巴巴"烤羊肉串。名气大，所以冒牌店也多。真正的"阿里巴巴"在进了古城门后（有文成公主和松赞干布那个城门），在边上的店铺数起，第七家店铺。
🏨 松州住宿条件比较一般，但比较经济。标准间 80 元/间。如吉祥宾馆、家庭旅馆、古韵客栈等。另外还有松州古城宾馆，曾被《Lonely Planet》推荐，离客运站很近，条件很好，标准间 100 元/间左右。楼下玉兰饭店也不错。

松州古城

【历史上著名的边陲重镇——川西门户】

松潘古称松州，自汉唐以来，此处便设有关尉，屯有重兵，今天在松州的"窑沟"、"窑坝"上，仍可看见当年为筑城烧制青砖的古窑痕迹。

松州方圆 5 公里的古城门城墙至今仍然保存完好，城中有众多的自唐、宋、元、明、清代以来的古迹，当年的茶马互市曾有 3 条线，即川藏线、滇藏线和青藏线，最初是以青藏线为主，松州古城就是这条线上的交易中心。城内有一条自东向西，在中央大街转而一路向南汇入了岷江的清澈河流。远山近水，树木葳蕤，融古今风韵为一体，让人心旷神怡。可找当地人做导游，他们精通马术，擅长山歌，途中既可享受骑马的乐趣，又能聆听到少数民族那动听的歌声。

黄龙

【与传说中的西王母住所极为相似，故称"人间瑶池"】

黄龙位于松潘县黄龙乡，由黄龙沟、丹云峡、雪宝顶等景区构成。黄龙沟以地表钙华为主要景观，内有 3000 多个绮丽的彩池及钙华滩流、瀑布及洞穴等景观，在雪峰和森林的掩映下，如苍莽林间奔腾而出的一条金色巨龙。景区内的巨型钙华堆积体长 3.6 公里，宽 30～170 米，钙华体上分布着 3400 余个大大小小的钙华池，长达 2.5 公里的钙华滩流，还有众多的钙华瀑布和钙华溶洞。漫山遍野的钙华围堤，围成妙趣横生、形状奇绝的水池，清冽的雪水沿钙华体层层漫流，如梯田，似鱼鳞，池水澄清无尘，水色因水底沉积物和树木、山色的千变万化，而呈黄、绿、浅蓝、蔚蓝等颜色。

亿万年来的钙华池群凝聚了无数的水光天影，仿若叮咚悠扬的琴声在大地上行走。四野的群山、森林和池中的树和古老的岁月一起歌唱，行走其间，如同是与仙子在此间的一曲旋舞。

迎宾池

【精巧别致、色彩艳丽】

进入黄龙景区便可看到这组精巧别致、水质明丽，名为迎宾池的池群。池子大小不一、形状奇特、色彩艳丽、错落有致，四周群山环抱、林木葱茏、坡上山

五彩池

映月彩池
黄龙洞
石塔镇海
黄龙寺

玉翠彩池
中寺

杜鹃映彩池

盆景池

洗身洞

金瀑泻银

飞瀑流辉

迎宾池

黄龙招待所

N

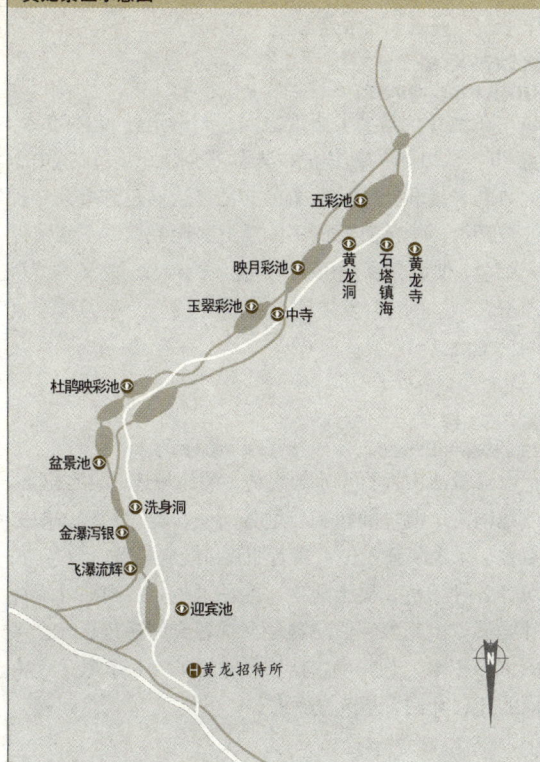

花烂漫，盘旋曲折的山间石径与观景亭阁等人工景观相映成趣，浑然天成。

飞瀑流辉 ❀
【透出以金黄为基调的色彩，整个画面更显富丽堂皇】

　　沿着曲折的栈道蜿蜒而上，可见到千层碧水冲破密林，顺流而下，从高约 10 米，宽约 60 米的岩上飞泻而下，形成数十个气势恢弘的梯形瀑布，如一道道珠帘垂挂，银光闪烁，瀑布后多为钙华沉积成的马肺状和片状的陡崖，金黄欲滴，富丽壮观。

洗身洞 ❀
【传说是仙人净身的地方】

　　登上黄龙第二级台阶，就是古代冰川的一个出水口——洗身洞。溶洞高约 1 米，宽 1.5 米，位于一堵40 米宽的钙华挂壁的下部，洞口水雾弥漫，飞瀑似幕，传说是黄龙真人成仙之时洗去凡胎俗骨之地，洗身洞

黄龙

🕐 6:30 ～ 18:30。冬季从11 月起不再开放景区，次年2 月末开始接待游客。

🚍 1. 黄龙与九寨沟之间的距离为 144 公里，在旺季有直达班车，6:30 ～ 7:30 有2 ～ 3 个班次。下午 15:00从黄龙返回九寨沟。2. 松潘在每年 4 月份以后，每天7:00 都有发往黄龙的班车，一般在 15:00 左右返回松潘。3. 成都、绵阳、都江堰等地现在还未开通到黄龙的直达班车，可以乘车先到九寨沟或松潘、川主寺，然后倒班车或包车去黄龙。4. 如果从成都坐飞机去九寨沟的话，在九寨黄龙机场可以乘坐机场—黄龙—九寨沟的巴士线路，从机场直接去黄龙游览，然后再乘大巴到九寨沟，票价 100 元。但需 5 人以上才发车，淡季的时候比较难凑足人数。5. 从九寨沟包车去黄龙，费用在 350元左右。从松潘到黄龙包车 200 元左右，另外在川主寺还有许多车主揽客拼车去黄龙，每人只要 50 元，但要看能不能拼到足够的人数（一般是 4 人）。

松州古城／黄龙

九寨沟地区◎阿坝

195

之名由此而来。洞内遍是浅黄色、乳白色的钟乳石。

金沙铺地

【有如金河泻玉，银水溢流】

在洗身洞与婆萝彩池之间，有一道长约 1500 米，宽 70 ~ 120 米的钙华流，人称"金沙铺地"，是由于地势的坡度和钙华物黄金般的色彩，看上去给人一种波浪翻滚、水流直泻而下的感觉，阳光照耀下水流浮光耀金，灿烂夺目，仿佛一片金色的沙滩，故又名"金沙滩"。这是至今发现的最壮观、最长、色彩最丰富的钙华流。

盆景池

【花木倒映池中，妩媚动人，宛如一盆盆争奇斗艳的盆景】

盆景池由近百个水池组成，池池相连，池池相套，池池同源。池堤随树根与地势而变，堤岸相接，顺势层叠；池水清澈无尘，宛若明镜；池底呈黄、白、褐、灰等各种颜色；堤上池中，翠柏盘根，池内池外，绿叶婆娑，山花含笑。池盆是形状各异的钙华质，众多的木石花草生长其中，仿佛天庭里的奇特盆景，使人间的园艺师们无不为之叹服。

石塔镇海

【黄龙景区内彩池群中最美、最有特色、规模最大的一个】

又称浴玉池群或五彩池，是黄龙景区内彩池群中最美、最有特色、规模最大的一个。池旁是黄龙后寺和龙王庙，池中有明代修建的石塔和石屋，现今水中部分已被钙华。"石塔镇海"由 400 余个彩池组成，弧形、双扇形、裙边形等形态优美，色彩和谐的石堤层层相叠，线条流畅。池水随山石树木及水底沉积物的色彩变化而呈现出黄、蓝、绿、白、褐、银灰、绛紫、粉红等不同的色彩，斑斓动人。池水中矗立着被钙华物包裹的枯枝，细的似石花，粗的若玉笋，与石塔相映生辉。冬季的黄龙风景区玉树琼花，一片银色的世界，唯有这里依旧碧蓝。

黄龙寺

【每年庙会过后，黄龙寺都会下一场雨。雨过之后，山林如洗，故名洗山雨】

距沟口约 3.5 公里。沟内原有前、中、后 3 座寺庙，前寺现仅存遗址；中寺共有 5 殿，现只有观音殿及殿内的 10 座罗汉塑像了；后寺位于黄龙沟尽头，寺庙建筑保存得最为完好。传说黄龙真人助禹治水后在此修行成仙，后人便在此修庙祭祀黄龙真人，故名黄龙寺。

黄龙洞

【每年冬季，洞内冰林、冰笋、冰幔、冰瀑构成一幅冰晶画面，景象绚丽】

黄龙后寺左侧 10 米处有一椭圆形石洞，传说曾是黄龙真人修炼之地，故名黄龙洞，又因洞中有 3 尊明代佛像，又称佛爷洞。黄龙洞口 10 月起冻，5 月冰消，洞口 3 座盘腿而坐的佛像因经年累月地被饱含碳酸钙的泉水淋浴，通体结上了一层白色钙华物，银光熠熠，好像用白玉刻成的一样。沿独木桥进入洞中，下行 10 余米，豁然开朗，洞高达 20 米，洞内有石柜、石床、梯田等，洞顶雕有白龙飞腾，洞中钟乳石林立，形状怪异。洞底向下倾斜，壁上有洞，深远莫测，至今无人探洞成功。站在洞口，可以隐隐听见暗河流水声从脚下发出。

牟尼沟

【集九寨彩池与黄龙"瑶池"于一身的风景区】

松潘县西南牟尼乡境内的牟尼沟以扎嘎瀑布和二道海为主体，面积 160 平方公里，景区内林木众多，大小海子色彩斑斓，造型多姿，钙华池瀑布气势恢弘，富丽壮观。沟内还有溶洞群可探奇，珍珠温泉可沐浴。

扎嘎瀑布

【中国最高、最大的钙华瀑布】

是一座多层的叠瀑，每一层均变化多端，瀑布高 104 米，宽 35 米，是中国目前最高的钙华瀑布。水流从巨大的钙华坡埂上以 23 米／秒的速度跌落，气势磅礴，其水声震耳欲聋。

二道海

【有如藏匿于密林中的蓝宝石】

位于牟尼沟的尽头，与扎嘎瀑布仅一山之隔。因有小海子、大海子这两个主要湖泊，故名二道海。二道海景区为一狭长清幽的山沟，长约 5 公里，内有栈道，从营区沿栈道上行，沿途可观赏到宛如珍珠、宝石的深藏于密林之中或袒露在蓝天之下的小海子、大海子、

牟尼沟

🚌 成都西门汽车站乘长途汽车去松潘县再转车（包车）前往，也可从成都坐飞机到九黄机场，再乘车前往景区，大概全程 1 个半小时。

🎫 旺季 100 元，淡季 60 元

🏨 可住在松潘县城及川主寺的各大宾馆。也可住牟尼沟景区附近，那里有很多藏族同胞经营的私人饭店可供住宿（楼上住宿、楼下饭店），可以品尝到富有特色的藏式三餐。二道海景区管理处附近也有客房提供。

ℹ️ 1. 牟尼沟居住着大量回族同胞，请尊重他们的饮食习惯、宗教禁忌，非伊斯兰教徒的游客，未经允许不能随便进入清真寺。2. 游二道海景区要遵循"左手原则"：进了景区大门后走左边的道路上去，然后到最高处往回走时也要走左边的路下来，这样就不会走重复的道路，且回来时走的路要比上去的路短。而游扎嘎瀑布景区的路则相反，要遵循"右手原则"：走右边的路上去，回来时还走右边的路下来。

天鹅湖、翡翠湖、犀牛湖等景观。小海子的湖水清澈
见底，游鱼可数，湖面水平如镜。一道宽约2米的飞
瀑与下游的大海子相连。大海子为一深潭，水色暗蓝，
且无出水口，但湖中之水却经年不溢。海子周围有森
林草坪环抱，清幽怡人，林间野鸟纷飞，野趣无穷。
每到夏秋季节，湖面上便开满一种白色的小花，蓝色
的湖水与白色的小花相映衬，分外清丽可人，动人心魄。

松坪沟

【群山、原始森林、地震遗迹、羌碉、奇异的天景、水景】

位于阿坝州茂县叠溪镇境内，距成都250公里，
景区由3沟6海子组成。

主沟松坪沟 ❁
【一处以生态古朴为特点的景区】

全长39公里，以白石海（公棚海子）、水磨沟、
白腊寨海子为核心景区，景区内生态环境原始古朴，
群峰挺拔，植被层次分明，以桦木、云杉、冷杉、高
山矮灌木为主50多个科。其中的白石海是松坪沟中
最大的海子。

鱼儿寨沟 ❁
【地震导致羌寨消失，但野趣横生】

得名于地震前的羌寨鱼儿寨，相传寨下沟内鱼儿
众多，该寨于地震中毁灭，鱼也从此无踪。寨址之上
便是湖光潋滟的鱼儿寨海子，人迹罕至故而有一种神
秘感，野趣为其他景区少见。

水磨沟 ❁
【水墨画似的人间美景】

因沟中有水磨得名，全长10余公里。沟中清泉
流韵，树写画意、水流诗情，令人心旷神怡。两海风
光"高峡出平湖"，尤其叠溪海子以60多年的历史风貌，
在峡谷中显得明净、超脱。

白腊寨海子 ❁
【以海子作背景的羌寨风情地】

有上下两个海子，上白腊寨海子位于松坪沟主沟
上的白石海下方，相距约1公里，海拔2470米。水
中藻类丛生，同一水面呈现墨绿、深蓝、翡翠等色彩，

松坪沟

📷 受"5·12"汶川大地震
的影响。目前前往景区的交
通还没有完全恢复。

🎫 30元；水上漂流40～
80元，湖中游船60～80元，
骑马观光60～100元

阳光照射林木，群峰倒映，水色变幻。下白腊寨海子距上白腊寨海子 0.5 公里，海拔 2430 米，水中游鱼穿梭，野鸭成群，与岸边青山、羌寨相辉映，勾勒出一幅美丽的田园画卷。在这里可以住古朴的羌居，与羌族人一起喝香醇的咂酒，品尝鲜美的烤羊，跳欢快的羌族锅庄，一不小心便被老乡们抬起来"筛糠"……最爽的事则是夏天在此漂流，能欣赏到独特的地震遗址、海子、森林、群山、民俗风情以及急流怪石等。

月亮湾

【白河在红原草原画出的一个个弯】

位于红原县境内。红原地处阿坝州中部，距州府马尔康 190 公里，是阿坝州内藏族聚居地之一。月亮湾清流婉转，如同柔情的歌声感怀伤情一样不忍离去，在日出日落时更有别样的美丽。

万象大慈法轮林

【安多藏族聚居区比较有影响的佛教寺院】

位于县城北阿木卡口，距阿木河口 10 公里，1936 年将原帐篷寺院迁入新址重建后命名为万象大慈法轮林，属宁玛派（红教）寺院，里面有珍贵的文物和佛经典籍。不过现在看到的是 1982 年班禅大师认定寺庙选址在阿木卡口后，国家拨巨款、群众捐资助

月亮湾
成都茶店子客运站有班车发往红原。

万象大慈法轮林
红原至万象大慈法轮林可乘摩托小三轮车，20 元 / 辆（往返）。
10 元
汽车站招待所：单人间 15 元 / 间，双人间 20 元 / 间，有电视，散铺 6 ～ 8 元 / 床，县政府招待所：20 ～ 40 元 / 间。
红原县城有清真餐馆和川菜馆，手抓羊肉价格较高，有正宗的酸奶，价格不贵。

松坪沟 / 月亮湾 / 万象大慈法轮林

九寨沟地区◎阿坝

↑ 红原赛马会

工重建，1990 年才基本完工的新建寺院。

每年农历四月二十九（公历 6 月 12 日），将举行一年一度的万象大慈法轮林神像节。节日期间有火供法会、迎请神仙、跳神、演藏戏、赛歌、赛马、灌顶等活动，其他知名的节日还有"七一"赛马会，届时的会场上人山人海，热闹非常。

阿坝寺庙与民居

【阿坝是安多藏族聚居区有名的宗教圣地之一】

阿坝县现有 48 座寺院，每年正月里的莫朗钦摩(传昭大法会) 是最为热闹也是最具宗教气息的时刻。座座寺院的建筑都很精美，河谷与坡上的民居也是阿坝的独特风景。

在县城周边就有好几座极有特色的不同教派的寺院，格鲁派的各莫寺和格尔登寺，本教的郎依寺和夺登寺，还有一座觉囊派寺庙。寺院的周围是农田，原本的草原开始出现了农耕文明是近些年来的事情，辽阔的土地上开始出现了豌豆、青稞和油菜，春夏时节，油菜花的金黄色簇拥着寺院与民居。阿坝县城附近的民居以土木结构为主，外墙的窗上涂有白色的图案，有图腾等装饰图案，里面的装修极有民族特色。

安曲河用柔美的曲线斗折蛇行滑过平坦的草原，泥墙夯成的阿坝民居独具风采，河南岸通往壤塘的公路是欣赏阿坝全景也是欣赏阿坝民居的好地方。一早一晚，在暖暖的阳光下和时浓时淡的雾霭中，寺庙与民居呈现出梦幻般的情致，弯弯的安曲河在草原上斗折蛇行，水、雾与霞光一道，将阿坝县城营造得如同仙境。

年保玉则

【像一朵尚未完全开放的莲花，年保玉则峰是藏族人心中的神山】

在四川阿坝与青海久治的边界上有一群湖泊，环绕着一座 5369 米的山峰——年保玉则峰。年保玉则距久治县城 70 公里，在蓝天白云下沿着巴颜喀拉山脉一路前往可以感受到青藏高原的雄浑和磅礴。中间要翻过两个山口，在山口上可以看见年保玉则巨大的群峰全景，恰好与青海果洛藏族自治州著名的阿尼玛卿雪山遥遥相望。

由于海拔较高，群峰山体侵蚀得比较厉害，山峰

阿坝寺庙与民居

成都有直达阿坝县的班车，票价 90 元左右，车程 8 小时；从九寨沟前往需到汶川转车，或者在若尔盖黄河九曲第一弯处搭便车前往，黄河九曲第一弯距阿坝县城 118 公里，包车在 200 元左右。阿坝县城到各景点基本上都能步行前往，或者乘小面包车 3～8 元/人。

1. 久治县城唯一的宾馆年保玉则宾馆对面有一家"汇翠鱼庄"，豆腐鱼十分美味，而且价格极便宜。2. 阿坝县城内可在县委招待所解决食宿，这里的豆腐非常好吃，盛夏时节可以吃到清香可口的豌豆尖，6～10 元/份，价格便宜，茶楼：10 元/人。

参观阿坝寺庙与民居可当天返回县城住宿，如果想在那里露营，离水源稍远。

年保玉则

年保玉则距久治县城 70 公里，全程柏油路面，路况非常好，沿途会翻越两个海拔 4000 米的垭口。茶店子汽车站有车发往阿坝县，行程 14 小时。阿坝汽车站有班车直达甘肃久治县。从久治县包车前往年保玉则，车费 200 元 (往返)。或乘早上 6:30 发往达日的车，在久治县下车，行程 1.5 小时。

年保玉则 10 元，如果从阿坝县进入没有门票

岩石壁立，山脊犬牙交错，陡峭险峻。山上有一个仙女湖和一个妖女湖，两湖之间有一段较长的距离，中间还有一个小湖，三湖几乎连为一体。3个湖泊的形状并不规则，湖岸曲折，一步一景，水色变幻，非常迷人。"妖女"比"仙女"更加妩媚迷人，两岸是直插云天的石头峭壁，像奇异的岩峰画廊，映衬着峰顶皑皑白雪，奇异迷幻如人间仙境。沿着妖女湖西岸的灌木和沼泽地走大约3个小时后，便是妖女湖的尽头，在一片广阔的沙滩背后就是年保玉则峰了。年保玉则与很多雪山都不太一样，它是由中心向四周发散的，四周是高度相当的群峰，没有明显的主峰，也没有明显的山脉走向，山脊最终消融在草原中。山脊之间点缀着大大小小160多个海子。

若尔盖达扎寺

【建于康熙年间的格鲁派寺院】

位于若尔盖县城达扎寺镇，全称"达扎吉祥善法寺"，距今已有300多年历史。寺院建筑系藏汉结合式建筑，别具一格。寺内珍藏有众多的佛像和佛经，如已有2000多年历史的佛祖像，自显"阿"字的高僧颅骨，金汁手抄《大般若经》等。

热尔大坝—花湖

【中国最平坦辽阔的湿地草滩，仅次于呼伦贝尔大草原的第二大草原】

位于若尔县城以北35公里处，平均海拔3468米，

🏨 年保玉则宾馆：位于青海省的久治县境内，虽叫宾馆实际等同于小旅店，15元/床，但安全、干净。不过久治县城白天几乎不供电，晚上才有电，电压相当不稳。
📷 夕阳下的年保玉则群峰甚是壮观。

若尔盖达扎寺
🚌 就在县城边，走路30多分钟即到。

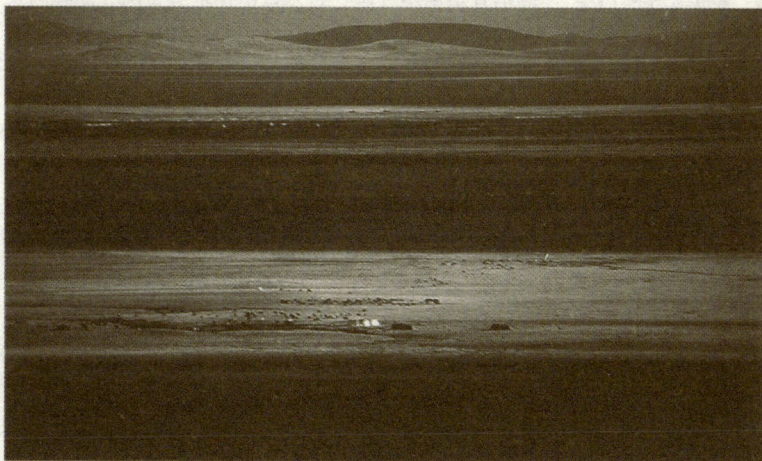

↑ 热尔大坝

面积 360 平方公里，是国家级高寒湿地生物多样性保护区。

热尔大坝地处青藏高原东缘，气候变化较大，一天之中可以出现雨雪和艳阳，可以浓云密布，也可以万里无云，而一切唯美的自然风光便在这天光变化中呈现出来，站在湖边，那句古诗又会跳将出来："天光云影共徘徊"，而藏獒的一声狂吠，惊起芦苇丛中的野鸭，天边顿时出现"落霞与孤鹜齐飞"的美妙景致。

热尔大坝一马平川，公路几乎是直直地横穿整个草原，车在平坦的原野奔驰，两边都是草原，间或出现一些高山草甸和湿地，远处青灰色的山峦偶尔现出一抹洁白的身影，闪烁出银白的光，那是终年积雪的大山。草原间有 3 个相邻的天然海子：最小的叫错尔干，最大的叫错热哈，著名的花湖居中。花湖源于夏天花湖中的水草开出芳香的花。湖中与沼泽中多水禽，时不时飞过。顺着原木铺就的水中栈桥，可以从草原走到湖中的亭子，在此留影观景都是不错的选择。

黄河九曲第一弯
【黄河唯一流经四川地界的一段】

位于若尔盖唐克乡境内，河水清澈，河中游鱼如织、风光清丽。来到这里有两件必做之事：一是登高望远，所登之山在海拔 3700 米左右，位于索格藏寺后面，登上这座山其实费不了多大劲，从山脚到山顶的垂直距离不过两三百米，山顶是观黄河九曲壮丽景色的最佳位置。还有就是一定要在黄河岸边骑一下河曲马，河曲马也叫唐克马。

索格藏寺全称为"扎西特钦伦"，意为吉祥大乘洲，始建于 1658 年。

包座原始森林
【红军在长征中，曾在这里有过包机战役】

包座分为上包座、下包座，处于群山峻岭之间，周围是原始森林，景色幽美，山高林密，野生动植物丰富，有包座河在峡谷中穿行。在这里，红军与国民党正规军展开了一场恶战，这就是历史上有名的包座战役。当年的主战场便在今达金寺和它东西两旁的山林。达金寺是藏族古老宗教——本教寺庙。

热尔大坝—花湖

位于若尔盖和郎木寺之间的 213 国道旁。成都茶店子客运中心站有班车直达若尔盖，大约需 12 小时。然后从若尔盖搭乘前往郎木寺的班车，中途在花湖下车即可。

花湖 20 元

1. 热尔大坝最为美丽的是七八月鲜花盛开的季节。2. 赏若尔盖热尔大坝最好的地方是日尔郎神山垭口上。到这里主要是看花湖、走路和骑马。当地老乡的马可以讲价。3. 花湖的黄昏异常壮美，天光云影在每一秒钟都在变化，时间一定要等到七八点钟光景，欣赏完美景才到花湖的帐篷宾馆休息，你别以为杂志和书上那些有关花湖的片子是电脑做了后期的，其实就是在七八点钟时实景拍摄的。4. 游览花湖时一定要注意有藏獒血统的牧羊犬，那血盆大口可以一口咬穿你的小腿。5. 旅游黄金季节是每年的 7～9 月。

黄河九曲第一弯

可从红原坐车到唐克，车费 8 元，行车 2 小时。包车约 100 元。

黄河九曲第一弯 20 元，索格藏寺 10 元

最好住在附近的帐篷旅馆，可以很方便地到山顶看第一弯的日出日落，30～40元，有电热毯，但晚上帐篷会有些漏风。也可以选择离景区 8 公里的唐克乡住宿，条件会好很多，不过需要包车前往景区，不太方便。

包座原始森林

若尔盖至包座乡 85 公里，至达金寺（包座战役旧址）4 公里。

降扎温泉

【一年四季不断被当地人视为"圣水"的温泉】

位于若尔盖县东北部的降扎乡境内，降扎温泉位于国道213线至甘肃省迭部县公路旁，距降扎乡政府5.5公里，北靠甘肃省，与碌曲县相连，上与四川省铁布梅花鹿自然保护区相邻。降扎温泉在川、甘、青藏区有很高的知名度，历来有"神圣吉祥"之地的美称。

"降扎"是藏语发音，意思为红柳树多。该乡地形具有高原与山区接缘的特征，既有高原雄浑辽阔的风光，又有山林秀美依人的景色。降扎温泉又名降扎氡泉，水温31℃～50℃不等，属中温热水。降扎温泉对皮肤病、关节炎、风湿、癌症、胃病等有显著疗效。

巴西会议遗址

【巴西会议是决定党和红军前途命运的一次关键会议，在中共党史上有着重要的历史地位】

会址原为班佑寺，现仅剩下一些残破的土墙。1935年8月底，右路军（中央红军）穿过茫茫草地到达班佑、巴西一带，基于红军当时的政治、经济状况，党中央在巴西班佑寺院先后召开了5次重要会议，最后一次是巴西紧急会议，以毛泽东主席为首的党中央于1935年9月9日深夜召开紧急会议，采取果断措施，率右路军的一、三军团及军委纵队先行北上。红四方面军二过草地南下。

班佑乡擦擦堆

【在整个西北地区也算最大的擦擦堆】

位于若尔盖县班佑乡朵玛村南面的草原上，这里绿草连天、白云高悬，有恍若隔世之感。众多的擦擦就硬是在这平坦的大地上垒成了一道风景。这座擦擦堆积而成的"山"，除了北面，也就是公路所在的地方，其他三面在很远的地方就能看见。擦擦堆四周用木栅栏围了起来，其目的是防止被不懂信仰的牛羊践踏。整个擦擦山长7米，宽3米，高2.5米左右，是村里人在村中有人逝去时，自发地从远处的山丘上抬来泥土制作而成的，经年累月，从不间断，才有了如此规模。

郎木寺

【一座跨越了两个省的清真寺】

郎木寺位于四川若尔盖县和甘肃省碌曲县交界

降扎温泉

🚌 成都茶店子汽车站搭乘至甘肃迭部县的班车在降扎乡下车。若尔盖至降扎乡车费20～25元，降扎乡至温泉可以在当地租摩托车10元左右，或面包车、拖拉机，2～3元即可；步行约需40分钟。

💰 泡温泉2元

🍴 可以吃面块和糌粑，最好带干粮。有20多间简易房间，5元/床。

巴西会议遗址

🚌 若尔盖至巴西会议遗址85公里。

班佑乡擦擦堆

🚌 1.从若尔盖出来的班车，到松潘、汶川、成都的都要经过。包车约50元。2.14:00左右川主寺有成都至若尔盖或成都至甘南藏族自治州的长途班车经过。3.包车从若尔盖县当天可以往返，车费100元。

若尔盖至郎木寺的班车每两天一班，票价18元，若从郎木寺返回若尔盖则很方便，可在桥头搭乘合作县至若尔盖的过路车，票价15元。包车从若尔盖到郎木寺300元左右。

纳摩大峡谷10元，天葬台5元

郎木寺宾馆：25～200元/间，有新楼与旧楼之分。仁青宾馆的住宿条件也不错，标准间60～120元/间，也有多人间。一楼的郎木寺餐厅有正宗川菜。

1. 郎木寺镇最热闹的时候是每年正月，届时将举行莫朗钦摩，即通常大众所说的传昭大法会，跳神、藏戏、展佛等活动都很有意思。
2. 郎木寺天葬台现在已对外开放，上去观看的时候一定要尊重当地的民族习惯。

处。郎木寺镇的街市加寺院不超过2平方公里，街市上的老建筑正在慢慢消失。

镇上有4座寺院，分别是安多达仓纳摩寺，即格尔底寺，安多达仓赛赤寺（位于甘南藏族自治州）和两座清真寺（甘肃界和四川界各一座）。不大的街上有着太多的外国游客，原因是20世纪40年代，一位外国的传教士在这里住了十几年，回国后他将在这里的经历写成了一本书——《Tibetlife》，在欧美国家发行后引来无数的追随者。一个有着两百多年历史的活佛法体灵塔不知吸引了多少人来此观看，两省交界，多民族聚居的川西北小镇，以河为两省交界，河的两岸各有一座格鲁派寺庙，同时还有清真寺。另外，这里的纳摩大峡谷里有许多神奇的传说，还被史家考证为西王母的故地，西王母是氐羌系各部尊崇的大神，至今仍接受着众多少数民族的膜拜。位于四川境内的寺院叫安多达仓纳摩寺，与纳摩大峡谷里的天女洞和老虎洞有着必然的联系。

在郎木寺镇白龙江畔，一位回族姑娘开了一家名为丽莎咖啡的小店，专营西餐，成为今日背包族的落脚之处，屋里飘散着各国的语言，墙上的世界地图上贴着各国的货币，留言簿上也记录着各种文字，这家小店也成为镇上的一道别样风景。

擦擦堆与藏族

在藏族聚居区，擦擦是一种吉祥物，又是一种祈求平安的护身符，长期以来，藏族人便把擦擦当做圣物崇拜，以求实现自己的夙愿。因而，在藏族人的心中，用什么材料和什么形式制作擦擦已经不是那么重要，关键是要把虔诚的心植入其中。只有经过喇嘛开光之后的擦擦才是崇拜物，才具有神的力量，否则只是普通的工艺品。

开光之后的擦擦便可以置入更大的佛塔和佛像的内部，作为佛身语意功德事业的依附之物。置入开过光的擦擦、经板等圣物的佛塔和佛身才真正具有了神灵。开光之后的擦擦还可以直接供奉在寺院，堆放在山洞、山上的巨石旁，享受着朝圣者的香火和顶礼。

制作擦擦是善举，有不少游僧和寺庙里的佛教信徒以制作擦擦作为自己的善业，他们常常在转经路旁和人群聚集的圣地虔诚地制作擦擦，过往人们或朝圣者购买擦擦的钱物和善意的施舍成为维持他们生活的主要来源。

千佛山

【高山花海是千佛山的最佳景色】

安县和北川的界山，原始森林密布，景色十分壮观。区内有熊猫、羚羊、金丝猴等国家一级保护动物和一级保护鸟类，有一级保护树种，名贵的羌活鱼和药材。在山顶有近 10 平方公里的原始杜鹃林，有奇妙的峡谷和洞穴，溪流和瀑布，有佛光、云海、日出、日落等自然景观。

山顶有一座古庙，始建于唐朝，曾是红四方面军西进松茂途中"千佛山之战"的指挥部。站在古庙黑色石墙上面俯瞰：北面耸立着约 20 米高的两根石笋直指苍穹，旁边有两个水潭。

北川地震遗址

【在这里，时间一直停留在那苦难的时刻】

2008 年 5 月 12 日 14 时 28 分 04 秒汶川大地震发生的那一刻，山崩地裂，美丽的北川羌族自治县县城遭到沉重打击，房屋瞬间倒塌，人员伤亡惨重。9 月 23、24 日，北川遭受特大暴雨袭击，导致大面积山洪暴发，河水猛涨，泥石流泛滥，部分城区被掩埋。

九黄山猿王洞

【西南第一大高山溶洞群】

位于北川羌族自治县境内，海拔 2095 米，由洞内高山溶洞群、绝壁黄金栈道、险山茶亭、原始森林、古老羌文化胜地等几部分组成。在猿王洞周围 4 平方公里范围内分布着 23 个各具特色的溶洞，它们是烟云洞、甘龙洞、鲢鱼洞等。

这里还是全国唯一的羌族自治县，是羌族聚居区。来到这里，映入眼帘的是雄伟壮观、气势磅礴的羌家碉楼、古朴悠远的白石贡奉，还可以聆听到悠悠羌笛声，感受羌人传承几千年的文化。还有惊险刺激的"一索架南北，天堑变通途"的羌寨溜索，两条长约 380 米的高空溜索，让你亲身感受凭一根绳索穿山越岭的快感。

千佛山

🚌 绵阳中心客运站乘到茶坪的班车，到茶坪后徒步或乘坐摩托车到山脚。徒步需要 3 个小时左右到前山山脚。

💰 100 元

🏠 山顶的古庙可以住宿。也可以自带帐篷在山顶露营。

ℹ️ 1. 后山购票处有许多摩的称可以带人进山 50 元 / 人，最好不要相信。2. 千佛山的云海非常美丽。第二天看完云烟后下山，约 7 个小时可以到山脚栈道，再走半个小时可到山门。

北川地震遗址

🚌 走成都高速公路，在绵阳南出口下高速，途经安县、安昌镇、永安镇到擂鼓镇，再经数千米到北川县城地震遗址。

九黄山猿王洞

🚌 江油有直接到猿王洞接待站的公交车，票价 5 元，半小时可到。也可以到 79 队汽车站乘到平武的车，路过猿王洞景区，下车即可。

💰 前山 90 元，全山通票 180 元绵阳几个客运站一般都有车发往，每15分钟一班，票价10～12元。如果从成都到江油，可在成都昭觉寺汽车总站乘车，票价40元左右，车程约2.5小时。

李白故里40元，李白纪念馆30元

窦圌山

从绵阳或成都昭觉寺汽车总站乘车到江油，然后转乘到窦圌山的班车即可。

67元，三月三庙会期间25元

窦圌山有许多很好的宾馆和农家乐可住宿，也可以返回江油市住宿。

报恩寺

成都昭觉寺车站乘车到绵阳，票价20～32元，然后在绵阳平政汽车站转车到平武县，车费40元。

20元，黄金周40元

富华大酒店：标准间80元/间左右，加床40元/床。

人民西路115号的清忻家清真餐厅品尝当地特色，比较著名且好吃的菜品有锅蒸8元，花生牛排15元，香辣牛肉15元，红油荞凉粉4元。0816-6599136、6313425

报恩寺在汶川大地震中受损严重。

李白故里

【这里曾经山清水秀、仙气缭绕】

位于江油市区南15公里青莲场，包括青莲镇李白故里、市区李白纪念馆、太白公园、海灯武馆及太白洞等景点，是以唐代大诗人、"诗仙"李白的故居为主的人文景观长廊。距绵阳市40公里。

窦圌山

【三峰矗立，壁立千仞，就像三扇美丽的画屏】

又名圌山，位于江油城北20公里的涪江东岸。相传唐代彰明（今属江油县）主簿窦圌（字子明）隐居于此，故名。

自麓至顶约5公里，行道迂回盘旋，林木苍翠，景色秀丽。李白少年时曾游此山，题下千古绝句"樵夫与耕者，出入画屏中"，后国民党元老于右任手书镌刻于山中石碑之上。

窦圌山远看呈圌，山巅三峰，拔地而起。峰顶各有古庙一座，名东岳、窦真、鲁班。三峰之中唯西峰有险路可通，其余两峰由上下两根铁索组成悬桥相连。

峰下不远处为云岩寺，始建于唐，明末焚于兵火，清雍正三年（1725）重修。

报恩寺

【四川现存最完整的一座明代宫殿式建筑群】

位于平武县城东北，始建于明正统五年（1440），至今已有500多年的历史。报恩寺主要建筑有天王殿、大雄宝殿、万佛阁、华严藏，辅以二幢、二狮、山门、三桥、南北牌楼、钟鼓楼等，风貌、布局俨然北京皇宫。

寺内的木雕、泥塑、石刻、壁画等都有较高的艺术价值，像大悲殿内千手观音由楠木雕成、华严藏殿内的星辰车（转轮经藏）也是由楠木制作而成，采用圆雕、浮雕等多种技法雕刻，图案生动精细、大雄宝殿及万佛阁内有400平方米的明代壁画，保存完整，为四川省内为数不多的艺术珍品。

王朗自然保护区

【是大熊猫最多的地方，占现存大熊猫总数1/4以上】

王朗自然保护区建于1965年，是全国最早的四

↑ 白马人

个以保护大熊猫等珍稀动物及其栖息地为主的自然保护区之一。区内有大熊猫、金丝猴、扭角羚等 7 种国家一级保护动物。王朗既是大熊猫栖息的重要走廊地带，又是连接岷山大熊猫种群的枢纽。保护区的原始森林是川西北保存最完整的一片，粗大的冷杉、云杉、红杉直指云天。

在王朗的周边还生活着一支古老而独特的白马民族，其语言、风俗、历史文化有别于其他任何民族，并保留了原始、古朴的文化传统，与王朗自然风光一起构成了独特的风景。

白马人山寨
【了解白马这个古老而又热情的藏族分支】

位于平武县白马乡。白马人是一个喜欢在头上插上白色羽毛的一个部族，他们跳傩舞——一种很古老的舞蹈，在节庆上会给客人抹锅底灰，喝自酿的蜂蜜酒，衣饰鲜艳，男女老少都喜欢荡秋千。白马人热情好客，可在白马人热情的引导下参观白马民居，了解白马人的风俗习惯，晚上在熊熊的篝火旁跳起欢快的锅庄、猫猫舞。

王朗自然保护区
平武县有直达王朗的公交车。
30 元

白马人山寨
平武到白马乡只能在城里乘面的前往，车费 15 元，若包车单程需 100 元，如果想同车返回的话，可以包车 200 元／天。单程需 1 小时左右。
平武白马乡祥述家香格里拉山庄可为游客提供具有民族风味的坨坨肉、蜂蜜咂酒、烤羊肉等。晚上就住藏族木楼。 0816-8828251

✈ 交 通

阿坝

航空

九黄机场位于松潘县川主寺镇，是目前阿坝州境内唯一的机场。距九寨沟沟口和黄龙分别为88公里和43公里，目前除成都、重庆外，还开通了至西安、昆明、张家界、深圳、广州、上海的直航航线（旺季才有）。

不过除了九寨沟—黄龙景区外，由九黄机场至阿坝州其他景区并不方便，所以如果在阿坝州多玩些地方的话，还是乘汽车抵达较为方便。

公路

成都有到阿坝州各县的长途汽车，阿坝州汶川县则是一个重要的中转站，适合自助旅游的朋友转车和休息，北边的松潘与川主寺都是比较重要的中转站。

小金

成都茶店子汽车站每天有发往小金县的班车，中途经过四姑娘山，在日隆镇下车即可。发车时间是6:30、7:00、7:30、12:00各一班，从成都到日隆镇车费每人45元，需6小时左右到达日隆镇。

小金开往成都的车最早6:30发车，7:30~8:00经过日隆镇。此外12:00~13:00还有一趟开往成都的班车经过日隆，在日隆汽车站买票。

红原

县城内的客运站每天都有发往成都、松潘、马尔康、阿坝县的班车，而且红原是到阿坝县的必经之路，全州只有红原和马尔康有发往阿坝县的班车。

红原到成都每日两班，6:20和6:50，价格100元。红原到都江堰，每日一班，7:00，价格80元。红原到阿坝（43元）、马尔康（45元/人）、松潘（60元）每日一班，9:00发车。

若尔盖

县内有县客运站和阿坝州运输公司车站两个客运站，每天都有发往成都、九寨沟、黄龙等地的班车。要注意的是若尔盖发往成都的车有的是走红原，有的是走松潘，买票时需确认。阿坝州运输公司车站发车分单双号，单号发往成都（经松潘）、马尔康；双号发往成都（经红原）、阿坝县，去松潘的每天都有。

马尔康

县汽车站就在路边，每天有发往成都、都江堰的客运班车，乘汽车一天可到达成都。发往州内的车大多是到西部各县，如红原、若尔盖、小金、丹巴等，也有到松潘等地的客车。另外还有一个州运输公司所属的小车站，每天有发往周边各乡村寨的班车，都在早上发车。

理县

国道317和213线从理县境内穿过，米亚罗红叶景区、古尔沟温泉和桃坪羌寨等主要景点均在国道附近。可在成都茶店子汽车站或都江堰客运站，乘坐到米亚罗的班车（每日两班），也可乘坐发往马尔康、红原的过路班车。

九寨沟

自从九黄机场通航以后，到九寨沟及周边的若尔盖草原及松潘等地旅游可以不用从成都搭乘大巴或自驾车。

九寨沟到达川主寺极为方便，川主寺是通往甘南及若尔盖的交通要道，作为搭飞机前来的游客，完全可以从这里游览壮美的若尔盖草原，拜谒藏传佛教三大文化中心之一的拉卜楞寺经由兰州返回。

通常从成都到九寨沟一般要花10个小时左右的时间。以前从成都到九寨沟遗址走九黄线，也就是都江堰—松潘线，地震后改走东线，也就是江油—平武线。虽然西线的风景比东线要好，但东线的风光也很不错。沿途青山绿水，山水相依。大巴停在九通宾馆院内。下车后，如果要买返程票，可以直接去九通院内的客运站买票。

九寨的士夏利、捷达是

5 元起步，其他好点的车都是 6 元起步。

绵阳

绵阳原本是四川省的交通枢纽，交通非常发达，但是受汶川大地震的影响，交通遭到了极大的破坏。目前，绵阳的交通已基本上恢复。

航空

绵阳南郊机场位于绵阳城南，有通往北京、上海、广州、深圳、厦门、济南、福州、太原、长春、合肥、武汉、南昌、西安、昆明、青岛、杭州、郑州、济南等城市的航线。

铁路

绵阳火车站位于宝成铁路线上，其行车线路辐射北京、上海、西安、太原、郑州、青岛、兰州、昆明、重庆、合肥等城市。

绵阳火车站

地处临园路西段与花园路交会处，距离市中心 1 公里左右。从市内乘坐 2 路、3 路、10 路、15 路、29 路、35 路、38 路、39 路、40 路、50 路、55 路、60 路公交车均可到达火车站。

公路

绵阳的公路十分发达，成绵高速、绵广高速以及其他一些高等级公路将绵阳的公路连接得四通八达、快速便捷。

🛏 住宿

阿坝

除九寨沟和松潘外，这一地区的住宿条件多以政府招待所和民居为主，如果要露营，一定要事先了解当地的情况，并遵守相关规定。

小金川宾馆

目前小金县城最好的宾馆，标准间 288 元 / 间。
✉ 位于小金县委大院内
☏ 0837-2783568

小金宾馆

标准间 120 元 / 间。
✉ 位于政府街上
☏ 0837-2782469

小金武装部招待所

这里提供住宿、停车、餐馆、茶楼、棋牌等多种服务，标准间 100 元 / 间。
☏ 0837-2781255

小金四海客栈

房价 40 ~ 80 元 / 间。
✉ 位于政府街上
☏ 0837-2781188

九寨沟

成都至九寨沟班车的终点站在九通宾馆院内（九寨沟客运中心在此）。九通宾馆在边边街，在沟口（景区大门）东侧。出了九通宾馆，往沟口方向走（出宾馆大门左手边，向西），走不多远，是边边街的一溜儿购物摊点，再走不到 1 公里，是沟口。过沟口往西，才是彭丰村，彭丰村再往西，是漳扎镇。

漳扎镇，九寨中最繁华的地方，大型宾馆比较多，团队喜欢住这里。网上有名的九寨青年旅舍、以表演出名的高原红就在漳扎镇。漳扎镇打的去沟口起码 10 元。

漳扎镇坐车 5 ~ 8 分钟后到彭丰村。九寨磨坊、三喜宾馆、花园酒店、彭丰超市、当地人喜欢的家乐福超市在彭丰村，这是较多驴友选择住的地方。打的至沟口 5 ~ 6 元。走路最多 10 分钟后到达沟口，彭丰村到沟口中间的距离很短，一路上都是宾馆酒店林立。

沟口再坐车 1 ~ 2 分钟或走路 8 分钟左右就到了边边街，边边街其实就是卖手工艺品的一条街，旁边再衍生些酒店、小吃店，但并不是很多店铺，比不上彭丰村热闹。

九寨天堂国际度假中心（五星级）

九寨天堂号称亚洲最大自然型酒店，它的建筑与自然融合在一起，环境、设施、服务都不错。大堂设有环保地热供暖系统，为游客提供了更为清新的空气。玻璃穹顶下的生态大堂与自然景色融为一体，别具一格。九寨天堂洲际大饭店的每间客房都有木质阳台，并能观赏山景。还能在天浴温泉中心泡温泉。温泉中心 1 万平方米以上的超大空间，环映 5 个温泉叠瀑彩池、1 个标准恒温泳池和 2 个健身桑拿池，兼备设施一流的休

↑ 九寨沟沟口旁边1000米的边边街

息按摩区、"空中花园"式的咖啡茶廊、极具私密享受的 10 个独立别墅套房。标准间旺季 5000 元 / 间，淡季 750 元 / 间左右。

不过它位于甘海子，距九寨沟口 20 公里，交通有些不便。从这里包车到沟口要半小时左右，约 50 元；到黄龙则要 2 个多小时，包车 200 元左右。从九寨黄龙机场前往九寨沟，会经过九寨天堂。

九寨沟喜来登国际大酒店（五星级）

位于九寨沟漳扎镇，距九黄机场 80 公里，是九寨沟景区唯一一座五星级度休闲型酒店。内有多种不同风格的餐饮和中国一流的艺术剧院，是一个旅途休闲的理想港湾。标准间 830 元 / 间。

📞 0837-7739988

九寨沟蜀电宾馆（三星级）

位于九寨沟景区内，北临九环公路，南倚风景秀丽的群山。宾馆建筑具有藏羌风格，环境清幽、宁静，标准间 450 元 / 间，淡季 280 ～ 380 元 / 间。

📞 0837-7734998

荷叶迎宾馆（三星级）

位于九寨沟沟口的公路旁，随时可能遇上撑一片荷叶迎来送往的藏族姑娘，因为这是一家独特藏式风格的宾馆，住房条件与服务都不错。标准间 200 元 / 间，退房时间推迟至 14:00。

📞 0837-7735555、7735688

九寨磨坊

网上名气很大，房间不多，经常住满。标准间 200 元 / 间。

📞 0837-7764926

九寨沟木屋别墅

在这里可以体会到家的感觉，木屋别墅位于依山傍水的彭丰镇月亮湾，宾馆全部采用藏式建筑，在九寨沟地区别具一格。宾馆距沟口 1 公里，是制造梦境的好地方。

凌云楼宾馆

位于漳扎镇彭丰村金寿宾馆旁，背靠白龙江，距沟口 500 余米，步行约 5 分钟，打的仅需 4 元。标准间 100 元 / 间。可选择临江房间，夜听涛声枕江而眠，实在是非常惬意的事。

📞 0837-7734661

九通宾馆

位于九寨沟客运中心内，距离沟口 400 余米，标准间 100 元 / 间。

📞 0837-7734087

九寨民族花园

标准间 60 元 / 间。不过没有空调，秋冬季节会有点冷。有电热毯。

📞 0837-8893991

荷叶寨 46 落房（曾素英家）

25 元 / 床。早餐 5 元，晚餐 20 元。这家的饭菜很不错，分量十足，不够管添。

则查洼寨宝镜楼（德尕家）

25 元 / 床。德尕为人很好，是观光车调度员。

📞 0837-7738029
✍ 以上 3 个寨子均有其他藏族群众家可住宿。九寨沟实行"沟内游，沟外住"的公开政策，在沟内藏族群众家住宿属于半地下状态。

若尔盖

若尔盖花湖帐蓬宾馆

有藏餐和中餐供应，住宿 40 ~ 80 元 / 床，只在旅游旺季开业。

若尔盖香巴拉宾馆

是若尔盖最好的旅游涉外宾馆之一，标准间 288 元 / 间，有地道的藏式食品和可口的川菜。

📞 0837-2291666

若尔盖草原旅行社招待所

旧楼双人间 15 元 / 床。

4 人间 10 元 / 床，简铺 8 元 / 床。新楼单人间 25 元 / 床，双人间 20 元 / 床，三至四人间 15 元 / 床。

若尔盖红星宾馆

3 人间 15 元 / 床，无淋浴。

若尔盖扎西拉杰旅社

三人间 10 元 / 床，双人间 12 元 / 床。

📞 0837-2291778

绵阳

绵阳酒店主要分布于市区范围内及九黄环线上。二星级的酒店一般在 100 元 / 间左右。

🍽 餐 饮

阿坝

阿坝州是藏族和羌族聚居的地方。藏羌人民热情豪放，这种性格也浓郁地体现在他们的饮食文化中。

当地特色餐饮主要为牛羊肉，但藏族和羌族的做法稍有不同：藏族以熏烤肉为主，辅之以青稞酒、酥油茶、酸奶等饮品；羌族喜食酸辣口味的肉菜和动物内脏。另

外当地汉族人以川菜为主。

凉拌核桃花

将核桃花稍煮后，加酱油、醋、盐、葱花、味精凉拌。凉拌核桃花油黑发亮，是补脑食品。

搅团

将玉米搅成团，煮熟、成糊糊状，也可将玉米面捏成汤圆状，或用筷子夹成鸡头状，再入锅煮熟。蘸海椒水食用，也可将适量搅团舀入酸菜汤食用。

荞面面块

荞面擀成薄面饼，切成小块，入酸菜洋芋汤，煮熟后食用。

咂酒—青稞酒

是一种只有藏族和羌族才有的独特酒类。

绵阳

绵阳的主要菜系自然是川菜，但是绵阳小吃非常有特色，种类多、味道好而且价格便宜。出名的小吃有：梓潼酥饼、梓潼片粉、菜豆花、席凉粉、罐罐汤、锅盔等。

九寨沟—黄龙三日游

D1. 乘最早的航班抵达九寨沟，进沟游览，宿九寨沟；
D2. 九寨沟到川主寺，在川主寺加油站等车去若尔盖，在县城包车去达扎寺，宿若尔盖；
D3. 游览若尔盖草原风光。

阿坝地区六日游

D1. 乘最早的航班抵达九寨沟，进沟游览，宿九寨沟；
D2. 九寨沟到川主寺，在川主寺加油站等车去若尔盖，在县城包车去达扎寺，宿若尔盖；
D3. 晨起在汽车站乘班车到唐克，赏黄河九曲第一弯的美丽景区，拜谒索格藏寺，宿唐克；
D4. 在唐克搭车至红原，包车游览月亮湾，然后再包车至瓦切，拜谒经幡林和塔林，品黄河鱼，宿瓦切；
D5. 在瓦切搭乘至松潘的公交车或便车到达松潘，游览松潘古城，宿松潘；
D6. 松潘至成都，乘晚上的飞机离开成都。

嘉绒藏族阿坝地区八日游

D1. 从成都出发抵达理县桃坪羌寨，当天游览羌寨，宿羌寨；
D2. 搭乘至马尔康或红原的班车到达甘堡藏寨，然后搭乘班车或小面的至理县汽车站前往马尔康；宿马尔康；
D3. 游览卓克基官寨、松岗碉楼，然后前往小金，宿小金；
D4. 游览营盘清真寺、猛固桥、马鞍桥、三官桥，后至虹桥沟，当晚宿虹桥沟乡政府招待所；
D5. 游览两河口会议遗址，虹桥沟骑马或徒步，沟内露营；
D6. 原路返回，当晚宿小金；
D7. 到达丹巴，游览甲居藏寨，梭坡古碉，宿丹巴或中路民居接待点（丹巴需要3天的时间或是更多的时间）；
D8. 返回成都，宿成都。

预　算

　　这一地区费用最高的就是九寨沟—黄龙。来这里的交通费用在 700 元左右。如果想搭乘飞机去九寨沟的话，交通费用得涨到 1800 元左右。门票非常贵，几个景点加起来差不多需要 700 元，再加上食宿，三四天的花费最少约需 2700 元。

　　其他景区的消费虽然比九寨沟—黄龙这条线便宜很多，但是一般交通不是很方便，所以花费的大头主要在交通上。平均 150 元 / 天左右。

广元—巴中地区

这一区域正在形成独具特点的三国文化旅游区，其中包括行政区划上的广元市、南充市、巴中市和广安市。广元的航空港及成都至广元、南充和广安的高速公路都已建成通车，让这一地区的交通更为便捷，加之广巴高速不日动工，将形成这一地区快捷的交通网。以广元为中心的广元地区正在形成一个新的旅游环线。

广元地区是四川境内人类活动较早的地区之一，自古以来就是陆路出川的要道古蜀道——金牛古道的必经之地，也是军事要塞，历来有"蜀中有事，千里金牛皆为战场"之说。广元还是中国历史上唯一一位女皇武则天的故里，这里的旅游资源十分丰富，除了久负盛名的剑门关翠云廊之外，还有柏林沟古镇、昭化古镇、木门古镇，穿越全境的古蜀道上更是古迹密布，水陆要津所在，同时也遗下不少人文精粹，担保保节、傩舞、皮影灯戏无不一一述说这方土地的古老文明。

与广元毗邻的巴中，历史悠久，夏朝晚期就逐渐形成了巴蜀文化的核心区——巴人文化，现存的巴州南龛坡、南江断渠，通江县的栾巴寺、千佛岩、大巴山山脉之米仓山古道等重要历史文明便是巴文化的重要遗迹。公元前316年秦惠文王灭蜀国后回师灭掉了巴子国，这一地区开始进入中原文明的版图。巴中地区的光雾山、米仓山正逐渐成为四川旅游的新亮点，诺水河溶洞、恩阳古镇、南阳风景区、阴灵山、南龛摩崖造像等都是令人向往的名胜古迹。南充是四川著名历史文化名城，四川的九大中心城市之一，一直是川北重镇，阆中古城则是文化名城。

景点目录

广元—巴中地区旅游交通示意图

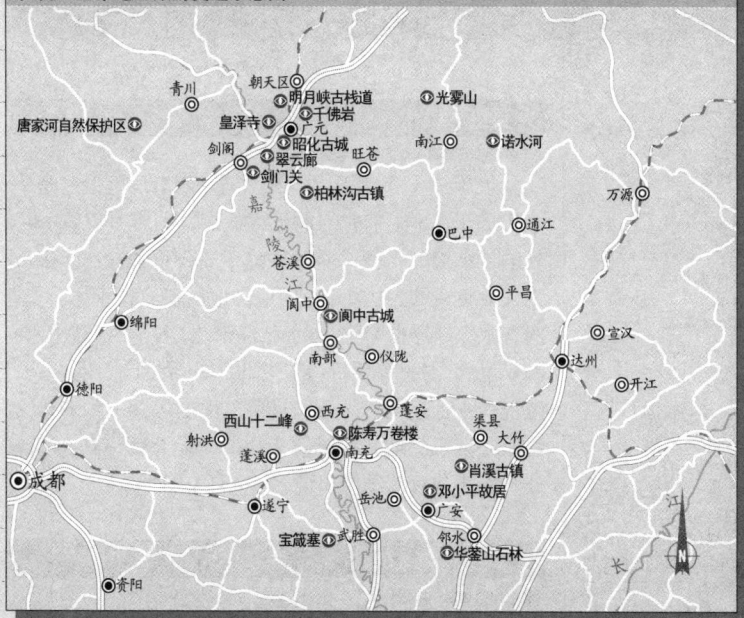

青川
朝天区
明月峡古栈道
光雾山
唐家河自然保护区
皇泽寺
千佛岩
广元
南江
诺水河
剑阁
昭化古城
翠云廊
旺苍
万源
剑门关
柏林沟古镇
嘉
陵
江
巴中
通江
苍溪
平昌
阆中
阆中古城
宣汉
绵阳
南部
仪陇
达州
开江
德阳
西山十二峰
西充
蓬安
射洪
陈寿万卷楼
渠县
大竹
蓬溪
南充
肖溪古镇
成都
遂宁
岳池
邓小平故居
广安
长
江
资阳
宝箴塞
武胜
邻水
华蓥山石林
N

遂宁

大英死海

🚍 成都十陵客运站到大英县的班车。

🏨 国际青年公寓：位于景区内，标准间 50 元 / 床，📞 028-85065555、7855555；露营帐篷：位于景区内，双人 50 元 / 天，三四人 100 元 / 天，六人 150 元 / 天，自带帐篷 30 元 / 天。

🍴 大英县新城区滨江路好吃街是有名的小吃一条街，还有朝阳广场上也有众多的小吃，既经济又实惠。

⚠ 1. 死海漂浮池内富含各种元素的海水会将首饰变成废铜烂铁，下水前务必将身上所有的首饰取下来。2. 每次在死海中浸泡的最佳时间为 1 小时，上岸后请务必立即到淡水管下冲洗干净。3. 如果身上有未愈合的伤口，进入盐卤水中后会有刺痛的感觉，这是正常现象。

蓬溪县高峰山

🚍 成都十陵汽车站有车前往，票价 30 元，也可在火车北站赶火车，票价 12 元，2 小时左右可到达。到蓬溪后再转乘到高峰山的班车，3 元。

🎫 10 元

⚠ 1. 高峰山道观的素宴很有特色：公园门口的杨八姐凉粉味道绝妙；杨六郎豆腐干是遂宁的特产，很多小店都有售。2. 建议与大英县的中国死海连做一线游，到大英住宿。

大英死海

【与中东的死海遥相对应的"中国死海"】

　　位于遂宁市大英县，距遂宁市 12 公里，这是一个形成于 1.5 亿年前的地下古盐湖，据说是以享誉中外的"卓筒井"技术将深藏地下 3 公里的盐卤水汲取上来后建成的。中国死海园区占地面积 1.33 平方公里，内有水上漂浮电影院、水上漂浮卡拉 OK 厅、海盗滑水、海岸烧烤、温泉等项目，是一个以"死海漂浮"为主题，融现代水上运动、休闲、度假、保健等为一体的水文化旅游度假胜地。称死海为梦幻天堂大概一点也不为过，尤其是对孩子们来说。

蓬溪县高峰山

【有"川北迷宫"之称】

　　位于蓬溪县城北 25 公里处的文井镇内，四面丘陵，独此一山突起，山上有始建于唐朝的高峰寺，按先天八卦设计修建，有"川北迷宫"之称。

↑ 大英死海

广 安

邓小平故居

【一代伟人诞生、读书之地】

位于广安市广安区协兴镇牌坊村，距广安市区 7 公里，占地 833.4 平方米，建筑面积 620 平方米。邓小平故居建于清末，为悬山式穿斗木结构三合院农家平房建筑，坐东朝西，青瓦粉壁，共 17 间。正堂屋中陈列着邓小平从事革命活动时的一些照片及全家合影；右厢房中间为横堂屋，现为一陈列室；横堂屋靠里的一间为邓小平卧室，1904 年 8 月 22 日，邓小平就诞生于此。

旧居附近有邓小平远祖邓时敏（清乾隆元年进士及第入翰林院）老屋，人称"翰林院子"，是邓小平幼时读书之地。

宝箴塞

【曾经的、一个庞大而完备的古代军事系统】

宝箴塞又名方家沟古寨，地处川东丘陵地带，武胜县农林乡方家沟村西 200 米处，因"艰难缔造而成，

邓小平故居

🚌 成都城北客运中心、新南门车站、梁家巷车站都有车发往广安，五桂桥汽车站每天有班车发往广安。市中区有公交车直达邓小平故居，票价 1 元。

🎫 免费

🏨 1. 广安大酒店：三星级，🏠 广安市广惠街 276 号，📞 0826-2343909，标准间 280 元 / 间。2. 人大宾馆：🏠 广安市金安大道 200 号，📞 0826-2335912，标准间 110 元 / 间。3. 宏源大酒店：🏠 广安市人民路 14 号，📞 0826-2231620，标准间 100 元 / 间。

🍴 广安烘糕非常出名，它是将糯米、白糖、鲜猪油等原料以一种特殊的制作工艺精心烘烤而成的，距今已有 100 余年的历史了。

↑ 邓小平故居

↑ 宝箴塞

宝箴塞
🚌 广安到武胜，长途公交车
12元，武胜县有班车前往
景点，车费5元。
🎫 10元

保世滋大，遗泽长留子孙，世当宝贵之，作为家箴用垂久远"得名。

宝箴塞始建于清宣统辛亥年（1911）秋，依山势踞于山脊之上，平面布局呈银锭状，东西走向，首尾宽阔，中部狭长，占地面积近1万平方米。塞内以轴线布局分段，形成不同规模、形制的四合院建筑。东、西塞各建有厨房等生活设施，两塞之间还建有设计精致的戏楼、戏台。有厅堂廊房百余间，大小院落8个，天井8个，108道门和完整保留的环形回廊。防御工事是宝箴塞至关重要的载体，石木结构的悬山顶用柱形式多变，墙上筑城垛，下与信道护坡连为一体。外墙置瞭望射击孔，信道宽2米，距塞内地表2～2.5米，并分段设置了固定石级或移动木梯。

宝箴塞外现在还有段氏家族大院、碉楼、护沟等遗迹，段家大院内生活设施一应俱全，甚至还有手摇电话通向县城，再加上附近山冈上的23处外围小寨，一个庞大而完备的军事系统便形成了。

如今宝箴塞已失去了军事用途，但站在塞门前，抚摸着那用黄荆树做成的厚重结实的大门，指尖划过那一块块青砂石筑成的塞墙，仍能让人感受到那段岁月里令人心悸的瑟瑟风雨和肃杀氛围。

华蓥山石林

【以石林和天池为主要景点】

位于华蓥市邻水县境内，石林面积 36 平方公里，石柱最高的达 10 米，石峰最高的有 40 米，甚为奇特壮观。这些奇特的石柱、石峰姿态各异，别有情趣。天池位于华蓥山中的天池镇，距华蓥市区 6 公里，是典型的高山熔岩型积水湖泊。

肖溪古镇

【形若船，故有"江边一只船"的雅称】

位于广安县境内，古镇一面靠山，一面临嘉陵江的支流渠江，以船形的样子停在渠江与山坡之间的一块带状台地上。街道东西长 100 余米，南北宽 3～7 米。

肖溪曾是客商云集之地，街道两旁的廊檐非常独特，不仅宽度随着街道宽度变化而变化，廊柱更是高达 5 米左右。如船篷的廊檐恰似凉厅，避雨遮阳，通风透气。小镇的民居保得较为完好。东端有建于清道光元年（1821）的维新桥；老街半边街已有 200 多年历史，重要的是这里还有着一种安静而古朴的生活情趣。

金城山

【金城晨钟响三县，三县鸡鸣应金城】

金城山位于南充、蓬安交界的广安市岳池县北端，嘉陵江左侧，距广安市区 70 公里。金城山是省级森林公园，主峰海拔 824 米，是天下七十二佛地之一，最有名的四大景观是"金城日出"、"金门锁雾"、"宝莲晨钟"、"天女抛纱"。

华蓥山石林

从成都、重庆乘火车或汽车均可到达华蓥市。华蓥市至石林 1.5 小时/班，票价 7 元，华蓥至天池票价 3 元。

80 元

肖溪古镇

坐公交车可以先到广安市，然后转车至肖溪，车费 70 元。肖溪古镇水码头乘船可至王溪、渠县，船费 5 元/人，肖溪古镇至广安船费 7 元/人。

古镇西端原有一座王爷庙戏楼，如今戏楼已成了国营酒厂的车间，但戏台上支撑台柱的一对石象依然保存完好。奇特之处便在于支撑台柱的不是常见的石狮而是石象。

金城山

南充火车站乘 2 路、10 路、19 路公交车到高坪汽车站，然后换乘（高坪—金城山专线车）到金城山。

5 元

当地有松涛、映山红等宾馆可供夜宿，标准间也可直接回南充市解决。可购些牛皮豆腐干、莲桥米粉、西板豆豉、岳柚 5 号、双鄢脐橙等当地特产回家。

南 充

陈寿万卷楼

从南充坐到西山风景区的班车即可到达。

10元

陈寿万卷楼

【西晋史学家、《三国志》的作者陈寿青少年读书治学的地方】

万卷楼始建于三国蜀汉建兴年间。为三重檐式木石结构楼阁,飞檐斗拱,气势雄伟。至唐代又在楼前建甘露寺,形成了一个建筑群。

倚岩而建的万卷楼四周古木葱郁、翠竹蔽天、甘泉流淙,是一幅极美的山水画卷。可惜因年久失修,原建筑于20世纪60年代被毁,现在的万卷楼是1990年恢复重建的,建筑面积有2400平方米。由读书楼、纪念馆、藏书楼组成,并在庭院中央塑有一尊高5米、重1吨,手抱竹筒的陈寿青铜塑像。纪念堂中陈列着《三国志》以及大量的文字、图画、表格、照片、实物等资料,可以很好地了解陈寿一生的坎坷经历,著书史实及其对后世的影响。各地书法名家为万卷楼创作的书画楹联与四壁彩绘的16幅以《三国志》史实为内容的壁画,南北廊轩中以《三国演义》故事为内容的仿汉代拓片型的线刻壁画一起让游客仿若又回到了蜀汉三国时代。

西山十二峰

成都有至南充的班车。或者从成都火车北站乘到南充的火车。南充市内有公交车13路直达西山。

5元

顶上的开汉楼是南充最高处,也是俯瞰南充全景的好地方。

西山十二峰

【既有十二峰的自然美景,也是一处人文胜地】

位于南充市郊新建乡境内,舞凤山、人头山、栖乐山、火凤山、马鞍山、玉屏山、旗山等山环绕在南充市区西侧,全长6公里,面积30平方公里。山上林木葱郁,山下西河蜿蜒流过,著名的景观有"金泉夜月"、"果山秋色"、"栖乐灵池"。栖乐山是整个西山景区的中心,主峰上有栖乐观,现在是顺庆起义保卫战总指挥部纪念馆。

阆中古城

1.成都北门汽车站(梁家巷)至阆中,行程6小时,票价60～80元不等;阆中客运站至成都的班车40分钟1班。2.南充火车站至阆中每20分钟1班,需1小时多。阆中客运站至南充,

阆中古城

【与云南丽江、山西平遥、安徽歙县并称中国最完好的四座古城】

阆中古城据说是中国远古帝王伏羲出生之地。自商周时代起,便是巴国重镇,战国中期为巴国都城。从秦朝置阆中县以来,至今已有2300余年的历史。

阆中位于四川省东北部,嘉陵江中游,城外青山

220

环峙，嘉陵江水绕城而过，清澈和缓。城内的建筑将古代中国的风水学与建筑学结合得非常完美，是一座值得去认真品味游玩的古城。117条或东西或南北走向的街道纵横交错，将旧城分隔成一个个的方形民居院落，有1/5的街道仍保存着唐宋时期的格局。在这些既有明代疏朗淡雅，也有清朝精美繁复特点的古院落中，还有一种呈多字形结构，即每一重天井和第二重天井不在一根轴线上，错位成一个"多"字，房间平面图为菱形。这样的结构，寓意"三多"：多子、多福、多寿，这在全国古民居建筑中十分罕见。

作为历史文化名城，阆中留下了许多历史名人的足迹，杜甫、司马光、陆游、苏轼、文同、丰子恺等人都留下了吟咏阆中的诗篇。曾为巴子国国都的阆中因多民族长期聚居融合，形成了独特的民俗文化，现在偶尔还能看到巴渝舞，川北灯戏以及皮影、剪纸等民间艺术。

华光楼

【阆中古城的制高点】

顺着有些陡且逼仄的楼梯一级级登上楼顶，眼前豁然开朗，面积达1.5平方公里的老城尽收眼底。每一层的柱子上都有诸多历史名人留下的墨迹。

每20分钟1班，阆中水运上达广元苍溪，下达南部、蓬安、南充、武胜、合川、重庆。3. 市区交通：可乘公共汽车或乘船过嘉陵江去锦屏山，行程约1.5公里，然后去白塔景区，约2公里，再步行去大佛寺景区，约2公里，最后乘车或船返回市区约2.5公里。古城区中巴巴寺距离滕王阁3公里，再至张飞庙3.5公里，均有公交车运行。

🎫 张飞庙15元，杜家大院、李家大院等2元

🏠 在古城住宿是一件非常美妙的事情，尤其是那几家仍保持着原貌的大院。

1. 杜家客栈：标准间260元/间，普通间40元/床，标准餐200元/桌，散客可以点菜。

✉ 阆中市下新街63号，📞 0817-6224436、6239789。

2. 李家大院：原来名字叫武庙遗韵，同杜家客栈一样是一个四合院，普通单间80元/间，标准间60元/间，此为淡季价格。📞 0817-6222099、6657871，

🍴 1. 阆中有名的美食有张飞牛肉、蒸馍、锭子锅盔等。保宁醋大街上的谢炸酱是著名的夜店，卤菜与炸酱面都

↑ 阆中巴巴寺

很不错，最有特色的是蒸制的七星肘子，5元/份，但上午从不营业。清晨可以到广电局门外的华珍牛肉面吃早餐，阆中的牛肉面的汤汁成糊状，连汤带面吃起来过瘾。

2.煜田老鸭汤：阆中市东坛井街，老鸭汤锅28元/小份，48元/大份，牛羊肉汤锅30元/小份，50元/大份，鸡公汤锅20元/小份，40元/大份。

📝 1."阆中三绝"是张飞牛肉、保宁醋和保宁压酒。阆中的保宁醋远近闻名，据说每个月醋厂发酵那几天，全城都能闻到醋香。2.如果在杜家大院、武庙遗都等特色客栈住宿不用支付门票。

汉桓侯祠（张飞庙）✿
【三国时期大将张飞之庙，内奉王冠文身像】

位于阆中市保宁镇西街59号，即张飞庙，其他还有河北的为衣冠庙，云阳为武人像庙。当年的蜀汉司棣校尉巴西太守张飞镇守阆中7年后，卒于阆中，并埋葬于此。

现存庙宇为清代建筑，由山门、敌万楼、左右牌坊、大殿、后殿及桓侯墓等组成。祠内有历代牌匾30余通，张飞及其子孙、部将的塑像，还有张飞用过的丈八蛇矛及祭祀用的钟、鼓等物，北宋曾巩曾写有《桓侯庙记》。

川北道贡院 ✿
【明代以后的秀才们考试的地方】

位于状元街，俗称考棚，建于明代，是县考府考的考场所在地，也曾用做乡考（省考）。

滕王阁 ✿
【虽非南昌"滕王阁"，但也有神奇之处】

在城北的玉台山腰上，原为唐代初期滕王李元婴所建。阁前有一座鱼瓶状石塔极为奇特，无论从哪个角度看，塔身仿佛都是向一旁倾斜的，是不是比埃菲尔铁塔还要神奇？

杜家大院 ✿
【这里曾有"诗圣"——杜甫的身影】

现在也叫杜家客栈，是一座始建于唐宋时期的四合院，共有大小房屋47间，坐在古老的院庭里喝茶、晒太阳、聊天，都是很惬意的事情。据说若是在这里多泡上一段时间，还能找到当年杜甫的蛛丝马迹。在这里还能看到久违了的皮影戏，当然是要另外付费的。

阆中保宁醋博物馆 ✿
【中国唯一以醋为主题的专业博物馆】

阆中古城是中国著名的"醋城"，早在战国末期，阆中的"巴醯"（醯即醋之古称）就扬名天下，此后醋房、醋香遍布市井。阆中保宁醋与山西老陈醋、江苏镇江香醋、福建米醋并称为全国四大名醋。

阆中的醋博物馆浓缩了我国特别是阆中3000多年的酿醋文明，由醋文物陈列室、酿造手工老作坊、松花老井等3部分组成。醋文物陈列室由一唐代建筑改建而成，古色古香、风景清幽，收藏了历朝历代酿造醋的生产工具、盛装器具、店铺匾额等醋文物1000多件，其中，宋代醋壶、醋碗、醋碟，明末盛醋陶罐，清代四耳盛醋陶罐、醋缸等文物甚为珍贵；在手工老作坊中，工作人员穿着古装全面展示酿造醋的道道工序；松花老井是酿醋的水源，系唐朝开凿。

朱德故里

【一代开国元帅的故乡】

朱德纪念园位于南充仪陇县城中心，占地7000平方米，1991年11月落成竣工。距仪陇县城30余公里的马鞍镇有朱德旧居。

朱德故里

🚌 在成都十陵汽车站乘车，每天有多个班车发往仪陇，票价60元。仪陇县城至马鞍镇有很多班车，票价5元。到了马鞍镇上步行就可到达景区。

🎫 普通票10元，加有钱币的收藏门票15元

✒ 喜欢古镇又有时间的人可以到马鞍古镇上转转，这里有很多当年的红军石刻，还有一些古民居与朴实的民风在这里守护着家园。

广 元

广元红军纪念馆
城区内打车费用5～10元。
10元

广元红军纪念馆

【展现当年红军的日常生活和那段战争岁月】

位于广元市区，内里存有各地捐赠和为保护移来的上百件红军石刻标语实物，馆内还有大量的红军其他文物，如兵器、服装和生活器皿等。

柏林沟古镇
广元有班车到卫子镇。到卫子后可以搭乘小面包车至柏林沟古镇。
柏林沟上没有住宿的地方，只能在卫子镇上住宿，有3家小旅店，价格为15元/床左右。卫子与柏林沟上的小餐馆的蒸菜做得不错，人均消费10元即可。

柏林沟古镇

【三国的故事和曾经的商贾让这里有了传奇】

位于广元市所辖的元坝区，是古蜀道要冲。汉代以后，中原政权感到蜀地东部防御较为空虚，便在蜀道南路柏林驿筑城设防，这样蜀道与阆苑（今阆中）等城连为一体，形成一个大的防御体系。后来因为古蜀道的改道，柏林沟才渐渐消失在历史的尘烟与人们的视线外。

今天的柏林沟古风犹存，古建民居保存完好，算得上是川北古民居的"活化石"。500余米的石板老街连着两旁穿斗结梁的古建筑，穿过15米高、3层楼台的"魁星阁"（又名钟鼓楼、财神楼）。魁星阁的建筑算得上很有特色，上层为魁星楼，中为戏楼，底部则是通道。广善寺位于街的尽头，据载该寺始建于汉代，历经唐宋，在明清达到鼎盛，今日仍是香客不断的地方。寺中有两株古柏，高达30余米，树冠直径数十米，浓荫如盖，相传为张飞所植。

当九龙碑浮现在眼前的时候，这里与宋代皇室的一段往事也呈现出来：宋徽宗三年（1103），太子赵恒曾巡视西南，途经柏林沟时入广善寺礼佛赠银，回京后不久便登基临朝。寺里僧人为报皇恩故而立下此碑，距今已有900多年历史的碑保存完好，工艺精湛，实为文化瑰宝。

剑门关
乘成都昭觉寺汽车至剑阁老县城的班车，可到达剑门关景区。剑阁县也有直达剑门关的公交车。
30元

剑门关

【"剑门天下险"的剑门关历来都是进入蜀地的要道】

位于剑阁县城北33公里的剑门山主峰大剑山东北侧，历来是兵家必争的军事要隘，著名的古蜀道穿行其间。剑门关依雄奇险峻的大剑山而建，大剑

↑ 翠云廊

山又名剑门山，古称"梁山"、"剑山"，共有72峰，山势绵延起伏，山峰大多为裸露的石体，有"千里无土"之说，仰望群峰，峰峰壁立千仞直插云霄，是一道天然的城墙，有"蜀道之密钥"之称。大剑山两岩对峙，险如刀削，宽约7米的峡谷底部形成了大剑山这座硕大的"城墙"下的唯一一通道，而剑门关则是这通道上人为修建的军事关隘，可谓一夫当关，万夫莫开。

三国时，蜀国大将军姜维在此屯兵3万，抵抗魏将钟会的10万大军，使之久攻不下，无法入蜀。唐元和元年(806)，云南西道节度使严砺，兴兵讨伐叛将刘辟，双方在剑门关激战数月，尸横遍野，血流成河，最终刘辟败于剑门。1935年4月2日，红四方面军在剑门关与川军激战，消灭了乱军3个团，为部队的转移起到了重大作用。

剑门关两侧石壁上有"第一关"、"天下雄关"等历代诗、文、题记碑刻，还有觉苑寺、鹤鸣山石刻、中共十大政纲石刻等景观。

翠云廊

【这条古柏参天的古驿道是蜀道的重要组成部分】

翠云廊位于剑阁县境内，古称"皇柏大道"，参

翠云廊
🚌 乘从广元到剑阁、德阳的长途汽车可在景区门口下车。
💰 30元
📍 梓潼至剑阁县中段的公路上有一处古柏集中的地方，这里有许多著名的三国遗迹，如张飞井、张飞柏等，古柏环绕中的翠云楼是观赏翠云廊及大小剑山的好地方。

天蔽日的古柏分布在300余里的古驿道上。这些古道以剑阁县城为中心，往东至阆中，往西至梓潼，往北至昭化，这条古时入川出蜀的古驿道因为有了近万株苍翠的行道树——古柏而被今人称作绿色长廊。因其像绿色的江河奔涌在崇山之间，莽莽苍苍，遮天蔽日，故而后人将之命名为翠云廊。据调查，翠云廊两旁现在存有珍稀古柏8097株，树龄最高的有2000年，大部分的树龄有500年，由不同的树龄可知，此道的维修非一日之功。

朝天明月峡古栈道

【因朝天子而得名朝天，因诗仙诗句而得名明月】

位于广元以北约30公里处的朝天镇南2公里处的嘉陵江上，峡谷全长约4公里，宽约100米，两岸石崖壁立，东岸是有名的朝天岭。朝天明月峡原名朝天峡，因地处朝天镇而得名。朝天，即朝拜天子之意，其名源于唐朝玄宗皇帝避"安史之乱"南迁成都途经此地，并在此接见当地官员朝拜而得名。至于明月，则因为明清时期的文人崇尚自然，喜好风雅斯文，因而从李白之诗句……"清风清，明月明"中取明月二字，自那时起便叫朝天明月峡。

峡谷中的古栈道是古蜀道最为险恶之处，朝天明

朝天明月峡古栈道
🚌 可从广元乘前往明月峡的中巴，或者从广元乘中巴到朝天镇，然后坐摩的前往。
💰 15元
📍 通常这里会有油酥小鱼出售，5元/小份，10元/大份，当零食佐酒很不错。游览朝天明月峡古栈道通常只需要2小时左右。

↑ 明月峡古栈道

↑ 皇泽寺

月峡内的先秦栈道又名云道，这段古栈道在先秦时期就已建成，诸葛亮为北伐曹魏对栈道进行了修整扩建，使之成为运送粮草的通道。诸葛亮北伐死于五丈原后，魏延作乱，带兵先行撤退，烧毁了谷中栈道。电视剧《三国演义》中火烧栈道的外景便在此地。

除明月峡外，朝天区还有清风峡、大安寺、七盘关、筹笔驿、飞仙阁、龙门阁等遗迹及景点。

皇泽寺

【中国历史上唯一的女皇帝——武则天的祀庙】

位于广元市城西 1 公里的嘉陵江边乌龙山山脚，现为全国重点文物保护单位。皇泽寺位于广元市西，与广元城隔江相望，原名"乌奴寺"，亦称"川主庙"，相传为纪念蜀郡太守李冰父子所建。因唐代武则天出生广元，后改名"皇泽寺"。始建于北魏晚期，后遭损毁，现存的皇泽寺为清代建筑。皇泽寺石刻中以《蚕桑十二事图》最为著名。

千佛岩

【一处始于北魏时期的佛教造像石窟群】

位于广元城北 5 公里处的嘉陵江东岸的老川陕公路上，下临明月峡，高 45 米，南北长 200 多米。千佛岩的造像始建于北魏时期，历代有所增加，在经历了近 1500 年的风雨与人们的创造之后，在险峻的峭壁之上，布满了令人赞不绝口的宗教艺术造像。千佛岩共有 400 多个龛窟，7000 余尊造像。大云洞为造像

皇泽寺

广元市内乘 6 路公交车可到达泽天加油站，下车后步行到皇泽寺。

15 元，参观需半小时至 1 小时

1. 皇泽寺地势较高，是观赏广元市全景的地方之一。

2. 皇泽寺在汶川大地震中受损比较严重。

千佛岩

广元至朝天镇有班车，票价 5 元左右。

10 元

中午可以在朝天镇上午餐，多为农家菜肴，味道不错。

游览千佛岩需 1 小时左右，可在前往游览明月峡栈道时一起游览。

的中心地点，规模最大，存有造像234尊，正中有一立佛，所雕为弥勒佛，传说此佛是武则天的化身像。

苍溪寻乐书岩

【书法爱好者的好去处】

位于广元苍溪县东青乡东兴村，是一处清代石刻遗址，共刻有行、楷、隶、篆大小书法作品152幅，另有浮雕、壁画和神像等石刻艺术。

苍溪寻乐书岩

🚌 广元至苍溪后要转小面的前往，车费5元左右，车次较少。

🎫 5元

昭化古城

【三国时期，刘备入蜀夺取的西川第一关】

昭化古城距今已有近3000年的历史，早在公元前771年的西周，这里便有了城邑——苴国，在其后的两千多年的时间里，先后叫过葭萌县、汉寿县、晋寿县、益昌县和昭化县。昭化县这一名字从北宋太祖开宝五年（972）一直沿用到新中国成立之初，后来这里成为昭化区和昭化镇。昭化古城在三国演义或三国志里称作葭萌的历史也有500多年，是公元前316年至公元217年。众多的名字中，最为有名、也是令人记忆最深的还是葭萌关和昭化城。

昭化历来就是兵家必争之地。昭化古镇以西是三国时期的重要军事要塞白水关，刘璋曾在此布重兵以防刘备，后被诸葛亮用计杀了守将杨怀、高沛，从而打通了进入西川的通路，所以后来有人说蜀汉政权兴于葭萌，亡于剑阁。后刘备取得西川政权建立蜀国后，出兵伐魏均在此地分兵，这里也是蜀汉政权的粮草中转站。蜀汉政权危亡时，姜维、廖化曾在昭化白水关合兵作"剑阁天险"以外的人工防线。蜀汉大将军费祎也在此地设置官邸，现存的费墓高约3米，是清光绪三十三年（1907）重建的墓碑。此地还有鲍三娘墓，鲍三娘是关羽三子关索的妻子，能征惯战，屡建战功，死后葬于此地。还有张飞夜战马超的战胜坝、姜维固守牛头山的寨门和姜维井……昭化就这样顽强走进了我们的记忆。

昭化古城

🚌 广元到昭化的车很多，有中巴车，较多的是面包车。

🎫 旺季58元，淡季40元

🍴 1. 怡心园：特色菜有河鲜、汤锅、腊肉系列、农家菜等。也可住宿。📞 0839-8310257。2. 超群酒家：乡村农家菜、古街家常菜、两江鲜鱼、风味冷碟、田园小吃。📞 0839-8310156。3. 兴盛酒家：酸菜鱼火锅、凉拌鸡，📞 0839-8310247。

唐家河自然保护区

【观鸟、赏花、避暑，与三国故事相映成趣】

位于广元市青川县青溪镇境内，北与甘肃省白水江自然保护区相连，西与绵阳市平武县毗邻，总面积 400 平方公里，海拔 1150 ～ 3864 米。保护区内有动物近 300 种，其中国家一级保护动物有大熊猫、金丝猴、绿尾虹雉、豹；植物 3000 余种，其中国家重点保护植物有珙桐、银杏、水青树、连香树等。保护区内 1600 米以下为山地亚热带常绿阔叶林带，1600 ～ 2100 米为暖温带常绿阔叶与落叶阔叶混交林带，2100 ～ 2400 米为温带针阔叶混交林带，2400 ～ 3600 米为温带亚高山针叶林带，3600 米以上为寒带高山灌丛及草甸。

区内地势险峻，历来为兵家必争之地的阴平古道，还有《三国演义》中邓艾偷渡的阴平摩天岭，此地也是当年红四方面军与胡宗南部队激战的战场，现在仍可见到当年红军所筑的工事遗迹。

唐家河保护区内连绵的群山起伏，雨季沿山崖跌落而成的道道瀑布，清幽的环境，纯净的空气，以及 5 月的花海，10 月的红叶，在百鸟的鸣唱中，在飘忽的云海下成为一处自然美景。

旺苍坝·红军城

【当年红四方面军的根据地】

位于四川省北部的旺苍县，北与陕西省汉中市接壤，是 1932 年到 1934 年红四方面军开展革命活动的根据地。当时中共川陕省委、川陕苏维埃政府、中共西北军事委员会、红四方面军总部等机构均在此办公，两平方公里的旺苍老县城成了当时中国无产阶级革命第二大政治、军事和文化中心，后人将之称作旺苍红军城。现存有旺苍红军城史councils陈列馆，川陕省保卫局旧址，红四方面军总指挥部等红军遗迹。

旺苍木门古镇

【又一处《三国演义》故事发生地】

位于巴中南江，广元旺苍和广元苍溪三县交界处，《三国演义》中"魏延伏兵，万弩齐发，将张邰百余个部将，皆射死于木门道中"的故事就发生在这里，镇北的"射坪"及"火箭沟"等地名从三国沿用至今。木门古镇中有着名的木结构的木门寺。

旺苍坝·红军城

🚌 广元南河汽车站有直达旺苍的班车，大约是 1 小时/班，票价 12 元。旺苍汽车站步行 20 分钟，可以到旺苍老城参观，公交车 5 元左右，有小面的和三轮车往返。

🏨 1. 旺苍宾馆：标准间 120 元/间，旺苍新华街 33 号，📞 0839-420000。2. 旺苍广旺宾馆：标准间 180 元/间，📞 0839-4028129。

🍴 旺苍土特产有核桃，木耳，茶叶，生漆，黄花等。

旺苍木门古镇

🎫 2 元

巴中

南龛摩崖造像
🚌 成都城北客运中心、新南门旅游客运中心有车发往巴中，票价约100元。
🎫 南龛公园5元，摩崖造像10元／人。

南龛摩崖造像

位于巴中市的南龛公园内，南龛摩崖造像共2400余尊，集聚了佛教里的显宗、密宗、净土宗等各派的造像，手法以平民化的写实为主，且全都保存完好，堪称一绝。

南龛摩崖造像绝大多数集中分布在南龛山神仙坡上，尤以大佛洞最为密集。造像以不同性格的神情、注意五官的配合、人物的身姿、手势等整体结果的雕造来揭示人物的内心活动或心灵之美。在龛楣的雕刻中注意装饰性、雕刻、彩绘设计了很多的屋形窟，雕刻了花草、动物、天神、飞天等形象，且色彩鲜艳，反映了当时建筑科学的高超技术。

米仓山—光雾山
【一座集三国文化与自然美景于一身的高山】

米仓山是川陕交界的山脉，同时也是一个森林公园，而光雾山只是其中一个景区且开发较早。现在这一山脉中有米仓山与光雾山两处相距不远的景区。光雾山以红叶著名，每年10月中下旬有红叶节，而光雾山则以三国文化而扬名。

米仓山国家森林公园 🌿
【在多雾的山里、漫山红遍的时节，是最幸运的旅行】

这里自然生态环境独特奇异，古朴原始的风韵犹存。公园内及周边地区分布着茂密的森林，其中80%以上是天然林。森林的季相丰富，观赏价值很高。春天烂漫艳丽，观花树种有杜鹃、玉兰、丁香、栀子、迎春、厚朴、木槿、蔷薇、茶花、忍冬、猕猴桃、连香树、野桂花、野樱桃等。其中最艳丽的要数杜鹃了，满山遍野，姹紫嫣红。秋天是公园最美的季节，观叶树种有枫类、槭类、水青冈、椴树、桦木、杨树等，仅水青冈的分布面积就约4000公顷，落叶阔叶林面积约3万公顷，一夜秋风就可让这里变得枫红菊黄起来。不过光雾山的雾是出了名的，每年有200多天都是云雾缭绕的日子。

米仓山—光雾山
🚌 梁家巷北门汽车站有车到南江县，票价约130元／人，从南江坐车到桃园，票价约15元／人。
🎫 光雾山95元，米仓山30元
🏨 1. 光雾山大酒店：位于南江县光雾山镇，光雾山景区外，标准间288～488元／间，📞 0827-861136、8861128。2. 光雾山宾馆：位于南江县光雾山镇，光雾山景区外，与招待所类似，标准间80～180元／间，一楼可以浴足。
🍴 山菜王：位于光雾山景区内桃花山庄旁。特色菜：青椒蕨根面、菜豆腐、腊肉炒泡菜、灰菜泡菜、米豆腐、腊肉炒豆豉、鱼辣子、野蜂蜜酒。
✏ 1. 巴中到南江县的公路两旁，有一片古柏林——皇柏林，是我国现存的三片古柏之一，可顺道游览。2. 红叶最漂亮的地方在十八月潭和大坝景区，这两处景区划归林业部所属的米仓山国家森林公园管理，有林场招待所可解决吃住，还可以请林场职工做向导。

光雾山 ✿

　　地处川陕交界的米仓山南麓，位于巴中市南江县境内，距南江县城 72 公里，东与通江诺水河景区相连，西与广元毗邻，面积 680 平方公里，因其山上常被白雾缭绕，云纱遮面而得名。

　　由 2 亿年前地层裂变陷落后形成的光雾山集秀峰怪石、峭壁幽谷、溪流瀑潭、田园山林于一身。景区内有龙架山、燕子岩、焦家河、米仓古道、万字格、十八月潭、大坝林海、普陀山、"三春寨"遗址、断渠遗址、古琉璃关遗址、汉张鲁屯兵"汉王台"、诸葛亮秣马"牟阳故城"、张飞扎营"落旗山"、韩信夜走"韩溪河"、萧何

↑ 光雾山十八月潭

月下追韩信的"截贤岭"、"韩山"等大小景点 360 余处。早在 20 世纪 70 年代末 80 年代初，这里还发现了原始人的砺石场及人的股骨化石，出土了大批新石器时代的文物。除此之外，光雾山的红叶在这几年里也是声名远播。

诺水河

【一处以溶洞景观为特色的景区】

位于巴中市通江县北部，流经县城的小通江河上游，诺水河景区主要分为诺水洞天、临江丽峡、空山天盆三部分，以诺水洞天和临江丽峡的景色最美。

诺水洞天 ❀
【百余个溶洞给人以仙境般的感觉】

集中在楼子、新潮两乡前后 15 公里的诺水河谷地带，东西长 35 公里，南北宽 18 公里，海拔 500～2088.6 米，紧邻陕西汉中，东有"秦川锁钥"护持，西与"剑门蜀道"相连。河谷两侧山峰陡峭如削，沿河两岸山山有洞，洞洞毗邻，洞中有洞，共计 123 个，其中可游面积在 2 万平方米以上的有中峰洞、楼房洞、狮子洞、龙湖洞、仙人洞、宋家洞等 40 余个，它们或临清溪，或处绝壁，各洞景致又各不相同，实是变化多端，妙趣无穷。

中峰洞是景区内最大的一个溶洞，有旱洞、水洞、风洞 3 类，原名佛光洞，位于新潮乡西北，藏身于鸳鸯坪山腰，因洞内显影佛光而得名。此洞全长 1.5 万余米，可游面积 60 万平方米，中峰洞分上、中、下三层。狮子洞因洞顶有一形似雄狮屹立的巨石而得名。主洞纵深 2000 余米，高 30～80 米，由三殿七厅和"洞中西海"、"洞中栈道"等十二大景观组成。洞内有顶天立地的"玉柱"，浑然天成的"罗汉堂"、"观音殿"，雄伟壮观的"宝塔"，悬挂空中闪着光的"宫灯"，还有盛开的"莲花"等，石笋、石花、石人、石牛、石林、石幔、石马等更是数不胜数，应有尽有，步入其间，让人恍若身在神话仙境。

临江丽峡 ❀
【堪称瀑布的世界】

位于诺水洞天的东部，主要分布在临江乡、诺水镇、空山乡一带，面积约 120 平方公里，是连接诺水洞天和空山天盆的走廊。临江丽峡整体呈树枝状，主峡长 5 公里，宽 5～25 米，两岸山峰海拔 1400～1500 米。

真佛山

【集山、林、水、洞、庙于一身，奇、险、曲、峻应有尽有】

位于达县城南 30 余公里的七里峡山脉中段的福善乡境内，是一座远近闻名的佛教圣地。据县志记载，清乾隆年间，农民蒋德化一面修行悟道，一面行医种药，人称"蒋善人"、"蒋活佛"，自建"德化寺"。后绥定府知府孙某前往求嗣偶得，深信其灵，赞他"乃真佛也"，下令扩建寺庙，并亲书"真佛山"镌刻于寺门，由此而名。

真佛山山势陡峭，从山脚至山门，松柏密绕，翘檐朱梁，有千步石级直伸山顶，犹如半空垂下的云梯，两旁香樟夹道，越向上苍松古柏景越深。

整个寺庙依山取势，几座殿堂错落有致地分布于山腰、山顶之间，寺周古树苍柏相拥，林木葱茏，鸟语虫鸣，使人有"万籁此皆寂，唯闻钟磬声"之感。寺内楹联、字画、壁雕、历代僧墓群和佛教经典非常丰富。每年农历六月十九是真佛山的传统庙会。

除寺庙外，景区内还有青松葱郁、云海浩瀚的云华山，蒋善人出生地"一佛寺"，拔地而起高耸入云的双石塔，白莲教起义的凌云寨，胭脂湖奇特怪异的石笋。

百里峡

【雄奇峻秀，婀娜多姿，不是三峡胜似三峡】

位于宣汉县东北边缘宣汉、城口、万源、开县接壤处，山势奇特，河水清澈，溶洞成群。百里峡内珍禽异兽不下百种，主要有獐、鹿、猴、憨鸡、娃娃鱼、阳鱼等珍稀动物。这里植物繁多，种类奇特，各种竹木成山连片，名贵中药材驰名中外。

山环水绕，深谷一线，峰丛入云。有百兽聚会、仙女岩、观音洞、南天门、二龙飞瀑、老黄山、犀牛望月、一线天、盘龙洞、雄鸡鸣天十大景点，既各具特色，自成一体，又交相辉映，互相烘托，构成百里峡完美和谐的整体。

百里峡不仅风景优美，而且历史悠久，古迹众多。

真佛山
🚌 从达县县城汽车南站乘至福善班车可到。
🎫 真佛山 1.5 元，真佛山寺 2 元

诺水河／真佛山／百里峡

广元—巴中地区◎达州

233

有秦末汉初樊哙屯兵驻扎留下的将军坪、跑马梁、拴马石、大通险道及石栈道等遗址，有张献忠、白莲教留下的青龙寨、大寨子等遗址。这里还是红四方面军和川东游击军的老根据地，老一辈革命家徐向前、王维舟、许世友、陈锡联、张爱萍、向守志在这里留下了众多革命史迹。

峡内建有 8 条铁索桥，沟通了沿河两岸。峡区终年可通 8 吨以内木船，游人可行路而去，乘船而归。

八台山

【拥有四川省独一无二的石灰岩丘陵群景观】

八台山

万源火车站为襄渝线上的大站。乘各次列车的游客均可在此下车转达汽车到八台镇，再步行或租车到景区。

5元

地处八台乡的东部，因地貌呈层状梯级递降，有八层之多，故名八台山，主峰2348米，为川东第二高峰。八台山为大巴山石灰岩山地的一部分。区内景物多彩多样，融山景、峰景、崖景、生景、气景为一体。

八台山耸立在群山之上，高峻雄伟，气势巍峨。周围河谷深切，脚下群山起伏，如波似涛，延绵千里。其西南部为白沙河支流，谷坡宽阔，其上有的石灰岩孤丘 36 座，参差错落，形似象棋，故称棋盘山，这是四川省独一无二的石灰岩丘陵群景观。

在八台山，海拔 1500 米以上，漫山遍野都是低矮的沙棘灌丛，秋冬季节，沙棘果红，把山体染红。在海拔1800 米以上至山顶，叶大而长的木竹（蓼叶竹）林，常年翠绿，密密丛丛，恰似万顷麦田。这是四川省木竹林面积最大的景区，也是八台山最吸引人的胜景。在垭口以东，有一大片杜鹃林。春末夏初，杜鹃盛开，粉红色的杜鹃与竹海相映衬，形成"万绿丛中一片红"的迷人景象。

八台山高大雄伟，陡崖万丈，气象万千。云海、日出、佛光、雾岚、白雪兼而有之，这是川东地区气景最多的景区，被称为"川东峨眉"。

✈ 交通

这一地区的交通方便而且不太贵，以广元为交通中心，因为广元的航空港是进出这一地区最方便快捷的交通形式。另外成都至广元、南充和广安的高速公路也已建成通车，从成都行程5个小时左右便可到达这一地区。同时，广巴高速也将动工，这一地区很快将形成一个通达快捷的交通网。

现在广元、南充、巴中、广安的市区交通都较易到达，到达各景区的或各县的班车也很方便，这些二级城市的出租车很便宜。市区到县城一般以中巴车为主，县城则是中巴、小面的和三轮摩托和两轮摩托配合成交通阵容。

广安

航空

广安交通便捷，到重庆江北机场约1个小时，到南充机场仅半个小时。

铁路

襄渝铁路纵贯南北，共有广安、华蓥、庆华三个车站。

广安火车站
✉ 广安市广安区前锋镇
📞 0826-8302112

华蓥火车站
✉ 广安市华蓥市双河镇
📞 0826-8302562

公路

广安中心客运站

✉ 广安市开发区建安南路88号
📞 0826-2348147

遂宁

横跨遂宁东西的成南高速公路、国道318线和达（川）成（都）铁路与贯穿南北的省道绵遂公路、涪江在遂宁交织成重要交通枢纽。遂宁与渝等距，高速公路均为1小时车程。

涪江支流郪江，发源于中江县龙台镇大田湾，全长145公里，为大英县古代航运干道。郪江经过蓬莱，水面阔大，流水加深，流速减慢，在蓬莱镇江岸构成了一个天然码头。

遂宁火车站干线可直达成都、重庆、襄樊、武汉、合肥、南京、东莞等地。

南充

南充居于"西通蜀都、东向鄂楚、北引三秦、南连重庆"的特殊地理位置，是四川内陆的交通、通信枢纽，南充市水、陆、空均与区外有交通联系：国道318、212线在市区交会，达成铁路横贯东西，成南、南广高速公路全线贯通，南充机场已通航，嘉陵江穿流南北。

广元

航空

广元的机场位于市区盘龙山上，距市区14公里，现广元主要有3条航线：广元—九寨沟；广元—广州；广元—北京。

铁路

广元位于宝成铁路的终端位置，始发的列车只有两列，分别是开往宝鸡的6064和开往成都的N757，但是每日途经广元开往北京、上海、成都、西安、昆明、乌鲁木齐、拉萨、沈阳等各大城市的列车有40多趟。

公路

公路交通也是以广元为中心，成都发往巴中、广安、遂宁和南充的班车从成都十陵汽车站出发。距九寨沟沟口348公里。广元到达西安、巴中、南充和广安、成都的交通都相当方便。另外，还有长途汽车往返广州、上海、石家庄等很多大中城市。

巴中

航空

巴中没有机场，如果坐飞机，必须先到广元、南充、成都、汉中等地，再换车到达。

铁路

汉中、广元、达州、南充有铁路。以上各地均有到巴中的直达客车。

公路

巴中的公路交通较为方便，与周边各市均有道路顺畅连通。眼下，巴中到广元的高速公路已经动工，巴中到南充、达州、陕西汉中的高速或高等级公路也在筹成都北门汽车站有车到巴中，大约 5 个小时的车程；自驾车的话，可以走成南高速经南充到巴中。广元、达州、南充、汉中到巴中的客车大约需要 3 个小时的路程。

江北客运中心站

发往地点：成都、广元等省内各地；也有发往省外广州、东莞等地的班车。

✉ 江北新区主干道与滨河路交会处柳津桥头
☎ 0827-5264352

达州

国道 210、318 线纵横全境；襄渝铁路、达成铁路、达万铁路四通八达；河市机场可直达成都、武汉、西安、广州、深圳、北京等地；达渝高速公路 2 小时以内就直通重庆，到成都也仅需 3 个半小时。

🛏 住宿

广元—巴中线以广元、遂宁、巴中、南充几个城市为旅游中心城市，除了一些景点和景区内的住宿外，这条线路的住宿多集中在这几座城市中。这一线的总体住宿价格属中偏下。

广元

凤台宾馆

是广元市较好的宾馆之一，环境清幽，仿唐朝的园林建筑群落，有餐饮、娱乐等相关配套设施。标准间

240 元 / 间。

✉ 利州开发区滨河路上段
☎ 0839-3503218

利州宾馆（三星级）

标准间 180 元 / 间。

✉ 政府街 109 号
☎ 0839-3221985

剑阁

剑州宾馆

原为剑阁县县委招待所，所以卫生和安全都不错，标准间 140 元 / 间。

✉ 剑阁县普安镇里仁巷 10 号
☎ 0839-6622248

剑门关

钟会故垒大酒店

坐落在剑门关外溪河畔，地处三国时期魏国征西大将军钟会屯兵之地而得名，这是一家帐篷式宾馆，很有特点。

☎ 0839-6751026

林园宾馆

标准间约 200 元 / 间。

☎ 0839-6750045

剑川宾馆

☎ 0839-6620354

南充

北湖宾馆（三星级）

标准间 290 元 / 间。二号楼标准间 180 元 / 间，单人间 150 元 / 间。

✉ 南充市文化路 301 号
☎ 0817-2229999

万泰大酒店（三星级）

标准间 308 元 / 间，单人间 220 元 / 间。

✉ 南充市和平东路 126 号
☎ 0817-2311888

巴中市

江北宾馆（三星级）

位于江北大道上，标准间 280 元 / 间。

☎ 0827-5269918

巴中市机关招待所

位于江北区，环境清静，标准间 160 元 / 间。

通江县金华宾馆

位于通江县诺水河镇文庙街，房价 120～288 元 / 间。

☎ 0827-7232011

卫生宾馆

位于通江县红军广场，单人间 120 元 / 间，双人间 100 元 / 间。

达州

达县宾馆（达县县委招待所）

达州市旅游涉外饭店。

✉ 达州市通川区文华街 79 号
☎ 0818-2123225-5201

🍽 餐饮

剑门

"不吃剑门豆腐，枉游天下雄关"，剑门豆腐的美名在川菜中一直被人称道，现制作工艺烹调技术得到更好的发展，可以做全席豆腐宴，有名的豆腐菜品有：炸拌豆腐、豆腐三丝、蒜泥白豆腐、什锦豆腐、葵花豆腐、雪花豆腐、麻婆豆腐、沙锅豆腐、"白牛"滚水、麻辣豆腐、烂肉豆腐等。在剑门场就有 130 家经营豆腐的餐厅饭馆。姜维豆腐山庄的豆腐宴不错。

剑门关一带的特色食品

与特色旅游产品不错，有名的小吃和地方特产有火烧馍、剑门豆花稀饭、马和尚豆腐干、腊肉和火腿，特色工艺品有剑门根雕和手杖。

遂宁

这里的美食极有乡土气息，有名的有"五味和"白菜豆腐乳、川北凉粉、蓬溪夹缸醋、蓬溪姜糕、蓬溪熨斗糕、射洪县五香果汁牛肉等为当地人所喜爱。

大英县新城区滨江路好吃街是有名的小吃一条街，还有朝阳广场上有众多的小吃串串香，既经济又实惠；另外还有位于大英县旧城区同乐街（水产综合大楼）的老妈火锅，120～360元／桌。☎ 0825-7851188。以及位于蓬乐街的大排档，这里的红烧肉8元／份，豆花肉片10元／份，蚕丝杂烩5元／份，冬菜肘子6元／份，火锅肥肠鱼15元／份。

巴中

市区的饮食业极为发达，值得一品的是枣林鱼和南江黄羊，这两样美食在巴中市区也极有名，城内有很多家，如果有时间可以到原产地去品味，枣林鱼在距巴中市区不远的枣林镇上，南江黄羊则在南江县城。

南充阆中

张飞牛肉、保健醋、牛肉面、清真馆子和谢炸酱的七星肘子都是不可不品的美味，老城与新城结合的地方往往有很多民间小馆子，家常味才是值得一品的，吃大餐厅五湖四海似乎差不多一个厨师弄出来的一样，没有更多更明显的特点，除了好看和气派有排场以外，似乎就找不到更好的理由了。

D1. 成都—南充，游览西山十二峰景区、陈寿故里，当晚宿南充；

D2. 南充—阆中，游阆中古城、张桓侯祠、阆中巴巴寺，当晚宿阆中；

D3. 阆中—巴中，游巴中恩阳古镇，转道南江，当晚宿南江；

D4. 游览光雾山、米仓山古道，当晚宿南江；

D5. 南江或巴中乘车至广元，宿广元；

D6. 当天便可游览完明月峡、千佛岩、皇泽寺等主要景点，当晚宿剑门关；

D7. 游览剑门关、翠云廊后返回成都或广元；

D8. 乘飞机离开成都或广元。

D1. 成都或广元—剑门关，游览剑门关、翠云廊，宿剑门关；

D2. 剑门关—广元—大英，体验中国死海，宿死海；

D3. 大英—南充—阆中，感受古城的清幽静谧，很闲适地游览巴巴市、张桓侯祠和古城的景点，再去看看卓尚丝绸的缫丝和做丝棉的手工工艺、逛逛丝毯店、皮影店和其他一些古玩工艺品店，选择客栈或古民居小住两天；

D4. 前往巴中，中午时候可以到达巴中，下午在恩阳古镇闲逛之后返回巴中住宿；

D5. 光雾山，春夏赏花、秋观红叶、冬玩冰雪，宿南江或光雾山；

D6. 当天便可游览完明月峡、千佛岩、皇泽寺等主要景点，当晚宿剑门关；

D7. 返回成都或广元乘机离开。

￥ 预 算

三国文化之旅八日游：这条线路以三国文化为主题，总体预算在 2400 元左右，其中交通费 420 ~ 460 元(不含机票费用)；住宿费用约 1000 元；餐饮费约 400 元；全线门票 500 元。

休闲度假七日游：这是一条以休闲度假为主的线路，七天行程约需 1600 元，其中交通费 380 ~ 420 元；门票为 220 ~ 260 元；住宿费为 520 ~ 600 元；餐饮费约 400 元。

攀西高原地区

攀西地区是攀枝花市和凉山彝族自治州的总称，位于横断山系东缘，是青藏高原、云贵高原向四川盆地的过渡地带。在历史上，这一地区历来以矿产资源为世人所关注，素有"资源聚宝盆"的美称。

这是一块阳光眷恋的土地，植被葱茏，鸟语花香，是冬季到四川旅行时最佳的目的地之一。攀西高原一年四季瓜果飘香，从4月开始上市的早熟品种如吉禄、艾文、台龙、杜果到晚熟的凯特等数十个品种应有尽有，之外还有热带和亚热带水果。与攀枝花一江之隔的凉山州则以会理石榴最为著名，美食是攀西高原令人挥之不去的诱惑。另外，攀西高原上还散落着许多迷人的美景等待着被发现：冕宁的小相岭与冶勒自然保护区有着香格里拉般的迷人景致；泸山邛海古来有名，"高原天上月，泸山顶上松，邛海湖中月"是古人对西昌的赞誉。在这些美景中，住着彝族、摩梭人、藏族、回族和一些还未被认定民族的氏族，在这众多的民族中，以摩梭人的领地——泸沽湖最引人注目，这里是母系社会的最后领地（因为没有过度开发，比起云南境内的部分，这里显得更加原生态）；大小凉山中有着神秘装束的彝族，是一支有着悠久历史、古老文明的民族⋯⋯一切都在阳光的抚摸下呈现着迷人的景象。

此外，攀西高原还是古南方丝绸之路的起点，现在这一地区还保留下来了许多相关的古迹，今天都成为旅行者心怀敬仰的探访之地，古老的中国文明，就是从这里经过了无数的艰险传达到遥远的欧洲的。

景点目录

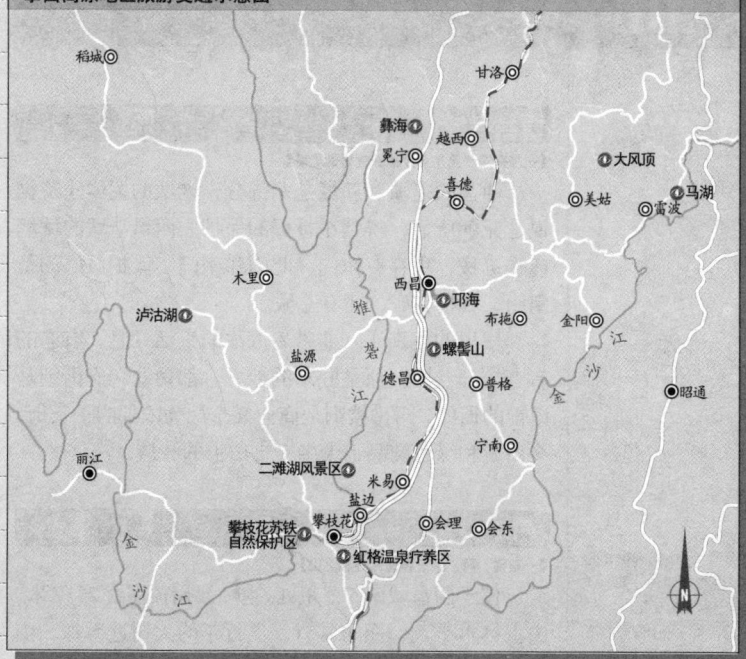

攀西高原地区旅游交通示意图

稻城◎

甘洛◎

彝海 越西◎

冕宁 ❶大风顶

喜德◎ 美姑◎ 马湖
雷波

木里◎ 西昌◎

泸沽湖❶ 邛海

盐源◎ 布拖◎ 金阳◎

螺髻山◎ 沙

德昌◎ 普格◎ 金 昭通◎

二滩湖风景区 宁南◎

米易◎

盐边 会理◎ 会东◎

攀枝花苏铁
自然保护区

丽江◎ ❶红格温泉疗养区

N

📱读者来电
　　冕宁是红军长征路过的一个重要驻点。1935年,红军在这里第一次提出"红军万里长征"一词。所以冕宁红军长征纪念馆是非常具有历史意义的。建议收入更新版。
　　　　　　　　——河北 王达先生
😊请把您的建议告诉我们。(010-85166737)

241

凉 山

西昌老城

【一座兴建于元，至今依然完好的老城】

西昌的老城和新城是两部分，老城的主体建筑据说是元朝所建，得到了极好的保护。西昌老城的城墙巍峨挺拔，现存有东门、北门和南门，保护最好的是南门，城楼完好，还有瓮城。

城里的九街十八巷带着浓浓的生活气息，有名的有老统部巷同，原是驻军的地方，都司巷和府街则是以前的衙门，四排楼则是商业气息最为浓郁的一条街，多山货和绿色商品，大多来自山上的彝族。

泸山

【一座儒、释、道三种文化并存之山】

位于西昌城南5公里处，主峰纱帽顶海拔2317米。山上林木丰茂，四季常青，上百年的大树近千株。山上有梵宇殿堂12座，半山建有凉山彝族奴隶社会博物馆。

光福寺历来就是香火旺盛之地。每年农历三月十五，民间为财神祝寿的日子，这里更是人头攒动。不少高达两三米的特制大蜡在财神殿里摇曳着橘红色的光芒，闪耀着人们祈盼富裕的幸福之光。寺里的唐柏汉柏则一直在这里俯瞰着苍生，迎送着千百年来的风霜雪雨。枝干如游龙苍劲有力，点点苍翠在粗大的树枝间画龙点睛般书写灵动之气。

泸山临邛海，四季不同风貌，晨昏不同风情。而那些拾级而上所见的寺庙道观展示着华夏文明的久远与厚重，一切需要细细体味。

凉山奴隶博物馆

【我国第一个民族博物馆，也是世界上唯一反映奴隶社会形态的专题博物馆】

位于泸山风景区中部，建筑面积5000平方米，是一座背依青山、面临邛海，具有彝族古典风格的建筑。

博物馆于1985年8月4日建成开放，分为民族历史、社会生产力、等级和阶级、家支习惯法、民族的婚姻家庭、宗教信仰、文学艺术、风俗习惯、奴隶

泸山

🚌 西昌到泸山的距离有5公里，有公交车经过，票价1元，乘出租车约5元。

🎫 泸山3元，凉山奴隶博物馆30元，光福寺3元

📝 1. 与邛海风景区连成一片，两地可一并游览，乘车到达邛海即可。2. 光福寺素斋风味独特，营养美味，值得品尝。

和劳动群众反抗奴隶制的斗争 9 个部分，用实物和资料全面展示了凉山彝族奴隶社会的原貌，反映了彝族的传统文化和民俗风情。博物馆现馆藏文物 3600 余件，主要为彝族文物，其中一级文物 40 件。

邛海

【变化多端、风景多样的地震湖泊】

位于泸山山脚，面积 31 平方公里，平均水深 14 米，最深处有 34 米，是史前地质构造运动时断陷形成的。作为一个因为地震而形成的湖泊，在数百年前，这里是更为辽阔的良田，直到今天，邛海边上还流传着各种各样的传说，人们相信在月圆之夜能看见海底的城镇，那是在地震的淫威下一夜之间毁掉的繁华。史料记载，在 1536 年和 1850 年这里的确发生过两次大地震，湖水面积因而扩大，占领了原本的良田和村庄，20 世纪 70 年代的科考活动中，科考人员的确见到了清澈湖底的房屋基石。

青山环抱下的邛海在平日里是安静的，一如处子。风平浪静间渔舟唱晚，网起网落间鱼鳞泛着扑鼻的香气，天边的晚霞映照着归来的野鸭和鸥鹭，共长天一色的湖光山色将视野变得尤为开阔。如果有幸在暴风雨来临之际立于湖畔的檐下，你会见到让人心潮起伏

邛海

- 从西昌市区乘出租车前往约需 15 元。
- 免费。进公园后，可以乘坐小船到对岸的小渔村吃烧烤游玩，10 元／人，另外可以选择机船船，20 元／人左右，同时也可以包船游览邛海，100 元以上，价格不等
- 邛海边的餐馆可品尝到当地最富特色的邛海醉虾、毛蟹和爬沙虫。

↑ 邛海

243

的"白鹅浪"。乌云下面，邛海层层白浪翻卷，无休止地涌向岸边，涛声在天际间回响，恰似钱塘潮在内陆呈现。

礼州古镇

【南方丝绸之路牦牛道上的重要驿站，明代所建的老城保存完好】

礼州古镇有两千多年的历史，自古以来便是西昌的北大门，今日所见的礼州古城为明代所建，是明清时期政治、文化的象征。民居多为砖木或土木结构，底层临街多装有活动铺板，内置柜台经商，后院有天井，植以花木。天井既可采光，也让空气流通，盛夏时节，由天井穿过商铺的风被称作穿堂风，因而这类民居冬暖夏凉。

礼州古镇最具代表的建筑是文昌宫和西禅寺。文昌宫建于清光绪甲申年(1884)，坐东向西，气势不凡。纵横三院三排，门窗梁柱雕饰精美，古色古香。西禅寺是一座尼姑庵，香火旺盛，大殿顶端尚存当年南方丝绸之路上的定位引路的灯罩，据说在冕宁泸沽镇就能看见大殿顶上的灯光，为商贾指引方向并确定行程距离。

不大的礼州茶馆林立，七街八巷中有近百家茶馆，条几拼成长长的"一"字，人们围坐两边，聊天抽烟做生意，其乐融融，生活的气息惬意而安详。逢集的日子，山上的彝族同胞会带来各种土特产和手工艺品，于是礼州又成为一个民族风情的展示之地。

西昌黄联土林

【以蘑菇状为主的、大片土质林区景观】

位于西昌市区以南31公里的黄联关镇内，整个土林是由于山体的边缘部分历经千百年的雨水冲刷，阳光曝晒后形成的。松软的浮土被冲走了，混杂着碎石的一部分硬土残留了下来，形成了现今这个高低错落、沟谷纵横的景观。如果在每天不同的时间来到这里，景致会随着太阳角度的变化而发生变化，或浓或淡，或深厚或剔透。

土林的土，又并非一般的黏土，质地系黄色沙砾岩。地质专家称，土林的形成，最远可追溯到8000万年到1亿年的冰水时期。在冰水沉积期，水多带来杂物，形成沙砾层。沙砾层成岩硬化后，受新地壳运动影响，出现裂口或裂缝(地质学上称龟裂)。地

礼州古镇
　每天从西昌大巷口刘伯承塑像处发往礼州的公交车很多，票价约3元。

西昌黄联土林
　从市区南桥车站搭乘到黄联、黄水、阿七及德昌的班车均可到达，班车很多，四五分钟就有一趟，乘车30分钟可达，票价5～6元。
　10元

↑ 螺髻山草海

表水（主要是雨水）沿着裂缝向下渗漏、渗透。日积月累，裂口因冲刷而渐渐扩大加深，最后分裂成一个个土墩、土柱，成为今天的土林。土林顶部的沙砾岩，系胶质钙结，不易被风化、冲刷，所以多呈蘑菇状。飞播林区有云南松等林木 60 平方公里，是我国最大的飞机播林区之一。

螺髻山

【在杜鹃花海中有温泉瀑布，是这里的特色】

位于邛海南岸，距西昌市区 38 公里。主峰海拔4368 米，南北绵延 100 公里，因山形似螺髻而得名，在彝语里称作"安波哈"，是五百山峰的意思。山中有大大小小 36 个色彩各异的深潭秀湖，多在海拔3000 多米的地方。这里有丰富的亚热带植物，完整的古冰川的遗迹，漫山遍野的杜鹃以及溶洞、瀑布等丰富多彩的奇特景观。

螺髻山上的杜鹃非常漂亮，在名叫三道海或长海子的地方，有上万亩的杜鹃围着六七个不同大小的湖泊群，5 月里让这里成为红色的海洋，面对这样的景观，就明白杜鹃为什么又叫"映山红"了。

大槽河峡谷中的温泉瀑布是螺髻山的一大特色。水珠飞溅，奇峰怪石，苍松古藤一起书写刚柔相间冷

螺髻山

🚌 西昌至螺髻山镇有长途汽车，车费 10～20 元；螺髻山镇至景区停车场，车费10 元，索道下站至索道上站，车费 100～160 元（往返）。
🎫 螺髻山 30 元，仙人洞 28元，缆车 140 元

245

暖生辉的画卷。由高到低形成的 3 级瀑布又分别形成了不同大小的温泉池，水帘洞两边各有一池，每个仅可容纳 2 人，被人戏称为"鸳鸯池"。

喜德小相岭

【南方丝绸之路的起点，风景壮阔又不失精致】

位于城外 40 公里处，又称"五兄弟山"，面积 54 平方公里，有 12 个上下相连的冰川湖泊隐藏在群峰之中，还有高山瀑布、活杉林区、高寒草原以及罕见的间隙泉等景观。站在山顶能够观赏到日出、晚霞、云海。每年的 5 ～ 6 月是小相岭南坡的杜鹃盛开的时候，而到了八九月份时则是北坡杜鹃怒放的时候了。

南方丝绸之路的必经之道是灵关古道，在喜德境内的路段就是从小相岭山脊（万寿宫）开始，经九盘营、合相营、深沟、冕山、新桥与冕宁县铁厂乡交界，长 35 公里，民间称之为"孔明鸟道"，又称牦牛道，后改名为清溪古道。

登相营古遗址 ❋

【古南方丝绸之路的重要驿站】

登相营古遗址

🚌 西昌至喜德 82 公里，有公交车直达，但到小相岭景区只能包车；可以搭乘西昌到越西的班车在登相营下车，车费 8 元。

位于喜德县小相岭南麓，始建于明代，古堡依山势而建，城墙为条石嵌砌，高 3 米，宽 2 米，周长约 600 米，墙顶设有垛眼，清代时是西昌往成都大道的主要驿站和关隘，现保存较好。

冕宁红军长征纪念馆

【红军在这里发布《中国工农红军布告》，第一次提出"红军万里长征"这一词】

冕宁红军长征纪念馆

🚌 凉山乘车前往冕宁县，然后步行前往即可。

🎫 20 元（彝海风景区的门票和结盟纪念馆的联票）

位于冕宁县城城厢镇东街 8 号。房屋建于清光绪年间，砖木结构，三重厅堂布局。红军长征过冕宁时，曾作为红军总司令部驻地。

1935 年 5 月 3 日，中国工农红军第一方面军在毛泽东、周恩来等同志领导下，从皎平渡巧渡金沙江进入凉山，历时 31 天，并建立了入川以来的第一个革命政权——冕宁县革命委员会；建立了入川以来的第一个革命武装——晚期冕宁县抗捐军。1935 年 5 月 23 日，毛泽东曾在此接见彝族代表果基达涅及中共冕宁地下党代表。1965 年辟为红军长征纪念馆，至今仍保留了当年毛泽东接见彝族代表和地下党代表的厅堂布局原貌，并陈列文献、文物、图片近 200 件。在馆内展出的文物中有红军进入冕宁后以朱德总司令的名义发布的《中国工农红军布告》，在这个布告中第一次提出了"红军万里长征"这一词，从此，"长征"一词从冕宁传遍凉山，传遍全国乃至全世界。

灵山寺
【凉山州境内最为有名的一座寺庙，在这里许愿据说很灵】

位于冕宁县城以东 20 公里，群山环抱，林壑幽深，泉水清净绝尘，春夏山花似锦。有灵山寺、黑海、红海、向阳坪瀑布、黄草坪母鸡石等景点。

灵山寺位于小相岭西麓，因紧靠灵山所以而得名灵山寺。寺庙始建于清乾隆年间，寺右曲径通幽，飞流悬瀑，有古塔和巨大的"禅石"。寺前古松参天，亭阁翼然。寺内的大雄宝殿足有两三层楼高，庄严宏伟，殿门上的"佛在我心"字体饱满圆润，一如佛家仁慈的感觉。琉璃瓦山门金碧辉煌，众多的房屋堂廊构成一片规模宏大的寺院建筑群。

西昌卫星发射中心
【正是这里使得西昌被世人瞩目】

位于冕宁县境内，距西昌 60 多公里。自 1984 年第一颗实验通信卫星发射成功以来，十余年间，已先后用"长征三号"，"长征二号 E"，"长征三号甲"运载火箭成功发射了 20 余颗卫星。成为亚洲规模最大、设备最先进、具有大功能发射航天器基地能力的新型卫星发射基地。

彝海
【蓝宝石般的高山湖泊】

位于冕宁县以北的山中，西昌到大渡河的途中。彝海，彝名"苏品"，面积约 15 万平方米，为高山淡水湖泊，呈元宝形，从山顶远远望去，像一颗镶嵌在群山中熠熠闪光的蓝宝石。四周林木茂盛，使湖泊显得苍茫而古老，四季野鸭成群，极富有高原风光特色。

1935 年 5 月，毛泽东率领中国工农红军第一方面军于长征途中来到大凉山冕宁。刘伯承与彝族果基支首领果基约达（小叶丹）在此歃血为盟，结为兄弟，这便是举世闻名的"彝海结盟"。红军帮助彝民组建

灵山寺

🚌 从西昌客运中心乘直达冕宁的汽车，再从冕宁乘坐至景区的专车。

🎫 灵山 5 元，灵山寺 30 元

ℹ️ 1. 去灵山寺的人通常都选择春节之后、十五以前。那时的西昌春光明媚，所以很多人也当这是一次踏春。
2. 灵山寺山脚有很多餐馆，当地以石磨豆花出名。小王豆花还经营各种野菜、野生小鱼及冕宁火腿。
📞 0834-6764002。

西昌卫星发射中心

🚌 西昌到卫星发射基地有 68 公里，有公交车直达，方便快捷。从西昌包出租车或面包车前往，车程 1 小时，车费 200～300 元。

🎫 56 元，主要参观 2 号、3 号发射架，长征三号火箭实体，卫星发射及控制中心（一般通过看录像来了解发射过程）

ℹ️ 参观卫星发射基地建议参加当地旅行社的一日游，有专人讲解会更有收获。

彝海

🚌 从西昌到冕宁县全程 88 公里，每日有班车到达，票价 14 元左右。到冕宁后乘公交车到彝海乡，下车后再步行或乘坐当地交通工具走七八公里便到风景区。

🎫 5 元

↑ 冕宁县彝海

了"中国夷民红军沽鸡支队"，并授予队旗，赠给了武器。其后，担任沽鸡支队队长的果基约达派彝民护送红军顺利通过彝区。

冕宁泸沽孙水峡

【历史上有名的南方丝绸之路遗迹】

　　孙水桥位于冕宁县泸沽镇与喜德县之间，距泸沽镇仅3公里，峡谷险峻，危崖高耸，依稀可辨穿岩而过的羊肠小道。史载"司马相如桥孙水以通邛都"，孙水桥与孙水关便从那时起与中原与蜀地的政治经济连在了一起，是南方丝绸之路上的必经之路。

冕宁冶勒自然保护区

【一处少见的天然动物园和资源十分丰富的物种库，被誉为"南北动物走廊"】

　　冶勒自然保护区最高海拔5299米，总面积约243平方公里。其保护对象为大熊猫等珍贵稀有动物和其他植物以及自然生态环境。保护区内动植物自然资源十分丰富，是凉山州，乃至于四川省内不可多得的物种资源十分丰富的基因库和天然动物园。

冕宁泸沽孙水峡
🚍 西昌至泸沽镇车费5元左右，在泸沽镇上可以雇马车前往，10元左右。

冕宁冶勒自然保护区
🚍 从西昌客运总站乘坐直达冕宁的汽车，再从冕宁乘坐直达景区的汽车。

区内的自然景观非常丰富：冶勒天然牧场，让人心旷神怡；高源平湖——冶勒水库，波澜壮阔。

甘洛尔苏人村落

【众多的历史古迹加上尔苏人神秘的文化构成了这里的吸引力】

甘洛位于凉山州北部，南距西昌市237公里，素有"凉山北大门"之称，自古都是川滇信道中极为重要的关隘和要塞，自战国时期以来留下不少的名胜古迹。汉时的灵关道从境内通过，并在境内设治所。唐贞观年间开辟的清溪道，是南方丝绸之路的重要一段；清溪峡内两岸千仞峭壁，古木参天，谷中溪流淙淙，潺响回环，花岗石嵌成的古道上马蹄印深陷其中，古道旁尚有护路兵营的"齐民雕"遗址。金字塔形的吉日波山，在彝文经典《勒俄特依》中记载为：洪水淹没天下时，世界仅存的几个山顶之一。县境西南的德不洛莫原始森林，传说为彝人送鬼幽灵集中之地，被称为"恶鬼"之山，充满神秘色彩。其他名胜古迹还有：海棠古庙、古城墙、"将源"石刻；太平天国将领赖裕新壮烈牺牲之地；田坝的土司衙门遗址；尼日河开建桥摩崖碑石刻；唐加湾古墓群、海棠古墓群等。

在甘洛县腊梅镇，可以见到还未确定民族的尔苏人。他们有自己的象形文字，有神秘的巫术，他们的巫师被称为萨巴。尔苏人对于天文有独到的认识，他们修房子、搬家都要根据当时银河的位置来确定方位。尔苏人的服饰也极有特色，特别是萨巴的神秘面具，恍若远古的精灵，似乎带有无穷的神力。他们通晓汉语、尔苏语与彝语，现不足1万人，与外界文明有一定的距离。由于尔苏人精明而好学，勤劳朴实，很多人都在县里州里任职。

海棠古镇

【灵关古道和清溪古道的重要关隘】

位于甘洛县城西北22.5公里处，面积0.3平方公里，古城四周仍能见到古城墙，周长900多米，城墙以石条为基础，上砌印有阳文"道光十八年"的大砖。城内有南北两条主街和几条巷子。据唐代《蛮书》、《贞元使程》记载，唐时称海棠为"铺"或"达士驿"，当地人至今仍称海棠为"夏达铺"。

海棠镇北有千佛寺一座，原名龙泉寺，为当地一

甘洛尔苏人村落

🚌 西昌到甘洛有288公里，可选择的旅游线路是：甘洛—田坝—海棠—蓼坪—腊梅，从甘洛到海棠的班车10元左右，到腊梅15元左右，这一线都有尔苏人的村落，路况不是太好，冬季时路面有冰，会有一定危险，最好选在四五月花开的时节前往。

🛏 甘洛县城里的小店和川菜馆不少，糖酒宾馆是当地最好的宾馆，有单人间、标准间，特色餐厅有火锅、中餐和民族餐。

海棠古镇

🚌 参考"甘洛尔苏人村落"相关信息。

🍴 海棠有简易的旅店餐馆，应付吃住没有问题。

249

景，曾是海棠区医院驻地。2000 年按原样修复了山门殿、住宿楼、院坝等建筑。

马湖

【岛上有全国唯一的彝族寺庙——孟获殿】

位于凉山彝族自治州雷波县黄琅镇境内，距县城 47 公里，距西昌和乐山各 280 公里。景区由马湖、金沙江峡谷、原始密林等部分组成，是小凉山深处一颗璀璨的风景明珠。相传古人以牝马系湖岸，湖中龙出与之交，后产异马，因而得名龙马湖，后称马湖。湖中心有一龟形小岛，名金龟岛。

马湖属高原大型天然深水湖泊，水域面积 7.32 平方公里，最深处 134 米，为全国第三大高山深水湖。东、西、南三面为高山屏障，北面为玄武岩、石灰岩碎块堆积而成的天然石坝，俗名"海包"。湖区港湾深幽，湖岸曲折多变，湖底石灰岩层光滑细腻，无淤泥，湖水四季清澈透明，无任何污染，有"金龟游水"、"大湾如月"等景观。

百草坡

【一片生活着许多珍稀动植物的原始森林】

位于金阳县最高峰狮子山山脚，洛觉片区高峰乡境内，海拔 3400 米。这里是人迹罕至的原始森林，水草丰美，大大小小的湖泊如珍珠般散落在草地上。各种珍稀动植物繁多，有需 3 个人才能合围的千年古树和距今上亿年、世界上已濒临绝迹的白鲦，还有冷杉、云杉、垂枝香柏等珍稀树种。目前金阳百草坡还没有开发，需要包车然后乘马前往，最好先咨询当地旅游部门。

这里还是凉山彝族的聚居区，所以除了自然风光外，还能深入体验民族风情。当地的彝族十分热情好客，可到当地人家做客，但应入乡随俗。当地彝族宴客时，往往只有男主人陪客，或让客人先吃，女主人及孩子等客人吃完再吃。切记不可把食物吃光。告辞时，请留下一些礼物或钱以示答谢。

布拖火把节

【仍为自发、原生态的彝族"火把节"】

布拖地处大凉山腹心地带，位于凉山彝族自治州

马湖

🚌 西昌客运东站每日 6:30～12:30 有 8 班车发往雷波；雷波至马湖票价 12 元，每天有很多次班车。

🍴 1.马湖的鱼类味道非常鲜美且天然，湖边饭馆煮的鲇鱼值得品尝，在吃鱼的同时，这些饭馆还会配上农家手工磨的豆腐，也是非常美味的。2.据说，国内外稀有的莼菜我国只有两个地方出产，其中一个便是马湖。

百草坡

🚌 从乐山、西昌到金阳，经昭金、昭美公路在昭觉城东 20 公里的鸟坡美姑河大桥分道后，向东南方向前行，从波涩樑子直下即到；从宜宾到金阳，经金雷公路，从卡哈洛沿金沙江行进；昭通到金阳，翻越莲峰山，直下大兴、码口、炎山、跨江而上；从昆明、渡口到金阳，分别从巧家、宁南，沿金沙江顺水流向，在金口大桥而上就到金阳县城。

🍴 金阳县城天地坝镇有各种档次的住宿地，县城东街与上、下街衔接合部，北段最繁华，是店铺摊点最集中的地带，在这里可吃到凉山彝族风味食品。

布拖火把节

🚌 西昌客运东站、西站都有直达布拖的班车，行程 1.5 小时，票价 20 元。然后从布拖县城乘班车前往衣某乡，或者拖觉乡，票价 15 元左右。

东南部，是一个彝族聚居的高寒山区县，平均海拔在2000米以上。每年这里的各区和县城都要举行盛大的纯民间自发组织的火把节活动。

距布拖县30余公里的衣某乡上有一个天然火把场，每年到那里去参加活动的群众有二三万人，除了极少数的人在这一两年间用上了现代化的交通工具——汽车、摩托外，其余百分之八九十的群众都是靠自己的双脚走去的。而另一个乡——拖觉乡的火把节则是当地民族风情最浓的一处。在这里，大多数来参加火把节的女子都会着节日盛装，有的服饰重达几十斤。

火把节也被称作"彝族情人节"，所以这期间也是青年男女自由活动的日子。在火把节上撑着亮丽黄伞围成圈唱"朵诺荷"的大多是年轻的姑娘，此举大概也是告诉小伙子们：自己尚未婚配。如果谁被看中了，就会接到对方的暗示，如果自己也满意的话，双方就会另行约定见面的时间地点。交往中，男子一般会送一些脂粉、糖果给女方，或者互赠定情信物。

金阳—布拖白石滩
【一组白色花岗岩石组成的奇观】

位于布拖县城南部牛角湾乡境内的金沙江畔，距县城75公里。花岗石经江水千万年冲刷，形成了一片神奇的石林迷宫，千奇百怪，有的峥嵘峻峭，有的玲珑剔透，错落有致，与江水为伍。

博什瓦黑岩画
【唐代南诏和宋朝大理时期所营造的大型密宗摩崖造像】

位于昭觉县城西南部的碗厂乡境内，距昭觉县城63公里，西昌市区46公里。岩画共19组27幅，用阴线镌刻在16块巨大的岩石上，面积达440平方米，以佛教内容为主，有释迦牟尼、观世音、四大金刚等神像和麒麟、狮、龟、象等图像，还有凉山彝族"毕摩"的形象。其中尤为珍贵的是一幅"南诏王出行图"。

博什瓦黑岩画与南诏腹地今云南大理的南诏重要文物——南诏德化碑、崇胜寺三塔以及剑川石窟具有同等的历史地位。

金阳—布拖白石滩

🚌 从布拖县城到白石滩可以搭乘金阳至布拖的班车在牛角弯乡下车，票价30元左右，包车从布拖要近一些，150元左右。

🏨 普提园宾馆：位于布拖普提上街，一楼标准间80元／间，二楼标准间100元／间，📞 0834-8531701；布拖宾馆位于普提上街，标准间、三人间60～90元／间，📞 0834-8532503；邮电招待所：位于普提下街8号，标准间60元／间，📞 0834-8532150

🍴 当地主要以坨坨肉、清炖羊肉、回锅鸡、酸菜鸡、辣子小猪等彝族菜品为主。可在嘎子街的回归园餐馆用餐，25元／人，📞 0834-8533314；也可在普提上街的执玛格尼餐馆用餐，25元／人，📞 0834-8531029。

📌 1. 火把节期间住宿较紧，最好提前联系。2. 游玩白石滩行前需自带干粮和水。最佳时节是秋天，秋高气爽，江水下降。

博什瓦黑岩画

🚌 可乘西昌至昭觉县的长途汽车在碗厂乡下车，车费10元左右。碗厂乡到岩画所在地有3公里路程，需要步行。

251

↑ 泸沽湖夕阳西下时分的草海

竹核温泉
位于昭觉县城南边约20
公里处，车费4元，县城内
的人力车2元，出租车出城
需面议价格。
罗非鱼是当地特产之一。

竹核温泉

【有"凉山第一泉"之称】

竹核，是彝语音译，意思是盐水坝子，属热泉，水温50℃，泉中含有镁、钾、锶、硫、钙等元素，有治疗皮肤病的功效。温泉有一大一小两个温泉，旅客可在潺潺水流和山花芬芳中淋浴，花费不过20～50元。

泸沽湖

【有人说，泸沽湖最美的景色在四川境内】

位于盐源县西南，川、滇两省交界处，距县城约170公里，海拔2700米。湖面面积58平方公里的泸沽湖与云南省共有，其中位于四川境内有33平方公里。整湖长955公里，宽6公里，平均水深40米，最深处达73米，属横断山脉中段的大型高原淡水湖泊。

泸沽湖区生态环境良好，湖周群山环抱，湖水清澈透明，湖面似一弯新月，恬静秀丽。当地群众敬奉的神山——狮子山耸立在湖边，雄伟壮丽，山上分布着茂密的原始森林。由于景区地广人稀，交通闭塞，整个景区保持了原始的、粗犷的格调，是藏在深山里的一颗旅游资源明珠。泸沽湖地区居住着蒙古、藏、彝、普米、纳西、白等少数民族，民风民俗多样，尤以土著摩梭人至今保存着母系家庭和"走婚"习俗最为独特。

泸沽湖沿岸都有村庄，也可以解决住宿餐饮。常规旅行集中在西岸和北岸，这一带也是摩梭人聚居的地方。泸沽湖中共有5个小岛，黑瓦俄、里务比岛位于西侧湖心，可以从西岸落水或西北岸的里格划船登岛；里各岛比前两个都小，位于西北侧湖岸边，靠近里格村、小落水村；大嘴岛靠近北岸，从大嘴村可划船登岛。

欣赏泸沽湖的水有两个好地方，一个是在泸沽湖的观景台；另一个就是在四川地界的小落水村和大嘴村，这里是体验濒海临风感觉的最好地点。

小落水很小，房子不是很好，也不临湖。因为是杨二车娜姆的家，所以出名。在小落水的一个小山腰上，是杨二建的博物馆，住宿很贵。

小落水过去一点有个竖着的牌坊，那里就是云南和四川的分界点。小落水和大嘴中间的泸源崖是整个泸沽湖水源的来源地。

大嘴村已经归四川管辖，村落很大，纳西人居多。湖上是美丽的大嘴岛，晨雾中的大嘴村是她最美的时候。大嘴岛附近可以停车拍照。泸沽湖镇不沿湖，没有景点，可以坐车直接经过。

草海在四川境内，是泸沽湖的出水口，天然形成一片巨大的湿地，生长着大片的芦苇。草海上有一长长的木桥，连接两岸，又叫走婚桥。草海四五月份的时候最漂亮。草海上可以划船（10元），和泸沽湖划船是另一种风格和滋味。从停车场沿小路步行至走婚桥大约1公里。女神湾是正对格姆女神山的一个湖湾，是整个环湖景点中最经典、景色最好的地方。女神湾

泸沽湖

泸沽湖位于四川和云南交界处，所以从云南丽江、四川攀枝花、西昌三个方向都可以抵达。游客可从成都乘飞机或火车，先抵达西昌。当日即可从西昌乘车直达泸沽湖。西昌客运中心每日有班车直达泸沽湖（8:40发车，累价62元左右）。

80元；游船至王妃岛25元；游船至里务比岛40元。

1. 湖畔青年客栈：泸沽湖草海五指落，窗外就是美丽的草海，标准间80元／间，吃饭15元／餐，13808004749。

2. 土司山庄：这里靠近湖边里久观景台和赵家湾景区，环境清幽，硬件设施是泸沽湖镇上最好的，建筑风格独特，服务员全是摩梭人，镇上免费接送。早餐5元／人，正餐15元／人，标准间80元／间，赵家湾小草海旁边，13881499182、13881588406

从泸沽湖镇乘小面包车，约20元左右可到五指落，或者步行1.5小时到五指落。从云南大落水码头乘船约2小时可到五指落码头，船费80元，或者从里格半岛包车到达，费用约140元。

每年农历七月二十五是摩梭人格姆女神庆典的盛大节日。

泸沽湖游览线路

草海、走婚桥—赵家湾（女神湾）—左所（泸沽湖镇）—大嘴村—泸源崖—小落水—尼赛中饭—格姆女神山（女神洞）—尼赛（情人树）—里格—前往云南丽江，或者坐船返回草海。

253

非常漂亮，居住的人很少，很安静，湖光山色，尽揽在怀，绝对是拍照摄影的最佳地点。

公母山

🚌 西昌到盐源的路程约3小时，车票32元，从早上到午后都有车发盐源县城。盐源到公母山景区可租三轮车，也可乘出租车，车费15元左右。

🍴 这里有特色的菌类和土鸡。

公母山

【既是儒、佛、道三教合一的圣地，又是当地人生殖器崇拜的灵地】

位于盐源县城西南5公里处的柏林山北麓，海拔2530米，占地面积3平方公里，古称莲理山、莲花山，因其外貌酷似两具男女生殖器而得名。两山相距约百米，均为红褐色，属丹霞地貌。公山高约40米，如破土春笋，阳刚挺拔，昂然直刺天穹；母山高约100米，峰顶略呈圆形，中有天然裂缝到底部，形成一圆洞，可容一人悠然穿过，上余一线天光。

会理古城

🚌 西昌各车站都有开往会理古城的长途汽车。

🍴 会理东街19号的鸡火丝饵块相当有名，是会理县地方名优小吃，大碗5元，小碗4元。晚上可以到县府街高记烤羊腿吃夜宵，羊腿25元/斤。

🍎 会理的石榴是著名的土特产，中秋节前夕会大批上市。要注意，市面上打着"会理石榴"牌子的多半不是本地货，据说标着"进口石榴"的大块头石榴才是会理所产。

会理古城

【历史上是川滇文化的交融地带】

位于凉山彝族自治州最南端。湍急的金沙江是川滇两省的自然分界线，会理便在岸边与云南省昆明市禄劝县隔河相望，历史久远。西汉武帝元鼎六年（前111）在此建成了会无县，会无一名在历史上存在了700余年，清雍正六年（1728）改称会理县。

会理从地下出土的文物可以证明这里在新石器时代就有人类活动，并且也曾是白族先民的重要地域，这里曾是古蜀先民迁徙的途经地，有不少人与当地土著融合形成了新的民族。历经中原文明与南诏文明、

格姆女神

传说泸沽湖一带早先没有山，而格姆女仙经常和众男山神夜里从北方飞来湖里洗澡，谈情说爱，雄鸡报晓时又飞回北方。某夜，众男山神等候了很久，格姆女仙姗姗来迟，他们正要嬉戏，可是雄鸡报晓，东方发白，他们飞不回去了，于是格姆便流落在泸沽湖畔，变成了现在的格姆女神山；众男山神则簇拥在她的周围，分别变成了哈瓦男山、则支男山、阿沙男山等。还传说格姆女神很善良，她经常骑着白马（一说骑鹿）外出巡游，不仅保佑这一带的人畜兴旺，风调雨顺，五谷丰登，而且特别赐予妇女体壮貌美，婚姻幸福，子孙繁衍。又说这位格姆女神十分美丽，她与周围的男山神结交"阿夏"（情侣），过着自由的生活。每年农历七月二十五是格姆女神的节日，摩梭人都要举行一次盛大的朝山活动，摩梭语称之为"格姆刮"，意为"转女山"。从祭女神的活动及其神话传说中，可以窥见妇女在摩梭人社会生活中的重要地位，以及她们的婚姻形态。

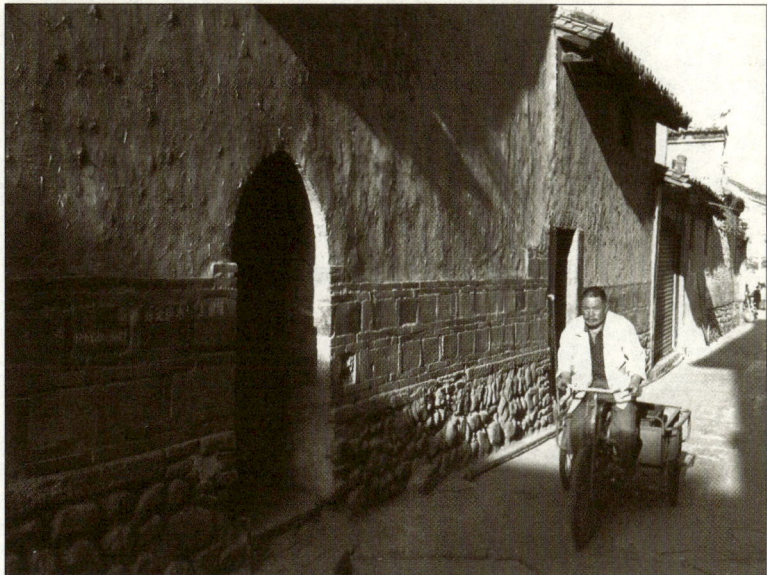

↑ 会理古城

大理文明的影响，会理成为多元文化的荟萃之地。

　　立于老城正中的钟鼓楼下是十字形的通道，分别通向东、西、南、北4条青瓦木椽的老街，老街笔直而悠闲地向4个方向延伸下去。以钟鼓楼为中心，南北中轴线是交通商埠要津，有四街三关二十三巷，形如棋盘，至今保存了很多古建筑。科甲巷与西城巷是最有特色的两条小巷。西城巷也叫小巷子，里面的建筑大多为清末民初的建筑，那些青石板路面上尚存有当年南方丝绸之路马帮留下的蹄痕，不过1米宽的街道自然是条步行街。

　　独特的地理位置让会理汇集了川滇美食，出名的美食有鸡火丝、会理黑山羊、鱼羊鲜、饵丝饵块、熨斗粑、各类烧烤。比如，建设银行路口露天大排档的烤羊肉串和烤鱼；滨河路是歌城和酒吧、水吧集中的地方，"大木桶"的烧烤很有名，尤其是烤鸡和炸小鱼；建设路和中央大道上有好几家夜宵店，老牌的"口口香酥油茶"口味最正宗，"常二哥夜宵"的炒螃蟹和炒龙虾是一绝，卤菜都很不错。韩国铁板烧中的荷叶脑花和烤臭豆腐相当有名。大礼堂是夜宵集中的地方，甘记小吃的卤菜、泡鸡脚、麻辣兔头味道一流；还有新华书店对面的小巷里面的筒筒骨汤和蹄花；钟楼下

255

面的小店的鸡火丝、清真食品和羊肉汤都很不错。不妨都去尝一尝。

古城之外还可以游览龙肘山，可从西昌至会理间国道108线上的益门镇下车，会理城也有汽车至龙肘山。游客若从成都出发，可在成昆线上的永郎镇下车，然后转汽车至益门进入景区，仙人湖也在龙肘山畔。会理县城关镇东南部的南阁乡文峰山巅，有一座白塔，当地又称文塔，为会理县八景之一。

瀛洲公园 🌸

位于会理城内西街，建于清朝末年，由几省会馆并为一体辟为园林，1980年修复一新，新建有驻鹤亭、金镜阁、藕香桥、玉华池，原来在别处的城隍庙戏楼也原样移至此处。

瀛洲公园
🎫 5元

云甸古法造纸

【堪称土法造纸的"活化石"】

这里如今仍然到处可见生产土纸的手工作坊，堆放着的竹材料、沤竹池，不少地方还有隆隆作响的碾房。

这种古法造纸据说要经过砍竹、晒竹、捆竹、泡竹、碾篾、提浆、捞纸、压榨、晾晒等72道工序才能得到草纸，这一过程与宋应星在《天工开物》中所载"造竹纸"的过程几乎相同。如今只有在池里搅拌纸浆这道工序用上了现代化设备，其余工序依然保持原状。古法造纸主要集中在该乡的云兴、巴松、沙元、云橘等行政村的众多村庄里，其中以云兴为最，云兴村几乎家家户户在造纸。

云甸古法造纸
🚌 乘会理到西昌的公交车，到云甸票价10元；西昌到会理、会东、攀枝花市的公交车每天都经过云甸的很多，从西昌到云甸票价20元。造纸最集中的云兴村离云甸乡小镇1.5公里，也在国道边。
ℹ️ 云甸吃住较为方便。云甸古法造纸一年四季都要进行，只在早季有短暂停产。

龙肘山

【以雄、险、奇、艳而著称于世】

位于会理与米易县交界处，龙肘山中花卉资源十分丰富，以杜鹃花科、山茶树、木兰科、报春花科等最具观赏价值。在海拔3000米以上的地带尚有成片的山茶花林。目前已知的天然野生杜鹃品种30多个，分布在海拔2000～3000米的地带。花期一般从4月中旬开始，由低到高次第盛开，到5月便成了花的海洋。另外，山上还有众多的兰花品种，其中登记在册的名品"一捧雪"即出自这里。最神奇的是山中还发

龙肘山
🚌 从西昌乘至会理的班车，在益门镇下车即可。会理县城也有直达龙肘山的班车。若从成都坐火车前往，可在成昆线上的永郎镇下车，然后转乘汽车至益门进入景区。

现了忍冬科名花——琼花。山上有一种名为偃柏的植物，高不及两尺，却极具观赏价值，据说是制作盆景的好材料。

龙潭溶洞风景区

【龙肘山下的溶洞景观】

  溶洞长 1500 米，洞内钟乳石绚丽斑斓，暗河蜿蜒，瀑布众多，洞内有迎宾三瀑，天河瀑布，怒龙瀑布，气势宏伟的大小水瀑。洞口还有人字瀑飞流直下，震撼人心。洞中最叫人称奇的大概要算"莲花池"了，乳白色的石莲花叠卧于清澈见底的莲池里，更有一条玉龙横卧池边守护。整个溶洞风景区由龙潭溶洞、龙吟峡、天然盆景园、野生植物园组成。

皎平渡

【长征途中"皎平渡战役"的发生地】

  皎平渡位于会理县东南与云南省禄劝县交界的金沙江峡谷里，是联系川滇的重要渡口。1935 年红军在这里巧渡金沙江时进行过一次著名的"皎平渡战役"，成功摆脱了敌人的围追堵截。渡口之北——会理县境内的岸边有排成一线的 11 个山洞，当年的红军总部就设在这里，也是毛泽东、周恩来等领导人住过的地方。

木里

【四川木里，一个人们相对陌生的名字，可却有着不为人知的惊世美丽】

  木里北邻稻城、理塘，西连云南的中甸、丽江，属典型的高山峡谷地貌，属高原风光，蓝天白云，风高气爽，气候宜人。

  木里景色由森林、河流、山涧瀑布、湖泊、雪峰组成高原风光。境内重峦叠嶂、奇峰林立，拥有海拔 4000 米以上的山峰 900 多座。天然秀丽的高原湖泊有十多个，最为著名的有丁东海子、寸多海子（长海）、尼多海子、巴桑海子等。春季，山峦湖畔百花争艳；夏季，碧绿的湖水连接天际；深秋，一派金黄倒映湖中，还有野鸭在悠闲地游戏；隆冬群山银装素裹。在山水的相互辉映中，罕见的高原景色尽收眼底。

  木里境内森林资源极为丰富。在原始林区中，古木参天，遮天蔽日。高大挺拔的杉树林、粗壮笔直的

龙潭溶洞风景区

💰 50 元

🕐 10 月中旬，龙肘山几乎每天 17:00～18:00 都会出现佛光。龙肘山上温差大，即便是夏天上山也需备毛衣以防变天。

皎平渡

🚌 会理县城到通安镇票价 10 元，从通安到皎平渡约 30 公里，只能步行或租车。皎平渡离昆明市 200 多公里，路况好，但没有从昆明直达皎平渡的班车，需在禄劝县城转车。

🍴 返回会理县城食宿。

木里

🚌 从西昌汽车站有班车到木里，每天有 6 班，全程 253 公里，路况不是很好，需要八九个小时。也可先坐车到盐源县城，因为这里是从西昌到木里的必经之路，第二天乘从盐源县城到木里的班车。

🏠 木里县城里有山城宾馆可以住宿，也有藏族人家开设的旅馆，卫生安全都不错，10 元／床，还有电热水器，性价比更好于山城宾馆。瓦厂区内可住区邮电招待所，住宿 10 元／床，也有餐厅。

🕐 6、7 月的木里漫山遍野都是各种颜色的野杜鹃花，9、10 月的木里秋色迷人眼，是绝好的旅游季节。

↑ 木里风光

青松林、密密层层的硬阔叶林，极目远眺，一望无垠，犹如一片波涛起伏的绿色海洋。各种奇花异草，春夏时节，竞相争艳，令人目不暇接。最著名的是杜鹃（又名格桑花），从春天到深秋，无论是在高山牧场、湖泊、还是在山顶、林间，都四处盛开着，姹紫嫣红，光彩夺目。

除了美景，木里还有着独特的民俗风情。在水洛乡境内，居住着藏族的一个分支"旭米"人。他们除了语言上与当地其他藏族稍有差异外，其装扮、宗教信仰等并无两样。他们一妻多夫或一夫多妻的奇特婚俗，至今仍保留相当完整。在屋脚乡境内，在利加嘴的一个蒙古族村落，一直保留着传统的"走婚制"形成的家庭格局。而项脚乡境内留存着一个土著汉族村落，被称为"明代遗民"部落，属明朝后裔，至今仍身着具有明显明清时期特征的服饰，还保留着一些古老的风俗和祭祀习惯。

木里藏族信奉藏传佛教，建有三大寺十八个小经堂，并以木里大寺最为有名，也是游人到木里必去的一个地方。

木里大寺 ❀
【洛克博士多次来访，据称是与"香格里拉"原型地最为吻合的地方】

位于木里藏族自治县桃巴乡，是藏传佛教格鲁派寺庙，原为木里土司、贵族八尔家的家庙。木里是藏语"米里"的变音，意为"地处理塘边缘"。

木里寺始建于清初，寺庙为方堡式建筑，布局严谨，错落有致。木里大寺的中心主建筑是四楼一底的大经堂和土司衙署。大殿高 20 余米，藏有一活佛的金印度覆钵式铜塔 1 座，内有木乃伊 1 具。寺内供有无量寿佛、弥勒佛、文殊菩萨、观音菩萨、宗喀巴等塑像，有高 10 多米的甲瓦强巴佛像及各类文物。

德昌钟鼓楼
【"燕子聚钟鼓楼门洞"曾是川西南胜景之一】

位于德昌县上翔街南端，是当地现存唯一完整的古建筑，始建于清道光十八年（1838）。当时主街南、北、中三处均建有魁星阁。现存的钟鼓楼居中，因名中阁，习称中楼，后讹今名。楼底用青砖结为拱硐。南北向拱门贯通正街。门上有额，北曰"南通蒙治"，南曰"北达京畿"，整个建筑宏伟壮观。

德昌县城历来为燕子密集之地，外地人来此莫不为之惊叹，因而享有"攀西燕子城"之称。而钟鼓楼又是全城燕群集中之所在地，各层楼檐下燕巢密布，燕子发出叫声悦耳动听。

花斑彩石
【这是一个五彩斑斓的世界】

位于马道镇烟墩角村东南方海中，距岸 50 多米，长约 35 米，宽约 20 米，高约 9 米，花斑彩石主要由黄、白、褐三种颜色组成。细细观赏花斑彩石，那些美丽的花纹，如铸如削，如描如绣，或曲或直，或纵或横，构成千姿百态的图案：像行云，有的飘飞，有的悬停；像波浪，有的随风荡漾，有的咆哮翻滚；像百禽戏，有的孤行，有的群集狂奔……变幻无穷，令人目不暇接。

德昌钟鼓楼
🚌 德昌处在 108 国道和成昆铁路边，距离西昌机场不到 8 公里，交通方便。
✈ "燕子聚钟鼓楼"一年四季都可见，以夏秋为多。

花斑彩石
🚌 可从西昌包车前往。
🎫 30 元

攀枝花

攀枝花苏铁林

【世界上纬度最北、面积最大的原始野生苏铁林】

　　位于攀枝花市西区巴关河至格里坪的山地上，面积 1168 公顷。苏铁是与恐龙同时代的生物，其源起时间是距今 2.7 亿年以前的古生代末期。它是世界上最原始的裸子植物，也是最长寿的植物之一。攀枝花苏铁自然保护区共有 20 多万株野生苏铁，最长寿的已有 1100 岁，最年轻的也有 400 岁，并且每年都要开花。

金沙江国际长江漂流培训基地

【中国最大的国际漂流培训基地】

　　基地离金沙江仅 100 多米，2001 年 10 月正式成立。基地内塑有长江结盟碑，体现了漂流、生态和环保的主题。

　　金沙江探险漂流活动地处金沙江探险漂流的黄金地段，沿途是壮观的攀西大裂谷，涛急浪高，但有惊无险。除了进行漂流训练和对外漂流运动服务之外，这里更具休闲度假的功能。有优美的环境，园林化的景观中独立别墅显得气派而静谧，滔滔而过的金沙江携来清风雨雾，清新而迷离，临江的游泳池让你有充分的理由享受阳光与水的清冽，还有沙滩排球、自划艇、攀岩、射击等娱乐项目。有动有静，有景有美食，小住度假，可以感受心旷神怡的境界。

龙洞石林风景区

　　位于攀枝花西区格里坪镇，距云南丽江仅 280 公里。这里奇特的喀斯特地貌形成了蔚为大观的石林风光，堪与云南路南石林相媲美，奇峰怪石与青杠树松树相间，有很高的科考价值和观赏价值。

诸葛亮五月渡泸遗址

　　一千年前，三国时期的蜀汉丞相诸葛亮率兵南征时渡金沙江的地方，如今已成了现代的轮渡口，但古风犹存，当年诸葛亮渡泸在崖上的石刻还依稀可见。

大黑山森林公园

【天然的"氧吧"】

与攀枝花市区隔江相望的大黑山森林公园丛林密布，拥簇的箭竹林和高山杜鹃，是天然的"氧吧"。山中龙洞一带有五十万株桃树，春来满山遍野的桃树灿若彩霞，恍若步入"桃源仙境"。

大黑山风景区由乌拉天国、新村林海、石林、老鹰岩、溶洞、桃花园和"农家乐"组成，"农家乐"在春天桃花盛开的时候是春游的好去处，乌拉天国、新村林海、石林、老鹰岩、溶洞是赤日炎炎日子的纳凉处。

1922年3月朱德辞去云南警察厅厅长职务去广州，途中受唐继尧部下的追杀堵截，改道北进入川经永仁到金沙江的渡口陶家渡，雷云飞把朱德等人接过江，在大黑山的土寨子住了十余天。

红格温泉疗养区

【是国内罕见的珍贵医疗矿泉】

有极好的药效，且温泉、冷泉并存，最难得的是随时都能吃到热带水果。露天池40元，木桶池60元/小时，贵宾间100元/小时。

二滩湖风景区

【一个人工拦水大坝形成的湖泊，因有火红的攀枝花而盛名】

位于盐边县城东南部的原树河、金河两乡，海拔1400米，总面积101平方公里，湖中有5个岛屿和若干半岛。

二滩湖库区属雅砻江河谷，为亚热带气候，风光独具特色，山清水秀，蓝天白云倒映湖中，水天一色，碧波万顷。库岸远处崇山峻岭，山峦起伏，近处林木葱绿，景色秀丽。最为动人心弦的是泄洪时的人工瀑布。240米高的大坝将奔腾的雅砻江截住，洪水季节为了泄洪或调节长江的水量会开闸门，高达200余米的水柱从天而降，是时天摇地动，气势磅礴，水迸金声。

湖畔的方家沟原是外籍工程技术人员的驻地，这些来自美国、英国、德国、法国、巴西、阿根廷等40

大黑山森林公园

🚌 公园距离攀枝花市中心46公里，从市内乘车直接到达。

红格温泉疗养区

🚌 距西攀高速公路出口仅1公里。可在渡口桥南乘63路前往红格。

🎣 泡完温泉还可去参加景区组织的火把节、篝火晚会、品尝彝族风味餐等活动。

二滩湖风景区

🚌 可在市内的渡口桥南乘42路前往二滩。有简易公路直通库区，搭乘出租车前往只需40元。

🎣 1.可以在方家沟度假村里午餐，特色菜有浑豆花、盐边烧烤等，价格丰俭由人。住宿可以选择度假村，不过一般都是一日游，当天返回市区。2.通门镇被称为攀枝花的水乡，到了这里一定要品尝这里的鱼，同时还可以到船上体验水上人家的生活，晚上这里的烧烤极有特色。通门的住宿也比较方便，价位不贵。3.一般游客只能参观到大坝观景台、展览中心等景点，若想参观大坝、地下厂房等建议

需在二滩就近参加旅行社组织的 1 小时游览团，票价约 40 元，☎ 0812-8656002、8656103

箐河瀑布

🚌 从攀枝花客运总站乘坐直达盐边县的汽车，再从盐边乘坐至箐河景区的专车即可。

🍴 盐边县的箐河浑浆豆花远近驰名。

海塔风景区

🚌 从攀枝花客运站乘坐直达米易的汽车，再从米易坐直达景区的汽车即可。

余个国家的外籍人士在这里修建了西方的生活起居设施，被形象地喻为"小联合国"，充满异国情调。现在已辟为度假村。

箐河瀑布

【一幅极佳的水墨山水画卷】

乘车从箐河乡出发，沿一条山间林区公路一直向北，便进入箐河峡谷。峡谷两边山如刀削，悬崖上古木参天，苍翠蓊郁。

沿着峡谷前行，蜿蜒曲直，转过数道急弯后，前方绝壁上一道数十米高的瀑布被岩石分为宽窄不匀的三道，沿高低不平的黛色石壁一叠一叠泻入箐河。山色如黛，飞瀑似雪，气势磅礴。置身河岸，微风轻拂，时而细雨蒙蒙，时而烟雾阵阵。若太阳直射，瀑布将呈现七色彩虹。

海塔风景区

【"海"与塔交相辉映】

海塔之名由"海"与"塔"组成。海塔人工湖又名"月儿海"。海塔地势形如船体，相传前人为拴住这条船，不使它随水漂去，便在山上修了一座六角白塔做拴船之桩。海与塔交相辉映，"海塔"因此得名。

海塔风景区四周重峦叠嶂，群山起伏，溪清谷幽。距白塔塔基 150 米处有一溶洞，名"仙人洞"。洞前峭石古树盘根错节。洞内石笋丛生，洞顶钟乳石悬挂，四壁五色斑斓，似敦煌壁画的模糊龛影。

白塔基前怪石嶙峋，玲珑别致。其间有一小洞，名清风洞。站在洞口，只觉清风拂面，沁人心脾。海塔西面角上的虎跳岩与仙人洞前的绝壁间是飞龙泉。虎跳岩上悬一蹲巨石，花斑条纹，如一只跃跃欲试的猛虎。深涧中三步一坎，五步一滩，碧溪哗哗，冲滩越障，似蛟龙出海，气势非凡。

✈ 交通

攀西地区是指以攀枝花市与以西昌为重镇的凉山州，这一地区以西昌机场为主要的交通枢纽，实现了航空交通的快捷，但区内交通和大部分的与外界的沟通，还是以铁路和公路为主，两种交通均四通八达，且费用较航空低，所以更适合自助旅行者。

攀枝花

攀枝花距成都823公里，游人可乘成昆线的火车直达，约需14小时，也可乘汽车经西昌到攀枝花，也可乘飞机到西昌再转乘火车或汽车到攀枝花。攀枝花距西昌230公里，路况一般，乘车需7小时左右。攀枝花也是从四川前往泸沽湖的两个起点之一。成昆线上的各次列车均停靠攀枝花。

西昌

凉山州的交通建设发展很快，公路交通四通八达。成昆铁路纵贯南北，可直达成都、昆明、西安、重庆及北京，或选乘飞机。

航空

成都双流机场乘西南航空公司的飞机直达西昌。每周二、五有班机，票价约为520元，40分钟左右，已有波音747这样的大型客机。

铁路

成都距西昌约630公里，走昆明线，需12小时，成都火车南站有至西昌的火车，硬座68元左右；成都火车北站每日都发往西昌，特快21:55出发，次日8:30到达，卧铺票价122元，这是从成都到西昌最好的选择，夕发朝至，较为省时。

节假日期间需提前订票。

公路

也可乘汽车前往，成都每天有3趟客车，但路途很艰难，约需20小时。从康定或泸定到西昌需经石棉县转车。

🛏 住宿

西昌与攀枝花市内有不少宾馆酒店。在州内的各县城里有一些招待所和旅店，条件很一般，价格也便宜。

攀枝花

世外桃源宾馆

离公交中心站最近，宾馆北楼标准间130元/间，南楼单间80元/间，标准间70元/间。

苏铁宾馆

✉ 攀枝花市西区清香坪

☎ 0812-5565111

攀枝花宾馆

✉ 攀枝花市东区炳草岗人民街

☎ 0812-3336631

州政府招待所

位于市区石塔街，条

↑ 泸沽湖草海边的湖畔青年旅舍

件不错，三人间 60 元 / 间，普通间 20 ～ 40 元 / 床。

西昌

因景点分散，住宿信息都分散在景点景区部分介绍了。

餐 饮

攀西地区的餐饮不是很丰富，但极有特色。早餐以粉为主，是米线像面条一样的做法，加有不同的臊子，如肥肠、牛肉、猪肉等。彝族风味餐不可不尝。杆杆酒、坨坨肉、辣子鸡是彝族风味餐中必不可少的。坨坨鸡、荞麦饼、酸菜汤等也是当地特色菜。喜欢火锅还是建议参照成都所推荐的品牌连锁店。

凉山气候寒冷，酒能驱寒暖胃，很受宠爱。彝族谚语说："无酒若隔九重山，无肉只隔一叶草。"意即待客宁可无肉而不可无酒，所以酒是待客佳品。

西昌

泸山郑记山泉黑豆花

位于泸山光福寺外，特色菜：黑豆花、邛海鱼、自制香肠和火腿。

📞13795639545

泸山麻婆黑豆花

位于泸山光福寺外，特色菜：黑豆花、农家油肉、腌肉和香肠。

📞13882469653

📝可以在西昌市四排楼吃绿色食蔬和生态土鸡，南门外的包子店是老品牌，包子是特色，粉的味道也不错。

娱 乐

烧烤是这一地区夜生活的主流，攀枝花的烧烤城主要以盐边烧烤城为主，就在市中心，西昌凯丽莱大酒店旁边的烧烤城为主，有艺人在此唱歌助兴，10 元 / 曲。

每年农历六月二十四为彝族火把节，这时候到这一地区旅行最佳，别忘了带上录音机，因为你会听到许多优美的歌谣。

购 物

首推彝漆器、服饰以及山珍。凉山资源富集，土特产品种繁多，特色突出。会理的石榴，雷波的莼菜、脐橙，普格的豪吉鸡精，盐源的苹果，越西的花椒，冕宁的水晶石，德昌的香米等都是凉山特有的旅游产品。凉山彝族漆器，巧妙运用搭配，黑、红、黄三色，黑得浓重，红得火烈，黄得艳丽，是凉山最为精美的旅游商品。

264

行程推荐

D1. 乘飞机或火车到达西昌，游览西昌古城，泸山邛海，宿西昌；

D2. 西昌至礼州，游礼州古城，转车至甘洛，宿甘洛；

D3. 游甘洛尔苏人村落，晚乘火车抵达会理；

D4. 晨起游览德昌古城；

D5. 下午乘车抵达会理，宿会理；

D6. 游览会理古城，乘车或包车抵达攀枝花，宿攀枝花；

D7. 游览二滩电站，苏铁林，乘火车或飞机返回。

D1. 乘飞机或火车抵达西昌，游览西昌古城，泸山邛海，宿西昌；

D2. 乘公交车到达雷波，宿雷波；

D3. 晨起看马湖，彝族歌舞之乡，宿雷波；

D4. 晨起返回西昌，晚上吃夜宵，宿西昌；

D5. 晨起至泸沽湖，赏泸沽湖晚霞，晚上参加泸沽湖的歌舞晚会，宿泸沽湖；

D6. 晨起游览泸沽湖，家访母系家庭，宿泸沽湖；

D7. 晨起返回西昌，乘当晚的火车返回成都或在西昌住宿乘次日的航班返回。

预　算

古迹寻踪七日游：此行程以南方丝绸之路的古迹寻踪为主题，预算约为 1800 元，其中，交通（不含往返机票或火车）600 元左右；门票 250 元左右，住宿 400 ～ 500 元；餐饮约为 400 元。

民族风情七日游：攀西高原彝族和摩梭人为主要民族，此行程以深度体验民族风情为主题，预算约为 1700 元，其中交通（不含往返西昌的费用）500 元左右；门票 250 元左右；住宿费约为 550 元；餐饮费为 400 元。

↑ 走婚桥 新与旧 过去与现在

宜宾—泸州地区

宾—泸州位于四川省东南部分，在重庆没有设直辖市前，它的位置几乎就是四川的正南方，所以习惯于以"川南"称这一地区，并沿用至今。

因为这里出了中国八大名酒中的五粮液和泸州老窖窖，"酒文化"当然就是这一地区不得不说的故事。其实，除这两种名酒以外，古蔺大曲也是这里出品的。关于酒必须回溯到数千年前，宜宾"僰人悬棺"所在山崖的岩画上便绘有人击铜鼓饮酒的场面，另外，还出土了秦汉时期的铜壶、铜勺、耳杯与酿酒、贮酒、取酒、温酒、饮酒等配套的系列陶质酒器，还有"沽酒俑"、"厨炊宴饮图"等陶俑。从遥远的古代直到今天，这一带饮酒之风仍盛行。

僰人是在公元前即生活在这一地区的原住民，曾在历史上建立过侯国，消亡在1573年，僰人善酿酒，无独有偶，考古发现国窖也是消失于1573年，是否因僰人的消亡而停止了生产，或者说这个酒作坊原本就是僰人的遗存呢？这当然只是猜想。

饮酒自然离不开美食，川南的鱼是其特点，因为金沙江与岷江在此汇合，高原上的鱼类与丘陵地区的鱼类在川南会合，提供了大量的原材料。加之川南地区少有大型的工业，农耕文明依然是这一地区的主流文化，因而生态的家禽家畜与竹笋系列、时令蔬菜都为美食的产生与传播提供了土壤。自贡"盐帮菜"也正以迅雷不及掩耳之势在蓉城抢滩登陆，为新川菜再添风采。

此外，这一带还是四川苗族的主要聚居地，苗族的"婚丧俗"都很有特点，而正月里，苗族村寨的踩山节，满山的笙歌曼舞使这里成为了欢乐的海洋。

景点目录

宜宾—泸州地区旅游交通示意图

📱**读者来电**

　　自贡的年节灯会是"自贡三绝"之一，所以在 1992 年的时候修建了目前我国唯一的关于彩灯文化的专业博物馆——中国彩灯博物馆。建议收入更新版。

——自贡 英子

☎ 请把您的建议告诉我们。(010-85166737)

宜 宾

流杯池公园
🚌 乘坐 2 路公交车在江北公园站下，3 路公交车在南门桥站下到。
💰 2 元

五粮液厂
🚌 2 路公交车五粮液站下。
⚠ 五粮液集团公司非常重视保护野生动物。到五粮液厂区旅游或考察不得捕杀野生动物，否则可是 1000 ~ 3000 元处罚。所以酿酒车间门口的麻雀到处都是。

流杯池公园

【北宋诗人黄庭坚谪居戎州（今宜宾）时所建】

位于宜宾市区岷江北岸天柱山下的峡谷中。池建于怪石嶙峋的峡谷中，仰望蓝天一线。流杯池为九曲形，两侧石壁有黄庭坚手书"南极老人无量寿佛"真迹及宋、元、明、清历代名人诗词、书法石刻遗迹 98 幅。小溪从谷中流出，水流九折，没入石缝。池边有石凳 8 个，可围坐流杯饮酒。后人为纪念黄庭坚，将周围地形分别命名为涪翁壑、涪翁洞、涪翁岩，并于池外建荔红亭、涪翁楼、涪翁事等。80 年代后，新镌书法名家张大千、张爱萍、黄宾虹、包弼臣等人墨迹石刻 20 通。"曲水流觞"为宜宾古八景之一。

五粮液厂

【一个现代化工厂与自然和谐相处的典范】

五粮液集团公司，享有"花园公司"的美名。精

↑ 宜宾流杯池

心规划的厂区、独具匠心的雕塑、现代气魄的建筑、四季常青的花木构筑起极富特色的五粮液企业文化。集团内也有很多有名的景观：全国最高的企业形象雕塑——奋进塔，全国规模最大的酒文化博览馆，气势恢弘的鹏程广场，厂内文化公园酒圣山……

鹏程广场的瓶楼，高66.8米，底部直径18米，为中国乃至世界最大的瓶形建筑物，瓶楼两旁各衬一小瓶楼，呈"品"字形。已经申报为吉尼斯世界最大实物广告。

酒圣雕塑，位于酒圣山东面山脚下。为一美少女骑一雄狮，待集聚万物灵气，而酿成神州琼浆玉液。

翠屏山

【"翠屏晚钟"是"宜宾八景"之一】

翠屏山位于宜宾市城区西部，与真武山紧连。山前有宽阔的石级直达山巅。两旁绿树扶疏，藤萝缠绕，繁花飘香。山上有唐代石刻千佛岩。每当丽日晴空，可从山顶俯瞰宜宾全城；极目远望，著名的"叙府三塔"：鹫州塔、白塔、黑塔鼎足而立，一览无余。

建有百草园、动物园、哪吒行宫、三友亭、三江一览楼、盆景园、儿童乐园、茶园、露天影剧场、赵一曼纪念馆、翠屏山庄等。原有古迹明代千佛寺、神仙庙等亦修整一新，是少有的城市森林公园。

哪吒行宫由山门、太子殿、哪吒洞三部分组成，是中国唯一的哪吒（三太子）祖庙，每年来此寻根祭祖的港澳台同胞及东南亚侨胞络绎不绝。

真武山

【川南著名道教名山】

位于宜宾市翠屏区西北的真武山上，与翠屏山毗连，山上林木葱茏，四季常绿，风景优美。因山上有真武祠而得名。此山又名仙侣山、师来山、元武山，均与神仙际遇有关。

真武山自古以来就是川南道教名山，山上依岗取势，原建有飞来寺、牛王庙、半边寺、遇仙楼等庙宇12座，今仅存8座。建筑布局颇具匠心，构成了鳞次栉比、丛集壮观的真武山庙宇群，其势度、工艺均可与青城山的宫观建筑媲美。

山上道观以玄祖殿为主庙，建于山顶，视野开阔，

流杯池公园／五粮液厂／翠屏山／真武山

翠屏山

可乘坐4路公交车在翠屏山站下车。

翠屏山后山有公路可达山顶，前山有上山索道，年老者可走这两条路。如要一次游览两山，可从翠屏山前山拾级而上到哪吒行宫，再转道后山去真武山。从真武山可直接下到岷江边。

真武山

乘坐4路、7路公交车在蒲草田站下即到。

1元，参观宜宾博物馆10元

271

↑ 李庄玉佛寺大门

是明代万历年间的建筑。与玄祖殿处在同一中轴线上的建筑还有无量殿、望江楼等。右侧两座山峰上还建有斗姆宫、三府宫和文昌宫；离望江楼不远处还有地母宫，总共有八大建筑，但都比较破败。如今已作为宜宾博物馆馆址。

李庄古镇
【江导岷江，流通楚泽，峰排桂岭，秀毓仙源】

地处长江南岸的李庄与大桂轮山隔山相望，依山傍水，风景宜人，其古建筑在中国建筑史上有着重要地位，最为著名的当数旋螺殿，栗峰山庄，其中旋螺殿为李庄四绝之一。旋螺殿、魁星楼等古建筑深得中国古建筑专家梁思成先生赞赏。1939年，国立同济大学、金陵大学、中央研究院、中央博物院、中国营造学社等十多家高等学府和科研院所迁驻李庄，全国知名专家、学者如李济、林徽因、梁思成等云集李庄达六年之久，梁思成在此完成了《中国建筑史》；林徽因曾写下一首《十一月的小村》，描述了李庄古镇优美而充满诗意的乡村画面。

旋螺殿
【梁思成评：梁柱结构之优，颇足傲于当世之作】

位于李庄镇南2.5公里处，在进出李庄的路旁石

李庄古镇

宜宾南岸客运站乘坐任何一辆发往李庄的公交车即到。

20元

最有特色的是渔舫，在渔船上品尝各种河鲜，如长江鲤鱼，黄辣丁等，价格都很公道，另外古镇上还有一些小店，经营李庄白肉和长江河鲜，价廉物美。

玉佛寺里每逢初一和十五都有庙会。这是一种很难看到的民间活动。

牛山上，这座三层重檐的八角形建筑始建于明朝万历二十四年（1596），25米高的建筑采用抬梁支柱法，进深和面阔均为8米，整个建筑没有一颗铁钉，其建筑工艺堪称一绝。近代建筑学家梁思成、刘敦桢等人曾多次亲历实地研究考察，其中梁思成先生在1945年出任联合国大厦的设计顾问并参与联合国大厦的设计工作时，就将旋螺殿的受力原理运用于联合国大厦的顶部。

旋螺殿的藻井做得精美绝伦，顶部为八面合成，网络状的花纹从左至右盘旋而上，构思精妙。

祖师殿、玉佛寺和慧光寺 🍀
【是除旋螺殿之外，李庄最值得参观的古建筑】

李庄镇上现存的古建筑还有祖师殿、玉佛寺和慧光寺等。

祖师殿原名真武宫，始建于清道光十三年（1833），由当时的民间组织天灯会筹资修建，由前后两个四合院组成，为砖木结构，总面积4349平方米，古朴清幽，建筑保存基本完好，几户当地居民在这座有着悠久历史的建筑里过着悠闲的生活。

玉佛寺位于李庄西头，原来的名字叫天上宫，是福建移民的会馆，是供奉天后圣母的地方，始建于清道光二十五年（1845），玉佛寺是1998年才取的名字，现在寺内所供奉的是缅甸玉佛。整个建筑由两个四合院组成，由大山门进入依次为戏楼、厢房、前殿和后殿，木质建筑的梁柱、门窗都有精美的雕刻，多为深浮雕和透雕（又叫镂空雕），让人称奇，而四周封火墙的斗拱飞檐同样让人叹为观止。我们去到李庄时，恰逢寺内在摆流水席，那天是观音菩萨的生日。距此不远的是慧光寺，内里存有李庄四绝之一的九龙石碑，雕功精湛，构图精妙，世所罕见，另有一些书法作品供人观摩。

李庄的老街上除了那些豪华的建筑，还有普通的民居，保存最为完好的是席子巷。这是一条建于清朝初年的老街，长60余米，宽2.5米，整条街都是一楼一底的木建筑，穿斗结构，二楼清一色的木挑吊脚楼，上有屋檐，街两旁的檐口仅40厘米的距离，站在街市往上眺望，仅看见一丝天空，故而席子巷又被称作一线天。

蜀南竹海

🚌 成、渝两地均可乘车经成渝高速、内宜高速到达宜宾或乘坐火车到达宜宾。宜宾到竹海，市南客运站每半小时就有一班直达竹海的客车。成都新南门客运站每日有班车直达竹海景区。

🎫 85元

ℹ️ 1.景区门票实行通票制，进入景区后不再购买门票，但需随身携带，以备景区内各验票站查验，如遗失要照价补票。2.景区内有的饭店以竹为原料做菜，最著名的是"全竹席"，价格从200~600元不等，最珍贵的是竹中珍品：竹荪。如果8~10个人拼一桌，每个人花不过30元。

石海洞乡

🚌 位于宜宾东南面，宜宾每天有多辆班车至兴文县城，旅游中巴更可直达景区。此外，成都、宜宾、泸州、重庆与兴文县间有汽车定点行驶，县城至景区的公共汽车每日数十班。

🎫 白天90元，晚上35元

🍴 当地兴文人吃一种名为"仙峰羊"的美食，吃法是极尽其鲜美，一是烤全羊、二是清炖黄羊。清炖时，汤中加鲜鱼同羊肉一起炖，另外还加入仙峰山出产的萝卜，去腥吊味，十分鲜美。其他特色菜有竹笋乌鸡煲、乌鸡宴、四川名小吃刘抄手、兴文烤乌鱼等。

ℹ️ 石海洞乡与蜀南竹海相邻，可一起游览。

僰王山

🚌 僰王山西距宜宾90公里，北距泸州130公里，可乘车至兴文县僰王山镇到达僰王山。

🎫 30元

蜀南竹海

【中国最壮观的竹林】

位于四川长宁、江安两县毗连的南部连天山余脉中，面积120平方公里，又被称作万岭箐。相传北宋著名诗人黄庭坚来此游玩，当登上顶峰时，面对广阔无际的竹海，脱口而出："壮哉，竹波万里，峨眉姐妹耳！"并在黄伞石壁上写下"万岭箐"，因而得名。

中心景区有7万余亩楠竹，覆盖了周围大大小小28座岭峦，500多个山丘，绵延起伏，逶迤苍莽，与恐龙、石林、悬棺并称"川南四绝"。除仙寓洞、龙吟寺外，还有忘忧谷、观云亭、翡翠长廊等景点，并称为"竹海十景"。每到夏季更是避暑消夏的好地方。

石海洞乡

【是我国喀斯特地貌发育最完善的地区之一】

位于宜宾市兴文县城南25公里处，主要在兴堰、石林两乡，总面积121平方公里，是我国喀斯特地貌发育最完善的地区之一，这里地面的众多石峰形态各异，尤其值得观赏，比起昆明的石林，这里的天然石形更为复杂。地面石峰林立，地下溶洞纵横，天下奇观集于一地，上下相映。景致可分为石林、石海、溶洞三个部分。

中心景区又分为3个片区：位于梅岭背侧卧虎岭下的天泉洞片区，是一个大型溶洞，长42公里，洞内从上到下共分4层，宽敞宏伟，空气干燥清新，洞中有洞，洞内有山、水、峡谷，石钟石笋千姿百态。

天泉洞出口处是以喀斯特大漏斗为主的天盆片区，大漏斗长650米，宽490米，深208米，比著名的美国阿里西波大漏斗（直径330米，深70米）宏大得多。另外一个石海、石林片区则在天泉洞的地表，面积14平方公里。

僰王山

【一处可与"蜀南竹海"相媲美的新竹海】

僰王山是新近开发的景点，以竹海景观见长，山峦起伏，竹海起浪，其景其势不逊于蜀南竹海。僰王山上的飞雾洞是一个天坑，景区建设在此花了大量的人力和物力才修成了到达底部的通道，游人现可以到达底部，看流泉飞瀑，与地下暗河亲密接触。

僰王山上还有寨遗迹，现存有大寨门和小寨门，寿山湖蓝绿的湖水映着蓝天白云和满山的翠竹，湖畔的野花与狗尾草添了几分野趣。这是一个适合度假消夏的仙境，听说冬天的雪景也相当美，如果不怕冷，那么这个冬天就去看看大雪压翠竹的景致吧！

僰人悬棺

【一个始终未得解开的丧葬之谜】

　　僰人悬棺多分布于兴文县和珙县。新近当地有一种说法，兴文的悬棺多为王族墓地，其原因是兴文的悬棺不是用木材悬挑支撑棺材，而是在高高的悬崖上凿出规整的长方形以放置棺木。据当地人说沿溪溯流而上至铁索桥的 1000 余米的悬崖上都是这样的悬棺。在兴文县至珙县靠近九丝山的路边上也有上百具这样的悬棺。

　　这两处集中的悬棺都离僰人的王城九丝城很近，因而极有可能是王族的墓葬所在。另一处则是珙县的麻塘坝，高耸的危岩之上，粗大的木材悬空支撑着数百具黑色的棺材，麻塘坝距珙县 60 公里，坝型狭长，南北长 5000 米，东西宽 400 ~ 1000 米，一条小溪从坝的中部穿过，溪流两岸的峭壁悬崖上，保存有 200 余具悬棺。另外还有星罗棋布的桩孔遗迹。区内还隐藏着大量保存完整的古寨、古堡、古战场等遗迹，使这个景区充满了古老而神秘的色彩。苏麻湾距麻塘坝 10 公里，山湾内陡峭的崖壁上，密集有 48 具悬棺，以及一些桩孔、墓穴遗迹。由于两地相距不远，两处悬棺的制式相同，为同一民族在同一时期产生的。除此之外，还在悬棺附近发现了比自贡恐龙还要早的恐龙化石，这也成为了当地的一个热点。

川南特委旧址

【兴文县境内的红色旧址】

　　有两处旧址，均在兴文县境内，一处是中国川南特委洛柏林会议旧址，在兴文县兴晏乡，一处是中国川南特委博泸会议旧址，在兴文县博望。是当年革命地下工作的历史纪念地。

僰人悬棺
　可从宜宾乘火车至珙县。再换乘汽车到悬棺最集中的麻塘坝和苏麻湾等地参观。
　20 元

川南特委旧址
　宜宾至兴文，每天 6:00 ~ 19:00 发车，约 20 分钟一班。兴文县里有直达川南特委两处的班车，4 元左右。
　1 元

↑ 龙华古镇

龙华古镇

🚌 从宜宾汽车站乘坐去屏山县的班车到达屏山后，可搭乘屏山直达或途经龙华的班车，一天大约有 5 班，票价在 8 元左右。

🍴 龙华的特色小吃叶叶粑、玉米粑、麻辣凉粉、凉糕等都很物美价廉，一天 30 元就能吃饱吃好。

龙华古镇

【颇有《清明上河图》神韵的古镇】

位于屏山城西北 37 公里处，始建于宋，明清时期已形成古镇现存规模，此地历为川边驻兵重镇。明末清初设守备，雍正九年（1731）改守备为平安营都司，统屏山、马边、沐川、雷波等地驻军，咸丰元年（1851）筑城堡，其后咸丰九年（1859），几任都司曾加以修葺，都司衙门的雄美石狮现移凉桥桥头供人欣赏。

龙华古镇三面环水，一面是山。3 条古街道石板铺就，顺山势蜿蜒，街两边千余间街房基本上保留了明清商肆民居特点，均为木结构排列，楼房也多为平房或一楼一底木楼房，顺河街至下寨门一带，为仅三四米宽的石基路，两边店铺林立，鳞次栉比。建于明嘉靖二十五年（1546）的龙华寺，规模宏大，占地约 4000 平方米；紧挨着的是禹王宫。出下寨门，便是安澜清洪桥，人称凉桥。凉桥原系木板铺就，桥上筑瓦屋形成长廊。桥下流水水清见底，两岸除为人们消夏避暑地之外，还是山乡妇女浣纱濯衣处。

筠连岩溶

🚌 位于筠连县境内，从宜宾西门汽车站每天有客车发往筠连县，到达筠连县再转搭当地交通工具到达景区。

🎫 40 元

筠连岩溶

【黄荆坝巡司温泉、海瀛潮涌泉和仙人洞地下梯田被称为"筠连三绝"】

地处四川盆地南缘，紧邻云南。主要景点有岩溶峰丛、箱子洞、鸳鸯洞、仙人洞、沐井温泉、间歇潮涌泉等景点。其中的黄荆坝巡司温泉、海瀛潮涌泉和仙人洞地下梯田被称为"筠连三绝"。

岩溶峰丛主要分布在古楼坝、巡司一带。巡司河上游有峰丛、峰林、谷地等景观，峰丛低矮，沟谷深切呈"V"字形。巡司河中游有峰丛、峰林、洼地等景观，峰丛高数十米到数百米，洼地规模较大，古楼坝洼地约4平方公里，是川南溶蚀洼地发育最为典型的地段之一。古楼坝西南有箱子洞、鸳鸯洞。

仙人洞在腾达乡。终年流水潺潺，丰水期，洞顶即有溪流，并在洞口跌落形成水帘。

沐井温泉位于巡司黄荆坝巡司河西岸，距县城12公里。温泉是涌水状溢出，水温52℃～56℃，日出水量3456立方米，为氯化钠型，是四川盆地内现水温最高、流量最大的温泉。

间歇潮涌泉在海源乡陈家沟。为地下河，因岩溶洞道的虹吸作用发生涌潮现象而得名。一般每日出现四次涨潮涌水。出水时潮水汹涌而出，翻腾旋转于小溪中，远自下游3～5公里均可见河水涨落。每次涨潮历时45～55分钟，常三次涨落，而后消退，恢复如初。

佛来山

【春赏如雪之花，夏尝似蜜之果，秋瞻古佛老林，冬品玉树琼枝】

佛来山，古称"小峨眉"，又名"飞来山"，自古就是川南名山。《四川通志》曰："削壁千仞，相传六月雨霁，则佛光现，故名。"

佛来山是四川内外著名的佛教圣地。据《长宁县志》记载，早在唐代，山上便建有佛教寺庙西明禅寺，明朝正统年间经妙铎僧人重建。

佛来山不光是佛教名山，也是一座花果山。一入阳春三月，佛来山上，樱桃花、油菜花、杏花、李花、桃花、梨花等几十种五颜六色的花竞相绽放，争奇斗艳。一年四季中，佛来山的鲜果不断，从三月的樱桃、四月的枇杷、五月的杏桃、六月的李，到七八月的梨和九月的蜜橘，十月的柿柚，十一二月的脐橙，以及来年一二月的血橙，月月有新果。

佛来山主要有石燕子风景区、"佛临三潭"景区、水口景区、佛顶风景区等四大景区。

佛来山

🚌 宜宾南岸汽车站每天有滚动发往长宁县的班车，间隔时间在12分钟左右，到达长宁再转搭当地旅游专线车前往佛来山。佛来山距长宁县城8公里左右。

🌸 春天，佛来山的梨花或是成片怒放在田间地块，或是傲立在葱绿的树林或麦苗之中，或是丛丛簇簇点缀在房前屋后。山上有三万多株百年以上的老梨树，雪白的花朵和黑色的虬枝交相辉映，绚丽夺目。

自贡

盐业历史博物馆（西秦
会馆）
🚌 乘 3 路车。
🎫 5元

盐业历史博物馆（西秦会馆）

【中国最早建立的自然科技史博物馆之一】

　　位于市内自流井区解放路东段的西秦会馆内，前临繁华热闹区，后倚风景秀丽的龙凤山。西秦会馆始建于清乾隆元年(1736)，西秦会馆又名武圣宫，亦称关帝庙，俗称陕西庙。是比较典型的中原建筑，从大门到正殿共有 3 级台阶，取步步高升之意。主要建筑集中在中轴线上，四周以廊墙及其他建筑组成 5 个大小院落群体。多达数百件的木雕、石刻、彩绘、泥塑精妙绝伦，疏密得体，惟妙惟肖，至今清晰可见。

　　盐业历史博物馆则是 1959 年建立的，主要收藏、陈列有大量的有关井盐发展的史籍、文献、实物，展示了自李冰开凿广都盐井以来，2200 多年中四川盐业生产的进程，对研究古代盐业史、科技史、经济史具有十分重要的价值。

↑ 自贡盐业历史博物馆

彩灯博物馆

【目前我国唯一的关于彩灯文化的专业博物馆】

自贡地区的年节灯会，源远流长，被称自贡奇观的"三绝之一"。1992 年，自贡市在自贡彩灯公园修建了目前我国唯一的关于彩灯文化的专业博物馆——中国彩灯博物馆。

中国彩灯博物馆占地 22000 平方米，建筑以灯为主题，造型以正方几何形体重叠组合，悬挑宫灯形角窗和镶嵌于墙面的圆形、菱形灯窗，构成了一组大型宫灯形建筑艺术群。

馆内设有序厅、灯史厅、风情厅、自贡彩灯厅等展览厅。既有旧石器时期至民国年间的灯史文化和灯史文献，又有部分国家和国内部分城市的特色彩灯，也有自贡灯会历次在国内外展出的精品佳作。

自贡恐龙博物馆

【世界三大恐龙博物馆之一】

位于距自贡市中心 11 公里的大山铺，国内建于发掘现场的唯一一座以恐龙化石为主的自然科学博物馆。自 1915 年自贡首次发现恐龙化石以来，自贡出土大规模恐龙化石群达 40 余处，以蜥脚龙、剑龙、兽脚龙、翼龙等为主，骨骼化石大多仍保存完好，因而被称为"恐龙之乡"。

恐龙博物馆共 8 个展厅，其装修和展品布置让人置身于 1 亿多年前的原始神秘气氛中。1979 年自贡大山铺发现恐龙群窟，经过整理，共有 200 多个个体，其中较完整的骨架 18 具。众多的恐龙共处一窟，引起世人注目。自贡市随后在发掘现场建起这座造型奇特的博物馆。

中央大厅的地面留有一块发掘现场，里面是挤压成一团的恐龙化石。专家们认定，这是恐龙灭绝时的情景。后厅是面积为 1700 平方米的发掘现场。馆内陈列的恐龙骨主要有："李氏恐龙"、"多齿盐都龙"、"天府峨眉龙"等，还有长达 20 米的草食性蜥脚龙，身躯短小、长仅 1.4 米的鸟脚龙，以及目前世界上发现时代最早、保存完整的剑龙。

《美国国家地理》杂志曾称"自贡恐龙博物馆是世界上最好的恐龙博物馆"。

彩灯博物馆

🚌 坐落于自贡彩灯公园内。乘坐 1 路、11 路、35 路、36 路、37 路、301 路公交车在彩灯公园站下车，进入公园后山广场便是彩灯博物馆。

自贡恐龙博物馆

🚌 在内江至宜宾的高速公路的约 40 公里处下高速公路 2 公里就到，成都汽车站、城北客运中心每天均有数班至数十班长途汽车开往自贡。自贡到附近的重庆、泸州、宜宾、内江等地有干线公路相通，大客、中巴往来穿梭，交通十分方便。

💰 40 元，讲解费 60 元

宜宾～泸州地区◎自贡

盐业历史博物馆（西秦会馆）／彩灯博物馆／自贡恐龙博物馆

🚍 自贡汽车总站的 103 路公交车可以到达仙市古镇。

仙市古镇

【一座被誉为"古盐道上的明珠"的千年古镇】

自贡是具有 1400 多年历史的千年古镇，是釜溪河当年重要码头之一，建筑保留着原有风貌，寺庙祠堂众多。这座古镇曾是自贡井盐出川的必经之地，又因"四街、四栈、五庙、三码头、一鲤、三牌坊、九碑、十土地"，以及精美的古典建筑群和佛教文化的兴盛而闻名遐迩。

古镇之名都来源于美丽的传说："玉帝之女被人间美景陶醉，下凡侧卧在釜溪河岸边逍遥酣睡而名——仙滩。"因此，古代建筑艺术和佛教文化的韵味充满了这个古镇，明末清初的古建筑群有南华宫、天上宫，红墙黛瓦、众鳌高翘、雕梁画栋、木雕飞禽走兽、花草虫鱼，造型各异、栩栩如生。这里的佛教文化也很兴盛，佛像雕塑林立，长年香火缭绕，古刹钟声回荡古镇，还有"仙女峪"，曾有"瑶池"之称，内有摩崖石刻，石窟观音、月亮井等名胜古迹。

🚍 自贡至富顺的班车很多，票价 10 元。通常游览富顺文庙是与仙市安排在一起的，中餐在富顺吃豆花饭，然后返回游览仙寺古镇，游览完后不用住宿，返回自贡，以便早上赶车前往下一站旅行。
💰 5 元
🍴 这里的特色菜有牛佛烘肘、富顺豆花。仙市望仙楼香猪猪、家常鱼和笋子烧鸡味道不错。☎ 0813-7980466。仙市古镇一般不用住宿，返回自贡即可。如果想留在这里，有小型家庭旅馆，"悦来旅社"或者机关招待所，价位 10～30 元 / 床。

富顺文庙

【文庙主体大成殿以明清风格见长】

富顺自北周武帝天和二年（567）建县至北宋初年的近 400 年间，由于地处边陲，盐业虽盛而文风未开。宋仁宗景祐三年（1036），朝廷选派太常博士名学者周延俊来富顺任知监，努力兴教化，办学校，培育士子。

↑ 富顺文庙

泸州老窖国宝窖池

【中国浓香型大曲酒的发源地，有"中国第一窖"之誉】

泸州老窖国宝窖池系明代万历年间所建，仅存四口，现位于泸州市江阳区营沟头泸州老窖股份有限公司一车间内。该车间原为明代泸州著名酿酒大师舒聚源糟房。是我国建造最早，保存最好，持续使用时间最长的曲酒窖池。

四口窖池规模相当，呈横向排列于车间内，皆长3.8 米，宽 2.4 米，深 2.4 米，均为鸳鸯窖，即每口窖池内为 2 个地坑，中间以池干分开，粮糟发酵时，两个池坑作为一个窖池，以提高容量。窖池内的糟泥经数百年发酵，已产生了数千种有益微生物，不喝窖酒，但闻泥香，已有飘飘欲醉之感了。

这四口明代老窖池，是中国现存建造最早、持续使用时间最长、保存最好的酒窖池，也是唯一被作为全国重点文物保护单位的窖池，有很高的科学研究价值。

方山

【川南佛教圣地，自古就有小峨眉之美誉】

泸州方山，蜀中名山。汉朝时候，方山有汉皋（汉之水边高地）的殊荣；唐朝时候，方山又有了"小终南山"的别称；清朝时候，方山还多了"峨半堂"、"小峨眉"的美誉；更因其矗立长江之畔，终年云烟缭绕，于是在民间得了"云峰"之雅号；而今又有"江阳第一山"之美称。

方山的云峰寺为川南、黔北、滇东著名古刹，以其规制宏大，造型雄伟，林木葱郁，环境幽静，香火鼎盛名噪于世。特别是每年农历二月十九、六月十九、九月十九，还要举办盛会，尤其二月十九最为热闹。

张坝桂圆林

【中国北回归线上最大最古老的桂圆林】

风景区内生长着 15000 多株百年桂圆树和 2000

泸州老窖国宝窖池
💰 20 元

宜宾─泸州地区◎泸州

仙市古镇／富顺文庙／泸州老窖国宝窖池／方山／张坝桂圆林

方山
🚌 在市中心乘车即可到达。
💰 10 元
📍 中云峰寺内藏有全国罕见的黑脸观。

张坝桂圆林
🚌 位于长江上游泸州市江阳区茜草镇境内，距泸州城区 7 公里。在泸州市内可乘坐到鹅堡山的 19 路、26 路公交车到达张坝桂圆林。19 路车可直接到张坝桂圆林下面，26 路车直达张坝桂圆林大门，要走一段路才能到桂圆林。
💰 2 元

多株荔枝树及 1000 多株桢楠树。加上其他树种共53000 多株树,绵延十余里,素有"十里绿色长廊"、"天然氧吧"、"泸州绿色客厅"之美誉。

泸州张坝桂圆林是中国北回归线上最大、最古老的桂圆林,成林于 19 世纪,树龄均在百年以上,最古老的桂圆"树王"树龄高达三百余年。这些桂圆树属珍贵稀有品种,是中国最大的"桂圆林种植基因库"、"四川永久性绿色保护区"。

桂圆林边上,每逢枯水季节,就会形成一个千亩沙石滩,这里长江奇石蕴藏丰富,造型各异,晶莹剔透。

桂圆林的尽头,是目前中国唯一的淡水桃花水母湖。每逢春季,这种生长于 15 亿年前的海洋生物桃花水母聚集湖中,在水里畅游,令人流连忘返。

泸县玉蟾山

【山曲、石奇、水秀、文物多的川南名山】

位于泸州市区以北 35 公里处,因山形、山石状似蟾蜍而得名。玉蟾山在历史上曾是川南佛教名山,如今,玉蟾山上还留有曾经辉煌的印迹。宋代大文豪、书法家黄庭坚(字山谷)醉留"玉蟾";明代新都状元杨慎(字升庵)狂写"金鳌峰"等。以佛教传说和民间故事为题材的明代石刻,大有丈余,小不足尺,其中千手观音、九龙浴太子、悟道图、十八罗汉飘海图等都是石刻艺术的精品之作。

佛宝森林公园

【一处以丹霞地貌和瀑布为主的森林公园】

位于合江县东南部 48 公里处。佛宝森林公园总面积 629 平方公里,其中原始森林 60 平方公里,景

泸县玉蟾山
泸州至玉蟾山票价 8 元,
泸州至玉蟾山 3 元。
8 元

佛宝森林公园
泸州至佛宝的班车很多,
车费 20 元,也可到合江后
转车。
30 元

泸州桂圆

泸州桂圆,有着辉煌的历史。据史书记载,泸州桂圆栽培史不下 2000 年,可上溯到汉代。西晋文学家左思《蜀都赋》所言"旁挺龙目(龙眼),侧生荔枝,布绿叶之萋萋,绍朱实之离离"即言及泸州桂圆。而张坝桂圆林,至少可追溯至清代"湖广填四川"时,已有两百年左右的历史。

区面积 380 平方公里，分为自怀、天堂坝、玉兰山 3
个主景区，大漕河、小清河如同两条动脉汩汩流过，
众多的湖泊和水库如同颗颗珍珠，恰到好处地镶嵌在
绿海之中，一切便显得灵动而富有生机。

景区内为丹霞地貌，诸多峰岭露出奇形怪状的红
色沙岩，与绿色森林相映生辉。主要景点有自怀景区
的乾坤洞、红岩沟、山王岩瀑布、雪千岩瀑布、青杆
峡、仙女潭、虹桥清音、桃子岩、古堡余晖、剑门峭
壁；天堂坝景区的大鹿河瀑布、天堂瀑布、洞坪瀑布、
石人镇关、莲花异石、三元古寨、平滩映月以及玉兰
山景区的九里十三湾、琴蛙湖、仙人踩桥、竹海等。

佛宝古镇

【一个有著许多奇特之处的川南古镇】

三宫八庙、古戏楼台、古树苍苍，佛宝古之所在，
不只是这里的古建筑，更多的是这古镇的"神"，和
一些景点的仿古"伪作"相比，佛宝镇的的确确有太
多太多它们无法"仿"得出的东西。

天后宫百年老黄桷旁，遒劲枝条拥着古人字画坟
冢——字库。古人尊圣贤惜字画，凡有不中意之作，
绝不随地乱抛乱弃，必将以火焚之，放入塔形字库；
镇上的百户余人家中，90 岁左右的老人竟有二三十人，
个个看起来神态安详，可称"百岁村镇"。

笔架山

【典型的红色丹霞地貌，风景秀丽】

位于合江县境内，距泸州市 42 公里，距合江县
城 7 公里，与重庆市、贵州赤水市相连。

笔架山平地一山突起，山势陡峭，古树参天，长江、
赤水河、习水河绕山而过。早在一千多年前就为人所
用，隋代道教盛行时称古安乐山，至今还流传着张天
师满山遍画天符树的传说。唐代改名为少岷山，因笔
架山三峰耸立，形如笔架，清代后得名为笔架山。

笔架山有仙人洞、仙人口、仙人石、九连洞、晒
丹石、念经岩等景点，因此被誉为袖珍型的风景区。
其中仙人石为长江上可见的石人之一。九连洞九洞相
连，洞中奇石千姿百态。仙人洞持势险要，风清气爽，
十分宜人。仙人口可饱览川南黔北交界处的群山，气
势磅礴，晒丹石上可俯瞰三江盘绕，川南田园景色一

佛宝古镇

🚍 佛宝镇是佛宝森林公园的门户。乘坐到佛宝的班车即可到达。

💰 5 元

🍴 当地人开的小餐厅可以吃到具有乡土气息的菜，川南特色口味。苦竹笋、野猪肉、家养土鸡、野生鱼类等，春夏时节还能吃到生炒柴胡叶等野菜。佛宝山珍、腊肉泉水豆花是玉兰山宾馆的特色菜品，佛宝玉兰山景区竹苑特色菜有煨腊猪蹄、煎笋子等。

ℹ️ 1. 佛宝药蜂蜜是每年 7 月蜜蜂采集药材花酿成，不仅味道好，而且具有滋补功效。2. 佛宝豆花白嫩细腻，十足的山野风味。3. 佛宝的梅子分为红梅、白梅、药梅等。红梅呈深红或暗红色，味道醇正。4. 合江县是荔枝之乡，据说当年杨贵妃吃的荔枝并不是岭南货，而是四川合江县的野生荔枝，至今此地仍有叫"妃子笑"的荔枝品种。

283

↑ 丹山

笔架山

🚌 从泸州乘到合江县城的班车，然后再坐到笔架山的公交车，在山脚下下车，票价3元。

🏠 笔架山顶上有寺庙可以居住，40元/人左右；也可以住一些农家乐，30元/人左右，但是条件一般。还去合江县城住宿，20多分钟的车程就到，县城的住宿30～80元不等，环境比较好，还可以在县城的滨江路品尝很多的美味食物。

春秋祠

🚌 位于叙永县县城内，步行前往即可。

💰 10元

丹山风景区

🚌 从泸州市区乘长途汽车到叙永县下车，然后再转乘小巴即可到达。

💰 8元

🏠 景区内外有很多农家乐，40～60元/天。

览无余。

笔架山上的云台寺建于隋代，山门前至今还保留着六百多年的古樟，为川南少见。寺庙保存完好，庙内藏有黄庭坚的碑文，朱德元帅的诗词、明代的壁画、重达千斤的清代铜钟。

春秋祠

春秋祠亦名"陕西会馆"，始建于清光绪二十六年（1900），由山西、陕西盐商集巨资，拆除原关帝庙重建。主要供奉关羽，因关羽喜读《春秋左氏传》，故名春秋祠。

春秋祠具有浓烈的晚清宫廷式建筑风格，古朴典雅、结构严谨。主要建筑有乐楼、回廊、耳房、飨殿、关羽殿、三官殿、内设台、曲桥、水池、门厅。建筑上或雕刻，或彩绘，精美绝伦，堪称晚清建筑雕刻艺术的瑰宝。

丹山风景区

【川南著名消夏避暑胜地】

位于泸州市叙永县城东16公里处的丹山风景区。以丹霞地貌为主，海拔1000～1619米。景区内森林茂密，古树参天，奇峰峭壁间溪流潺潺，瀑布飞泻。山上还有宋代以来的全真教隋山派道教宫观，川南古代民族图腾遗迹等。还能欣赏到云海、浮光、日出日落、雾凇等丰富多彩的自然景观。

中国工农红军长征四渡赤水太平渡陈列馆

【再现了当年红军长征四渡赤水史迹】

古蔺县是红军长征途中"四渡赤水战役"征战之地，距县城35公里的太平镇是四渡赤水的主要战场遗址。

馆内陈列了四渡赤水革命文物300余件，有红军号谱、红军医书、红军印、红军盆等，展示了毛泽东同志早期军事指挥才能和四渡赤水光辉战例，再现了当年红军长征四渡赤水史迹。

中国工农红军长征四渡赤水太平渡陈列馆

🚌 泸州乘车前往古蔺县即可。

红军四渡赤水

四渡赤水战役，是遵义会议之后，中国工农红军第一方面军在长征途中，处于国民党几十万重兵围追堵截的艰险条件下，进行的一次运动战战役。从1935年1月19日红军离开遵义开始，到5月9日胜利渡过金沙江为止，历时3个多月。在毛泽东、周恩来、王稼祥、朱德等指挥下，中国工农红军第一方面军采取高度机动的运动战方针，有效地调动和歼灭敌人。

1935年1月，"遵义会议"后，中国工农红军第一方面军与追击红军的国民党川军在土城以东的战场上展开激战，主战场青杠坡战场的战斗尤为激烈。由于敌我双方形成拉锯战和消耗战的态势，中共中央政治局决定放弃北渡长江的原定计划，变被动为主动，改由从土城渡过赤水河西进川南地区。29日中午，中国工农红军第一方面军分为3个纵队由土城等3个渡口安然渡过赤水河，迈出了四渡赤水伟大战役的第一步。四渡赤水，红军牺牲了3000多名指战员。四渡赤水的成功，使红军摆脱了数十万敌军的围追堵截，取得了战略转移中具有决定意义的胜利，这是中国工农红军战争史上以少胜多变被动为主动的光辉战例。毛泽东曾说，四渡亦水是他一生中的得意之笔。

内 江

内江圣水祠

🚌 公交车 2 元，打车 10 元。

🎫 5 元

📝 1. 喜欢素席的可以在圣水寺吃斋饭，美味可口，15元／人就吃得挺不错了。2.内江风味小吃品种繁多，比如鲜肉汤圆、香炸苕饼、金银鸳耳面、四广鹅掌、蜜味汤圆、大千红烧牛肉面、黄凉粉等都不错。

西林寺

🚌 市内各地都有公交车到达东兴区，步行或坐三轮车到景区门口。公交车 1 元，至景区的三轮车 3 元。

🎫 10 元

隆昌牌坊群

🚌 内江到隆昌的交通非常方便，15 分钟就有一趟发往隆昌的班车。隆昌县城坐三轮车去牌坊群 3 元／辆。

🍴 隆昌的著名菜有羊肉汤、酸汤鱼、酸汤鸡、风味脆皮鱼、姜汁兔、镶碗等。隆昌有羊肉馆上百家，3 元／碗的羊肉汤为川东南名小吃，最为有名的是"邱大汉羊肉馆"。

📝 隆昌土特产最为有名的是草席和豆瓣。

内江圣水祠

【一座在四川佛教界享有崇高地位的寺院】

位于内江市城郊，历史久远、高僧大德辈出。圣水寺初建于唐代咸通年间，宋代始名兴慈禅院，后因寺后山有泉水流出，终年不涸，水质清纯，甘甜爽口，被视为灵泉，故更名为"圣水寺"。圣水寺属依山式建筑，院落式布局，还有众多的石刻造像，自唐以来历代均有。

西林寺

【川南著名的尼姑庵之一】

位于内江市东兴区东桐路西林山上，始建于宋代咸淳六年（1270），是川南著名的尼姑庵之一。寺庙的主体建筑由观音殿、大雄宝殿和文昌殿组成，另有僚房、主堂、贯堂及尼众佛学院（旧址）等附属建筑。

隆昌牌坊群

【距今已有五百余年历史、素有"立体史书"之称】

隆昌在古巴蜀是川、陕、滇等地的陆路通道的中心，也有"古牌坊之乡"的美誉。隆昌牌坊群位于隆昌县城北关和南关，现存有大小牌坊 13 座，这些在明弘治九年（1496）到清光绪十三年（1887）间奉圣旨修建的牌坊矗立在长约 1 公里的千年巴蜀古驿道上。

隆昌牌坊群分为德政牌坊、节孝牌坊、功德牌坊、贞节牌坊、孝子牌坊、百寿牌坊等，内容广泛、记载翔实，堪称为一部"立体史书"，而且保存完整、造型精美、雕刻细致，是融哲学、历史、宗教、文学、美学、力学为一体的明清建筑精粹，具有很高的历史文化和艺术审美价值。

牌坊中多为四柱三门五楼石质木牌楼式建筑，造型端庄，雕刻细腻，系清代牌坊建筑鼎盛时期之典型作品。这些牌坊都是由当地产的青石建造，最长的石柱高过 10 米，且为整块条石。主要分布在：南关春牛坪（6 座），南关云峰外土地坎（1 座），北关道关坪（4 座），北关油房街（1 座），北关二中校园内（1 座），其余 4 座分别在县内响石镇（2 座）、石燕桥镇（1 座）和渔箭镇（1 座）。

云顶寨

【郭氏创下的一段家族奇迹】

  创立云顶寨的郭氏家族为唐朝汾阳王郭子仪之后。郭氏世代簪缨，渐成云顶大族。从明初到 20 世纪 80 年代，郭氏计传 29 世，历经 600 余年，经历 3 个朝代，民间有"云顶国"之说，因其地盘纵横县南，如古代诸侯小国；且兵多粮足，固如城堡；加之族权高于一切，族长政由己出，有生杀予夺大权；甚至不受制于官府，权势财富在当地无有能敌。当年寨子脚踏二市两县（内江、泸州、隆昌、泸县），按军事要塞在山顶筑城，上有炮台，一夫当关，万夫莫开；里面有煤有井，有火有水，粮食牛驮马载，城墙砌后用糯米浆子刷过，加上武装（最多时期，除寨丁外另有两个营的兵力），当真有金汤之固。

文庙

【匾额与孔子塑像、孔子牌位并称资中文庙三绝】

  由于孔子音乐老师苌弘是资中人，所以这里的孔

↑ 文庙

云顶寨

🚍 隆昌县城有直达云顶寨的公交车，票价 8 元。

🎫 1 元，云顶寨郭氏家族民俗陈列室 2 元。

🏠 云顶寨梁家小店：特色菜：烧鸡公红烧鳝段、红烧乌鱼、老腊肉，住宿 10 元／床；新苑饭店：特色菜，烘蛋、卤豆腐干，📞 0832-3630431；新竹林屋基：特色菜，红烧乌鱼、黄焖兔，住宿：10～20 元／床，📞 0832-3630679；李家庄：特色菜－鸡四吃，住宿费 5 元／床，📞 0832-3630437。

文庙

🚍 从内江乘班车到资中县城。文庙就在资中县城北门外。

🎫 5 元

📍 位于资中县城中心地带的清代一条街由从日本留学回来的李继尧建于道光绪二十七年（1901），既有晚清的都市风格，又有一点日本昭和时期的建筑影子。现在已成为一条美食街，有蒸笼牛肉、水粉等小吃，街上"清代酒家"的菜品不错。

子塑像与别地不同是站着的。资中文庙的大殿里现存有包括康熙在内的 20 余块帝王将相的匾额。

资中重龙山

【与北岩君子泉连在一起，自古以来为游览胜地】龙晴岚"，为资中八景之一】

资中重龙山
🚌 资中汽车站或火车站都有到重龙山的公交车，也可以打的到重龙山，坐公交车 2 元，打的 15 元。
💴 2 元

重龙山屹立于资中城边，山上古木参天，全是大可合围的楠木和香樟树。每当天气晴朗之际，山林中的水蒸气与城内的万家炊烟浑然一体，在日光的照射下形成一种非烟非雾的岚光，古人称为"重龙晴岚"，为资中八景之一。

重龙山是座人文荟萃的巴蜀名山，山上建有明代所建永庆寺等古殿宇及隋、唐刻摩崖造像达 160 龛、1648 尊，大都保存完好。造像旁还有许多自唐以来的名人题记、题词。永庆寺现有藏品 1700 余件，包括苏东坡、黄庭坚等名人的书法碑及袁枚、曾国藩、张大千的书画。以黄庭坚的《幽兰赋》碑最为名贵，乃稀世珍品。

永庆寺始建于唐代，历来香火鼎盛，高僧辈出，以"西蜀名刹"著称于世。永庆寺的山门前面有座精美的石刻牌坊，建于明朝嘉靖九年，上面镌刻着资州州牧赵遵律题撰的三副对联，其中一副是："倚汉凌云，洵是西方法界；闻香掬水，分明胜地曹溪"。从联语可以看出资中禅风之盛。

安岳石刻

【四川境内又一处大规模的佛、道造像】

安岳石刻的历史可追溯到东汉，但大规模的佛、道造像始于隋开皇十三年（593），初唐就开始有小规模的造像运动。安岳石刻的布点多、大像多、精品多、散面广。初步考察文物有 500 余处，石刻点达 200 余处，大小造像 10 万余尊，经文 40 余万字。卧佛院摩崖造像及石刻经文为唐代镌刻，现为国家一级文物，另有省级文物 6 处：毗卢洞（宋代）、华严洞（宋代）、圆觉洞（唐、宋）、千佛寨（唐代）、玄妙观（唐代）、茗山寺（宋代）摩崖造像，国内外专家学者对安岳石刻初、盛唐造像已有高度的评价。

安岳石刻

🚍 这些地方有公路连接，交通车一般为摩托车和小面的。起步价 3 元，最多也不会超过 10 元。

🎫 各处景点分别收门票，3 元、5 元或 10 元

📝 1. 景区较分散且较多，一一看完不太可能，因而把国家级和省级文物欣赏一下就可以了。2. 安岳的腊肉、腌鱼极有特色，建议在小街上寻找小店就餐。

✈ 交通

宜宾

宜宾交通畅达,是川南水陆交通枢纽。每日有客轮直达重庆、泸州、乐山、新市镇及沿江各地,顺江东下2771公里可达上海。城区火车快、慢车每天三进三出直达成都、重庆可转全国各地。新建公路已贯通全市35个乡、镇及宜宾地区9县、74区镇和省内外29县、市。市内交通便利,各县区间公路路面良好。

航空

宜宾是四川一个重要的航空港,可达北京(票价1250元)、上海(票价1330元)、广州(票价900元)、昆明(票价410元),除宜宾到昆明每天都有航班外,其他几座城市都不是每天都有。

铁路

成昆铁路(成都—昆明)由北而南纵穿宜宾辖区,每日有多次客运列车进出宜宾;由宜宾火车站乘坐火车可北至成都、重庆,南抵昆明、贵阳等地。

宜宾市火车站

🚩 翠屏区西郊
🚌 1路、5路、6路、10路、11路公交可前往
📞 0831-7812401

公路

成都五桂桥汽车总站、新南门车站、梁家巷车站、

金沙客运站均有车发往宜宾。成都至宜宾:车费90元,再转乘旅游中巴车前往蜀南竹海景区。成都新南门旅游客运中心有车发往屏山。也可在游览了乐山后乘乐山至屏山的班车,中途在龙华镇下车即可,164公里。宜宾有车前往屏山县,行程20分钟/班,80公里。成都五桂桥汽车总站、新南门旅游客运中心均有车发往珙县或兴文县。成都至珙县车费75.5～89元。

看完僰人悬棺后可乘三轮车前往洛表镇,红岩村到洛表镇车费1元,从洛表镇乘车到珙县车费16元。

宜宾与周边地区的交通也很方便:泸州至宜宾:车费20元,每天滚动发车,30分钟左右即有一班;宜宾至李庄,在南门车站上车,每天有很多班车,车费3.50元;成都到江安:荷花池车站车费53.5元,7:30、8:30、14:30、15:30发车;宜宾至江安:车费15元;江安至夕佳山民居:车费3.5元,每10分钟一班,自驾车可走高速经泸州纳溪至江安,再至民居。兴文县至石海洞乡:车费5元。

自贡

航空

自贡无自己的航空港,搭乘航班需要去成都双流国际机场、重庆江北国际机场或宜宾国内机场。这也是省外、国外游客进出

自贡的主要交通工具之一。设在沙湾饭店的航空售票处,游客可以买到国内各大航空公司的机票。从自贡汽车客运总站每天都有专门开往成都双流国际机场、重庆江北国际机场的豪华大巴。

铁路

自贡境内只有一条铁路——内昆铁路。自贡火车站位于自流井区罗湾,从自贡乘坐火车可以抵达成都、宜宾、重庆、昭通、内江等城市。自贡火车站市内售票处在假日大酒店旁。

公路

自贡汽车客运总站。自贡至成都,票价分70元和64元两种,6:30～19:00,每日20班;至双流机场80元,发车时间为8:40和13:30;至重庆76元,6:40～18:30,每30～50分钟1班;至江北机场80元,最早一班8:20发车。

此外,自贡汽车客运总站发往四川省内、外客运班车线路还有70多条。
🚩 汇东高新技术产业开发园区丹桂大道左侧

泸州

航空

泸州蓝田机场为四川第二大航空港,已开通至北京、上海、广州、深圳、昆明、贵阳等大中城市民航客运直达航班,是川南的重要航空港。

从市区可乘 35 路（环线）、空调 128 路、18 路、3 路前往机场。

公路

泸州的主要车站有：驿通车站（客运总站）、王氏客运站、回龙湾客运站、超长客运站、蓝田汽车站等，都有可直达云南威信、镇雄，贵州赤水、大方、毕节，广州、东莞、顺德、成都、重庆、自贡、宜宾等地的豪华客车。

🛏 住宿

包括自贡、内江、宜宾、泸州在内的川南城市群，宾馆酒店众多，住宿、餐饮等都不必担心。

宜宾

在宜宾市内，入住叙府宾馆（人民路 14 号）及三星级酒都饭店（专署街 50 号）较为方便。

去蜀南竹海，可在长宁县内的竹海宾馆（万岭镇）过夜，蜀南竹海观楼避暑山庄、长宁绿风大酒店、江安竹海山庄等也不错。

此外，去龙华古镇的话，可以选择住在镇政府招待所、粮站招待所、八仙招待所等，每晚床位 10 ～ 15 元，条件还可以。

酒都宾馆

是当地较好的宾馆之一，标准间 398 元 / 间，优惠价 280 元 / 间。

✉ 专署街 50 号
📞 0831-8188888

军分区招待所

双人间 60 元 / 间。

叙府宾馆

标准间 325 元 / 间，优惠价 235 元 / 间。

✉ 人民路 14 号
📞 0831-8221582

兴文县

县上有玉春宾馆（📞 0831-8825187）、洞乡大酒店、环东旅馆、田园招待所（📞 0831-8832054）可供住宿。

自贡

自贡市住宿点很多，其中以自流井区最集中。

经济型酒店

自贡的经济型酒店尤以汇东路、滨江路、五星路为最多。这些酒店，交通比较便利、价格也不高，是很多年轻的背包客喜欢的住宿地。

此外，还可以选择住在同兴路附近，这里宾馆旅馆比较多，各个价位的都有，并且方便享受美食。

星级酒店

自贡市的商务酒店主要集中在自流井区。此外，滨江路上也有几家住宿环境较好的酒店。这些酒店价位一般在 200 元以上。

泸州

在泸州游玩，住在江阳区的市中心最为方便。泸州

住宿选择较多，一般宾馆标间可以砍价到百十元。

南苑宾馆

地处泸州政治经济中心大山坪，濒临长江，依山傍水，风景秀丽，景色宜人。标准间约 200 元 / 间。

🍴 餐饮

在宜宾和泸州能让人大快朵颐的有两种食品，一种是河鲜，通常会做成鱼火锅或各式传统川菜，一是竹类食品，如竹笋、竹荪、竹节虫等，与之成菜的则多为农家自养的土鸡、土鸭，因而美味无穷。宜宾名菜有"双合千张"：先将豆腐皮和千张切成条状，放入少量的水，煮熟即可。千张呈卷筒状，有点臭，但很好吃。另外还有"活水兔"。宜宾的名小吃有宜宾燃面、金钩抄手、合什面、红桥磕粉等。

宜宾

宜宾的美食多种多样，街头小摊上的红桥叶儿粑、附油黄粑飘散出诱人的香味；街边小店中的柏溪潮糕、葡萄井凉糕绵软细嫩、入口清香，回味无穷。然而这些仅是宜宾美食的一小部分，不足以代表宜宾美食的特点，最能代表宜宾美食的是大名鼎鼎的宜宾燃面，宜宾燃面不仅是宜宾美味的招牌，更承载着宜宾饮食文化的内涵。

对水产感兴趣的朋友，

不妨沿着江边走走，那里有用岷江、金沙江、长江汇流而来的特产制成的川式美味。正宗野生河鱼品种：江团、鲟鱼、甲鱼、黄辣丁、鲢鱼、水米子等。

燃面

在宜宾的早餐一般是燃面，不仅是早餐，中午大多数上班族或学生也会选择这一中国式快餐食品，燃面有口磨面、肥肠面、排骨面、京酱面、芸燃面、生椒牛肉面等系列产品，各种不同的燃面馆子多，当地人一般认为街心花园人民路17号的是老字号，因而推荐。

📞 13086552483、0831-8228047

大华渔港

✉ 水东门码头
📞 0831-8203998

满皇都

✉ 水东门码头，
📞 0831-8202601

嘉州渔港

✉ 滨江路中段王浩儿码头
📞 0831-2455518、13308136818、13518226666

刘抄手

兴文县城人的早餐大多会在刘抄手处用餐，这里的抄手个大馅多，有好几种口

味，现在已有速冻食品远销各地，来这里吃抄手一般要排队，1.5元/两，在电影院附近。📞 0831-8820765、13990399738

兴文县实惠餐厅

肝腰合炒、素炒鲜竹笋都不错，价格便宜。去石海洞乡的路上还有一家麒麟饭店，有野生菌等天然食品。

✉ 兴文县环城东路
📞 0831-8832210
📌 兴文县电影院旁边的烧烤鱼是极有特色的，鱼放在炭火上烤熟后再放入盘中加汤煨制，汤汁还可以用来烫菜，集冷锅与烧烤于一身。

自贡

俗话说：吃在四川，味在自贡。自贡为井盐之都，昔时盐帮菜，于川菜界独树一帜，备受达官贵人的追捧，逐渐形成了一批口碑甚佳的老字号：如天德园、鹿鸣春、金谷园、新津菜社、岷江饭店、华北食堂等。盐帮菜以味厚、味重、味丰为特色，最为注重和讲究调味，具有"味厚香浓、辣鲜刺激"的特点。

自贡牛肉

自贡的牛肉食品很有风味，其中火边子牛肉、水煮牛肉、菊花牛肉火锅、火爆

黄喉、牛头、牛尾汤等盐帮菜值得一试。其中，火边子牛肉是自贡地区的风味食品，在其他地方，有类似的"灯影牛肉"，但火边子牛肉却以自己独具的特色见长。其刀功奇绝，薄如纸片，异香绵长。火边子牛肉的原料，只能选用牛后腿上的所谓"钻子牛肉"，其制法更是精细讲究，秘不外传。

自贡本地人最爱吃的还有兔肉和鱼。据说味道好的店，在同心路、沙湾和千盛百货旁的小巷里卧虎藏龙。

小吃

到自贡，更少不了品尝各类名小吃：如：郑抄手、担担面、庆荣森豆腐脑水粉、谢凉粉、燕窝粑、糍粑、泥鳅粑、豆花饭等。

泸州

位于长江边的泸州绝对是吃河鲜的好地方。在泸州滨江路旁到处是大大小小的坝坝鱼馆子、墩船鱼馆。鱼头火锅推荐大山坪和三星街的"五味轩"。

泸州独特的风味名小吃有白糕、伦敦糕、黄粑、猪儿粑、窖沙珍珠丸、两河桃片、合江烤鱼、姜氏卤菜一绝、老牌鸭子、朱氏炸酱面等。

行程推荐

D1. 乘飞机或汽车抵达宜宾，赶往李庄古镇游览，晚上品味鱼火锅，宿李庄；

D2. 上午继续游览古镇，品李庄黄粑、李庄白肉，下午抵达长宁竹海；

D3. 游览长宁竹海，宿竹海；

D4. 经泸州到达泸县，游览玉蟾山，后赶往隆昌，宿隆昌云顶；

D5. 游览云顶场和云顶寨，前往隆昌；

D6. 隆昌—富顺，游览富顺文庙，乘车前往仙市古镇，宿自贡；

D7. 返回宜宾或成都。

川南寻幽访古七日游

D1. 乘飞机或汽车抵达宜宾，转车至兴文，宿兴文；

D2. 游览兴文石海洞乡，乘车去九狮城看悬棺，宿兴文；

D3. 乘车去泸州，转车至佛宝，游佛宝古镇和佛宝风景区，宿佛宝；

D4. 乘车经泸州至云顶寨，游云顶寨后抵达隆昌，宿隆昌；

D5. 隆昌—自贡，参观恐龙博物馆、盐业历史博物馆，参观海井古法制盐，宿自贡；

D6. 前往富顺，参观游览富顺文庙，经停仙市古镇游玩后再返回自贡，宿自贡；

D7. 返回成都或宜宾。

川南访古美食游

预　算

　　川南寻幽访古七日游：此行约需花费 1300 元，其中包括：交通费用 350 元，门票 150 元，住宿费 360 ～ 420 元，餐饮费 300 元左右。

　　川南访古美食游：此行以美食为主，所以，花在美食方面的费用略高，约需 1400 元，其中交通费用约 350 元（不含往返宜宾的费用），门票 160 元左右，住宿费 450 元左右，餐饮费 360 元左右。

蜀南竹海

294

附录

↓ 旅行装备表
↓ 贴身的轻薄
↓ 在旅途中给自己
找个「临时的家」

I 旅行装备表

类 别		名 称	用途 & 注意事项
证件类	个人证明	身份证	住宿、租车等
		边防证	去往边境地区（需询问当地派出所）
		驾驶证	是否目的有开车的机会
		行程表	留一份在家，可以让家人知道自己身处何
	车辆证明	行驶证、养路费、购置税、车船使用税、保险	自驾车出行必须携带的5样车辆证明 注：备用钥匙必须携带！
个人物品类	钱	现金、信用卡	随身携带的现金是你当日花费的两倍；询问目的地信用卡使用情况
	通信	手机、对讲机	电池、充电器
	记录	笔、本	方便记录；水笔在低气压环境可能漏
	时间	多功能手表	带闹铃，以便提醒
药品类	止痛消炎类	消炎药、止疼药	
	肠胃类	痢疾药、胃药	
	感冒类	感冒药、退烧药、体温表	
	外伤类	绷带、创可贴、消毒药水、云南白药、驱蚊虫药水	
	个人特殊类	防暑药、防晕车药、高原药	
服装类	内衣	一次性内裤	有野营、长途旅行的情况时需携带
	外衣	防寒衣物	考虑目的地环境
	鞋帽	遮阳帽、登山鞋、软底鞋、拖鞋	开车需带软底鞋
	其他	手套、墨镜、泳衣	旅游目的地游泳衣会很贵
用具类	雨具	雨衣、雨伞	城市里可携带雨伞；建议带一次性雨衣
	照明	手电	备足电池
	餐具	保温杯、餐具、瑞士军刀、消毒湿纸巾	
	洗漱用具	小镜子、刮胡刀、防晒霜、卫生纸	
	野营用品	（野营）睡袋、帐篷、防潮垫、气炉、气罐、炊具、水具、防风打火机	
	车辆配件	（自驾车）车辆工具和车辆备件：足气备胎、易损汽车零件（如火花塞、风扇轮皮带、高压点火线圈、灯泡）、机油、刹车油、绝缘胶带、普通胶带、电线	
食品	水	水、饮料	咖啡、维生素C等功能性饮料；自驾车必须携带4升以上水
	食物	咸菜	根据时间长短携带，咸菜最好带一小包

II 贴身的轻薄——户外运动装备简述

出门旅行的装备里，服装是最基本的组成部分，什么样的服装更适合旅途或户外穿着？防风、防水、保暖，已经与穿着舒适、方便携带一样重要了，当然，这都是相对于需要长时间在外旅行者而言的，只是做短期的两到三天的旅行，对服装不必那么挑剔。

服装最基本的是面料，但是对面料的要求是基于使用环境的。所以，对户外服装来说，大多是因为使用的场合、环境的需要，然后才会对面料有更高的要求。

一、内衣类：

因为内衣要直接与皮肤接触，所以应该选择透气性好、排汗性能好，可以保持皮肤干爽的内衣。有些刚刚迈入户外运动门槛的朋友以为棉质的内衣最适合户外运动，实则刚刚相反，棉质内衣不但排汗性能差而且不易干，实乃下下之选。目前，国内已经有很多品牌出品了COOLMAX面料的内衣，让汗液从皮肤上排出，使皮肤保持干爽。

二、冲锋衣：

冲锋衣并不是军队服装里的专有名词，户外圈子都解释为：冲击峰顶时所穿的衣服，所以冲锋衣的结构、面料都有特殊的要求。但在户外运动盛行的今天，冲锋衣不仅已经从登山冲顶时的装备渐渐地成为了户外运动中常备的服装，还因为冲锋衣具有防风、防尘、防水的特性，而成为了普通旅行者旅途中贴身的伴侣。

一件品牌冲锋衣的价格不菲，所以，建议你在决定要买一件冲锋衣的时候还是先问自己几个问题：我经常参加什么样的户外活动？对一件功能性外衣，我可以承受的心理价位是多少？对于我来说，功能性外衣的防水性、防风性和透气性哪一点对我来说最重要？如果是一般周末的户外活动，一件轻型功能外衣重量轻，方便携带；"五一"或"十一"长途远行，气候多变，中量级功能外衣是不二之选；上珠峰，下墨脱，能买多好的功能外衣就买多好的。

挑选时的注意事项：

如果价格的因素不是很重要，尽量选择一些知名品牌的产品，一件功能性外衣的价格不菲，一定不要贪图便宜，购买地摊货或是所谓的"甩"货。

如果已经有了一个可以承受的

心理价位，就尽可能搜集一些口碑比较好的厂商的产品，可以多留心厂家推出的促销活动，很多厂家在"五一"和"十一"到来的时候都会推出一些打折活动，有时甚至会低至5折上下。另外，反季节购买也是个很不错的选择。

细心观察你选中的功能性外衣接缝处是否严密，压胶是否平整，针脚是否整齐一致，拉链是否光滑易拉，有无线头——好的产品是绝对不会有线头零零碎碎地挂在衣服上的。

试衣：

选择合适的尺码，穿上以后做一些大幅度的动作，前后摆臂和左右扭动身体是一定要做的，如果不怕被人误以为神经病，不妨蹦蹦跳跳一番。然后脱下外套，仔细看接缝处及针脚有无绽开、断线的情况。

如果你经常会在寒冷的地方或是冬天进行户外运动，不要忘记购买功能性外衣时买一件比平日穿着的衣服加大一号的，可以在内外衣之间有更多的中层衣物选择。

保养及清洁的注意事项：

功能性外衣用得久了，其防水性和透气性都会有所下降，那么，对于价格不菲的功能性外衣，应该如何保养呢？这里有一些小知识：

●**防水性下降**：可以使用Revivex的Water and Stain Repellent（一种防水涂层喷剂），使用时可以将衣物洗净，在半干的时候均匀喷好，然后用烘干机低温烘干即可。但是如果对于具有透气性的外衣，喷涂过多会影响其透气性。

●**轻柔洗涤**：不要用洗衣机洗，而是用手洗，否则在洗衣机的强大压力下防水层会和布基分离，可以先在清水或在中性洗衣粉中浸泡20分钟，然后用软毛刷轻轻刷洗。需要注意的是，一定不要使用漂白剂或衣物柔顺剂。

清洗后，不要用甩干机甩干，也不要放在太阳下面暴晒，正确的方法是挂起来自然晾干。

收藏：

如果一段时间不出门，可能功能性外衣就会英雄无用武之地了，这时候，注意一定要把衣服洗干净了再放在衣柜里，可以防止污物腐蚀功能性外衣的压胶和涂层。能用衣架挂起来最好不过了。

三、袜子

袜子很重要。这种重要性就在于，它虽然不显山不露水，却绝非裹足之物那么简单。人的脚每时每刻都在排汗，一般一只脚一小时要排汗15毫升，在运动时还要增加，特别是在温度高的时候。当脚因运动而升温、出汗、膨胀时，如果湿气不能发散出去，皮肤受潮，持续的高温，最终使皮肤变软、不耐磨、失去弹性，就像刚刚洗过一个热水澡，浸透的皮肤尤其容易受到伤害。于是，由鞋子而产生的摩擦就带来了疼痛的擦伤和水疱。因此，尽量选择COOLMAX面料的功能性运动袜。需要注意的是，脚部出汗多的人，在选择COOLMAX类排汗袜子时，要搭配有足够透气性能的鞋子。否则，当 COOLMAX 面料将很多的水汽从你的脚部排到袜子表层时，如果遇上厚厚的不透气的鞋子，就出不去了。

四、户外凉鞋

户外凉鞋的使用环境主要是夏季，使用的地点主要是多水与多雨的地方，使用的目的主要是方便与清凉。在南方，甚至从每年的 5 月到 10 月这半年内都有广阔的用武之地。户外凉鞋所涉及的户外运动范围从溯溪、漂流、溪谷穿越、短途徒步到皮划艇、帆船竞赛等。而在户外活动中，如郊外远足、河钓、野营以及平常的休闲生活中都可以用到。至于哪种户外凉鞋更适合你大部分出行及活动的需求，这能从户外凉鞋的分类中看出一二。建议首先要从使用目的来考虑：

是从事水上运动还是陆上活动为主。如果长期从事水上运动，应考虑鞋底的防滑性要好，鞋子的扣件要少，调节部分应少用或不用魔术贴而选择采用扣件与织带调节的，至于是否有加厚的中底及耐磨的 Vibram 底或者是舒适的衬垫的倒在次要。

如果是徒步为主，而且长期穿着，应考虑较硬及耐磨的大底，舒适性及耐用性应多考虑。

如果是两者兼顾的话，则可选择如 TEVA 凉鞋中的 ORIGINAL 系列，实际上国内现在大多数凉鞋都属于这一类，款式经典，功能实用，范围广。

对于一些有特殊要求的朋友来说，比如说攀岩或抱石爱好者，KEEN 系列的一些产品可能更有吸引力；而对在海边生活的朋友来说，LIZARD 水系列产品中的一些可能更适合多沙、含盐高的环境及甲板生活的要求。

其次要考虑的是鞋子用料、结构、风格与艺术化。

用料方面，使用 STEALTH、Vibram 底的当然好于普通橡胶底的产品，使用柔软及速干织带的也会好于普通锦纶织带的，使用 PP 中底的也会好于 EVA 的，使用微孔纤维、皮革面料及防臭处理的内底也会好于普通内底。

结构上来说，如 CHACO 单根织带调节系统的可靠性、SOURCE 的 X 型交叉连接方式的牢固性、LIZARD 的鞋床排水系统都很有特色。

风格与艺术化放在一起来说吧。大部分的国外品牌都已形成自己品牌鲜明的特色，或简洁，或艳丽，或时尚，或休闲，每款鞋都有丰富多彩的织带图案及色彩可供选择，这也是产品生产者们对于顾客需求的尊重。

还有就是一些细节，无论是夹趾设计、赠送的鞋袋、可以更换的鞋底、可以变为拖鞋的凉鞋等都可能会引起你的注意和好感。

当然，对于大家来说，最重要的还是价格。

五、户外鞋

普通徒步户外鞋一般鞋面为全皮或者皮革与锦纶的混合体，穿着非常舒适，一般适用于 1 ～ 5 天的负重徒步或轻装短程徒步以及户外休闲活动。

一双好的徒步鞋应该具备的要素：
● 崎岖的路面要求鞋子底面的花纹粗糙且深；
● 鞋舌与鞋身连为一体，防止沙砾与水从上面进入鞋内；
● 接缝越少，就越不容易损坏；
● 高帮的鞋子对脚踝的保护更加贴切；
● 内底（夹在鞋底与鞋帮中间的部分）的材料非常重要，使用 EVA，一种合成材料支撑的内底轻且比较舒服；
● Vibram 的鞋底值得信赖，是目前最好的户外鞋的材料，如果你拿起鞋，能在鞋底发现 vibram 的标记。

如何挑选：
● **观察鞋子的各个部位**：是否有漏胶、断线现象，尤其是鞋底与鞋帮的接合部位，更应该仔细观察。
● **亲自购买**：鞋子一定不要邮购或者请人代购，一定要自己多试几双才能找到最适合自己的款式。
● **尽量傍晚去买**：傍晚的时候足部会比一天中的其他时间略有水肿，这时去购买，买到的鞋型会更适合自己。
● **动动脚趾**：在系鞋带之后，动一动脚趾，适合自己的鞋子，你的脚趾应该感到宽松，而且不会顶到鞋子的前端。
● 穿上鞋在店里走 5 分钟左右，确保鞋子各部分与脚结合更紧密。

如何保养：
● **清洁**：对于有防水性能的徒步鞋，首先可以用废旧牙刷轻轻刷去鞋面的泥土及灰尘，然后用清水洗掉鞋面上残留的脏东西。
● **涂防水剂**：涂防水剂时，一定要先彻底清洁鞋面，鞋面涂一遍即可，但是在接缝的地方应该多涂一些。
● **保持干爽**：修整时，将鞋带放松，抽出鞋垫，放在比较干燥的地方。切勿用火烤或者在阳光下暴晒；此外，在鞋内塞满旧报纸也是个很好的干燥方法。

六、太阳镜

炎热的夏日阳光强烈，佩戴太阳镜是保护眼睛所必需的。其实，太阳镜并非夏天的专利，在户外，阳光中的紫外线无时不在，只是夏季更加强烈罢了。户外太阳镜，比普通太阳镜将更多的科技含量融入设计理念中，安全、保护、美观、舒适，功能与美观兼具。

目前，太阳镜片的发展趋势是超薄、超轻、超耐磨、超平整、超透明、超坚固、超防紫外线和电磁波。被众多户外太阳镜品牌广泛采用的是 PC 太空镜片，又称为"太空片"。PC 是世界上最强的抗冲击镜片，其抗冲击性是玻璃片的 60 倍，是普通安全树脂片的 10 倍，可以防止运动时镜片碎裂对人的伤害，使户外运动更安全；同时也是世界上最轻薄的镜片，比传统玻璃片轻 57%，比传统树脂片轻 37%、薄 26%，大大减轻鼻梁的负荷，佩戴起来更加轻松，且 100% 抗紫外线。但 PC

的耐磨性差，我们常见的同为聚碳酸酯制成的光碟就是例证。

偏光（Polarized）镜片则是根据光线的偏振原理（如百叶窗）制成，将不规则的反射光线有效滤除和排列，降低眩光，清晰运动的视野。

渐变色镜片内含的色素属永久性，不会随光线强弱而变化。单层渐变色镜片，镜片由上至下颜色由深至浅，适合驾车人士使用；双层渐变色镜片，分别在于镜片上、下均呈深色，中间颜色最浅，能阻挡由水面、积雪或天空反射过来的光线。

防雾镜片直接在镜片内添加防雾剂，不会脱落，并镀有透气泡沫薄膜，能有效排出结雾的湿气，避免镜片结雾，保证视野更加清晰。

户外太阳镜采用的树脂镜片（PC 也是一种树脂），工艺上多由分别具有防紫外线、抗冲击、抗磨损功能的多层材料复合制成。

一般来说，登山、跑步等户外活动，可使用浅灰、灰、淡橘色镜片；而溪钓、海钓、游泳、帆船、摩托车、自行车等户外活动，可以选用浅灰、茶、蓝、紫片色镜片；进行网球、射击、开车等强调眼力的运动，可以使用茶、橘红、浅红、淡橘色镜片；对于室内、特殊场地的运动，如滑雪、滑冰、跳伞，可以选择浅灰、灰、橘红、透明色镜片。

镜架材料：

一般金属镜架的成分是镍铜合金，少数人接触镍后引起皮肤过敏。由钛金属制作的镜架，是当今镜架选材的世界流行趋势。

钛镜架最大的特点就是轻，佩戴轻松舒适。夏天，人们的汗水会使镜架产生腐蚀，容易发生镀层脱落，非常不美观。而钛金属架则具备比一般镍铜镜架更强的抗腐蚀性。

目前，国际上部分品牌已开始应用 TR-90（塑胶钛），国内 OYEA、Rayboa 品牌眼镜也推出 TR-90 镜架的产品。TR-90 是超韧性记忆树脂镜架材料，具有特殊的记忆功能，超韧性不变形，抗变形指数高达 620 公斤/平方厘米，能有效缓解外力冲击，是醋酸纤维塑料（CA）的两倍以上，摩擦系数低，防止在运动中因镜架断裂、摩擦对眼睛及脸部造成伤害。TR-90 质地轻，无化学残留物释放，耐高温，但成型较困难，上色难度大。

镁合金具有比重小，强度高，较高的减震、抗震能力，切削性能好，耐腐蚀等良好特性，现在也开始用于镜架。它质地轻，是钛的 2/5、铝的 2/3，使佩戴更加轻便；镁从海水中取得，加工中使镜架含有丰富的镁、铝、钠、锡等对人体有益的多种微量元素，同时具有环保性，保障人的身体健康。

此外，在太阳镜细节上，还有许多针对户外运动的设计，如柔软的钩状防脱落脚套，防止激烈运动时眼镜脱落；橡皮鼻梁垫和镜架脚采用防湿滑材料，当人出汗时，这种材料会变得富有黏性，使太阳镜舒适地与脸部贴合，满足剧烈运动的要求；镜片侧边的通风气孔设计，能达到一定的防雾效果；贴合头部曲线特点的，无尖端铰链设计的镜架等。

七、背包

户外的背包的分类是很细的，有为周末休闲旅行设计的，一般容量较小，没有设计有分散背包重量的腰带；也有为长途旅行设计的，容量较大；为徒步设计的背包在背负系统上往往各品牌有各自的特色，而且带有睡袋舱，可以置入露营装备；而为自行车旅行设计的背包则一般和身体的贴合较好，里面设计有水袋包……旅行者可以根据各自出行的特点选择适合自己的不同功能的背包。

背包设计师们的终极目的就是"让使用者在背负重物的过程中尽可能地感觉到舒适"。内外部的框架设计、合理的背负系统、胸带、顶部收缩带、两侧收缩带、三倍密度填充的腰带以及腰部衬垫缓冲设计——现代的背包背负系统是一个综合性很强的结构。就重要性来讲，只有你的鞋子可以和你的背包相提并论，因此，你完全有必要花上点儿时间去选择一款适合你的背包。

挑选背包的几点建议：功能性、色彩、容量、背负性、价格等等

● **背负**：你选择一款背包时，背负系统是各种需要考虑的要素中最重要的一点，它负载了包内物品的重量，并且直接与你的身体接触。一个质量出色、背负系统合理的背包将会使你背负重物时感到舒适和平衡。所以挑选背包的时候一定要背上感受一下，背包和你背部的贴合性如何。如果是一款适合你的背包，你的感觉会非常棒，它温暖而舒适，仿佛一个朋友的拥抱。

● **扣件**：是背包最容易损坏的部位，扣件质量的检验，可以采用"一看二听三掰"的办法。看，扣件非常粗糙，边缘参差不齐，那一定是次品；听，好的扣件在扣紧时会发出清脆的响声，如果声音比较闷，则大多是次品；掰，好的扣件可以在一定角度内弯曲不折断。

● **容量**：如果是短途的周末旅行，你只是携带一些水和零食，就只需准备45L左右的背包就可以了；但如果是长达数星期的长途旅行，你则需要选择65L以上的背包了。

● **价格**：由于品牌、质量不同，价格上区别很大，可以根据自己的消费水平和外出需要进行选择。值得推荐的性价比较好的背包品牌有：Osprey、Bigpack、Ferrino。

背包的保存与保养

● 对于一些著名的背包生产厂商，背包由于一些意外发生损坏，是可以得到免费维修的，因此背包发生破损之后，不要盲目修补，还是先咨询厂商为好。

● 每次用完背包后应将所有物品拿出，敞开背包开口，用力抖动，将包内的尘土、脏物等倒出，再进行保存。

● 清洗背包时注意使用清水进行清洗，尽量不要用洗涤剂，以免破坏涂层，更不要用漂白剂。

● 如果背包上灰尘或污迹较重，清水无法冲洗干净，可以用旧牙刷蘸上肥皂轻轻刷洗。

● 储存背包时，切勿在背包上堆放过多重物，否则会使背包背负系统中的支柱发生变形，很难恢复原状。

Ⅲ 在旅途中给自己找个"临时的家"

对于出门在外的旅人来说，也许没有什么比寻找到合适的住宿场所，得到充分休息，迅速恢复体力更加重要了。随着我国旅游市场的飞速发展，如今走在任何一座城镇，旅店或酒店都不少见，高级酒店、普通旅店，以及各种极富当地特色的客栈，还有近些年十分热门的经济型酒店，为旅行者提供了各种各样不同的消费需求。自助旅行者如何根据自己的具体需要，寻找到安全、便捷、经济、规范的住宿场所呢？我们总结了几种比较常见的针对旅行者的住宿方式供您参考。

一、国际青年旅舍联盟
(INTERNATIONAL YOUTH HOSTEL FEDERATION，简称 IYHF)

高低铺、大房间、公共卫生间、自助厨房、自助洗衣房、网吧，仿佛回到大学入学第一天般自己动手铺床、自己打水、自己做饭，来自天南海北五洲四海的"驴友"、各种语言、各种方言、留言板上各种笔迹的旅行召集留言、公共空间里不间断的旅行沙龙、免费共享的旅行信息和经验心得……无国界的集体生活是很多人对青年旅舍最初的印象，"安全、经济、卫生、隐私、环保"的特点是构成青年旅舍吸引力的重要元素。此外，低廉的价格

（40～200元／床位）、规范的管理、连锁经营的便利也让这里成为许多旅行者驻扎地的首选。

作为当今世界上最大的住宿连锁组织，世界各地的青年旅舍都秉承查理·斯而曼先生最初提倡的"自觉、自学、自律、自助"的理念，由冷杉和小木屋组成的蓝色三角国际路标如今也在中国各个城市指引着旅行者来到这里。

虽然名为"青年旅舍"，但实际上这里并没有年龄限制，只有很少的几个地方旅舍在几乎满员的情况下，年轻人需要出示证件，优先考虑的情况除外。

国际青年旅舍会员卡（HI卡）是旅游者入住青年旅舍的凭证，可在网上、或各代理点申请，办理当日生效。拥有会员卡，可以享受国内青年旅舍住宿价格的优惠，还可以预订国外青年旅舍。HI会员还在世界各地享有食、住、行、游、购、娱等3000项优惠，如：在全球多个国际机场和车船站，凭HI会员卡兑换外币可免收手续费；观光、租车、购物、参团、购买车船票等均可能有折扣。HI卡有效期1年，全球通用。期满可以续期，且逐年享受不同的折扣优惠。

官方网站：http://www.yhachina.com

附录

303

1. 青年旅舍的网站上除了有所有旅舍门店的详细地址，还包括周边的自助游线路、周边景点、活动消息等信息，十分全面。
2. 建议提前预约，避免临时订房的不便。
3. 香港和澳门的青年旅舍都需要在网上预订，并只接受信用卡支付。在床位紧张的情况下，每个入住者只能留宿 3 天。

二、经济型酒店

如果说青年旅舍是青年人和背包族的梦想国，那么经济型连锁酒店就更加适合家庭旅行或者住宿条件要求更高一些的旅行者。

经济型酒店定位于中小商务客人，价格实惠，基本设施齐备，干净、方便、温馨。经济型酒店把客房作为经营的绝对重点，客房的条件与三星级酒店相比并不逊色。经济型酒店都没有豪华大厅、宴会厅之类的辅助设施，这样就大大降低了成本，也就使房价大大低于三星级酒店。另外，经济型酒店多分布在大、中城市的繁华路段，借助成熟街区丰富的餐饮娱乐设施、城市基础建设、交通条件为旅行者提供便利。

目前国内比较有名、比较有规模的经济型酒店主要有如家、锦江之星、汉庭快捷酒店、7 天连锁、速 8、莫泰（motel168）、格林豪泰等。

1. 如家酒店连锁

官方网站：http://www.homeinns.com
预订电话：800-820-3333

2. 锦江之星

官方网站：http://www.jj-inn.com
预订电话：400-820-9999

3. 汉庭快捷酒店

官方网站：http://www.htinns.com
预订电话：400-812-1121

4. 7 天连锁

官方网站：http://www.7daysinn.cn
预订电话：400-777-0777

5. 速 8

官方网站：http://www.super8.com.cn/cn
预订电话：400-603-8888

6. 莫泰（motel168）

官方网站：http://www.motel168.com
预订电话：400-820-7168

7. 格林豪泰

官方网站：http://www.998.com
预订电话：400-699-8988

三、移动公寓

移动公寓是一种全新的旅行住宿模式，利用城市中的闲置住宅来提供针对商务、旅游、工作人群的住宿市场。"随身而动的家"是这些移动公寓的口号，顾名思义，移动公寓最大的优势就是能够为出门在外的人提供一个尽可能接近"家"的环境，独立的空间可以保障旅行者的隐私，也可以依据自己的习惯和喜好洗衣做饭，更重要的是，移动公寓的房租比同品质的宾馆酒店至少能够节约 40%。

这种方式可能不太适合一天一站的旅行者，但对于要在某个城市停留两三天甚至更长时间的旅行者来说，这可能是最舒适、最惬意的一种居住方式了。

中国移动公寓网：http://www.86house.cn

1. 有的移动公寓提供商对于入住者的住宿时间有所要求，比如 2 天起租或者 3 天起租，旅行者需要安排好自己的行程再作打算。
2. 由于移动公寓的品质良莠不齐，建议提前在网上充分搜索相关信息，了解将要入住的公寓的相关情况，或者参考其他旅行者的评论。

此外，很多地方的地方政府招待所也是可以考虑的选择，这些招待所的服务通常比较规范，价格也不会太高，卫生条件说得过去。如果对住宿的要求不太高的话，借宿在老乡家（西南旅游线上很多老乡家里，包括牧民的帐篷都能接待三四位旅客住宿），虽说卫生条件和住宿条件比旅馆差很多，但是能品尝到充满特色的当地家常饮食，听到主人讲述生动的当地生活故事，一定能够成为旅途中的一大收获。随身准备些糖果等小礼品送给主人家的小孩子，是拉近双方关系的一个小窍门。

需要注意的是，在少数民族地区借宿的时候，一定要尊重当地人的风俗习惯，提前做好准备工作是有必要的，如果不是很清楚，多问问当地人也是避免出错的方法。

附录

责任编辑　梁媛
封面设计　羽人一方图文设计有限公司
版式设计　朱丽娜
责任印制　闫立中

图书在版编目（CIP）数据

四川／《走遍中国》编辑部编著 .－－2 版 .－－ 北京：
中国旅游出版社,2010.7（2011.3 重印）
（走遍中国）
ISBN 978－7－5032－3965－6

Ⅰ．①四… Ⅱ．①走… Ⅲ．①旅游指南－四川省
Ⅳ．① K928.971

中国版本图书馆 CIP 数据核字 (2010) 第 114641 号

审图号 :GS(2008)674

书	名	四川
编	著	《走遍中国》编辑部
出版发行		中国旅游出版社
		（北京建国门内大街甲9号　　邮编 :100005）
		http://www.cttp.net.cn　E-mail:cttp@cnta.gov.cn
		发行电话　010-85166503
印	刷	北京翔利印刷有限公司
版	次	2010 年 7 月第 2 版　2011 年 3 月第 5 次印刷
开	本	889×1194　1/32
印	张	10
字	数	310 千字
印	数	25001～29000 册
定	价	32.00 元
I S B N		978－7－5032－3965－6